利维坦

[英]托马斯·霍布斯 著 朱雅頔 译

Leviathan

陕西师范大学出版总社　西安

图书代号　SK25N0683

图书在版编目（CIP）数据

利维坦 /（英）托马斯·霍布斯著；朱雅頔译. —
西安：陕西师范大学出版总社有限公司，2025.6
　ISBN 978-7-5695-2730-8

　Ⅰ.①利…　Ⅱ.①托…　②朱…　Ⅲ.①国家理论
Ⅳ.①D03

中国版本图书馆CIP数据核字（2021）第262381号

利维坦

LI WEI TAN

［英］托马斯·霍布斯　著　朱雅頔　译

出 版 人	刘东风
特约编辑	白　琪
责任编辑	高　歌
责任校对	陈柳冬雪
封面设计	王　鑫
出版发行	陕西师范大学出版总社
	（西安市长安南路199号　邮编710062）
网　　址	http://www.snupg.com
印　　刷	三河市兴博印务有限公司
开　　本	787 mm×1092 mm　1/16
印　　张	25
字　　数	439千
版　　次	2025年6月第1版
印　　次	2025年6月第1次印刷
书　　号	ISBN 978-7-5695-2730-8
定　　价	99.00元

序　言

"自然"是上帝用来创造并管理世界的技艺，也像很多其他的事物那样，人类用自身的技艺将其学去，并模仿着创造出人造的动物。既然生命只是一种肢体运动，开始于身体内部某个最重要的部分，那么我们为什么不能说所有的"自动机械"（像钟表一样通过弹簧与齿轮维持自身运动的机器）都有"人造的生命"？弹簧是它的心脏，大量的线绳是它的神经，而大量的齿轮是它的关节，这些零件根据制造者的预设维持着它的运动。如果技艺再进一步，就要模仿自然创造的具备理性且最为卓越的作品——人类。因为，被称为"国家"的伟大"利维坦"就是由人类的技艺创造出的，是一位"人造之人"（artificial man）。尽管它的身躯和力量都远超自然人，但它的目的是保护自然人。在"利维坦"中，"主权"是它的"人造灵魂"，赋予了整个身体生命与活动；官员和其他司法、行政官员就是它的"人造关节"；"奖赏"和"惩罚"是它的"神经"，与自然人的身体的运作方式相同，它们与主权紧密地联系在一起，能调动所有关节与成员履行职责；每一位成员的"资产"和"财富"都是它的"力量"；"人民的安全"是它的"事业"；为它提供必要知识的"建议者"是它的"记忆"；"公平"和"法律"是人造的"理性"和"意志"；"和谐"是它的"健康"；"动乱"是它的"疾病"；"内战"是它的"死亡"。最后，最开始建立、整合并统一该政治身体各个部分的"协议"和"契约"是上帝在创造世界时颁布的"命令"，即"我们要创造人类"。

我将从以下几点来论述"利维坦"作为"人造之人"的本质：

第一，它的制造材料及创造者都是人类。

第二，它是怎样依据契约，依据何种契约被创造的？主权者的权利、正当的权力或权威是什么？它延续和瓦解的原因又是什么？

第三，什么是基督教国家？

第四，什么是黑暗王国？

关于第一个问题，最近有一种被大量引用的说法："智慧的获得不来自读书，而来自阅人。"绝大多数无法证明自己拥有智慧的人，常通过在他人背后的恶毒评判，得意扬扬地展示自己阅人所得的东西。但是，最近还有一句人们都没能真正理解的说法，即"阅己"，如果人们愿意对此下一番苦功，才有可能真正学会互相理解。这句话的含义与当下的用法不同，它不意味着有权之人对待地位更低之人蛮横无理，也不是在鼓励地位更低之人与地位更高之人针锋相对；而是教导我们，因为人与人的思想、激情都相似，所以当人反躬自省的时候，应考量自己的"思考""构思""推理""希望"和"畏惧"等所产生的基础，这样才能在相似的情况下，阅读并理解他人的思想和激情。我说的激情方面的相似，是指"欲望""畏惧"和"希望"等激情相似，而非激情指向的对象相似，即"所欲望的对象""所畏惧的对象"和"所希望的对象"等相似。因为人与人的素质、受教育程度相差颇大，以至于人类心灵的品质会很容易被那些我们所知之外的虚假之物、谎言和错误的学说玷污与混淆，只有那些能够洞察内心的人才能分辨清楚。尽管我们有时候可以通过他人的行为发现其意图，但是，若不同时与我们自身的行为进行比较，没有分清可能会引发这些行为的情况，那就等同于解码而无密钥，并且常常会因为过于信任他人或极度缺乏自信而被欺骗。因为阅人之人不是善良的就是邪恶的。

然而，通过他人行为来阅人的方法只适用于相熟之人，但这样的人少之又少。想要治理整个国家的人必须亲自阅人，而且所阅的不是某个特定的人，而是全人类。这是颇为困难的事，甚至比学习任何一门语言或科学都要困难，但是，当我明确且系统论述了我的"阅读"结论后，就只留下一个需要考虑的问题：人们是否能从自己身上找出相似之处。因为这一学说不承认其他的论证。

目 录

第二部分
PART 2 // 论国家

第三部分 PART 3 // 论基督教国家

第四部分
PART 4 // **论黑暗王国**

第一部分　论人类

第一章
论感觉

为研究人类的思想，我会首先对单一思想加以考量，然后再从系列或单一思想间的依存关系加以考量。从单一思想看，每个都是我们身外之物的某种特性或其他偶性的表征或现象。我将这种身外之物称为"对象"（objective），它作用于眼睛、耳朵或我们身体的其他部位；由于其作用各异，产生的现象也各不相同。

我们将这些各异现象的源头称为"感觉"（sense），因为人类头脑中的概念无一不产生于全部或部分的感觉器官。其他所有现象也是从这一源头衍生出的。

虽然了解感觉的自然起源对我们手头上的工作并无大用，而且我也曾在别处对这一问题进行过大篇幅地论证，不过，为了使我的研究方法的每一部分都更加翔实，我还是准备在这里进行简要重述。

感觉，是外界物质或者说对象作用于人体各个相应的感觉器官而产生的。有些作用是直接的，如味觉和触觉；而有些作用，如视觉、听觉或嗅觉，则是间接。这些作用以人体神经、其他经络和薄膜为中介，传导到大脑和心脏，并引起了抵抗、反作用力，或者说心脏向外表达自身的意图。这种意图具有外向性，所以看上去反而像外界的事物。这些假象和幻想正是人类所说的"感觉"。因此，通过眼睛反映出来的就是光或各种色彩，通过耳朵反映出来的就是声音，通过鼻子反映出来的就是气味，通过舌头和颚反映出来的就是味道，通过身体其他部位反映出来的就是冷、热、软、硬，还有各种通过感官反映出来的其他特性。一切所谓可感知的特性，其实都包含于产生它们的对象之中，而感觉不过是大量的各种不同的物质运动对我们器官产生的不同作用。因为运动只能产生运动，所以我们感受到的作用也不是别的什么，只是不同形式的物质运动罢了。但对我们而言，无论是在清醒时还是在做梦时，它们都显现为幻象；就好比当人们按压、搓弄或敲击眼睛时会看到光亮，挤压耳朵时会耳鸣。我们所见所闻之物即使无形，也会以相同的方式对我们施加强烈的影响。因为这些色彩和声音如果存在于产生它们的物体或对象之中，它们就不能像镜子反射出色彩，或声音反射出回声一样将自身与对象分开。我们知道自己看到的事物在一处，而它的现象又在另一处，虽然我们与那真实的外在事物间存在一定距离，但它仿佛能向我们投射幻象。不过可以肯定的是，对象与幻象并非一物。因此，不论在何种情况下，感觉都只不过是最初的幻象罢了；正像我前面提到的，感觉是由作用力造成的，换言之，是外在物质的运动通过我们的眼睛、耳朵以及其他感官造成的。

然而，在基督教国家里，各个大学的哲学学者却依据亚里士多德的某些观点讲授着另一种学说。他们认为，"视觉"（vision）源于所见的物质向各方传送的一种"可见素"（visible species），即一种"可见的形态"（visible show）、"幻象"（apparition）、"相"（aspect）或者"可见之物"（being seen），而眼睛吸收了这些就能看见。至于"听觉"（hearing）的成因，他们则认为听觉源于被听到的物质传送的"可听素"（audible species），换句话说就是一种"可听的相"（audible aspect）或者"可听见之物"（audible being seen），它传到耳朵中就能让我们听见。不仅如此，这些人还宣称"理解"（understanding）的成因也是一样：某一被理解的事物能够传送"可理解素"（intelligible species），即一种"可理解可视物"（intelligible being seen），它们作用于我们的理解力，并使我们理解。我说这些并不是为了否认大学的作用，而是为在下文说明它们于国家中发挥的影响做铺垫；因此需要提及这些内容，让大家清楚这些学者应当改正的行为有哪些——常常就无意义的事高谈阔论就属其一。

第二章

论想象

人们不会质疑"静止的物体将永远静止，除非受到其他物体的干扰"这一真理，但是"运动的物体将永远运动，除非受到其他物体的阻碍"，这句话蕴含的道理虽然与前一句话相同（即物体无法自主改变自身状态），却难免会受到质疑。因为人类都以自己为标准衡量其他人或其他一切事物，所以人们在运动后感受到了痛苦疲倦，就理所当然地认为其他所有物体都和他们一样疲于运动并寻求休憩，却很少考虑自己寻求休憩的欲望是否也存在于其他物体的运动中。因此，经院哲学家就认为，重物向下坠落是出于休憩的欲望，以及在最合适的地方保持其本性的欲望。将这种比人类还多的欲望和利于保存自身的知识加在无生命的物体身上实属荒诞。

处在运动中的物体将永远运动，除非受到其他物体的阻碍。无论是哪种物体阻碍它，它都不会在一瞬间停止，而只会在一段时间内缓慢地停止。我们能看到，即使水面上的风停了，水波也经久不息；同理，当人类看到或者梦到某种东西时，其体内各个部分的活动也是这样：当物体消失或者我们闭上双眼时，之前见过的物体仍然会留下"映象"（image），只不过比我们亲眼看见时模糊许多。这种源于视觉的映象被拉丁人称为"想象"（imagination），他们还不恰当地将这一名词用于其他所有感觉；然而希腊人称之为"幻象"（fancy），即一种"表象"（appearance），这种说法则对任何种类的感觉都适用。因此，想象就只是消退的感觉，人类和很多动物在睡眠状态及清醒状态下都会产生想象。

人们清醒时的感觉消退，并非因为引发感觉的运动消退了，而是因为这种运动被模糊了，就好比太阳发的光虽然能遮蔽星光，但星星其实一直在不分昼夜地散发光亮。在来自外部的种种刺激中，只有最强烈的那种才会被我们的眼睛、耳朵和其他感官感受到，所以当日光比星光强烈时，我们就感觉不到星光的存在。物体从我们的视野中消失后，虽然它带给我们的印象保留了下来，但因为其他物体仍然不断地作用于我们的感官，之前的印象就会逐渐地模糊衰退，就像人们在日间嘈杂环境中的说话声一样。因此，物体被看到或感觉到之后，经过的时间越久，想象就会越模糊。由于人体会持续变化，产生感觉的种种影响也会随着时间消退殆尽，所以时间和空间的推移变化对我们的影响也就相似。因此，当我们眺望远处时事物就会显得模糊，较小的物体也显得细微难辨；当我们倾听来自远处的声音时，也会感到含混不清。随着时间的推移，那些我们去过的城市中的具体街道、参加过的活动中的具体场景都会在想象中消退。当我们要描述这种消退的感觉本身（也即幻象）时，就会像我之前说的，称之为"想象"（imagination）。但当我们想描述这种消退，想指出这种感觉方面的消退、陈旧和已成过去的时候，则称之为"记忆"（memory）。可见，想象和记忆其实是一回事，只不过是出于不同的考量而使用了不同的名称。

大量的记忆或对许多事物的记忆就是"经验"（experience）。想象则是之前被感官感觉到的那些事物，要么是一次性地全部被感觉到，要么就是分批逐次地被感觉到。前者就是对完整事物的想象，也即事物完整呈现于感觉的样子，这被称为"简单想象"，好比想象曾经见过的一个人或一匹马。后者则是"复合想象"，好比将一个人和一匹马的形象结合，并在头脑中构想出半人马的形象。所以，当人们将自己的映象与对别人行为的映象复合在一起时，就好比读小说入迷将自己幻想成赫拉克勒斯[1]或亚历山大[2]，这就属于复合的想象；但这实际上只是人们虚构出来的。另外，即使人们是清醒的，也会因为产生了某些深刻的感觉而出现其他的想象。比如我们凝视过太阳之后，即使已经移开了视线，也会较长时间地留下关于太阳的映象。再如，对几何图形投入高强度的关注后，即使处于清醒的状态，也会在黑暗中看到眼前闪过有棱有角的映象。这些幻象通常不在人们讨论的话题范围内，因此也就没有特定的名称。

我们把睡眠中的想象称为"梦"，梦和其他的想象一样，早已全部或部分地存在于感觉之中。就感觉而言，因为大脑和神经等重要的感觉器官

---

[1] 赫拉克勒斯：古希腊神话中的英雄，一位力大无穷的半神，宙斯与阿尔克墨涅之子。又译为海格力士等。（编者注。后文注释均为编者所加，后面不再一一说明）

[2] 亚历山大：即亚历山大大帝（前356—前323），马其顿王国（亚历山大帝国）国王，曾师从亚里士多德，是历史上杰出的军事家、政治家。

在睡眠时都会陷入迟钝，不会轻易受到外物活动的干扰，所以在睡眠时就可能会出现因为没有想象所以没有梦的情况。这些身体内部的活动会通过体内的联系传播到大脑和其他器官，并带动它们一起活动，之前因为这些器官而产生的想象便会如清醒时那样出现。只是感觉器官在这时尚处于迟钝状态，还没有新的对象以更加强烈的印象支配并遮盖它们，所以在这种感觉的静默中，人们在梦中的思维一定会比在清醒时得更为敏捷。因此区分感觉与梦是一件困难的事，很多人甚至认为将感觉与梦截然分开是绝无可能的。于我个人而言，做梦时并不像清醒时那样，常常想到相同的人、场所、事物或行动，而我在做梦时也记不住一长串相互关联的思想；虽然我在清醒时通常能发觉梦的荒诞，但在做梦时却根本无法像清醒时那样认识到梦中思想的荒诞。虽然我在做梦时还自以为是清醒的，但是，能在清醒时明白自己不在梦中，我就已经满意了。

既然梦产生于体内器官的混乱活动，那么不同种类的活动就会产生不同的梦，所以人们在睡眠时感到寒冷就会产生噩梦，并产生骇人的想法与映象。身体部位的活动与大脑部位的活动是相互传动的，我们在清醒时发怒就会导致身体的某些部位发热，因此睡眠时身体的这些部位过热就会引发愤怒的感觉，并在大脑中产生敌人的映象。同理，爱情使我们在清醒时产生欲望，而欲望又会导致身体的另一部位发热，所以，这些部位在睡眠时过热就会让大脑产生以往有过的相关想象。总之，我们的梦与我们清醒时的想象是互逆的，在我们清醒时它从一端开始运动，在梦中则从另一端开始运动。

人们不知不觉睡着时，往往最难分清梦中的想法与清醒时的想法。那些心里充满恐惧、良心遭受煎熬的人最有可能进入这种状态，因为他们常常在没有上床或脱衣时就睡着了，好比坐在凳子上打瞌睡一样。若某人煞费苦心地强迫自己进入睡眠，往往不会将荒诞离奇的幻象当作梦境。我们能在书中看到，马可斯·布鲁图 [1]（曾被尤里乌斯·恺撒 [2] 救下并被恺撒

---

[1] 马可斯·布鲁图（前85—前42）：罗马共和国末期元老院议员，组织并参与了刺杀尤里乌斯·恺撒的行动。

[2] 尤里乌斯·恺撒（前100—前44）：罗马共和国末期杰出的军事统帅、政治家，罗马帝国的奠基者，史称恺撒大帝。

青睐，但是最终谋划并杀死了恺撒）与奥古斯都·恺撒[1]在腓力城交战前夕曾看到一个恐怖的鬼魂。历史学家通常将这一现象与鬼魂显灵联系起来，但若考虑了当时的实际情况，我们或许就能轻易推断出那只是一个短暂的梦。当时布鲁图孤单地待在军帐里，怏怏不乐，为自己的莽撞行为而惶惑不安，而在这样寒冷的环境中打盹是很有可能梦到他所恐惧之事的；这恐惧使他渐渐醒转，因此梦中的鬼影也就渐渐消散。由于布鲁图无法确定自己是否睡着过，也就不会想到这是一场梦，更不会联想到鬼魂显灵以外的可能。这也并非罕事，被鬼故事攫住的怯懦迷信之人，就算孤身一人完全清醒地待在黑暗中，也会想起类似的鬼故事，相信自己触目所及都是墓园里游荡的孤魂野鬼。其实这些都不过是幻象罢了，除非是另有人利用了这种迷信和恐惧，夜里乔装一番专去那些难被拆穿的地方耍鬼把戏。

不知道如何将梦境和其他的强烈幻象与鬼魂显灵和感觉区别开，就是过去绝大多数崇拜牧神、林神、女妖等物的异端邪教产生的原因，也是当下的愚昧民众相信妖精、鬼怪、哥布林[2]与女巫的魔力真实存在的原因。说到女巫，我并不认为她们的巫术有什么真正的魔力，但她们因装神弄鬼伺机为恶而受到的惩罚，在我看来也不失公正，因为比起技术或科学，她们更接近一种新的宗教。至于妖精、游魂之类的说法，我认为是被蓄意散播或默许的，目的是要人们相信符咒、十字架、圣水或用心险恶之辈胡扯出的其他东西的灵验性。然而，无疑只有上帝才真正拥有展现非自然异象或操纵自然规律的能力，且基督教教义中也没有上帝为了使人们畏惧而常常展现能力的说法。但是胆大包天的邪恶之人却假借上帝的全能之名为一己私利服务，因此智者有责任戳穿他们的言辞，并用理性辨析出其中可信的部分。若能彻底根除人们对鬼怪、迷信的恐惧，并将占梦术、假预言及其他被心怀鬼胎之流胡诌出来诓骗安分良民的东西也一并清除的话，民众就能更尽责地履行社会义务。

这本应是经院学者的责任，但他们反而助长了这类歪理邪说的盛行。

---

[1] 奥古斯都·恺撒（前63—前14）：即屋大维，罗马帝国第一位元首，元首制的创始人。

[2] 哥布林：西方神话故事中的生物，在东方文化中没有类似的概念，通常被认为是妖精的一种。

因为他们不理解何为想象、何为感觉，只会一字不落地复述自己学过的东西，所以就有这样的说法：想象是自发生成的，不存在原因。有人还持另一说法：想象通常来自意志，善意来自上帝的神启，恶意则来自魔鬼；换句话说，善意是上帝灌注到人的头脑中的，恶意则是魔鬼灌注的。某些人说：感觉会接收到事物的"素"，并将其传导至"五感"（common sense），五感再传导至幻象，幻象再传导至记忆，最后则由记忆传导至判断力中，就像左手传导至右手那样。他们讲了连篇累牍的废话却没让人搞懂任何东西。

人类或其他有想象能力的动物，通过语言或任意符号产生的想象就是我们常说的"理解"。人类和动物都有理解力，好比一条训练有素的狗可以理解主人的呼唤或呵斥，还有很多动物也能做到。但人类独有的理解力不局限于理解他人的意志，还能理解他人的理念与思想——通过事物名称的排列和语境所组成的肯定及否定的表达，以及其他形式的话语。我将在下文探讨这一类别的理解。

第三章

论想象的序列或系列

我将思想的"序列"（consequence）或"系列"（train）理解为思想之间的贯连；为了区别于语言上的讨论，我称其为心理讨论。

当人思考某件事的时候，他对这一事物产生的后续思想不像看起来那么偶然，也不是每个思想都能与其他思想很好地贯连起来。但是，就像我们不会对未曾全部或部分感觉到的事物产生想象那样，我们的想象也不可能转换到另一个不曾出现于我们感官中的事物上。原因如下：任何幻象都是身体内部的运动在感觉中的残留，而感觉中一个个紧密连接的运动在感觉消逝后依旧连续；当前一个思想再次出现并占据支配地位时，紧接其后的思想就会随着物质运动的连续性而出现，好比桌面上的水会流向手指导引的方向。但是，在感觉中紧接一个被感觉到的事物后面的，有时是某一想象，有时也会是另一想象，这就说明我们难以通过当前的想象来确定之后的想象；唯一可以确定的是，之后的想象也曾在某一刻与当前的想象相连。

这种思想系列或说心理讨论分为两类。第一类是无方向、无目的且不稳定的。其中不会有激情思想将自身作为欲望或其他激情的目标和最终目的，也不会管辖或引导跟随其后的思想。这种状态就是"走神"，在走神的时候，各个思想就像在梦中一样互不相干，常出现于独处且不关心外界事物的人身上；他们走神时，思想和其他时候一样忙碌，但缺乏协调，就像走调的琵琶或不懂琵琶的人弹出的声音。但即使在这种信马由缰的意识里，人们也总会找出一种思想方式，并找到思想之间的依存关系。比如，论及我国当前的内战时，多么不着调的人才能问出"罗马银币价值几何"这一问题？但在我看来，这一问题与内战有着非常明显的联系：想到战争就会想到国王被出卖给敌人，接着就会想到耶稣曾被出卖，由此也会想到三十银币就是出卖耶稣所得的赃款[1]。这样就能回答前面那个不怀好意的问题。因为思维是敏捷的，所以这些思想其实都能在瞬间产生出来。

第二类思想则更加稳定，因为它受到了某种欲望和目的的控制。我们寄予欲望或恐惧的事物往往会给我们留下强烈而持久的印象，即使一时消退也很快会卷土重来，有时甚至会强烈到妨碍乃至打断我们睡眠的程度。欲望会使我们想起曾见过的一些已被达成的目标，而这些目标又与我们现下的目标相似，我们就可以一个目标接一个目标地思考下去，直到找到一个力所能及的起点；又因为我们对这一目标的印象十分强烈，所以它常会出现在我们的意识中，即使我们走神了也会被带回之前的思路。古希腊七贤[2]曾向人们提出了"熟虑终末"的格言，就是因为观察到了这种情况，虽然当下这一格言已经过时。"熟虑终末"是指，在一切行动中都要把注意力放在自己欲求的事物上，并用它来指引自己的思想，直到实现目标。

定向思想系列也分为两种。一种是在我们追溯某种想象结果的成因或

---

[1] 犹大曾为了三十枚银币出卖了耶稣。

[2] 古希腊七贤：古希腊的七位哲学家、思想家。成员说法不一，译名也不一，一般认为有小亚细亚的毕阿斯、斯巴达的奇伦、罗得岛的克利奥布拉斯、科林斯的勃立安得、密提利那的庇达卡斯、雅典的梭伦和米利都的泰勒斯。因时间久远，记载他们思想的文献大多遗失，只留下一些格言。七贤中我们比较熟悉的有梭伦和泰勒斯。

形成方式时产生的，这种系列也为人类和动物所共有。另一种是在我们想象任一事物时，探寻其可能导致的结果，也就是说，当我们想象它的时候能做些什么。这种思想系列独见于人类，因为这是天性只有饥渴、性欲、愤怒而无其他激情与好奇心的生物无法具备的。综上所述，当为了实现某个目标时，心理讨论的本质就成了"探寻的能力"或"创造力"，即一种对当下或以往的事物追根溯源、由本知末的能力。当人们寻找丢失的物品时，他会将思想定位到记忆中发现物品丢失的时间、地点，并往前一点点追溯自己何时何地还携带着该物品，从而确定出一个具体的时间、地点进行寻找。然后他的思想就回到那个时间、地点，探寻可能导致他丢失物品的行动或场景。这个情形就称为"记忆"或"回忆"。拉丁文中，这种探寻自己先前行动的行为叫"回想"。

当他在探寻范围内确定了地点时，他的思想就会变得像为了搜寻珠宝而打扫房间的人，或为了追踪野兽而搜遍猎场的猎犬，抑或为了找到韵脚而搜寻整个字母表的人一样，不放过任何线索。

当人们渴望了解一种行为的结果时，他就假设相似的行为会导致相似的后果，然后逐个思考曾经发生过的相似行为及其导致的后果。比如他想预测某个罪犯的下场，就会追溯曾经见过的犯下类似罪行之人的下场，他的思想序列是：罪行，警察，监狱，法官和绞架。这样的思想被称作"预见"（foresight）、"慎思"（prudence）或"神启"（providence），偶尔也被称为"智慧"（wisdom）。尽管这样的推测通常不大靠谱，因为我们很难将所有情况都考虑在内，但有一点是毋庸置疑的：一个经历了更多事情的人会比其他人慎思得多，判断失误的情况也就少得多。只有当下的事物才存在于自然界中，过往的事物仅仅存在于记忆中，而将来的事物则根本不存在。将来的事物只是思想将过往行为的结果带入当下的行为而做出的设想；经验最丰富之人的设想也最准确，但也并非绝对准确。当事件与我们的预测相符时，这种预测就被称为"慎思"，但其本质也只是一种假设。所谓对将来事物的预见，其实是上帝的神启，因为只有他才能运用超自然的力量使预言发生。最好的预言家也是最好的推测者，他精通且熟知所要推测的事物——因为他掌握了最多可供推测的迹象。

迹象是结果的明显前兆，反过来说，曾经观察到的有关这一前兆的相似结果越多，迹象也就越可信。所以，若某人能在某一事务上掌握最多的经验，以及推测未来之事的迹象，那他就会是最慎思的人，且远胜刚进入这一领域的人，即使他人有天赋与机智上的优势也无法弥补这种差距——就算部分青年人并不赞同这一点，事实也是如此。

但拥有慎思并非是将人与动物区别开的原因。有些一岁的动物的观察力强过十岁的孩童，且能更审慎地追求对己有利的事物。

慎思就是依据过往的经验对未来做出的假设，因此还存在着依据一种过往事物对其他过往事物做出的假设。如果某人曾见证过一个繁荣的国家因为某种缘故陷入内战并一步步走向毁灭，那么当他看到其他国家的废墟时，就会猜测这里是否经历过相似的战争或相似的亡国过程。这种推测与对未来的推测有着相似的不准确性，因为两者都以经验为推测的基础。

在我能想到的情形中，除了生而为人、能运用五感之外，人类就不再有其他与生俱来、无须依赖他物或训练就能运用的意识活动了。我将在后文反复论述的、貌似为人类所独有的其他能力，其实都出现于语言文字发明之后，且大多数人都是靠指导与训练习得的，还要通过勤奋研究来增长能力。这是因为人类除了感觉、思想和思想序列之外不再有其他的意识活动。然而，这三种能力可以通过语言和其他方式提升到一个相当高的层次，使人类从其他一切生物中脱颖而出。

我们只能想象有限的事物，因此没有任何关于事物的理念或概念是可以称为无限的。没有人能想象出无限大的映象或构想出无限的速度、时间、力量或权力。当我们说任何事物是"无限的"时，只表明我们无法构想这类事物的尽头或边界，或者说，除自身的无能为力之外，我们对这个概念一无所知。因此，我们以"上帝"称呼神并不是为了构想他，因为他是不可思议的，他的伟大与权能无法被构想；我们的做法只是为了表达崇拜。如上文所述，人们所能构想的任何事物，都是那些曾完全地或部分地作用于感觉的事物，所以人们未曾感知过的事物就无法引发任何思想。

综上所述，想象一个事物的前提是想象它存在于某一地点，有确切的大小，或能被分成几个部分；除此之外，我们无法想象同一事物会同时出现在两个地点，也无法想象同一地点同时存在两个或多个事物，因为从来没有这样的事物存在过或是出现在我们的感觉中。所以不要轻信那些自欺欺人而不自知的哲学家和经院学者口中的一文不值且毫无意义的荒诞之言。

第四章

论语言

印刷术虽然是一项极具天才的发明，但是与文字的发明相比仍黯然失色。我们不知道谁是第一个使用文字的人，但传闻第一个把文字传入希腊的人是腓尼基王阿基诺尔的儿子卡德谟斯。这项利在千秋的发明使过往时代的记忆延续，也使分散在世界众多遥远地区的人们建立联系。文字的发明历经重重阻碍，因为人们需要仔细观测舌头、软腭和嘴唇等语言器官的各式动作，再根据观测的结果发明出相同数量的各异文字并加以记忆。不过在一切发明中最为珍贵且泽被后世的还是语言，它由语词或词以及各个语词之间的联系组成。人类将语言当作思想的记录载体，借助语言来回忆过往的思想，并且用语言区分自己与他人，从而互帮互助、互相交流。如果没有语言，人类的社会中就无法产生国家、社会、契约或和平，也不会比狮群、熊群或狼群更高明。上帝曾初创了语言，并教授亚当为动物命名的方法；《圣经》中的相关内容仅限于此，但也足以引导亚当在与动物们共同生活的时候造出更多的语词，进而逐渐用一种自己能够理解的方式将这些语词关联起来。随着时间的推移，足够多的语词被积累起来，虽然没有演讲家或哲学家所使用的那么丰富，但也足够他使用了。我在《圣经》中尚未发现直接或间接的证据，表明亚当被教授过关于图像、数字、度量、色彩、声音、幻想和关联的语词，遑论普遍、特殊、肯定、否定、疑惑、祈求、无穷等用途显著的语词，而实体、意向性以及经院学派使用的其他无意义语词就更不用说了。

然而，由亚当及其子嗣积累并扩增的语言又在巴别塔上完全失去了。[1]人类因背叛而受到惩罚，被上帝抹去了原有的语言，并从此流落到世界各

---

[1] 据《创世记》记载：彼时的人类联合在一起，说相同的语言，企图在平原上建立通天的高塔直接登上天国。上帝认为这是对自身权威的挑战，因此将人类的语言变乱，族群打散，自此，人类相互之间无法沟通，各散东西。巴别就是"叛乱"的意思。

处。所以现有语言的多样性一定是从"一切发明之母"的教导以及他们自身的发展中逐渐形成的，并随时间的流逝在世界各处愈发丰富。

语言的一般作用是将心理讨论和思想序列转变为口头讨论和语言序列。这又产生了两种作用：一是记录我们的思想序列。思想序列较易被我们遗忘，但能通过作为标识的语词再次回忆起来。因此，语词的第一种作用就是标识或记录我们的回忆。二是当许多人使用相同的语词时，能各自借助词与词之间的联系和顺序表达出对不同事物的构想或思考，并能表达各自的欲望、恐惧或其他的激情；在这一作用上，语言被称为"符号"（signs）。语言还有以下几种特殊的作用：一是展现出我们通过思索所得的任何现有或过往事物的成因，或它们可能产生的后果及影响。简而言之就是获取知识技能。二是向别人传达我们获取到的知识。这就是互相商议和互教互学。三是令他人知晓我们的意图和目的，以便互帮互助。四是以娱乐和炫耀为目的，做单纯且无害的文字游戏。

与上面这些作用相对的，也有四种滥用语言的情况：一是用词不当，错误地表达自己的思想。他们把未曾构想过的事物当成自己已经理解的概念进行表达，误导了别人也误导了自己。二是使用语词的隐喻义。也就是未按照语词的既定意义使用，于是欺骗了他人。三是利用语词把并非自己意图的事物谎称为自己的意图。四是利用语言彼此中伤。一些动物以爪牙为武器伤害天敌，而人类以口舌中伤他人就是对语言的滥用。除非对象是我们有义务管教的人，那么在这种情况下，中伤的目的就不是伤害而是改造与修正。

用语词为事物命名并将各个语词联系起来，就是语言帮助人们记住事物的起因或影响所产生的结果的方法。

谈到语词，有一些用于专指，即仅指一个事物，如"彼得""约翰""这个人""这棵树"等。还有一些语词用于泛指诸多事物，如"人""马""树木"等。每种事物虽然只用一个语词来描述，但代表的不是各异的、具体的事物，而是所有同类事物的综合，因此也被称为"普世的"。由于每个被命名的事物都是独立且唯一的，所以除了语词之外，世上就再没有别的普世的东西了。

一个普世的语词能冠以许多事物，因为它们具有某种相似的特性或偶性。专指的语词只能让我们想起一个特定的对象，而普世的语词能让我们想起众多事物中的任何一个。

普世的语词也有范畴大小的区别，且范畴大的能包含范畴小的；有些则范畴大小相同，相互包含。例如"身体"的范畴就比"人"的更广泛，并能包含后者；"人"和"理性"的范畴大小相同，且能相互包含。我需要指出，这里说的"语词"并不能仅从语法层面理解为一个单独的词，它偶尔也会因为复杂的表达方式而指多个词的结合，比如"行为遵守国家法律的人"就算作一个词，但含义与"正义"一词相同。

冠上这些含义与范畴或大或小的语词之后，我们就能将心中所构想的事物的计算过程转换为语词序列的计算过程。例如，一个人天生聋哑无法使用语言，当他将一个三角形放在眼前，再在旁边放上两个直角（比如一个正方形的两个角），或许就会默想着进行比较，察觉到眼前这个三角形的三个角等于旁边的两个直角。但要是再取一个不同形状的三角形让他观察，他若不重新冥思苦想一番，就无法察觉到眼前这个三角形的三个角也与这两个直角相等。而对能够使用语言的人来说，当他观测到这样的相等关系并非由边的长短或三角形的其他具体条件所决定，而只是由三个角和直的边决定，那么就可以大胆地提出一个普世的结论，称这种角的相等关系存在于所有三角形中，并会用这个通用术语展示他的发现："三角形内三个角的和与两个直角的和相等。"所以在一个特殊条件下得出的结论就可以用一种通用的定理记载并保存下来；而在第一次得出结论后，就不需要再劳神劳力、随时随地地重新推算，因为我们在一时一地发现的真理是放之四海而皆准的。

但是，在记录我们的思想时，语言最突出的作用还是计数。一个天生有智力障碍的人可能根本记不住"1，2，3"等数字的顺序，当他注意到钟的每次敲击时，虽然会一边点头一边说："一次、一次、一次"，但永远无法知道钟的敲击代表几点。曾有一段时间人们不会使用数词，只能被迫用手指头计数，所以目前每个民族的数词都只有十个，有些甚至只有五个，数完就只能从头开始。就算能数到十，在背乱了顺序的时候也会变得迷糊，不知道自己数完没有，更不用说运用加法、减法以及其他运算了。没有词语就无法计数，也无法运算大小、快慢、力值等，而这些运算对人类的生存和生活而言都是必不可少的。

将两个语词结合在一起就会形成一个结论或论断，如"人是一种动物"

或"如果他是人，他就是动物"，若"动物"的含义能包含"人"的全部含义，那么就说这个论断或结论为"真"，否则就是"假"。这里说的真和假并非事物的属性，仅仅是语言的属性，所以在没有语言的地方就没有真话和谎言；而错误是可能存在的，比如我们在预测某事不会发生或是怀疑某事未曾发生时，就可能会出错。但是，无论在哪种情况下，我们都不能说某人是"不真"的。

因为"真"体现于语词在论断中的恰当排列，所以追求严谨真实的人要牢记自己使用的每一个语词的含义，并据此进行排列；否则他就会像被粘鸟胶粘住的鸟那样在词语中纠缠，且越挣扎粘得越牢固。纵观古今，上帝垂爱人类而赐下的唯一科学正是几何学，而人类关于几何学的研究就是从明确语词的含义开始的。这种明确语词含义的历程称为定义，人类以定义为基础才能展开运算。

这就揭示出，对所有致力于寻求真理的人而言，查考以往的作者做出的定义是多么重要。若前人的定义是草率的，我们就需要进行修正或重新明确定义，因为定义中的错误会在运算过程中不断放大，并将我们引向荒诞的结果。虽然人们能从结果上发现错误，但是定义的错误是一切错误的源头，所以只能不可避免地从头再来。盲目相信书本就会像某些人那样，只会将许多较小的数字加算成一个较大的数字，却不会思考自己的算术是否正确；甚至会在错误昭然时，仍对书本深信不疑，不知道如何才能解决问题，只能把很多时间浪费在不停地翻检书本上。这就好像鸟从烟囱飞进房屋并发觉自己被困住，因为不够聪明，无法辨认自己是从哪条路进入的，就只会朝着透光的玻璃窗胡乱扑腾。所以语言的首要作用就是正确地定义语词，这也是获取科学知识的途径。语词的错误定义或无定义正是第一种滥用语言的根源，并从中产生了所有错误的或无意义的信条。这也使得那些迷信书本权威而不会自主思考的人，甚至还不如无知之人，二者的区别就像拥有真知者强过无知者一样，因为无知处于真知与错误学说的中点。源于自然的感觉和想象不会流于荒诞，因为自然本身并不会出错，但人们掌握的语言越丰富，就越比一般人智慧或疯癫。若文字不存在，就不会有智慧过人的人，同样也不会有愚昧至极的人，除非他们的记忆因为疾病或器官病变而受损了。语词是智慧者的砝码，他们只用它进行演算；但对愚昧者而言，语词却是他们的钱财，他们依据亚里士多德、西塞罗、托马斯或任意一个学者的权威来评估这些钱财的价值。

凡是能够进入账目或已在账目中的，且能够相加求和或相减求差的任何事物，都可以看作语词的主体。拉丁人把"账目"称为"理性"，把"算账"称为"推理"，我们在账单和账本内称作"条目"的，他们称为"名目"，也即语词；他们就是这样将"理性"这个词运用在推理各种事物的能力上。希腊人将"语言"和"推理"统称为"逻辑"（logos）。他们不觉得语言依赖推理，而是觉得推理依赖语言；他们将推理的过程都称为"三段论"，也就是对语词先后顺序的概括。同类事物也会因其各自的偶性进入推理的过程，所以为了呈现它们的差异性，这些语词就会产生变形或分化，而分化又有四种类型：

第一，同一事物或许会因物质或物体的性质而分化。例如，"存活的""有感知的""有理性的""炙热的""寒冷的""动的""静的"等就属于这一种，并可以被人理解。这种语词统统为物质的语词。

第二，事物也会因我们对它自带的某类偶性或性质的认识而分化。例如，"被移动的""这样长的""是热的"等特性被分化时就如此。在这样的情况中，事物自身的名称只要稍加变动或稍微与本意有偏差，就能变为我们思想中的偶性语词。例如，"生命"之于"活着的"，"动作"之于"动的"，"热"之于"热的"，"长度"之于"长的"。所有这一类语词，即令某种物质区别于其他物质的偶性或特性的词，人们都称为"抽象语词"。因为它们并不是从物质本身总结出来的，而是从对物质的推理中总结出来的。

第三，我们还会把自己体内的特性纳入考量范畴并加以区分。比方说，当我们看到某物时，我们思考的并非这一事物本身，而是这一事物在幻象中的"景象""色彩"或"观念"；在我们听到某物时，我们思考的也并非这一事物本身，而只是关于这一事物的"听觉"或"声音"，这些都是作用于我们耳朵的幻象或概念，因此这种语词也称为"幻象语词"。

第四，我们也会对语词和语言进行思考，然后冠以名称。像"普通的""广泛的""特别的""分歧的"等都是修饰语词的词，而"肯定""疑问""命令""叙述""三段论式的""说教""演讲"等其他同类语词，就是关于语言形式的语词。上述就是"肯定式语词"的所有种类。它们被用以标识：（1）自然界里存在的事物；（2）人们心中虚构的、想象的或实际存在的事物；（3）事物的特性或被假想出的性质；（4）语言和语词。

还有一些词被称为"否定式语词"，其含义是某个语词并不代表所指的事物，比如说"无物""无人""无限""无法教的""无法实现的"等。即使它们不被视为表示任何事物的语词，人们也能借之否定那些被错误运用的语词，所以它们能够帮助我们推理、修正推理或回忆过去的思想。

其他的一切语词都是无意义的声音，共分为两类。一类是新发明的词，其含义尚未有定义来解释。经院学者和糊涂的哲学家们发明了许多这样的语词。

另一类是将两个含义冲突且互相矛盾的语词放到一起而发明出的，"非实质物体"和"非实质实体"（实际上是一码事）等大量类似的词都属于此类。因为无论在什么时候，只要一个论断是假的，那么构成这一论断的两个名词即使合二为一也不具备实际意义。比如"四角形是圆的"是一个假论断，那么"圆的四角形"一词就不具备实际意义，而只是一个无意义的声音罢了。同理，若"美德能够灌注或吹入"这句话是假的，那么"灌注的美德""吹入的美德"就和"四角圆形"一样愚蠢且无意义。我们见到的愚蠢且无实际意义的语词几乎都由希腊语或拉丁语语词组成。一个法国人几乎不会听到有人称救主为 Parole，而只会听到 Verbe 的称法，但 Verbe 与 Parole 的含义完全没有区别，只不过一个是法语而另一个是拉丁语罢了。

当一个人听到任意一句话时，能够理解其中每个语词以及语词连接起来的意义，就可以说是理解了这句话；而"理解"无非是由语言引起的概念。这样看来，既然语言是人类所独有的（在我看来是这样），那么理解也就是人类所独有的了。所以，若荒诞的语言和假论断是普世的，那么世上就不存在理解了；即使许多人自认为能够理解，也不过是在鹦鹉学舌或自我欺骗罢了。

我将在探讨完激情后再来讨论与人类内心的欲望、厌恶、激情等心理活动相关的语词，以及人们对它们的使用与滥用的情况。

既然不同的人对同一事物产生的情感各异，同一个人在不同时间对相同事物的感受也并非一成不变，那么用来表达能让我们快乐或痛苦的事物的语词，在人们的日常讨论中也就没有固定的含义。因为一切语词都用于表达概念，而任何感情都属于概念，所以如果我们对某一事物的感受不同，为它们冠上不同的名字也就在所难免。即使我们感受到的事物在本质上相同，也会因个人体质与看法的差异而产生相异的感受，并为每一种事物染上各自相异的激情色彩。所以，一个人在进行推理时务必关注语词：它不仅涵盖了我们对事物本质的想象，还包含了说话者的特性、倾向和取向。"美德"和"邪恶"等词就是如此：一个人称为"恐惧"，另一人则称为"智慧"；一个人称为"公平"，另一人则称为"残忍"；一个人称为"慷慨"，另一个人则称为"奢靡"；一个人称为"愚昧"，另一人则称为"庄重"……因此这些语词一向不能用作任何推理的真正基础，这对比喻或隐喻而言亦同，只不过后者的危害程度较低，因为比喻与隐喻本身就利用了语词含义的不确定性，但推理并非如此。

第五章

论推理与科学

人们展开推理的过程，就是在心里把各个部分累加在一起得到一个总和，或是把一个数目与另一个数目相减得到一个差值的过程。如果使用语词来进行这类推理，就是在心里将各个单独的语词序列组合为一个整体，或是通过这个整体或单独的语词推得另一个单独的语词。人们运算数字的方法不仅有加、减，还有乘、除等，但说到底这些运算都是一回事。因为乘法就是把相同的事物相加，而除法则是把一个东西尽可能多地减去。这些运算方法也不只局限于数字，还适用于任何能够进行加减的事物。比如，算术者在数字方面谈论加减；几何学家在直线、图形（二维和三维）、角、比例、倍数、快慢、力等领域谈论加减；逻辑学者在语词序列方面进行加减，如两个词相加得到一个论断，两个论断相加得到一个三段论，多个三段论相加得到一个证明，在一个三段论的总述或结论里减掉一个命题得到另一个命题，等等；政治学家把契约相加从而得出人们的义务；法学家将法律和实际行为相加判断出个人行为中的是与非。概括来讲，对任何事物而言，需要加减的地方就离不开推理；若是用不到加减，那么推理也就无从谈起。

综上所述，当我们认为"推理"是一种心理官能的时候，我们就能对它做出定义。在这一意义上，"推理"就是对人们一致认可的常用语词的计算，并标识或阐明我们思想的过程。当我们自己进行计算时称为"标识"，而当我们向他人展示或论证自己的计算时则称为"阐明"。

未经训练的人在算术时一定会犯错，就算是教授们也在所难免，那么，在推理其他问题时也同样如此：最精干、最细致和最老练的人也有概率上当并得到虚假的结果。但推理本身的正确性是毋庸置疑的，就像算术一直是一门绝无错误、牢不可破的学科一样。但是，任何个人或群体的推理都不能作为固定的标准，就像计算的结果不会因为得到了很多人的支持就成为正确的一样。所以，如果计算中产生了异议，相关双方就要默契地将一个仲裁人或裁判的推理视为正确的，并服从他的判决，否则他们就会从争执不停演变为斗殴，或是因为缺乏一个公认无误的推理而让这一事件成为悬案。一切辩论也都如此，有时候某些人觉得自己比其他人都要精明，叫嚣着要通过无误的推理来进行判决，但他们要求的其实就是以自己的推理决定事情，而不接受他人的推理：这就像打桥牌时不遵守规则的人那样，令人难以忍受。因为他们的做法就是把每一种控制自身的激情当作正确的推理，而他们对正确推理的要求也体现了其推理能力的缺乏。

推理的用途和目的，并不是要找出与语词的原始定义和既定意义相去甚远的一个或一些结论的总结或真相，而是要以这些原始定义与既定意义为开端，从一个结果推导至另一个结果。如果据以推理的所有论断或驳论都不准确，那么最终的结论也自然不会准确。好比在家中负责账目的家长，若只会把所有账单上的账目加在一起，而不在乎每张账单上的账目是怎么来的，也不在乎购买的究竟是什么东西，那么这种对所有会计的能力和诚信的盲信，对他计算账目而言没有一点好处。这对推理其他事物也适用，若一个人只会相信著述者的结论，而不会从原始账目（即根据定义得到的语词意义）开始自行推理，那么他就会像那个家长一样，浪费了精力而得不到任何收获，只是盲信盲从罢了。

某些特定的事物，我们即使不用语词也能加以推理，就像我们看到这些事物时，能够想象它们曾发生过什么或将要发生什么一样。当以这种方式展开推理，且推理不出我们想象的内容时，就称为出现了"错误"（error），哪怕最善于慎思的人也无法避免这类错误。若我们是通过常用的语词推理出一个错误的普遍性结论，虽然它也是错误的，但本质上只是荒诞的或无意义的语言；因为错误仅仅指在假设事物的过去情况或未来情况时产生的失误——即使假设的情况不曾出现或将来不会出现，且不存在不合逻辑的地方。当我们做出一个一般性的论断时，除非它为真，否则可能出现的结果就难以预计。那些只能让人想象出声音的语词，我们就称之为"谬论""无意义"和"一派胡言"。所以，若有人宣称"四角圆形""奶酪的面包偶性""非物质实体""自由臣子""自由意识"，或除了"挣脱敌人约束的自由"以外的一切"自由"时，我并不会说它们是错误的，因为这些言论没有实际的含义，只能称之为谬论。

我在第二章曾论及，人类有一项从其他动物中脱颖而出的能力，即在构想任意事物时，能探寻其结果并运用它的能力。现在我要对这一优势做出补充，人类还有这样一种能力：能通过语词，使自己发现的结果变成"规则"或"定理"这样的普遍准则。换言之，人不仅能对数字做出推理或运算，还能在所有可以进行加减计算的领域展开推理或运算。

但这一特殊能力与发表谬论的能力相伴相随。发表谬论的能力是人类独有而其他动物所没有的，而最精于发表谬论的就是哲学家。西塞罗对哲学家的看法实在令人信服，他说："世上任何一种谬论都能在哲学家的书里找到。"因为哲学家不会从定义语词或从解释自己使用的语词展开推理——只有几何学运用了这种论证方法，因此能得出无争议的结论。

第一类谬论的成因，在我看来是缺乏正确的方法。若推理不从定义开始、不从语词的既定意义开始，就好像不知道数词"1，2，3"的值却要算账一样。

基于上一章讨论到的不同考量，任何事物都能被用于计算。由于物体都有各自的名字，所以，若是通过无序且关联不准确的语词做出论断的话，就会出现各种各样的谬论。于是就有了第二类成因。

第二类谬论的成因，在我看来是把描述特性的语词赋予了物体，或是把描述物体的语词赋予了特性。有人说"信念是被灌入或吹入的"，但事实上，只有物体才能被灌入或吹入其他事物。"广延就是物体""幽灵就是灵体"等说法都属于谬论。

第三类成因，在我看来是将描述外界物体特性的语词用于描述我们的感官特性。有些人说的"物品里有色彩""空气里有声音"就属于谬论。

第四类成因，是将描述物体的语词用于语词或语言。"某些物品是普世的""一只动物就是物种"等都属于谬论。

第五类成因，是将描述偶性的语词用于语词或语言。"一个事物的本质就是它的定义""一个人的命令就是他的意志"等都属于此。

第六类是使用隐喻、比喻或其他修辞手法却不用正式的语词。例如，在日常交流中，"路就是把我们往那里领的""谚语说了这个说了那个"这种话都是很合理的，但实际上道路并不会引领我们，谚语也说不了话。因此，若想运算或探究真理就不能使用这类修辞。

第七类是使用无实义的语词。如"双位同体""体位转化""体位趋同""永恒现存"等经院学者们在神学院中死记硬背的术语。

如果人们能避开这些问题就不会轻易地发表谬论了——除非推理过程太过冗长，导致他忘记自己进行到哪一步了。只要遵守良好的规范，每个人都能发挥自己生来具有的同等的良好推理能力。敢问有哪个人会愚昧到在别人指出他几何运算中的失误时仍然要固执己见呢？

综上可知，理性并不像感觉与记忆一样是生而有之的，也不像慎思那样完全从经验中得来，而是靠勤奋用功获得的。它起始于正确地运用语词；其次是通过良好且有序的方法处理作为基础元素的语词，促使其相互关联并构成论断；接下来就是产生三段论，也即产生论断间的相互关联，直到我们得出与这一问题相关的语词的全部结论——这就是人们口中的科学。感觉和记忆只是与事实相关的知识，是不再变更的既定事物，而科学则是关于结果与结果或事实与事实之间依存关系的知识。据此，我们就能以手头的事务为基础，凭借自己的意愿在任何时间完成自己想做的事或与目前事务相似的事。因为，当我们明白了某个事物的产生、成因及其作用方式，也就明白了如何让我们能力范围内的相似事务产生相似的结果。

虽然孩童在掌握语言之前不能进行推理，但因为他们日后一定会掌握推理的能力，所以仍被认为是理性的动物。即使大多数成年人都有一定的推理能力，能在一定的范围内进行运算，但这在日常生活中其实没什么用。因为人们的经历、记忆的敏锐度和对事物的倾向都有差异，特别是各自的运气与犯过的错误也有所不同，所以在打理自己的事务时也各有优劣。在论及科学知识或特定的行为准则时，他们之间的差异就更大了，有些人甚至对此一无所知：他们觉得几何学是魔法，而其他学科也差不多。没有受过基础教育或更高教育的人不知道这些学科是如何产生和发展的，就像孩童们不知道人是如何出生的，所以就被妇女们哄着相信自己的兄弟姐妹不是被生下来的，而是从菜园子里被捡回来的。

即使人们对科学一无所知，也能靠着自己天性中的慎思，处于一种较好且高尚的状态。但比较糟糕的情况是，一部分人因为自身的错误推理或相信了他人的错误推理，而陷入虚假与荒谬的歧途。对事物的成因与法则的无知虽然同样会让人走上歧途，但并不会像陷入虚假与荒谬并以之为志向的人走得那么远。

总而言之，明确的语词是人类的心灵之光，但首先必须使用严谨的定义进行检验，消除其模糊性。推理是人类前进的步伐，不断发展的科学是人类前进的道路，全人类的福祉便是前进的终点。而相反，隐喻、无实际含义和含混不清的语词就像鬼火，以其为依据进行推理就好像彷徨于无尽的谬误之中，并只能得到争斗、叛乱或耻辱等结果。

充分的经验就是慎思，充分的科学知识就是"学识"（sapience），我们通常会将二者统称为"智慧"，但是拉丁人对这二者是一直加以区分的。他们将慎思纳入经验，将学识纳入科学。为使二者的区别更加清楚，我们可以做出假设：一个人生来擅长使用武器，而且用得相当娴熟；另一个人则不仅武艺娴熟，还掌握一门学问，通晓一切攻击或防守的招式。前者的才能比起后者就像慎思的作用比起学识，二者都有用，但后者更无懈可击。迷信书本权威、问道于盲者的人，就像迷信击剑大师的错误理论的人一样——鲁莽地奔向对手，却只能获得死亡或耻辱。

在科学知识的标识中，一部分是确定的、无懈可击的，另一部分则是不确定的。若某人自称有学识，能教授关于某一事物的学问，且能向别人讲清楚其中的真义，这就算是确定的标识。若某人自称有能适用于某种场合的学问，却只能在少数特定的事件中得到验证，那么这就是不确定的标识。而任何慎思的标识都是不确定的，因为我们不可能洞察过往的一切经验并牢记一切影响事物成败的因素。若人们对自己要处理的事务不具备充分的知识储备，并且抛弃自己天生的判断力，将读过的错漏百出、笼统含糊的书视为指导方针，那么就是愚昧的标识，通常会被嗤笑为陈腐。即使是那些在国家议会里爱好显摆历史和政治学问的人，在处理涉及自身利害的私事时也往往会收敛起来，变得更为慎思。但在公事方面，他们更在乎自己智慧的声望，而不在乎他人事务的损益。

第六章

论激情与表达激情的术语

动物体内存在两类独有的运动。一类是"生命运动",始于出生,终于死亡。如血液的流动、脉搏、呼吸、消化、营养、排泄等都属于此。这类活动不依赖于想象。另一类活动被称为"动物运动",也称为"自发运动",也即按照出生时就印在大脑中的方式走路、说话和活动四肢。感觉是人体内脏与体内其他部位的运动,是我们所见所闻的事物产生的作用,幻觉就是这种运动残留在感觉中的痕迹,这些已经在第一、二章中讨论过了。因为走路、说话等自发运动一定取决于之前发生的类似"走到哪里""如何到达"和"说什么的话"等念头,因此想象显然成了自发运动最初的内在开端。有些运动着的事物是不可见的,有些则因为运动范围过小而难以被人感觉到,但是,即使无知者构想不出这样的运动也不影响它们的真实存在。无论这个空间多么小,都是更大空间的一部分,而任何进入更大空间的运动都必须先经过这个较小的空间。在人体内部,当这类微小运动的开端尚未呈现为走路、说话、击打或其他可见的行为时,往往就被称为"意向"。

当意向指向引发它的某样事物时,就称为"渴望"或"欲望"。"欲望"是泛指,而"渴望"常用于专指与食物相关的欲望——饥饿和口渴。而逃避某类事物的意向,通常称为"厌恶"。渴望和厌恶都源于拉丁文,二者都指代活动:一种是靠近,另一种是远离。在希腊文中,όρμή 和 άφορμή 这两个词的含义与之对应。自然有时确实会将真理直接提供给人们,但当人们得到这一真理后仍要追求自然之外的事物时,通常就会被绊倒。经院学者们无法从走路或运动的渴望中发现任何实际存在的运动,但又不得不承认某种运动确实存在于其中,所以他们就称这类行动为"隐喻式运动"。实际上这种说法再荒谬不过了,因为只有语词才能称为"隐喻式"的,物质和运动则不能。

人们对喜爱的事物产生欲望,对憎恨的事物产生厌恶。因此,欲望就等同于爱。一般而言，欲望指向的是缺席的对象，而爱指向的是在场的对象。同理，厌恶指向的是缺席的对象，而憎恨指向的是在场的对象。

渴望和厌恶有些是与生俱来的。渴望指向的对象有进食、排泄以及其他少数几种行为，但从某种程度上讲，体内感受到的对排泄的渴望更应该称为厌恶。其他的渴望则是指向具体事物的，我们可以从自己的经验以及它对自身和他人的影响中得知。我们对一无所知的或不相信其存在的事物毫无欲望；但厌恶不仅指向那些伤害过自己的，也指向那些不知道是否会伤害到自己的事物。

那些我们既没有欲望也不憎恨的，就是我们"蔑视"的事物。蔑视就是对某些特定事物的无动于衷或持续抵抗；出现这种情况，是因为心思已被其他更有力的对象触动或对这些事物缺乏经验。

因为人体是一直活动着的，所以同一事物就无法一直在某个人身上引发相同的渴望和厌恶，也不可能让所有人都对同一事物产生相同的欲望。

一个人渴望或有欲望的对象，对他而言就是"善"的，而他憎恨或厌恶的对象就是"恶"的，他蔑视的对象就是卑微的或不值一提的。由于"善""恶"和"蔑视"的用法常与使用者紧密关联，所以没什么事物是单一的或绝对的，善和恶的共通准则也就无法从对象的本质中寻得。在没有国家的地方每个人都有自己的准则，而在国家之中则由国家的代表人代表这种准则；也可以从争论双方都认可的仲裁人或裁判那里得到，并将其判决用为相关事物的准则。

拉丁文只有两个词的意思和"善""恶"相近，即 pulchrum（美）和 turpe（丑），但不能一一对应。pulchrum 指表现为善的事物，turpe 指表现为恶的事物，英语中也没有能包含这两种含义的常用词。与 pulchrum 相关的事物，我们称其优美、漂亮、宏伟、美丽、得体、秀美、可人等；而与 turpe 相关的事物，我们称其恶俗、丑陋、丑恶、卑劣、恶心等，用法视实际问题的需求而定。当所有词都运用得当时，指代的就仅仅是善或恶的表现。因此善就分为三种：预期之善称为"美"，效用与目的之善称为"愉悦"，手段之善称为"有利的"。恶也分为三种：预期之恶称为"丑"，效用与目的之恶称为"不快""烦扰"，手段之恶称为"无利""有害"。

就像我之前说过的，我们身上产生的感觉，只是由外部物体的作用而引起的运动，它在视觉上表现为光和颜色，在听觉中表现为声音，在嗅觉中表现为气味，其他的不一一举出。所以，当一个事物的影响经过眼、耳与其他器官再传导至心脏中时，它的实际作用就只是产生运动或者意向，而它的运动也会导致渴望或厌恶。而这种运动的表现或感觉，就是我们说的愉悦或烦扰的情感。

这种被称为"渴望"的运动，表现为愉悦或开心，它看上去是对生命运动的增强或辅助，因此用愉悦来称呼是恰当的。相反的，阻碍和阻挠生命运动的就叫不快或烦忧。

由此可知，愉悦和开心就是善的表现或感觉，不快和烦忧就是恶的表现或感觉。所以，渴望、欲望和爱或多或少地带来了愉悦，而憎恨和厌恶也或多或少地带来了不快和烦忧。

有时，开心或愉悦来自对现实事物的感觉，也可以称为"感觉的愉悦"（pleasure of sense）；而"情欲"（sensual）的说法则只见于那些谴责者。这种愉悦，包含了身体所有方面的纳入与排出，也包含了与视觉、听觉、嗅觉、味觉和触觉相关的所有令人愉悦的事物。还有一些愉悦，产生于对事物结果或后果的预期；无论这些事物本身能否带来感觉层面的愉悦，预测者们都会因自己的预期而产生心理上的愉悦，这通常被称为"快乐"。同理，有些与感觉相关的不快就被称为"痛苦"，与预期相关的不快就被称作"悲伤"。

这些渴望、欲望、爱、厌恶、恨、快乐和悲伤等简单的激情，在不同的考量中也有着不同的名字。首先，当它们一个接一个出现时，因为人们对实现欲望的可能性的看法不同，所以赋予它们的名字也不同；其次，因为爱或恨的对象不同，它们被赋予的名字会不同；再次，当它们被整合起来加以考量的时候，被赋予的名字也不同；最后，它们也会因自身的变化与连续性而被赋予不同的名字。

当人们认为可以实现自身需求时，渴望就称为"希望"。

相似的，当认为无法实现自身需求时，渴望就称为"失望"。

当人们认为自己会被外物所伤时，厌恶就称为"畏惧"。

相似的，当人们希望能依靠抵抗而避免损害时，厌恶就称为"勇气"。

忽然爆发的勇气是怒气。

持续的希望是自信。

持续的失望是不自信。

当我们目睹他人受到了严重伤害，而构想自身受到这种伤害时产生的怒气就是愤慨。

对别人好的欲望就是仁厚、善良或爱。若人类普遍具有这种欲望，就可以称为善良的天性。

对财富的欲望就是贪婪。这个词始终用作贬义，因为追求财富的人在他人获得财富的时候是不快的。至于应当谴责还是准许这种欲望，则要就获取财富的方法而论。

对地位或特权的欲望就是野心。这个词同样可以根据上述原因而被用作贬义。

对无助于达成最终目标的事物的欲望和对无碍于达成目标的事物的畏惧就是懦弱。

对无甚帮助或无甚阻碍的事物的蔑视就是豪迈。

面临死亡与受伤的危机时，表现出来的豪迈就是英勇或坚毅。

在动用财富方面展现出来的豪迈就是慷慨。

在卑微时表现出的胆怯，依据是否被人偏爱，称为可怜或寒酸。

因为社会交往而对人产生的爱就是亲切。

只因为感官愉悦而对人产生的爱就是天然的情欲。

因为回忆、想象愉快的过往而产生的爱就是享受。

专爱一个人并且想要得到其专爱就是爱的热情。相似的，害怕自己的爱得不到回应就是吃醋。

伤害他人，并使其为曾经做过的事忏悔的欲望就是报复。

想理解事物的成因和发展的欲望就是好奇。这种欲望是人类独有的，因此人区别于其他动物的原因不只在于拥有理性，也在于拥有这一专有的激情。至于其他动物，占据其主导地位的是对食物的渴望时其他感官上的愉悦，所以它们就不在意探寻原因。好奇是一种心灵上的情欲，这种通过持续不断地获取知识而获得的愉悦，能够超过一切短暂且强烈的肉欲享乐。

对那些从想象或故事中虚构出的无形力量的恐惧，若被公开允许就是宗教，若不被允许就是迷信。当这种力量确实符合我们的想象时，就是真正的宗教。

因为不明原因或情况而产生的恐惧就是恐慌（panic terror）。据传说记载，恐慌来自潘神（Pan），也因此而得名。实际上，最初产生恐惧的人是知道原因的，但其他人都以为别人知道些什么，所以恐慌就传播开了。因此，这种激情只存在于一个拥挤且人数众多的群体中。

因为理解了新的事物而开心就是惊讶，这是人类独有的。因为它激发了人们探寻原因的欲望。

因为想象自己拥有权力和能力而开心，这种得意之情就是自豪。若自豪源于曾经的行动与经验，就和自信等同；若源于别人的奉承或自己的臆想，就只是虚荣。"自豪"这一词是颇为恰切的，因为有底气的自信能够激励奋发；而妄想自己拥有权力却带不来任何东西，在这一意义上，"虚荣"的"虚"也是恰切的。

认为自己缺乏能力而产生的悲伤就是沮丧。

青年人最容易因为假想或假设自己拥有了一些本没有的能力而产生虚荣，同时这种虚荣也会被英雄人物的历史事迹或虚构故事助长，这种心理一般会因为年龄的增长或开始工作而得到矫正。

突然迸发的自豪是一种能带来笑容的激情：要么是因为做出了令自己倍感快乐的事；要么就是知道了他人的缺点，并在与他比较后为自己喝彩。这种情形通常见于那些知道自身能力最差的人身上，他们需要通过监视他人的缺点来让自己感觉好受些，所以总对他人的缺点发笑就是懦弱的表现。而伟人的品质之一就是帮助别人并使其脱离人们的嘲笑，且只将最优秀的人视为自己的比较对象。

相对的，突如其来的沮丧则会引发哭泣，这是自己内心的希望落空，或支撑自己的力量忽然消失造成的。非常依赖外部帮助的人，比如女人和孩童最容易哭泣。有些人会因为失去朋友而哭，有些人会因为朋友不义而哭，还有些人会因为报复的念头在和解中忽然受阻而哭。但是，在这些情况中哭和笑都是突然的行为，也会因为逐渐适应相关的激情而停止——人不会为老掉牙的笑话发笑，也不会为很久以前的灾难而哭泣。

因发现了某些能力方面的缺陷而悲伤就是惭愧，令人脸红羞赧的激情也是惭愧。当发现了某类不体面的事时就会出现这样的情绪，对青年人而言这也是值得赞美的在乎名誉的表现；对老年人而言，虽然也是一种在乎名誉的表现，但因为来得太迟而不值得赞美。

蔑视名誉就是无耻。

为别人的灾难而悲伤就是怜悯，其源于想象到相似的灾难可能会发生在自己身上，因此也是同情，用现在的俗话讲就是同病相怜。所以，善良之人不会对罪恶之人应得的苦难报以同情，那些觉得自己绝无可能遭受这种苦难的人也不会有丝毫怜悯。

因为自己的幸福有保障，而轻视或毫不在意他人经受灾难就是残忍。在我看来，幸灾乐祸的人都有不可告人的目的。

因为竞争对手在财富、名誉或其他优势上获得成功而感到忧虑，并发奋图强希望能与之匹敌甚至超越他就是竞争。若是想方设法妨害、排挤和干扰对手就是嫉妒。

如果某人心中对某个事物的渴望、厌恶、希望和畏惧交替出现，做或不做这件事的各种利弊在头脑中相继出现，而导致有时渴望，有时厌恶，有时希望能做到，有时却感觉失望或畏惧尝试，直到这件事被实现或被认为不可能实现。在整个过程中产生的欲望、厌恶、希望和畏惧就是斟酌。

如此看来，我们不会有斟酌过往的事，因为已成定局；同样，我们也不会斟酌那些已知不可能发生或认为不可能发生的事，因为人们明白斟酌它们毫无意义。当我们认为一些不可能发生的事有了发生的可能时，或许会加以斟酌，直到发现自己在做无用功。"斟酌"（deliberation）得名的原因是，它终止了我们根据自身的渴望或厌恶来决定是否做某件事的"自由"（liberty）。

动物身上也会出现这种渴望、厌恶、希望、畏惧交替出现的情况，所以动物也会斟酌。

一旦被斟酌的事物已经实现或被认定无法实现，所有的斟酌也就宣告结束。因为在此之前，我们都有依据自身的渴望或厌恶决定是否做这件事的自由。

在斟酌时，能直接导致是否行动的最后的渴望或厌恶就是意志（will），这一被导致的行动（并非官能）就是意愿（willing）。动物能够斟酌就一定也有意志。经院学者一般将意志定义为"理性的渴望"，但这个定义是错的。因为自愿行为的确是出于意志的行为，若他们的定义正确，就不会有与理性相悖的自愿行为了，所以我将其定义为"在之前的斟酌中出现的渴望"而非"理性的渴望"，那么意志就是斟酌过程中的最后的渴望。在一般的讨论中，若某人说曾有做某件事的意志却没有做，那么准确地讲，他的意志就不过是一种无法产生自愿行为的倾向，因为行为不依赖于这种倾向，只有最后的渴望或倾向才能决定行为。如果半途出现的渴望可以让任何行为变成自愿的，那么同理，所有半途出现的厌恶也可以让同一行为变成非自愿的。这样一来，同一行为就不仅是自愿的而且是非自愿的了。

据此可知，以贪婪、野心、情欲或对这个事物的其他渴望为起点的行为是自愿的行为，以厌恶或畏惧不采取行动的后果为起点的行为也是自愿的行为。

表达感情的语言和表达思想的语言有相同和相异的部分。首先，一般而言任何激情都能以陈述式的语言表达。比方说"我爱""我畏惧""我开心""我斟酌""我情愿""我命令"等。但其中一部分有着独特的表达方式，这种方式往往不是肯定式的，除非除了被用于表达这些激情之外，它们还被用于表达其他的推理。斟酌还会以假定式的语言表达，这类表达的正确用法就是呈现假定和结论，比方说"如果做好了这个方面，那么那个方面就会伴随产生"等。这同推理的语言并无分别，不过推理使用的是普世的语词，而斟酌使用的大多是专有的语词。表达欲望和厌恶所用的语言是命令式的，比如"做这件事""不准做那件事"等。吩咐或禁止对方做某事就是命令，否则就是祈求或商议。表达虚荣、愤慨、怜悯与报复时使用的语言是祈使式的。但是，对于求知欲则有一种独特的表达方式，即疑问式，比方说"这是什么？""何时会？""如何做的？""怎么会这样？"等。除此以外我就没有发现过其他与激情有关的语言了，因为诅咒、发誓、辱骂等不能算是语言，只是舌头的习惯性动作罢了。

我认为，这些语言形式就是对我们激情的自觉或自愿的表达，而非与我们激情的表现完全一致。因为无论使用者是否有这类激情，都能够随意使用这些语言形式。现实中，最显著的激情总是表现于人的面貌、身体活动、行为以及我们通过其他方式得知的这人的目标或目的上的。

在斟酌的过程中，从我们对事物的善果、恶果或对斟酌成果的预测中，产生了渴望或厌恶。而这些结果的善恶也来自我们对复杂的结果之链的预判，只是没有人能看到结果之链的终点。但是，仅就一个人可见的范围而言，若这些结果中善好恶多，那么这整个链条就是著作者们说的"显而易见是善的"或"貌似是善的"。当恶多于善时也同理。最有经验或理性的人，对结果也有着最富远见且最可靠的预判，因为这些人本身也是最擅长斟酌的。如果他们愿意，就能给别人提出最可靠的意见。

人每时每刻都想在自己所欲望的事物上取得持续的成功，也就是所谓生生不息繁荣昌盛的状态，这就是福祉（我指的是今生的福祉）。心灵上的永恒安宁不存在于此世，因为生活本身就是一种运动，我们永远无法摆脱欲望和畏惧，就像我们无法脱离感觉那样；而上帝赐予虔信者的福祉，虔信者一经领悟便会立时享受其中，这种快乐就像经院哲人说的"至福直观"一样，是无法被理解的。

人们把表达一切事物之善的语言称作赞美，把表达一切事物之权力与伟大的语言称作推崇。希腊人把表达自己对某个人受福祉的语言称为μακαρισμός，这在我们的语言中没有对应的词汇。

至此，与激情相关的问题已得到充分的讨论。

第七章

论讨论的终结或决断

受求知欲支配的所有讨论，无论是得到了结论还是被放弃了，都至少会有一个终结。整个讨论的链条无论在何处被中断，也都会在中断时有一个终结。

若此类讨论只在心理层面进行，那么"某事物是否将要出现"或"某事物是否存在过"等几种思想的轮换出现就组成了此类讨论。因此，无论在何处中断讨论的链条，都会留下关于某一事物是否将要出现或是否已存在过的假设，这些都被称为"意见"。在斟酌善恶的过程中交替产生的是渴望；而在有关国王和未来真理的讨论中，交替产生的是观点。就像在斟酌过程中最终出现的渴望被称为"意志"，在未来和过往真理的讨论中，最终出现的意见就被称为讨论者的"判决""决断"或"最终宣判"。正如在善恶问题的链条上产生的渴望所构成的整个过程被称为"斟酌"一样，在真假问题的链条上产生的观点所构成的整个过程就被称为"怀疑"。

无论何种讨论，都不可能把未来或过往事实的绝对知识当作它的终结。因为与事实相关的知识说到底就是感觉，再然后就是记忆，我之前讨论的关于序列的知识就是科学；但这一看法是有条件的而非绝对的，因为没有人能通过讨论就知道这个或那个事物是存在过的还是将要存在的，因为这是绝对知识。他能知道的仅仅是：如果这一事物存在，那一事物才会存在；如果这一事物存在过，那一事物才存在过；如果这一事物即将存在，那一事物才即将存在。这就是有条件的知识。他所知的并非是事物间的序列，而是同一个事物不同名字间的序列。

所以，当通过语言进行讨论并将定义语词作为讨论的发端，然后把语词的定义串联在一起形成普遍论断，接着以普遍论断组成三段论时，这个过程的终结或最后的总结才是结论。这类结论呈现的思想就是有条件的知识或语词序列的知识，也通常被称作科学知识。如果这类讨论没有将定义作为最底层的基础，或没有将定义正确地组合成三段论，那么它的终结或结论就还只是意见。虽然意见是对所论事物的真实情况的反映，但往往会因为语言上的荒谬和无意义而使人难以理解。如果两个或两个以上的人知道了同一个事实，就能说两个人关于此事达成了共识，也即共同知道这个事实。因为这类人对彼此或第三人而言是最佳的见证者，所以从古至今最令人难以容忍的恶行就是说出与良知相违的话，或是威逼利诱别人这么做；因为人们一直受到良知的约束。人们又通过比喻的方式，将"良知"一词用于人们对自己的隐私或隐秘想法的认识，所以喜爱修辞的人就声称"良知是千人的见证"。最终，某些人热衷于自己的新奇意见，无论论它们有多么荒谬都固执己见，还把这些意见冠上"良知"的崇高之名，甚至觉得别人修正或排斥这些意见都是违法的行径。他们妄称这些意见是真知，而实际上他们所知最多的不过是自己的妄想罢了。

若一个人的讨论不从下定义开始，那么他就可能是从自己的某些思想（这些思想仍然是意见）开始，或是从他人的话语开始，且对其诚信和认识真理的能力都不怀疑，在这种情况下，讨论就更多地与这个人相关，而非与原本的事物相关了。这种判断被称为"信任"或"信赖"，信赖是对人而言的，信任却同时与人及其话语的真实性相关。所以，"信任"一词就包含两种意见，其一是对某人话语的意见，其二是对某人品德的意见。信赖、相信或信任某人，指的基本是一回事，即认可他人的真实性，但"信任他说的话"仅表示对他话语真实性的认可。我们需要仔细考查"我信任"这个说法，拉丁文中用 credo in，希腊文中用 ιστεύω ἐις，这都是只在神学著作里使用的。取代这些词的是"我信任他""我相信他""我信赖他""我依赖他"等说法，拉丁文中用 credo illi 和 fido illi，希腊文中则用 ιστένω αὐτώ。这些只有宗教含义的语词引发了关于基督教信仰的正确对象的大量争议。

在宗教信条中，"信任"的对象不是人而是教义。因为不仅是基督徒，各色人等在信上帝时，无论自己能否理解，都要把上帝说的话奉为真理。无论对谁而言，这种信赖与相信都可能是他拥有的全部了，但不是所有人都信任信条中的教义。

我们能从中推理出：当我们信任某一说法是正确的，若依据的不是事物本身或自然理性的原则，而是对权威者本人及其话语的崇拜，那么，我们信任或相信的就是代言人，我们信赖的就是他说出的且被我们接受的话语，尊荣就也专属他一人了。因此，当我们并未得到上帝的直接启示，却相信《圣经》就是上帝的话语时，我们所信任、信赖与相信的就是教会，我们接受并信从的也是教会的说法。若人们相信先知以上帝的名义对自己说的话，那么他们接纳的就是先知的话，尊崇的也是先知本人，并因对他的相信与信任而以他说的话为真，不去管他到底是真的先知还是假冒的先知。其他的历史问题也面临相同的情况：假设我们完全不相信史学家记录的亚历山大和恺撒的辉煌事迹，那么其实除了史学家以外，任何人都没有理由感到被人冒犯，就算亚历山大和恺撒在天有灵也是一样。假如李维声称上帝曾让牛口吐人言而我们不相信，那么我们不相信的其实不是上帝而是李维。由此可知，无论我们相信什么，如果依据的仅仅是作者和其作品的权威，而不管他们是不是上帝派遣来的，那么就只能说信赖的仅仅是这些人罢了。

第八章

论智慧的美德及其缺陷

在各类事物中，"美德"（virtue）一般是在比较中显得出类拔萃而被珍视的事物。若所有人在一切方面都是等同的，那就没有什么事是值得赞美的了。"智慧的美德"（virtues intellectual）是永远被人赞颂、珍视且人人想要获得的心理能力，一般也被称为"优良的智慧"。

美德共分两类，一类是天然的，另一类是习得的。所谓天然的并不是指天生就有的，因为人与生俱来的只有感觉，且人与人之间感觉的区别极其微小，甚至与动物的区别也不大，所以不能将其视为美德。我讨论的是无须技巧，也不用培养或教导，只需经验和运用就能得到的智慧。天然的智慧主要有两个特点：首先是思想敏锐，也即不同的想法之间连接迅速；其次是确定目标后持之以恒。相反，想象的迟钝就是心理上的缺陷或障碍，通常称为"迟缓"或"愚笨"，有时也会用其他含义为运动迟缓或难以行动之类的词语代替。

这种迅速与迟缓之分是由人们激情的差异，也即人们好恶的差异引起的。因此就导致了有些人的思想在这一方向上推进，有些人却在另一方向上推进。这两种人会在各自坚持的方向继续推进，并对进入自己想象的事物产生不同的观察结果。在这种连续的思想中，人们会观察正在思考的事物，并思考它们在哪个方面具有相似性，在哪个方面不具有相似性，有什么样的作用，又如何产生作用。就这几种方面而言，如果有人能观察到他人几乎观察不到的东西，就会被称为具有优良智慧的人，也可以称为具有优良的想象力。若能观察到事物的异质性与不相似性，就称为能在不同事物间作"区分""辨别"和"判断"。当遇到难以辨别的情况时，能辨别出来的人就被认为具备优秀的判断力；尤其是在对话和处事中，时间、地点与人物是需要加以辨别的，这样的美德就称为"明辨"。若想象力没有判断力的辅助就不能称为美德，但判断力和判断却不需要想象力的辅助，因为其自身就是美德。优秀的想象力一定要包含对时间、地点与人物的判断，但人们除了要具备这种判断力之外，还需要时常将自己的思考运用到最终的目的上。做到了这一点，具备这种美德的人便可以轻易地获得许多比喻素材，使他不仅能在议论时举出许多例证，还能运用新颖且准确的比喻对其进行美化，甚至还能别出心裁，令人耳目一新。但要是没法保持对既定目标的稳步推进，善于幻想，那就会变成疯狂了。好比有些人，无论在讨论什么，一旦他们的思维中出现了其他的事物，就会与目标脱节并开始其他的讨论，而且讲话还断断续续、唠唠叨叨，完全让人不知所云。在我的认识里，这种愚昧之事并没有什么特别的名称。有时缺乏经验会导致这种愚昧的情况发生，别人眼中不足为奇的事物他们却会感到新奇。有时卑微也会导致这种情况，别人眼中琐碎的事物他们却觉得了不起。这些他们认为值得被讲述的新奇而重要的事物，会让他们自己逐渐偏离主题。

优秀的诗歌作品，无论是史诗、戏剧诗、十四行诗、讽刺诗还是其他诗体，都需要具备判断力和想象力，且想象力需要更加突出。因为诗歌需要以华丽的辞藻取悦观众，而不能以轻率的辞藻令人生厌。

优秀的史书则需要卓越的判断力。它的优秀体现在记录方式、真实性以及选取了最应该被人们了解的史实。在这一领域，想象力的唯一作用就只有修饰文字了。

在赞颂或斥责的讲词里，想象力则占据核心地位。因为讲词并不为讲述事实，而是通过高尚或卑下的比较进行褒扬或贬损。判断力只能告诉人们，什么样的境况能让一种行为变为值得赞颂的或要遭斥责的。

在劝告和请求方面，若真情实感最容易达到目的，那么最需要的就是判断力；若虚伪矫饰最容易达到目的，那么最需要的就是想象力。

在论证、商讨以及一切对真理的严肃探求中，都需要判断的能力。只有在需要使用恰当的比喻修辞以启发理解的时候，想象力才能发挥作用。至于隐喻则完全被排除在外了，因为它明显出于虚构，所以用在论证和推理中就是愚蠢的。

任何一场缺乏判断力的讨论，无论想象力多么奔放都会被人们视为缺乏智慧；而能够展现出判断力的讨论，则无论想象力多么平庸都不会被视为缺乏智慧。

人们的隐秘想法可以涉及方方面面，无论是神圣的、亵渎的、高洁的、下流的、庄严的还是轻佻的事物，一应俱全，而无须羞愧或自责；但用语言交流时则不然，需要对交流的时间、地点和对象加以判断。解剖学家或医生可以讨论或写下他们对不洁事物的判断，因为这一工作并不为取悦于人，而是为惠及他人；但若其他人在同一事物上大书特书，表达自己夸张愉悦的幻想，就好比一个失足踏入污泥的人前去会见尊贵的客人。二者的区别只在于是否缺少判断力。在与好友聊天的闲适之时，把玩字音和多义词是无伤大雅的，多数情况下还可以比一比谁的想象更加新奇；但是在布道时、在公众场合、在陌生人或者应尊敬的人面前玩弄文字，毋庸置疑是一种愚蠢的行为，这与前例的唯一区别就在于缺乏判断力。由此可知，缺乏智慧不是因为缺乏想象力，而是因为缺乏判断力。这么看来，无想象力而有判断力也能被视为有智慧的，有想象力而无判断力则不能。

当一个心有规划的人思考了许多事物之后，观察到这些事物有助于他的规划，或是能对何种规划有所帮助，且他的观察还是不简单、不寻常的，那么就称他有慎思的智慧。慎思的智慧依赖于丰富的经验和关于相似事物及其结果的记忆。就慎思方面而言，人与人之间的区别没有人在想象力与判断力之间的区别那样大，因为同龄人在经验的积累上几乎相同。区别在于，不同环境中的人各有不同的规划，管理好自家和管理好国家不是慎思程度上的不同，而是慎思种类上的不同。就好比一幅画，无论其画面小于、等于或大于实物，都只是程度上的不同罢了。一个枢密大臣对旁人的家事也远远比不上一个普通农民对自己的家事更为慎思。

若在慎思上还加上不正义或不诚实的手段，就像恐惧或贫穷常常促使人们做出坏事一样，这种邪恶的智慧就是狡诈，也是一种懦弱的象征，而豪迈是对不正义或不诚实手段的鄙夷。拉丁文里的 versutia 可以翻译成"权宜之计"，也就是用更为严重的事来规避眼前的风险和障碍，好比通过抢劫来偿付账款，这也不过是一种短视的狡诈罢了。这种行为就是 versutia，是 versura 一词的变格，其含义是借高利贷来偿还当下的利息。

而习得的智慧，我指的是通过专业的方法和指导习得的智慧，这一方面只有推理这一种。推理是正确运用语言而产生的知识。我已经在第五章和第六章探讨过与推理和知识相关的问题了。

智慧方面的差异是激情导致的，而激情方面的差异则一部分源于身体构造的差异，一部分源于教养的差异。若智慧的差异源于大脑或内外感官的差异，那么人们在听觉、视觉或其他感觉方面的差异就不亚于人们在想象力与判断力之间的差异了。所以这种差异一定产生于激情，而激情本身不仅会因为人体结构的不同而产生差异，还会因为习惯和教养的不同而产生差异。

其中对智慧的差异性影响最大的激情，主要来自对权力、财富、知识和荣誉的欲望的不同。这几种欲望能够归纳为一类，即对权力的欲望，因为财富、知识和名誉只是不同种类的权力罢了。

所以，一个对上述各种激情都不太热衷且满不在乎的人，尽管能算得上不与人争的好人，却也无法拥有优秀的想象力和足够的判断力。思想之于欲望就如侦察员或侦探四下探视，寻找通向所欲求事物的道路。任何心理活动的稳定性和敏锐性都出于欲望，也就是说，没有欲望等于死亡，激情淡泊等于愚笨，对任何事物都没有激情、漠不关心就等于轻浮和散漫，对任何事物的激情都甚于旁人就等于疯狂。

所以，疯狂的种类基本上和激情的种类一样多。有些时候异常且过度的激情源于身体器官的结构不健康或受了伤，而有些时候器官失调或不健康又源于激情过分强烈或持续时间太久。在这两种情况下，疯狂的本质是一样的。

由强烈或持久的激情导致的疯狂要么是极度虚荣，要么是极度沮丧。前者通常被称为"傲慢"和"自负"。

傲慢令人易怒，过度时就成了暴怒、狂怒的疯狂。所以，当报复欲过于强烈，且持续太久变成习惯之后，就会损伤器官，变为暴怒；过于强烈的爱情再加上妒忌也会变成暴怒；当某人对自己的灵感、智慧、知识和外貌等方面自视甚高的时候就会变得轻浮、散漫，若再加上妒忌就会变为暴怒；对任何事物的真理主张过于强烈时，一旦遭到他人的质疑就会变为暴怒。

沮丧令人产生无缘由的畏惧，这就是常被称为"抑郁"的疯狂。其表现方式也各异，比如出没于荒野和墓园、产生迷信的行为或疑神疑鬼。总而言之，所有由激情产生的古怪和异常行为统称为"疯狂"。至于疯狂的种类，只要下一番功夫就能列出许多。既然过于强烈的激情就是疯狂，那么毋庸置疑，带有恶的倾向的激情就与疯狂无异。

例如，在某些自认为得到启示并陷入这种观点无法自拔的人身上，我们往往无法通过个体的某些夸张行为看出来自激情的愚昧，但这类人聚成一团时，暴怒就显而易见了。试问，还有什么比向我们最亲密的朋友吼叫、动手和扔石子更疯狂的事吗？但他们做的事远不止于此，他们甚至叫嚷、攻击甚至杀害那些一直在保护、保全他们的人。如果一个群体的疯狂是这样，那么其中的个体表现出来的样子也会是这样。就像身在海中的人，虽然听不到身边的水声，但也能确认这些水在形成汹涌浪涛时与其他等量的水并无本质上的不同。同理，即使在少数几个人身上察觉不到严重的骚动不安，我们也能确定他们每一个人的激情都是一个动乱国家的喧嚣骚动的一部分；就算没有别的迹象能证明他们的疯狂，妄称得到了启示的行为也足以为证了。就好像一个疯人款待了你并与你进行了清醒的交流，分别时你希望能知道他的身份以便再次拜访，但他说自己是上帝圣父——我觉得已经不需要再举出什么夸张的行为来证明他的疯狂了。

这类关于启示的观点通常被称为"私人的灵"（private spirit），一般来自侥幸发现的别人常犯的错误，因为他们自己都不知道或已经忘记了怎样推理出这个独特的真理。他们灵光一现发现的真理其实大多数时候是错的，但他们却扬扬得意，认为自己得到了全能上帝的独特眷顾，而且是从圣灵那里得到了上帝降下的超自然启示。

"疯狂只是激情的过度表现"，这一观点可以从酒精的作用中推理出来。这种表现和器官失调一样，因为贪杯的人做出的各种行为与疯狂的人正好相同——有人发怒、有人痴缠、有人大笑，这些都是由他们身上占支配地位的不同激情引发的。酒精的作用剥开了他们对自身情感的伪装，让他们难以察觉到自身激情的鄙陋。因为我相信，即使是最清醒的人，在独自行走且没有心事的时候，也不愿意自己虚无或夸张的想法被公开展示，这就承认了缺少引导的激情大部分是疯狂的。

从古至今，世上有两种对疯狂的成因的看法。有些人认为它产生于激情，有些人则认为它来自善或恶的精灵或鬼怪，他们认为这类精灵或鬼怪可以进入人体，附于人身，使人的器官变得像疯人那样奇形怪状。所以前一类人被称为"疯人"，后一类人则被称为"被幽灵附身的人"或"邪气发作的人"。

希腊的城市阿布德拉，曾在某个非常炎热的天气召集观众一同观看悲剧《安德洛美达 [1]》。观剧时很多观众都开始发烧，这种意外情况一般是由炎热的天气和悲剧的影响共同造成的。人们不做别的，只是将珀尔修斯和安德洛美达的名字组成长短不一的句子诵念，直至冬天到来，这种疯狂与发烧的情况才逐渐消失。彼时人们把这种疯狂发作的原因归于悲剧在人们内心留下的激情。另一座希腊城市中也出现过一阵只在少女身上发生的疯狂，有许多少女上吊自杀。当时很多人觉得其中的原因是魔鬼作祟，但也有人怀疑她们自杀的念头可能出于心中的某种激情，而且认为她们不至于毫不顾及自己的声

---

[1] 安德洛美达：或译安德洛墨达，是希腊神话中埃塞俄比亚的公主。因为其母卡西奥佩娅炫耀女儿的美丽，得罪了海神波塞冬的妻子，波塞冬就派出海怪侵扰埃塞俄比亚，并要求献上安德洛美达的性命。后被经过此地的天神宙斯的儿子珀尔修斯救下，并嫁给了珀尔修斯。

望。所以就向执政者献计，将自杀的人扒光衣物，赤条条地挂在城里示众。传说这种做法治愈了这次疯狂。但希腊人也常将疯狂归咎于复仇女神欧墨尼得斯，或归咎于谷神色利斯、太阳神福玻斯或其他神。他们当时十分确信是幽灵造成了这一切，甚至认为它们是无形的活体，并通常称之为"精灵"。罗马人在这方面与希腊人持相同的观点；犹太人也一样，他们将疯人称为"先知"，或是依据他们对精灵的善恶的认识，称其为"被幽灵附身之人"。一部分犹太人将先知与被幽灵附身之人统称为疯人，还有一部分人混用先知和被幽灵附身之人这两种说法。至于非犹太人的异教徒，持有这种观点就不足为奇了，因为他们将健康和疟疾、劣行和美德以及许多自然事件都称为"魔鬼"并加以崇拜，所以那个时候人们会将魔鬼乃至疟疾都看作恶魔。但犹太人也持有这种观念就很奇怪了，因为亚伯拉罕或摩西都没说过自己是通过圣灵才得到了预言，而只是说通过上帝的声音，或是异象和梦境得到了预言。而且在摩西的法律、十诫或仪式中，都没有提到这种激情状态或神鬼附身的说法。《民数记》第六章第二十五节提到，上帝在摩西的身上取出了灵，再将灵分给他的七十位长老。但上帝的灵并没有被分割，《圣经》里说人身上的上帝的灵，指的其实是朝向神性的人的灵。《出埃及记》第二十八章第三节提到"还需命令所有内心具备智慧的，也就是被我以智慧之灵充斥的，为亚伦做衣物"，这句话不是说放入他们体内的灵可以做衣服，而是说他们自身的灵的智慧能指导这类工作。相似的，若人们的灵做出不洁的行为，就称为"不洁的灵"，其他的灵也一样。尽管情况不会一直是这样，但是当美德或劣行超乎寻常时也可以这样说。在《旧约》中，其他先知也从未自称有圣灵附身或上帝在他们体内讲话，而只是说上帝通过声音、异象或梦境给了他们启示，所以"降（担负）圣灵"（burthen of the Lord）就是下达命令而不是附身。那么犹太人为什么会落入这种鬼神附身的观念里呢？我只能想出一种适用于所有人的普遍原因，即他们没有探究自然原因的好奇心，并将作用于感官的低级快感或其他能直接引起快感的东西视为福祉。当人们发现，某个人的心灵拥有某一独特且非同寻常的优势或缺点，但他们无法同时发现造成这些优势或缺点的可能原因时，就很难认为这是自然的；既然不是自然的，他们就一定会认为这是超自然的，否则还能是什么呢？只能是上帝或魔鬼附身于他了。所以，曾经就发生过这样的情况，《马可福音》第三章第二十一节记载，彼时我们的救主被很多人团团围住，他的亲人们认为他是疯掉了，就要出来拉住他。但一个文士声称他是被别西卜 [1] 附身了，而且是在靠别西卜的力量驱赶一众魔鬼，就像是大疯人降伏小疯人那样。《约翰福音》第十章第二十节记载，有些人说他是被魔鬼附身才疯掉的，还有些认为他是先知的人说，他讲的话不像是被魔鬼附身的人能讲出的。所以在《列王记下》第四章第二十一节中，即使给耶户施膏礼 [2] 的人是个先知，有些人也还是对耶户问出了"这个疯人来见你有什么事"这样的话。总之，显而易见的是，每当有人行为异常时，犹太人都会觉得是善或恶的精灵或鬼怪附身造成的。只有撒都该人不抱有这样的看法，他们的观点与此大相径庭，很接近于绝对的无神论，以至于完全不相信有精灵或鬼怪存在。所以，他们不将这类人称为"被幽灵附身之人"而称之为"疯人"时，或许会更令人愤怒。

既然如此，那么救主在为人治病时又为何要将他们看作被附身的人而非疯人呢？我对这一问题的回应，与回应那些宣称《圣经》反对"地心说"的人一样：《圣经》旨在向人们昭示上帝的王国，并且令人们做好准备以成为上帝虔诚的子民。这个世界以及相关的哲学被留给世人讨论，以锻炼人们的理性。无论昼夜源于地球的旋转还是太阳的旋转，也无论人们的异常行径是源于激情还是魔鬼（因此我们不崇拜魔鬼），都毫不影响我们臣服于全能的上帝——这也正是《圣经》的目的。至于我们的救主像对人说话一样对着疾病说话这件事，他的话和那些用于口头治病的常用咒语是一样的，无论念咒者能否与魔鬼对话，他都会假装这样做。但有些人会说，不是还有耶稣责备风这回事吗？（《马太福音》第八章第二十六节）不是还有他责备热病这回事吗？（《路加福音》第四章第三十九节）然而，这并不能证明热病就是魔鬼。据说很多魔鬼也曾向基督忏悔过，但这些内容就不需要再作解释了，只需要理解为那些疯人曾向耶稣忏悔就足够了。耶稣还在《马太福音》第七章第四十三节中谈到，一个不洁的灵离开人的身体，在干燥之地徘徊寻找休憩之处却没有找到，于是就回到了先前那个人体内，并且变得比先前还邪恶七倍。我们明显能看出这是一个比喻，其含义是，那人曾做出一些努力以摒除情欲，但最终再次屈服于情欲，而且变本加厉了七倍。因此，我在《圣经》中找不到任何一种要我们相信被恶魔

---

[1] 别西卜：撒旦别称。

[2] 施膏礼：国王加冕时施行的涂油仪式。

附身之人不是疯人的说法。

在某些人的话语中还有一种错误能被归于疯狂，这就是我在第五章里称为"谬论"的词语滥用。有些人讲了一连串没有实际意义的话，却被某些人以错误的方式理解并死记硬背下来，照本宣科地复述给别人。另有些人则企图使用晦涩难懂的话欺骗世人，这种情况只发生在特定的人，即那些探讨不可能理解的问题的经院学者或探讨深奥问题的哲学家身上。一般人几乎不说毫无意义的话语，所以那些"杰出"的人就认为他们是蠢货。为了验证他们的话语在其心中完全没有对应的事物，则需要再举一些例子来看。觉得有必要的人不妨拉一个经院学者来验证，看看他究竟能不能将包含"三位一体""神性""体位转变""基督的实质""自由意志"等难题的任一神学作品译为让人理解的现代语言，或是译为拉丁文通俗化时期的人能够理解的通顺拉丁文。请看看这句话到底有什么意义："第一因并不一定会根据第二因的实质依附而把任意事物倾入第二因，它会通过这种依附来帮助其产生效用。"这就是萨勒兹氏的著作《论上帝的神助、运动和协助》第一卷第六章的标题。长篇大论地写这种东西的人难道不是疯了或者想让别人发疯吗？特别是在与"体位转变"有关的问题方面，他们写了几句开场白后就开始写"纯洁性""圆满性""量值""性质""可腐化性"等无形的事物从圣餐面包中出来，进到我们有福的救主体内。这么说来，他们不就是要将这么多"性""值""质"都当作附在救主身上的灵吗？因为在他们口中，灵只是无形且可以在两个地方之间游移的事物。这种谬论完全可以被视为诸多疯病中的一种。除了短暂的清醒时间外，他们的全部时间都被这种世俗欲望所控制，并且还在继续这种探讨或写作。

关于智慧的美德及其缺陷的探讨到此为止。

第九章

论知识的几种主题

知识共分两类，一类是关于事实的知识，另一类是关于一个论断到另一个论断的推理的知识。第一类知识就是所谓感觉和记忆，是绝对知识。

科学，即对事物因果关系的认识，也被称为哲学

关于政治事物的偶性的因果
关系，称为政治学或人文哲学

关于自然事物的偶性的
因果关系，称为自然哲学

由国家机构产生的关
于政体的权利和义务
或者自治的因果关系

由国家机构产生的
关于臣民的权利和
义务的因果关系

关于自然事物偶
性的因果关系，
即数量和运动

关于无限的数量和运动的
因果关系，即哲学的原理
或基础，称为第一哲学

关于有限的数
量和运动的因
果关系

关于有限的数
量和运动的因
果关系

关于特定物体的
数量和运动的因
果关系

用图形表
示的……

用数字表
示的……

关于大地与星
辰的数量和运
动的因果关系

关于特殊种类物体
或图形的数量和运
动的因果关系

数学

数学

宇宙学

机械学、力学

第一哲学

几何学

算术

航天学、
地理学

工程科学、
建筑学、
航海学

040

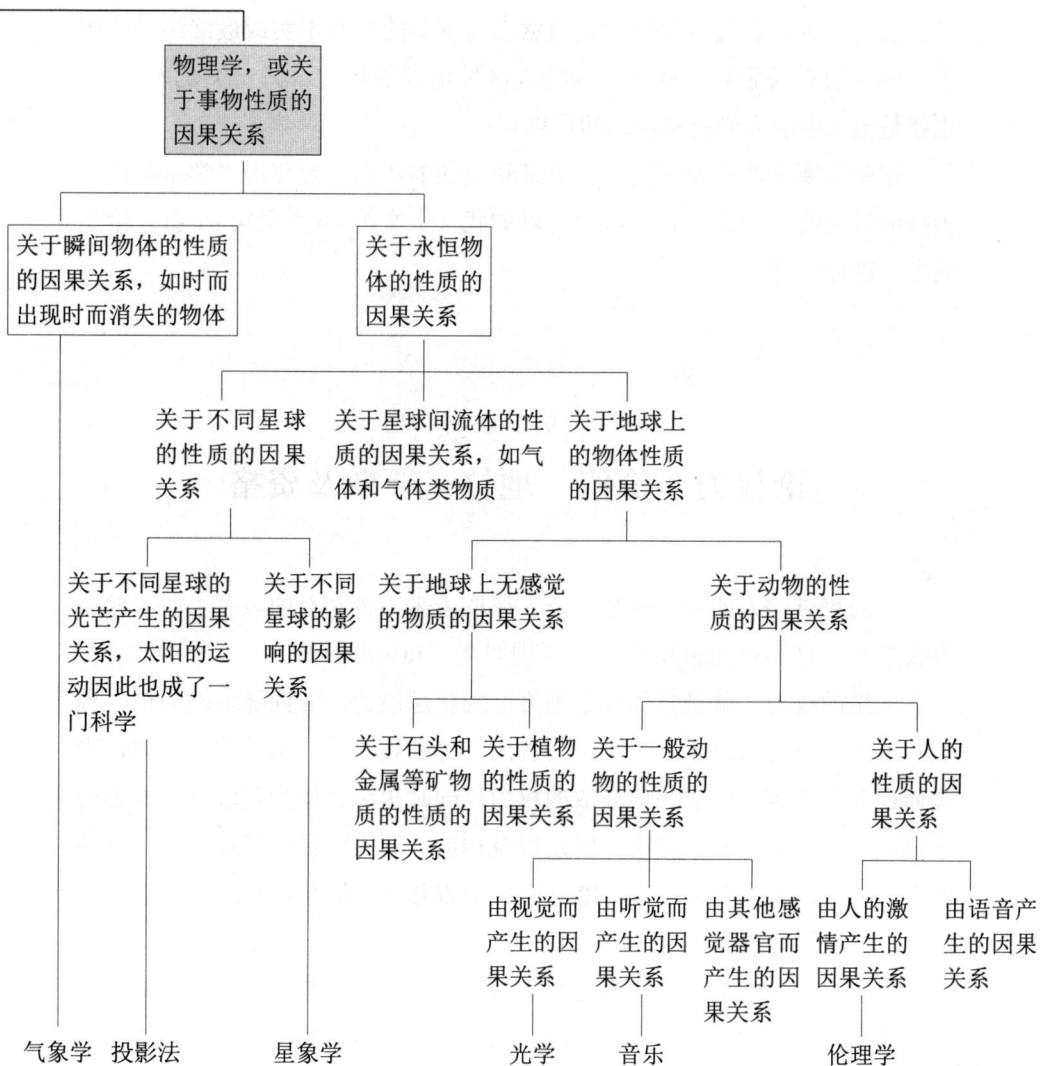

物理学，或关于事物性质的因果关系

关于瞬间物体的性质的因果关系，如时而出现时而消失的物体

关于永恒物体的性质的因果关系

关于不同星球的性质的因果关系

关于星球间流体的性质的因果关系，如气体和气体类物质

关于地球上的物体性质的因果关系

关于不同星球的光芒产生的因果关系，太阳的运动因此也成了一门科学

关于不同星球的影响的因果关系

关于地球上无感觉的物质的因果关系

关于动物的性质的因果关系

关于石头和金属等矿物质的性质的因果关系

关于植物的性质的因果关系

关于一般动物的性质的因果关系

关于人的性质的因果关系

由视觉而产生的因果关系

由听觉而产生的因果关系

由其他感觉器官而产生的因果关系

由人的激情产生的因果关系

由语音产生的因果关系

气象学　投影法

星象学

光学

音乐

伦理学

如我们见证某一事物的发生或是回忆已完成的事物时得到的知识，需要得到他人证实的也是这类知识。第二类知识是科学知识，这是有前提的知识。比方说，"若给定的形状是一个圆形，那么经其中心点的任一直线都会把这个圆分为完全相同的两个部分"就是这类知识，这也是那些自认为有推理能力的哲学家所掌握的知识。

有关事实的知识被记录下来就称为"历史"。历史也分为两类：一类是自然史，也即有关不会因为人的意志而变动的自然事实或最终结果的历史，比方说有关金属、植物、动物或区域地理的历史。另一类是人文史，也就是国家中的人们自觉行动的历史。

展示论断之间的推理过程并记录知识的书我们一般称为"学术著作"。根据所讨论的事物的差异，科学可以如我（上文第40页至第41页）给出的方式进行分类。

第十章
论权力、价值、地位、尊敬及资格

一般来讲，人的权力就是一个人获取未来某种利益的现有手段。权力要么是天生的（original），要么是工具性的（instrumental）。

天生的权力，就是身体与心理方面的优越能力，非同寻常的力量、容貌、慎思、技巧、口才、慷慨和高贵出身等都属于此。工具性的权力，则是通过上述优越条件或好运获取的权力，同时也将之作为获取更大权力的手段或工具，如财富、声望、朋友以及神助（即人们说的好运）等。就此而言，权力的本质就像声望，随着时间的推移而不断增加；或是像重物的运动，行得越远速度越快。

人类最大的权力，就是大部分人以自愿的原则将权力集合在一起，附加在某个自然人或社会法人身上的权力。这个人能以自身的意志动用所有人的权力，这种权力就是国家的权力；也能根据组织内部各个特定群体的意志动用权力，这种权力就是党派或党派联盟的权力。所以，有仆从是权力，有朋友也是权力，因为这些都是许多力量整合在一起的结果。

相同的，与慷慨结合在一起的财富就是权力，因其可以收买到朋友和仆从。而缺少了慷慨的财富就截然不同了，因为这种情况下财富不能保护所有者，只会把他暴露在妒忌和抢掠之中。

权力带来的声望也是一类权力，因其能吸引寻求保护的人来依附。

受到全国人民爱戴（即所谓得民心）的声望也是如此，原因同上。

同样，受到众人爱戴或畏惧的品质或声望都是权力，因为这是获得众人帮助或服务的途径。

较大的成功也是权力，因为这能带来"智慧"或"好运"的声望，令人们要么畏惧他，要么依赖他。

掌权者的亲切感也能加强权力，因为这能赢得人民的爱戴。

在战争或和平时期，慎思的声望同样是权力，因为我们更愿意将自己交由慎重的人管理。

高贵的出身也被看作权力，但是它只在存在特权的国家才是权力。因为出身高贵的人的权力就在这些特权之中。

口才也被看作权力，因为这是体现于外的慎思。

容貌也是权力，因为这象征着善，能让男人获得妇女和陌生人的好感。

学识是一种微弱的权力，因为它在所有人身上都不够显著，所以也不容易被公认。学识并不在所有人身上存在，而只在一小部分人身上存在，这一小部分人身上的学识也仅限于一小部分事物，因为学识的本质即如此，唯有造诣极深者才能获得，其他人则难以理解。

与公众事业相关的技术，比方说修缮城堡，制造武器与其他战争工具，因为能对国防和战争取得胜利有助益，所以也是权力。真正的"技术之母"是数学，但数学是因为工匠的工作才广为人知的，所以人们就误以为数学是工匠的成果，这就好比将接生婆认成产妇。

人的价值或身价与其他事物的价值一样，都表现为价格，即使用他的力量需要支付多少酬劳。因此这一价格并不绝对，也要依赖旁人的需求与判断。善于带兵之人的价格在战争时期或将要爆发战争的时期就很高，在和平时期则不然；学识渊博且清廉公正的法官在和平时期身价很高，在战争时期则不然。和其他事物同理，是买家而非卖家决定了价格，就算将自己待高价而沽（像大部分人都在做的那样），人们的实际价值也难以超过别人的估价。

我们评价他人价值的行为，通常被称为"尊敬"或"不敬"。给予某个人高评价就是尊敬，给予低评价就是不敬。这里说的高和低是相对每个人的自我评价而言的。

某个人在社会上的身价就是国家为他规定的价值，通常也称为"地位"。这种国家赋予的身价，要通过能够发布命令或裁决诉讼的公共职位来理解，或通过专门展现这类身价的名号或头衔来理解。

因某一事务向某人求助就是尊敬他，这表明我们觉得他拥有帮助他人的能力。他能帮助的事务越困难，人们对他的尊敬也就越多。

服从就是尊敬，因为人们不会服从于能力不足以帮助自己或会损害自己的人；违抗就是不敬。

赠予他人重礼就是尊敬，因为这是在购买他的保护，并认可他的权力；赠予他人薄礼就是不敬，因为这是施舍，是认为自己只需要他人微不足道的帮助。

勤恳鼓吹某人的好就是尊敬，溜须拍马也是如此，因为这表明我们在请求他的保护或帮助；忽视某人的好就是不敬。

在任何事务上的退让就是尊敬，以表示承认自己的权力比不上对方；强取豪夺则是不敬。

表现出任何爱戴或畏惧某人的迹象就是尊敬，因为爱戴或畏惧都是评价；蔑视，或爱戴与畏惧未能达到某人期望的程度就是不敬，因为这是对他的低估。

赞颂、赞美或欢呼都是尊敬，因为只有善、权力和福祉值得珍视；辱骂、取笑或同情则意味着不敬。

郑重其事地与人讲话，并表现得谦逊得体就是尊敬，因为这是害怕冒犯他人的表现；与人讲话时失礼，并表现得猥琐、邋遢或无耻则是不敬。

信任、相信和依赖某人就是尊敬，这表明自己认可他的品德和权力；反之，不相信和不信赖就是不敬。

倾听某人的劝告或言辞就是尊敬，这表明我们认可他的睿智、口才或学识；打瞌睡、离开或插嘴则是不敬。

对某人做自认为能表达尊敬的事，或是在法律和习俗上视为尊敬的事就是尊敬。因为，认可了人们所尊敬的，就等于认可了人们一致认可的权力。拒绝这么做则是不敬。

认同他人的意见就是尊敬，这表明我们认同他的判断和智慧。提出异议就是不敬，也是对他的错误的斥责；若在许多问题上提出异议，就是斥责他的愚昧。

模仿某人就是尊敬，因为这代表了一种强烈的认同；模仿他的敌人就是对他的不敬。

尊敬他所尊敬的，就是尊敬他，这表明认可他的判断；尊敬他的敌人则是对他的不敬。

请某人商议或处理难题就是尊敬，这表明我们信赖他的智慧或他的权力；拒绝他人的帮助则是不敬。

这些尊敬的方式都是自然的，在国家内外没有区别。但在某些国家中，掌管最高权力的人或群体能将任何他喜欢的事物定为尊敬的象征，于是就有了其他的尊敬方式。

君主用一切能够表示其尊敬之意的头衔、职位、任用或行为来尊荣臣民。

波斯国王亚哈随鲁向末底改[1]表达尊敬时，令末底改披上王袍、骑上御马、戴上王冠，由王子开路在街上游行，且在整个过程中宣布："王所尊敬之人享此待遇。"但波斯的另一个国王，或是前面说的波斯国王亚哈随鲁在另一时期，却在许可了一名大功臣的请求、让他披上王袍后，又说他是作为国王的弄臣才能披上王袍的。这样尊敬就成了不敬，因此世俗层面上的尊敬就来自国家的人格，由君主的意志决定。因其并非永恒的，这种尊敬也就称为"世俗荣誉"，爵位、职位、头衔和个别地方的盾饰与彩袍都属于此。人们把拥有这类事物的人视为得到了国家青睐的象征，并加以尊敬，这种国家的青睐也是权力。

受尊敬的可以是任何私产、行为或品德，它们也是权力的证明和象征。

所以，受到很多人尊敬、爱戴或畏惧的人就是"受尊敬的"。这也是权力的证明，表明他掌握着权力。几乎不被人尊敬的人就是"不受尊敬的"。

统治地位和胜利都是受尊敬的，因为它们都是依靠权力获得的；因为某种需求或恐惧而接受奴役就是不受尊敬的。

若好运是长久的，就也是受尊敬的，因为这象征着神的青睐；厄运和损失是不受尊敬的。财富是受尊敬的，因为财富就是权力；贫困则是不受

---

[1] 末底改：犹太人，曾在波斯王宫任职，鼓励和帮助波斯王后以斯帖揭露宰相哈曼的阴谋，从而拯救了整个民族。

尊敬的。慷慨、大度、希望、勇气、自信都是受尊敬的，因为这些都源于对自己权力的认识；懦弱、吝啬、自卑和畏惧则是不受尊敬的。

能当机立断或立即决定某人应做的事务就是受尊敬的，因为这是蔑视微小的困难和危险；犹豫不决是不受尊敬的，因为这意味着过于看重小利小害。若某个人在时间允许的范围内，长久地权衡某事且无法做出决断，就说明其中的利害区别十分微小。所以，无法做出决断就是过分看重小事，也就是懦弱。

所有源于或貌似源于丰富的经验、学识、判断力或智慧的行为及话语都是受尊敬的，因为这些都是权力；源于错误、愚昧或无知的行为及话语则是不受尊敬的。

有所用心的沉稳是受尊敬的，因为这是权力的象征；但故作深沉则不受尊敬。因为前一种沉稳就像一艘满载货物的船只，后一种则像是堆满了沙土和垃圾的船只。

因财富、官职、伟大的行为或任何优越的品质而闻名就是受尊敬的，因为这些他赖以成名的事物就是权力的象征；反之，默默无闻则是不受尊敬的。

出身名门是受尊敬的，因为这种人更容易得到来自祖先和世交的帮助；反之，出身卑微则是不受尊敬的。

因主持公道而受害是受尊敬的，因为这意味着豪迈，而豪迈象征着权力；反之，狡猾、欺骗和无视公道则是不受尊敬的。

对巨额财富的贪婪，或对极大荣誉的野心是受尊敬的，因为这象征着能够获取它们的权力；贪婪于微小的事物，或热衷于微不足道的升迁则是不受尊敬的。

只要一项行为是艰苦卓绝的，它就是巨大权力的象征，无论它是否合乎正义，都无法改变它带来的荣誉。因为人们对荣誉的认识包含在对权力的认识中。正是因为这一点，古时候的异教徒在诗中讲述诸神的奸淫、偷盗或其他极为不义不洁的行为时，并不觉得自己是在对诸神不敬，反而是在表达极高的尊敬，所以朱庇特[1]最值得称道的就是私通，墨丘利[2]最值得

---

[1] 朱庇特：即希腊神话中的宙斯，奥林匹斯十二主神之首，掌管天空，能够操纵闪电。在传入罗马后名字变为朱庇特。

[2] 墨丘利：希腊神话中的赫尔墨斯，商业、旅者、小偷和畜牧之神，他聪明狡猾，又被视为欺骗之术的创造者。

称道的就是欺骗与偷盗。荷马[1]在某首赞美诗中，对墨丘利最高的赞颂是他在早上出生，在中午创造了音乐，并在晚上盗取了阿波罗[2]的牛羊。

在大型国家形成之前，人们不认为当海盗或盗匪是不光彩的，相反，人们认为这是一类合法的营生；古希腊及其他国家的人都持这一观点，这在古代历史中也是显而易见的。当下，在我们的国家中，私人决斗虽然是非法的但却是受尊敬的，且将一直受到尊敬；除非某一天出台了正式的规定，将拒绝决斗的人视为受尊敬的人，并将发起决斗的人视为不受尊敬的人。因为决斗往往出于勇气，而勇气的基础永远是力量和武艺，这些都属于权力。当然，决斗更多时候源于出言不逊或对丢掉声望的畏惧，因为他们无法控制自己的鲁莽，就只能被迫通过决斗来保全自己的颜面。

世袭的盾饰和纹章，在它们有特权的地方就是受尊敬的，因为这些盾饰和纹章的权力就来自这些特权、财富或受到他人同等尊敬的其他事物。这类荣誉通常称为"门第之荣"，源于古日耳曼人，因为它只存在于有日耳曼习俗的地区，而日耳曼人不曾居留过的地方现在也没有这类事物。古希腊将领在奔赴战场时，都会在盾牌上涂画自己喜欢的花样，因为无花纹的圆盾代表着普通士兵身份和贫困，这种圆盾不会传给后代。古罗马人会传承家徽，但它们代表祖先的形象而非祖先的纹章。亚洲、非洲和美洲的各个民族就没有这些东西，只有日耳曼人有这样的习俗；法国人、英国人、西班牙人和意大利人则是在发动重兵援助罗马人或亲自征服那些西方地区时将这些习俗吸纳进来的。

古时候的日耳曼地区和其他任何地区一样，最开始被大量小领主或族长割据，彼此征战不休。这些领主或族长在他们的甲胄、圆盾或战袍上绘制了野兽等图样，并在盔顶上加装显眼的装饰；这主要是为了穿着甲胄时也能被士兵认出，其次是为了装饰。这类甲胄和盔顶上的装饰会传承给其子孙，嫡长子和他的装饰一样，庶子的装饰会稍加区别，这一切都由族长决定。后来，许多家族联合成一个更大的君主国，原属于族长的、区分盾

---

[1] 荷马：古希腊盲眼的吟游诗人，相传其汇编了两部长篇史诗《伊利亚特》《奥德赛》(后世称为《荷马史诗》)，是西方文化与思想的原典之一。一说是荷马将口口相传的传说故事汇编起来，得以完整流传后世。一说荷马并非确有其人，而是一个吟游诗人的群体，或群体中诗人的代称。

[2] 阿波罗：希腊神话中的太阳神，掌管光明。青春、医药、畜牧、音乐、诗歌。

饰纹章的职务就演变为某种独立的非官方部门，领主们的后裔也就成了古老的名门望族。这些图样大多是勇猛且掠夺成性的动物，或是城堡、壁垒、绶带、兵器和栅栏等有关战争的事物，因为那时只崇尚武德；在这之后，不仅是国王，就连民主国家也会为出征或凯旋的人颁授各式各样的盾饰纹章作为战功的奖赏或报酬。细心的读者会在提到当时的日耳曼民族及其习俗的古希腊、古罗马史籍中读到这些事。

表示荣誉的头衔，如公爵、伯爵、侯爵和男爵等都是受尊敬的，因为这代表了国家主权者给予他们的权力。在古代，这些头衔都是官职或管理权的称号，其中一部分源于罗马人，还有一部分源于日耳曼人和法国人。拉丁文中，"公爵"指战争里的将军；"伯爵"指因为友谊而随将军出征，并被留来下管理和守卫已征服或平靖地区的人；"侯爵"则指掌管帝国边境及军队的伯爵。"公爵""侯爵"和"伯爵"等称号大约是在君士坦丁大帝[1]时期传进罗马帝国的，且都源于日耳曼的民兵习俗。"男爵"大概是高卢的一个头衔，指伟大的人，即国王或王子在战场上的随行人员，这个词好像是先由拉丁语进入高卢语，然后再进入英语的。若想知道头衔的详细源流，可以像我一样到锡尔顿先生关于这一主题的优秀著作中寻找。在经过一段时间之后，这些荣誉职位大多成了虚衔，主要留作区分国家中臣民的地位次序，因为战乱后的国家需要维持优良且稳固的统治。公爵、侯爵、伯爵和男爵在授衔后既无地可占也无兵可使，为了相同的目的，之后还增设了一些其他的头衔。

资格不但和身价有别，也和人的价值、功劳或美德有别。资格由某个人的特殊权力或能力决定，这样的特殊能力往往称为"能胜任"或"有资质"。

其原因在于，最有资格担任将帅、法官或其他职务的人，一定是最能胜任，且最有履行职责所需的资质的人。最有资格当富翁的人，一定是最有善用财富的资质的人。即便某人缺少了某些美德，也不妨碍成为一个有资格的人并在其他方面发挥价值。同理，若一个人拥有财富、官职和被任用的资格，却不能要求拥有先于他人获得这些事物的权利，就无法称为

---

[1] 君士坦丁大帝（272—337）：罗马帝国皇帝，确立了罗马帝国中"三位一体"教义的正统性，使基督教获得了国教的地位。

"能胜任"或"有资质"的；因为"能胜任"本身就预先假定了一种正当性，即他能胜任的事物就是被承诺要他来承担的。这一点我会在后面探讨契约时更加详尽地论述。

第十一章
论品行的差异

这里探讨的品行不是指行为得体有礼，比如如何向他人行礼、如何在他人面前漱口或如何剔牙等小节，而是关乎人类和平共处的相关品质；为达到这一目的，我们要认识到此世的幸福并不是满意知足而不求上进。古代道德哲学家书中的"终极目的"（utmost aim）和"至善"（greatest good）是压根就不存在的，因为没有欲望的人和感觉、想象停止的人一样，是不可能生存下去的。幸福就是欲望从一个目标到另一个目标的发展进程，实现前一个目标只是为下一个目标打好基础。因为人类欲望的目的并不止于一时或一次性的享受，而是为了保证未来的永久享受，所以任何人的主观倾向和自愿行为就不仅是为了"获得"，更是为了"保障"这个满足的生活，两者也只是方式有别：一些源于人们激情的差异，另一些则源于人们对欲望成因的不同认识和意见。

因此，首先我认为全人类有一种普遍倾向，即对一切权力无穷无尽、至死方休的欲望。其成因不在于人们希望得到比现有的快乐更为强烈的快乐，也不在于人们不满足于普通的权力，而在于人们无法保证，在停止获得更多的权力后，还能否保有现在的权力和美好生活。所以，已经在权力制高点的国王，在国内要以法律、在国外要以战争来努力地保障自身的权力；而在实现了这一目的后，又会产生新的欲望。有些人想通过不断地征服提高名望；有些人追求安逸与肉欲之欢；还有些人想在艺术或知识领域追求卓越，并获得人们的赞美与奉承。

争夺财富、荣誉、统治权或其他权力会引发人们的争斗、敌意和战争，因为一个竞争者实现欲望的方式就是杀害、征服、倾轧和驱逐另一方。尤其是对赞美的竞争更令人倾向于厚古薄今，因为人们的竞争对象是生者而非死者，对死者的赞美名过其实就会掩盖生者的荣誉。

对安逸与肉欲之欢的欲望会使人们服从于公共权力，一旦产生了这种欲望，人们就会放弃那些能靠自己的勤勉刻苦获得的保障，同理，畏惧死伤也会让人们产生相同的倾向。反之，贫困且吃苦耐劳的人，或者有追逐军权的野心的人也都不满于自身的现状，他们都倾向于战火不停，并继续挑事生非，引发叛乱。因为唯有通过战争才能获得荣誉与战功，想要挽回败局也只能引发新的冲突。

对维护和平的知识和技术的欲望，也会让人倾向于服从同一种权力。因为这种欲望包含了对安逸的欲望，所以比起自己，他们更期待来自其他权力的保护。

对赞美的欲望，会让我们倾向于赞美那些我们认可了其价值的人；至于我们蔑视的人，我们也一样会蔑视对他的赞美。对身后之名的欲望也会起到同样的效果：世俗的赞美并无意义，因为人们死后，这种来自赞美的快乐要么会被天国里难以言说的愉悦吞没，要么就会随地狱中酷烈的折磨而消逝。但这类声望也不是完全无用的，人们一旦预见了这样的声望以及它对子孙后代的助益，就会获得一种眼前的快乐。即使这样的事无法立刻看到也能想象得到：在感觉中能带来快乐的事，在想象中也能带来同样的快乐。

若某人得到了与自己地位相当之人的恩惠且无法偿还，那么即使他在明面上尊敬有加，内心也会怨恨不已。就好像一个负债者，因为不想碰见自己的债主，就在心中暗自盼望他去一个永远见不到自己的地方。因为恩惠让人负有报答的义务，这种义务是对人的束缚，而偿还不了的义务就成了永久的束缚，会让地位相当的人滋生恨意。若某人受到了尊贵之人的恩惠，他就会产生敬爱并欣然接受，因为这时义务不会再带来新的压抑。欣然接受就是人们说的"感激"，承担义务者会将此视为荣誉，因此也就将它视为一种回报。若受到了地位与自己相当或地位略低于自己的人的恩惠，而且有望偿还的话，就是令人欣喜的事。因为在受惠者看来，这种恩惠代表着互帮互助，也就成了在恩惠程度上的竞争。这种竞争是最有益且最高贵的，因为胜者会为了胜利而开心，而败者所受的惩罚也仅是接受对方的胜利。

若对他人的伤害超过了自己所能和所愿意偿还的程度，施害者就会对受害者产生恨意，因为他要么受到报复，要么乞求宽恕，而这两件事都是可恨的。

对压迫的恐惧会导致人们先下手为强或团结相助，因为不再有其他能保护自身安全和自由的方法了。

在动乱或暴动中，对自己的才智不自信的人会比自以为聪明狡诈的人更容易胜出，因为后者喜欢事事商议，前者却可能会因为害怕暗算而先行下手。在动乱中，始终团结于战区并运用一切优势力量的战略，永远比运用智谋策划出的战略更有效。

虚荣且不自认为有能力，却喜好幻想自己是豪侠的人，往往只倾向于虚张声势而非采取行动。因为一旦陷入危境或困境他们就无能为力了。

虚荣之人只能通过旁人的奉承或曾经侥幸成功的经历来估量自身的能力，而无法从真正属于自身的见识中得到有保障的成功的希望。他们通常会莽撞地做事，一旦面临危险与困境就会抓住机会逃跑。由于看不到安全的路，所以他们宁愿牺牲声望也不愿意生命受到威胁：毕竟声望可以通过借口挽回，而生命却无论如何都无法挽回。

对自己在政治事务方面的智慧有绝对自信的人就是有野心的。因为，不在议会或行政领域担任公职，就会失去"有智慧"的声望。如此看来，侃侃而谈的人往往有野心，因为口才是一种得到公认的智慧。

懦弱常使人犹豫不决而错失良机。若每件事都要斟酌再三，直到要采取行动时还做不出最优的决策，就意味着无论采取哪种手段都不够好、不足以解决问题。所以过分计较小事而错失良机就是懦弱的表现。

虽然对穷人而言节俭是一种美德，但这种美德不适用于需要众人协力完成的事务。因为人们需要报酬来维生并保持活力，而在这类事务上的节俭会削弱人们的努力。

善于奉承且有口才的人往往能赢得人们的信任，因为前者是智慧的标识，后者是友善的标识；若再加上擅长带兵的声望，就会吸引人们归附与效忠。善于奉承且有口才使人们相信不会遭到他的侵害，而擅长带兵则让人们相信不会遭到他人的侵害。

若某人缺少学识，对事物的起因与结果一无所知，就会被引导着甚至被强迫着仰赖别人的建议和权威。任何无法靠自己认清事实的人，都必须仰赖于那些更智慧且看上去不会欺骗自己的人的观点。

对语词的含义一无所知就是缺乏理解力，这种情况下，人们不仅会相信自己不知道的真理，甚至还会相信那些错误的道理和自己信赖的人的谬论。若无法完全理解语词的含义，就无法辨别出这些错误与谬论。

这样看来，人们会依据自身激情的差异，为同一事物赋予各异的名称。比方说，人们会将赞同的意见称为"意见"，会将不赞同的意见称为"歪理邪说"。然而歪理邪说和个人意见所指的事物并无不同，不过是前者有较强的斥责意味罢了。

出于相同的原因，人们在学习并达成深刻理解之前无法区分"群体的统一行动"与"群体的多头行动"，例如无法区分"罗马全体元老院议员杀死喀提林的统一行动[1]"与"许多元老院议员杀死恺撒的多头行动"。那么，人们就可能会将群体的多头行动当成由一个人唆使的人民的统一行动。

如果人们对权利、公平、法律和正义的成因及历史渊源一无所知的话，就会将习俗与事例当作行为的标准，并会认为被习俗惩罚的就是不正义的行为，而自己能举出的不受惩罚或被许可的事例、先例就代表着正义。他们就像孩童一样，除了父母和老师教导过的准则之外，对善恶行为的其他准则一无所知。二者之间的区别就是，孩童还会坚守自己的准则，但成人却非如此，因为长大成人变得固执己见之后，人们就会在习俗与理性间反复，由它们轮流主导：当自己的利益与习俗相悖时，人们就会放弃习俗；当理性不符合自身的利益时，人们就会反对理性。因此，人们要么诉诸笔墨，要么大动干戈，在有关是非的学说方面一直争论不休。可是与线条和图形相关的学说并非如此，因为人们并不在意有关这些问题的真理，它也丝毫不会影响到人们的野心、利益和欲望。我从不怀疑，如果"三角形的三个内角相加的结果与两直角和相同"这一论断有违任何人的统治或有损统治者的利益，那么就算这一论断无可置疑，也会有人尽其所能地烧毁所有几何学书籍。

当人们对事物的渊源一无所知时，就会将所有结果都归纳为直接原因和工具原因，因为这些是他们能认识到的全部原因。所以无论在什么地方，

---

[1] 即"喀提林事件"。罗马共和国末期，以没落贵族喀提林为首的集团组织发动武装政变，企图夺取政权。这一阴谋被当时的执政官西塞罗发现，召开元老院紧急会议，发表了著名的反喀提林的演说。后来，喀提林战败被杀，"喀提林事件"得以平息。

如果人们为赋税所苦，就会向公务人员发泄自己的愤怒，也就是向所谓税吏、包税人和其他负责公共税收的官员发泄愤怒，并投向反对公共政府的那一方。因此当人们脱罪无望时，就会因畏惧惩罚或耻于接受宽恕而对最高统治集团发起进攻。

当人们对自然原因一无所知时就会轻信，甚至往往会相信不可能的事物。因为他们不知道任何反例，没有能力探明其不可能性，只能想"它们可能是真的"。人们又都希望自己在群体中说的话被听到，所以他人的轻信便会导致他们撒谎。如此看来，无知本身并不坏，但它会导致人们相信谎言、转述谎言乃至自己编造谎言。

对未来事物的焦虑，会促使人们探寻事物的成因。而与事物成因有关的知识能够令人更好地安排当下的事物，制造出对自己最有利的局面。

对事物成因的好奇心或热爱，驱动着人们从思索后果开始追溯前因，紧接着追溯前因的前因，直到他的思考止步于某个前面只有永恒的前因，也就是前面只有上帝的前因。所以，如果不相信世上存在着一个永恒的上帝，就无法对自然成因进行更深刻的探求——尽管人们心中不可能有任何对上帝本质的解答。就像天生的盲人听到旁人谈论烤火取暖且自己也被带去烤火取暖时，能轻易认识到并相信那里存在着人们称为"火"的东西，并能感受到热量，但他仍然无法想象出火的模样，其心中对火的观念和那些亲眼见过火的人的观念也不同。同理，通过这个世界上可见的事物，以及这些事物令人敬仰的秩序，人们或许可以想到存在着一个造就它们的原因，也就是人们所说的上帝，但他心中并没有一个关于上帝的观念或映像。

还有些人几乎或根本就不探寻事物的自然成因，他们的无知也导致了对能够主宰他们祸福的力量充满畏惧。这种畏惧会令他们假想或假定存在着许多种不可见的力量，并敬畏自己想象出的事物；他们还会将自己幻想出来的事物当作神，在困窘时向它们祈祷，在期望达成时向它们致谢。通过这样的方式，人们依据自己各异且无尽的想象，在世上创造出了无数的神。对不可见事物的畏惧就成了人们所说的宗教的"自然种子"，对那些不以这种方式崇拜或畏惧不可见力量的人而言，这就是迷信的"自然种子"。

相当一部分人都见到了这类宗教的种子。有些人见到后就对它进行培育和修饰，将其塑造为法律，并用自己编造的观点解释未来事件的起因，以便尽可能地使用自身的权力并达成更稳固的统治。

第十二章

论宗教

在人类之外，世上就不再有任何与宗教相关的迹象或成就，所以我们就可以认为，只有人类才具有宗教的种子。宗教的种子产生于某种独特的品质，至少也带有一些优越的部分，这是未在其他动物身上发现过的。

首先，对所见事物的成因感到好奇是人类独有的天性，每个人都或多或少地有着好奇心，这已足够让所有人都好奇并探寻自身好运和厄运的原因。

其次，人们看到任何事物的产生时，会思考是否有某个原因决定了事物的产生时机，让它没有在更早或更晚的时间产生。

再次，因为动物几乎不会或根本不会预测未来，缺少对自身所见事物的顺序、结果与二者之间依存关系的记忆和观测，所以就只有享受每天的饮食、安逸和肉欲之欢这一种幸福。人类却可以观察到一种事物如何从另一种事物中产生，并记住其中的成因和结果。因为好运和厄运的成因在多数情况下是不可见的，所以当人们对事物的真正成因拿不定主意时，就会依据自身想象所给的提示或他人的权威，比如更加智慧的朋友的权威，来设想其成因。

上面论及的前两种成因都令人焦虑：因为人们确信发生过的事和将要发生的任何事都自有其成因，所以执着于趋利避害的人就永远忧心未来。因为每个人，尤其是慎思过头的人，都处于类似普罗米修斯[1]（Promētheus，这个名字通常指慎思的人）那样的境况里。普罗米修斯被牢牢钉在广阔的高加索山上，有鹰啄食他的肝脏，而白天被吃掉的会在夜里重新长回来。一个担忧未来、看得过于长远的人，内心会终日被死亡、贫穷或别的灾祸

---

[1] 普罗米修斯：希腊神话中造福人类的神。曾为人类盗取天火，并传授多种技艺，因此触怒主神宙斯，被锁在高加索山崖，每日遣神鹰啄食肝脏，夜间伤口愈合，天明神鹰复来。他宁受折磨，坚毅不屈，最后神鹰为赫拉克勒斯杀死，他始获解救。

所啮噬，只有在睡梦中他的焦虑才能暂时停止。

这种永恒的恐惧总是伴随着人类对事物成因的无知，就好像身处黑暗中的人一定会把某样东西当作恐惧的对象。所以，当我们的观察一无所获，无法对祸福追根溯源时，就只能将它归纳为某种无形的力量；从这一意义上讲，有些古代的诗人声称神最初是被人类的恐惧创造出来的。在论及众神，即异教徒的那些神灵的时候，这个说法是十分恰切的。但是，永恒、无限且全能的上帝这一概念，更容易从人类对物体的成因及其各种不同的性质与用途的求知欲中得出，而不容易从人们对将要发生在自己身上的事的恐惧中得出。原因在于，若某个人见证了某一结果的产生，就会从这一结果开始推理其前因，然后再推理前因的前因，并深陷于对前因的追溯。最终，他会得到一个异教哲学家都认可的结论，即一定存在着一个原始的推动者作为万物初始且永恒的成因，也就是人们说的上帝。这些都不来自对自身的命运的思考，因为对命运的关切不但会令人心生恐惧，还会妨碍人们探究其他事物的成因，这就会导致有多少假想神的人，就有多少被假想出的神。

从这种假想出的无形实体或物质中，人类无法通过自然的思考得出任何其他概念，只能认为它和人类的灵魂一样，而且与梦中所见、镜中所见的事物同属一类。人们不知道这些幻影仅仅是自己幻想出来的事物，于是就认为它是外在且真实的，并称之为鬼神。拉丁人将其称为"影像"和"幻影"，并且觉得它们是精灵，也即一种缥缈的物体。他们觉得自己畏惧的缥缈物体与无形力量和自己相似，只是它们能任意显形或隐形。

但是，这种认为精灵"非实质"或"无形体"的观念，不可能是与生俱来的。即使人类能将"精灵""无形的"等意义相悖的词语组合在一起，也没法想象出任何与其对应的事物。所以，试图通过冥思苦想来认识一个无限、全知且永恒的上帝的人，就会承认上帝是超越自身理解能力且难以想象的，也就无法用"非实质的灵"来解释上帝的特质。这样看来，他们就相当于承认自己做出的定义是无法理解的了。就算他们称上帝为"非实质的灵"，出发点也不是教义，而是希望上帝的神圣本质更易被世人接受，所以就虔敬地使用一些和粗糙的可见形体不搭边的词语来描述他的特质，以示对他的尊敬。

其次，人们还会思考这些无形的力量到底通过何种方式产生影响，也即它们能通过什么直接原因产生事物。凡对我们所说的成因不甚了解的人（基本上所有人都如此）都无法通过其他准则进行猜测，而只能通过观察并记忆某一相似事件在之前或其他时间出现时的情形，也就完全看不到前因与后果之间的任何关联或逻辑。因此，他们就通过曾经的相似事件来推测未来可能出现的相似事件，并迷信地向那些不相干的事物祈祷祸福。雅典人在勒班托海战中祈求再出现一个佛米奥，庞培党人在非洲之战中祈求再出现一个西庇阿，其后许多人都在不同的场合下做过这种事。相似的，他们还会将局外人视为左右自身命运的因素，另外被视为影响因素的还有地点的吉凶、咒语，如果语句里有上帝的名字则影响程度更深。他们坚信这些事物拥有魔力，能够把石头化成面包，把面包化成人，或是在任意物体间进行转化。

再次，人们崇拜这类无形力量的方式与人们表达尊敬的礼仪相同：祈求、献祭、感恩、献身、祈祷、保持肃穆、诵祭文和宣誓等。除此之外，理性就给不了更多的帮助了，只能使他们止步于此，或为了举行更多的仪式而依赖那些比他们聪明的人。

最后，关于这类无形力量还有一个问题，即如何将未来之事昭告于人，尤其是关于他们运气好坏或在具体事务上的成败方面。对此，人们就陷入僵局了。因为他们习惯依据已发生的事物预测未来，所以不仅会将遇见过一两次的事物当作未来一切相似事物的预兆，甚至还会相信那些碰巧想出过一次好点子的人的预言。

上述四个方面就是宗教的自然种子：对鬼神的观点、对第二因的无知、对畏惧之物的虔诚和将偶发事物当作先兆。众人按照各不相同的想法、激情和判断，将这四个方面发展出了差异极大的诸多仪式，而那些只有一个人使用的仪式对其他人而言都是荒谬的。

这些种子经过了两种人的栽培：一种人运用自己的创造力进行规划和培育，另一种人则依据上帝的指引与命令。但是这两种人的目的并无区别，都是让自己的依附者更加顺从、守法、和平、友爱和合群。因此，前一种宗教就属于人类政治，教导臣民应对世俗君主履行义务；后一种宗教就属于神圣政治，其中包含了服从于上帝王国的子民应遵守的规范。前者就是那些建国和立法的异教者；后者则是向人们昭告上帝王国法律的亚伯拉罕、摩西和救主基督。

有一部分异教相信不可见的自然力量有实体，并将几乎所有有名字的事物视为神或魔鬼，抑或是教内的诗人将这些事物假想为被某类精灵附身、附着或占据。

宇宙中未成形的物质被视为神，其名为"混沌"。

天空、海洋、星球、火、土和风都是神。

男人、女人、蛇、鳄鱼、小牛、犬、鸟、葱和韭菜也全都被奉为神。此外，他们觉得基本上一切地方都被精灵充满，这些精灵被称为"半神"。平原上有男神潘、女神潘妮或萨提尔，森林中有牧神和妖精，海洋中有海神特里同和海妖精，每一条河流和泉水中都有同名水神和妖精，每栋房屋都有自己的家神，每个人都有自己的守护神，地狱里有鬼官如喀戎、刻耳柏洛斯和复仇女神等，夜间则充满了妖怪、夜游魂、冤死鬼。除此之外，他们还为纯粹的偶性和性质——像时间、黑夜、白昼、和平、和谐、竞争、爱情、美德、荣耀、健康、麻木和热病等——赋予神性并建立祭坛；当他们祈求得到或远离这些事物的时候，就好像有对应名称的鬼神悬在他们的头顶，能够为他们赐福消灾。并且他们以缪斯之名为自身的智慧祈祷；以福尔图娜之名为自身的无知祈祷；以丘比特之名为自身的欲望祈祷；以弗所里斯之名为自身的愤怒祈祷；以普利阿普斯之名为自己的生殖器祈祷，并把不洁的行为归因于男魅魔和女魅魔。但凡是诗中被人格化的事物，诗人全都把它们当作神魔。

异教的创立者们观察到了宗教的第二个基础，即人们对事物成因的无知，并因此倾向于将好运归于某些并无明显依据的成因。异教抓住机会利用了人们的无知，不用"第二因"而是用"第二级执掌之神"的名号。他们宣称维纳斯执掌生殖，阿波罗执掌艺术，墨丘利执掌阴险和狡猾，埃俄罗斯执掌狂风暴雨，其他神则掌管其他事物。所以，对异教徒而言，有多少事物就有多少神。

除了那些人们认为天然就适合用作祭神的礼仪，如献祭、祈祷、感恩及之前论及的其他方式，异教徒中的立法者们还增加了偶像的绘画和雕塑，以此让无知者，即大多数老百姓认为这些偶像代表的神是真实存在的，所以就会更加敬畏。除此之外还要划地立庙、设官拨款，再分出贡神的专款，把洞穴、园林、森林、山峦甚至整块岛屿都献给这些偶像。他们不单为这些神赋予了人类、动物或妖魔的形象，还为这些神赋予了感知、语言、性别、欲望和繁衍等人与动物具备的官能和激情。而神的繁衍不仅指神与神交配孕育出神，也指神与男人和女人交配孕育出半神，这些半神同样居住在天上，酒神巴克斯、大力神赫拉克勒斯等都属于此。此外，他们还赋予了这些偶像愤怒、仇恨和其他动物会有的激情，以及由此产生的诈骗、偷盗和私通，还有因为权力的影响或享乐的目的而做出的所有恶行——人们只将这些恶行视为违犯法律，而不视为丧失荣誉。

最后，未来的预兆就自然层面而言，是从过往积累的经验中做出的推论，就迷信层面而言则是启示。那些创立了异教的人，有的自称有经验，有的自称得到了启示，还有的用各式各样的迷信占卜让人们相信需要到德尔斐、提洛、阿蒙和其他著名的神谕中寻找自己的运气，或听祭祀说一些针对神谕的模糊且无意义的答复，这种答复被有意设计成怎样说得通的含糊样子，更荒谬的是，常有人被硫黄洞[1]里的有毒气体熏晕。有时候，这些异教头领还让人们去西比尔[2]的书里寻找自己的运气；西比尔的预言和诺斯特拉达谟斯[3]的有些相似，她的一些书在罗马共和国时期颇为有名，然而现有的残本看起来像晚近假造的。有些时候他们让人们从那些传闻被神明附身的、神志不清的人口中的胡言乱语中寻找自己的运气，这被称为"神谕"或"预言"，而这种神明附身被称为"神托"。有些时候他们还让人们从各自出生地的星象中寻找自己的运气，这就是占星术，并被视为决疑占星学的一部分。有些时候他们也让人们从自己的希望和恐惧中寻找运气，这就是预兆术和反身征兆术。有时又会让人们从自称能和亡灵沟通的女巫的预言中寻找运气，这就是招魂术、招鬼术或巫术，实际上不过是骗术罢了。有时他们让人们从鸟类无意识的飞行和啄食中寻找，这叫鸟卜法。有时则是从被献祭的动物的肠子中寻找，这叫肠卜术。有时让人们做梦、听鸦叫或鸟鸣。有时让人们观察面部轮廓，这叫相面术。有时是观察手上的纹路，这就是手相术。有时让人们从怪异或不寻常的事件中寻找，比如日食、月食、彗星、流星、地震、洪水和难产儿等，这就是灾异验征术或

---

[1] 硫黄洞：希腊地区多火山，因此存在含有大量硫黄的区域。吸入硫黄蒸汽会使人产生幻觉并说出难以理解的谜语或诗文，古希腊祭司就借此接收神谕。

[2] 西比尔：希腊神话中的著名女巫。

[3] 诺斯特拉达谟斯：16世纪中期的法国预言家，曾写下一千多篇诗歌，并预言了世界末日。

灾异征兆术，因为他们觉得这些事物预兆着大灾祸即将来临。有时则是纯粹观察彩头，比方说掷钱币、数筛眼或用维吉尔或荷马的诗来抽签，还有其他无数的无意义之事。人们非常信任他们的各种行为，所以自己的恐惧和无知就会被人任意摆布。

因此，前面说的那些建国者与立法者，即最终目的是要人们服从并和谐共处的人，在各处都特别留意：首先，让人们认可这一观念，即统治者们并非自己提出了宗教信条，而是得到了神或其他精灵的启示。这样他们从本质上就非同一般，人们也更容易接受他们的法律。所以，奴玛·庞皮利乌斯[1] 便谎称他为罗马人制定的仪式得自水神伊吉利娅[2]；秘鲁的开国之君则宣称他和皇后是太阳的儿女。其次，他们小心翼翼地让民众相信，神所不悦的事就是法律所禁止的。再次，他们订立了仪式、祈祷、献祭和节日，令人们相信神的怒气可以被平息；并让人们相信战败、瘟疫、地震和个人困境都来自神的怒气，而神的怒气则源于人们轻视、忘记了礼拜仪式或在仪式中犯了错。古罗马时，即使没有禁止人们否定预言家关于来世苦乐的说法，很多位高权重之人在演讲时也公开嘲讽了这类说法，但这一信仰还是比那些反对它的信仰更受重视。

通过这些制度以及相似的制度，他们实现了"国家和平"这一最终目的。普通民众会将自己的厄运归咎于在仪式中犯错或轻视了仪式，也会归咎于自己未遵守法律，这极大地减少了通过暴动反抗统治者的倾向。此外，他们还能享受节日时的盛大仪式和娱乐活动，参加以尊敬上帝的名义开展的公共竞技，总之，只要人们能吃上饭，就不会不满、抱怨乃至暴动。因此，已经征服了当时已知世界上最大部分的土地的罗马毫无顾忌地接纳了罗马城里的所有宗教，除非它们与世俗政府的统治相抵牾。我们也能在书中看到唯独犹太教被禁止了，因为犹太人相信存在一个特殊的上帝王国，并认为服从于一切世俗君主和世俗国家都是不合法的。从这里，我们能看出异教徒怎样让宗教成为他们政策中的一部分。

但是上帝以超自然的启示创建了宗教，也为自己创建了特殊的国度。上帝为人对待神以及人与人彼此相处的行为都制定了法律。所以，对上帝

---

[1] 奴玛·庞皮利乌斯：罗马第二任国王，在位时制定了大量与宗教相关的法规和仪式。

[2] 伊吉利娅：罗马的泉水女神，职责为保佑妇女顺利生产。

王国而言，世俗的政策和法律都是宗教的一部分，因此，世俗和宗教的统治在这里就没有任何区别。上帝确实是整个世界的王，但他同时也是一个特殊的被选中的国家的王，就像总领全军的人也能率领属于自己的营团。上帝成为整个世界的王是因为自己的伟力，但成为其选民的王则是依据契约。关于自然或立约建立的上帝王国，我会在后面第三十五章中进行更加详尽的探讨。

从宗教的传播过程中，我们不难理解它分解为最初的种子或要素的原因。它们是有关神、超自然以及无形力量的观念，不可能完全从人性中清除，但是新的宗教会在这一领域权威人士的培养下再度出现。

一切形式的宗教，最初创立的基础都是群众对某个人的信仰。这个人被认为是最智慧的，也是会尽力为他们谋福祉的；他们还相信这个人是圣徒，得到了上帝的恩准并能以超自然的方式宣布神谕。所以，我们就能得到肯定的推论：如果宗教掌管者的智慧、诚信或爱民被质疑，或是无法再展示出任何启示，那么他们掌管的宗教一定会被人们怀疑；如果他们没有来自世俗武力的威慑力，就会被人们驳斥与摒弃。

在已成形的宗教中添加新的东西，容易使宗教的继承人或创立者失去智慧之名。如果添加的东西与此前的自相矛盾，二者就不可能同时是正确的；那么，让人相信这类新理论，就是自身无知的证据，会让提出者在这件事上原形毕露，并且导致他自称的所有来自启示的事物不再被世人相信。人们或许可以从前面提到的事物中获得超自然的启示，但这与自然理性也毫不冲突。

若某人要求他人去相信某件事，但言行中却表现出自己都不相信，那么这种言行不一的做法就会令他失去诚信的声望。这种行为因此被称为丑闻，因为它是人类在宗教之路上的绊脚石，不公正、残忍暴戾、亵渎神明、贪婪和骄奢淫逸也都属于此。如果一个人总是做出这种行为，那么谁还会相信这个人信仰的、在旁人犯了小错时用来吓唬人的无形力量呢？

一旦自私自利的目的被发现，他们就会失去爱民的声望。当统治者宣扬的信仰仅仅能使其自身或有特权的人取得统治权力、财富、地位和享乐的时候，就会出现这样的情况。因为人们觉得，他做出的事只是为了私利，而不是爱民。

最后，除了施展奇迹、讲出真预言（也是奇迹的一种）或超凡的福祉之外，人们再无其他方法能证明自己获得了启示。若是未从奇迹中得到过启示的人，在施展过奇迹之人的教义上再行增补，那么人们对新的教义的信仰，自然就不会超过他们学到的习俗和法律。好比在自然事物方面，具备判断力的人要看到征兆和证据才能相信，那么在超自然事物方面也就需要超自然的征兆作为相信的依据，而超自然的征兆就是奇迹。

人们的信仰弱化的原因都能在下面的例子中找到。首先要举的是以色列人的事例：摩西曾经施展奇迹、化险为夷，引导人们逃出埃及，并以施展奇迹的方式向以色列人证明自己获得了上帝的启示。但是，摩西仅仅离开四十天，人们就背叛了他所教授的真神信仰，并把金牛犊视为神（《出埃及记》第三十二章第一节、第二节），堕落到刚摆脱不久的埃及人的偶像崇拜中了。除此之外，当摩西、亚伦、约书亚和曾在以色列见证过上帝的伟大事业的一代人（《士师记》第二章第十一节）去世之后，下一代人就在成长起来后信仰了巴力。所以一旦奇迹消失，信仰也就终结了。

另外，因为撒母耳之子在别士巴被撒母耳立为法官（judge，《圣经》中也译为"士师"）之后（《撒母耳记上》第八章第三节），收受贿赂并做出了不义的审判。以色列人就拒绝上帝再以异于他国的方式做以色列的王，所以就向撒母耳申诉，要求他仿照其他国家，再为他们立一个王来治理。这意味着如果正义受损，那么信仰就会消失。这才导致他们罢黜上帝，不允许上帝做他们的王。

当基督教传进罗马帝国的时候，帝国各处的神谕都绝迹了，只有基督徒的人数因为使徒和福音书作者的传教，每天都在各地迅速增长。能有这种成就，很大程度上是因为当时异教僧侣卑劣贪婪，在王公贵族间行骗耍诈，导致了人们对这些异教的蔑视。而罗马天主教会被英国及许多其他的基督教国家排斥，一方面是因为天主教教士的卑劣贪婪动摇了人们的信仰；另一方面是因为经院学者把亚里士多德的学说和哲学带进宗教，其中产生的矛盾与荒谬给教士们带来了愚蠢和伪诈的恶名，并使得人们背离天主教会。这种背离在法国和荷兰都与国王的意志相悖，在英国则与国王的意志相符。

最后，罗马天主教会宣布的得救所必需的诸项事宜中，大多是为了教皇和他在各个基督教国家中的臣民的利益。若不是因为国王间的相互竞争，这些教义本来能像在英国那样，轻易地排除掉外来势力——既不需要兵戎相见，也不会引发动乱。罗马教会向人们灌输：如果国王未曾经过主教加冕，他的权力就不是源于基督；如果国王是一个教士，他就不能结婚；王子是否为婚生子女需要由罗马教廷判决；如果国王被罗马教廷判定为异教徒，臣民就不需要再对他效忠；教皇能废黜国王而不需要任何理由，并能将他的王国交给某个臣民，正如教皇扎加利对法国国王希尔德里克做的；与教士和修士相关的刑事案件在任何国家都不接受国王的判决。谁看不出为"私人弥撒"和"炼狱之谷"收取的费用到底对谁有利？更不用说其他钻营私利的证据，这些都足以杀死最具生命力的信仰。正如上文所讲，我将世上所有宗教的更迭都归为一个相同的原因，即惹人生厌的教士，不仅在天主教中如此，甚至在最致力于推行改革的教会中也难以避免。

第十三章

论人类幸福与苦难的自然状况

自然造就了人类在身心两方面能力的均质性。某些人虽然在体力方面强于他人或思维比其他人更为灵敏，但加以综合考量，人与人的差异不会大到足以使某个人取得他人得不到的利益。只从体力方面讨论，即使是最羸弱的人，一旦运用计谋或与其他同处险境的人联合起来，也一样可以击败力量最强大的人。

而论及智力方面，我认为人们在智力方面的差异比在体力方面的差异还小。除了那些只有少部分人具备，并且只限于少部分对象的，被称为科学的技艺，其依据普遍且无疑的原则处理问题，并以语词为基本要素。这并非一种与生俱来的能力，也不像慎思那样能在关注其他事物时获得；因为慎思不过是一种经验，在相同时间从事相同事务的人会得到相同的收获。若有人质疑这种平等，那只可能是对自己的智慧过于自信，因为任何人都往往觉得自己强于平庸之人，也就是说他们只认可自己、少部分名声在外的人和赞同自己意见的人。这就是人的天性，即使人们承认许多人比自己更智慧、更有口才和更渊博，也永远不会相信那么多人和自己智力相仿。因为人们对自己的智力了如指掌，却只能在远处评判旁人的智力。就一般状况而言，人们对自己分得的东西满意就说明这种分配是公平的，这也证明了人们在智慧上是平等的。

从平等的能力中会产生实现自身目标的平等期望。所以，如果两人意图获取同一样东西却没法同时享用时，就会变成仇人；无论他们是为了自身的存续，还是自身的享受。在实现这个目标的过程中，两人都希望能够毁灭或是征服对方，这就会导致以下情况：侵犯者面对势单力孤之人则无所畏惧；若面对的是已经培养、建立或具有某种有利地位的人，侵犯者就会做好准备、联合力量，不仅想吞下他的劳动果实，还想夺去他的自由或生命。当然，侵犯者也面临着来自他人的同样的危险。

因为人们互相猜疑，所以最合理的自保方式就是先发制人，也即通过武力或计谋控制他人，直到认为他人不再有任何力量能危害到自己。这些都在自保所需的限度之内，通常是被允许的。同时，有些人还会将征服的行为实施到超出自保所需的限度，并以品味自己因征服而获得权力为乐。那么其他那些原本倾向于安分守己、无意通过侵略扩张自身权力的人，也难以仅凭长期的防卫度日。因此，人们需要扩张统治范围以自保，这也是被允许的。

在没有能震慑所有人的权力的地方，人们聚在一起就无法产生快乐，反而会非常痛苦。原因在于，每个人都自视甚高，而且想得到同伴的相似评价。在没有能让人们和平相处的公共权力的地方，人们就会彼此毁灭，所以当某人被蔑视或被低估时，就会穷尽所能地加害别人，迫使蔑视者对其做出更高的评价，并对其他人产生杀鸡儆猴的效果。

由此，我们就能从人类的天性中发现三种引发争斗的主要原因：第一，竞争；第二，猜疑；第三，荣誉。

第一种原因令人为了追求利益而发动侵略，第二种原因令人为了追求自身安全而发动侵略，第三种原因令人为了追求荣誉而发动侵略。在第一种情况下，人们通过暴力手段奴役他人及其妻儿与牲畜；在第二种情况下，人们是为了保全自己的一切；在第三种情况下，人们是因为一些细枝末节的小事，比如一个字眼、一个笑声、一个异见或其他一切表现出轻蔑的象征——要么是直接对他本人，要么是间接对他的亲属、朋友、国家、职业或声望表达出的轻蔑。

由此可知：若人们所处的地方没有一个能震慑众人的公共权力，那么人们就处于所谓战争状态中，这是人人相互为敌的战争。战争不仅存在于战役或战斗行动中，还存在于"通过战斗互相争夺"的意志为众人所知的时期。所以，也要将时间的概念纳入战争性质的考虑中，一如我们考虑气候的性质：恶劣气候的本质不是一两场大雨，而是一连好几天都会下雨的倾向；战争的本质也不是真刀实枪的战斗，而是在整个缺乏和平保障的时期中，人们心照不宣的战斗倾向。其他一切时期都算和平时期。

所以，在人人为敌的战争时期的产出，和人们在仅能依靠自己的体力和创造力保障生存的时期的产出相同。在这样的情况下形成不了产业，原因是：产出不稳定；没有土地栽培、航海、海外进口商品、宽敞的建筑和能以巨力移动物体的工具；也没有地貌常识、历史记录、技艺、文字和社会。最糟糕的是，若人们一直生活在暴死的危险以及对暴死的恐惧下，那么终其一生都会是孤单、贫穷、卑劣、残忍和短命的。

人性居然会使得人们这样疏离、这样容易相互侵犯并彼此毁灭，这对一个未曾思考过这类事情的人而言是难以理解的。所以他可能不会相信这一依据激情做出的推理，而是更希望通过经验加以验证。那么我们可以让他们自己回想一下：在外出旅行时是否会携带武器并希望有伙伴同行？在睡觉时是否会把门锁上？就算是在屋子里，是否也会锁上箱子？他们明明知道法律与配有武器的官员会惩罚任何侵害到自己的行为，但是他们还是会那样做。那么，他们携带武器骑行的时候是以什么样的眼光看待自己的国人？把门锁上的时候是以什么样的眼光看待自己的邻人？锁上箱子的时候是以什么样的眼光看待自己的儿女、仆从？他在行为中表现出的对人类的指控，难道与我对人类的文字指控不一样吗？但我们这么做都不是为了指控人类的天性，因为人的欲望和激情是无罪的；在人们尚不知道法律禁止了哪些事物的时候，这些激情诱发的行为也是无辜的。在法律制定之前，人们没法知道什么行为是被法律禁止的；在人们对立法者人选达成一致的意见前，法律也是无法被制定出来的。

或许有人会觉得从未有过这样的时代和战争状态[1]，我也相信这种状态在世界上并不是普遍的，但是相当一部分地区的人确实活在这样的状态中。美洲很多地区的蛮荒民族只有小家族而无政府，小家族内部的协调也完全由自然欲望决定，因此他们至今都过着上述那种野蛮残忍的生活。无论如

---

[1] 指1337年至1453年英法两国间的漫长战争，今人称为"英法百年战争"。

何我们都能看到，缺乏令人畏惧的公共权力的地方会有怎样的生活方式；而原本生活在和平政府治理下的人，在经历过一场内战后也会堕落到这样的生活方式。

虽然，在任何时代中都尚没有哪个人真正进入过人人相互为战的状态，但国王和主权者们都会因为自己的独立地位而始终彼此猜忌，并保持着剑拔弩张的态势。他们在国家边疆修建碉堡，派遣边防军并装设火炮，还经常派间谍到邻国刺探情报，这就是即将发动战争的姿态。但也正是以这种方式他们才能维护住臣民的产业，并避免了某个特定个体的自由行动会导致的悲惨后果。

这样人人相互为敌的战争状态还会导致一种后果，即人们做出的每件事都是正义的，是与非的观念、正义与不义的观念在这里都不存在。没有公共权力的地方就没有法律，没有法律的地方也就无所谓正义或不义；因为对战争而言，欺骗与暴力是两种基本美德。正义与不义并非身体或心理的官能，如果它们真的是身体或心理的官能，那么与世隔绝的人也会像拥有感觉与激情那样拥有它们；但正义与不义并非独居者具有的观念，而是群居者才有的观念。持续的战争状况还导致这样的后果：无财产、无统治权和无"你的""我的"之分。只要能得到，就相当于拥有，而能拥有多久则看拥有者能保住多久。人类仅凭天性行事就能达到这种病态的境况，想要从中脱离则需要综合运用自身的激情与理性。

对死亡的恐惧、对美好生活所必需事物的欲望和通过自身勤勉获取这一切的希望，都是促使人们追求和平的激情。因此，理性就提出了简便易行的和平条件，人们可以据此达成一致。这些和平条件也称为"自然法"（laws of nature），我将在之后的两章中详加探讨。

第十四章
论第一与第二自然法以及契约

著作家常说的"自然权利"，就是每个人依据自身意愿，使用自身力量保全自己天性（也即生命）的自由。所以，这一自由就是经过自己的理性思考与判断后，通过自认为最恰当的方式做任何事的自由。

自由，就其本义而言，就是无外界阻碍的状态。外界的阻碍通常会让人们丧失一部分依据自身意愿做事的力量，但无法阻碍人们根据自身的理性与判断使用其余部分的力量。

自然法，是通过理性得到的规矩或规则，它禁止人们做出危害自身生命的行为，禁止人们放弃自保的手段，但不禁止人们做自己认为最有利于保存生命的行为。虽然探讨这一问题的人通常将权利和法律混作一谈，但实际上是需要加以区分的。因为权利着眼于人们行事的自由，而法律则决定了人们能否行事。由此可知，法律和权利的区分正如义务和自由一样，在同一事物上并不一致。

就像上一章讲的那样，人们都处于人人相互为敌的状态；因此每个人的行为都由各自的理性支配，也能调动一切有助于对抗敌人并保护自身的事物。如此一来，这种状态下的每个人就对每件事都具备权利，甚至对彼此的身体也具备权利。所以，当这种"每个人对每件事的权利"还存在时，不管再怎么强壮或智慧的人，都无法保证能寿终正寝。因此，下面这句话就成了理性的原则或理性的普遍规则："在希望达成和平的情况下，任何人都应该尽力取得和平；而在无法达成和平时，人们就应当在战争中寻找并利用一切能产生助益的条件以保全自身。"这一规则的第一部分，涵盖了第一个也是最根本的自然法："寻求和平、守护和平"；第二部分则是对自然权利的总结："利用任何可能的手段保全我们自身。"

这一基本自然法要求人们致力于和平，由此又能推理出第二条自然法："若以自身和他人能在和平与自我保卫方面达成一致，那么他就会认为有必要舍弃这种'每个人对每件事'的权利，并满足于自己和他人拥有相等的自由权利。"如果每个人都一直拥有为所欲为的权利，那么就会永远处于战争状态；若某些人不像其他人一样放弃自己的权利，那么所有人就都没有理由剥夺自己的权利，因为这种行为同自取灭亡无异，而不是将自己置于和平的状态中。这就是福音书上的法律："你们希望他人如何待你，你就需要如何待他人。"也是那条对所有人生效的法律："己所不欲，勿施于人。"

一个人放弃对任一事物的权利，就是放弃了妨碍他人使用同一事物的自由。一个人放弃或让出了自己的权利，并不意味着给予了某人他不曾拥有的权利，因为每个人对每件事都具有自然权利。他的做法只是让步，让这个人免于他的妨碍，并享受到原本就有的权利罢了，但也不意味着这个人不会受到其他人的妨碍。因此，一个人放弃自己的权利并使他人获得，这一行为只是相对地除去了他人行使自身原有权利的妨碍罢了。

让出权利有两种方式，一种是简单地放弃，另一种是将之转让给另一个人。若让出者不在乎最终受益者是谁，就是简单地放弃权利；若让出者想要把权益让给某个人或某些特定的人，就是转让权利。一个人以任何方式放弃或让出他的权利之后，就是"有义务"或"受约束"的，而且不得妨碍权利的接受者享受这项被放弃或承诺让出的权利。他有责任不让这一自愿承诺的行为失效。鉴于他的权利在之前就被放弃或让出了，所以再次加以妨碍就是"不义"或"侵害"的行为。如此一来，众人对不义或侵害问题的争论就像经院哲学家们对谬论的争论，因为争论中的所谓谬论，实际上就是其后的主张与最初时的相悖，对人们来说，所谓的侵害或不义就是反悔自己最初的自愿行为。无论是单纯地放弃权利还是转让权利，都要自愿且明确地向接受者表达或宣誓，自己已经放弃、转让或于此放弃、转让了这一权利。这类表达或宣誓可以只通过话语或行为完成，但最普遍的情况还是通过话语和行为共同完成，让人们受约束或承担义务的契约同样是如此。这种契约的约束力并不来自契约的本质，因为最不可靠的就是人们的话语，其约束力来自对毁约后所需承担的有害后果的畏惧。

某个人放弃或转让自己的权利，要么是考虑到对方也会转让某种权利给自己，要么就是希望能因此获得其他好处。因为这是自愿的行为，而自愿的行为一定是为了某种利于自己的事物；所以，有些权利，无论他人说了什么，或做出什么表示，都不能认为是被放弃或转让了。首先，若某人遭受武力攻击，生命受到威胁，那么他就不可能放弃抵抗对方的权利，因为他不会认为这样做对自己有任何好处；同理，侵害、束缚和监禁也是如此，因为承受这样的事情没有任何好处，就像侵害和监禁他人没有任何好处那样，还有一种原因，当一个人遭受暴力对待时，无从得知施暴者是不是想要自己的命。说到底，放弃、转让权利的目的和初衷不外乎保障自己的生命与安全，并且是在保障生命的基础上让自己不厌倦生命的手段。所以，要是一个人通过话语或其他方式，表现得像是放弃了这一目的，而实际目标却是实现这一目的，那么就不能认为他是真的想放弃，或认为这一放弃的意志就是他的意志，而只能认为他并不清楚自己的话语或行为会被人怎样理解。

权利间的相互转让就是契约。

物权的转让与物品的转让或交易有别，物品的转让可以通过类似现金交易、以物易物或土地交换那样，随权利转移的同时进行交付，也能在一段时间过后交付。

除此之外，订立契约的一方能先行交付约定的物品，再让对方于之后的某个时期履行义务，在这期间物品可以托管。契约也称为"协议"或"条约"。双方也可以在当下立约而在日后履行，在这种情况下，日后履行契约的人就是被信任的，他若是按约履行就称为"履约"或"守信"，若是主动失约就称为"失信"。

如果权利的转让不是相互的，而是只有一方转让，那么转让者的目的就是以此得到对方及其朋友的友谊和帮助，或是获取慈善、豪迈的名声，或是令自己的内心免于同情之苦，抑或是得到上帝王国的报答，等等。这些都不能称为契约，而应称为"赠予""无偿赠予"或"恩惠"，这几个词的含义是相同的。

契约的含义有"明示"（express）和"推测"（inference）两种。契约的明示含义，就是话语只按照本意理解，而这些话语有表示现在时的，也有表示过去时的，如"我赠予""我同意""我已赠予""我已同意""我愿意把此物赠予你"等。还有些是表现将来时的，如"我将赠予""我将同意"等，这类表示将来时的词语被称作"承诺"（promise）。

契约的推测含义，有时可以通过语言得到，有时可以通过沉默得到，有时可以通过某些行为或克制行为得到。通常来讲，任何契约的推测含义都需要充分代表立约者的意志。

如果只是通过话语对将来的事做出了承诺，而且没有说明无偿赠予，那就没有约束力。如果这类词语是将来时的，如"明天我会给"，就意味着我还没有给予，我的权利也就还没有转让，并且在我通过其他行为转让之前仍属于我。但若词语是过去时或者现在时，比方说"我已经给了"或者"我已给予并且会在明天交付"等，就意味着我明天的权利已在今天让予他人了，即使不再有别的证据能证明我的意志，这一点也通过我的话语性质被肯定了。"我愿意它明天就属于你"（I will that this be thine tomorrow）

和"我将会在明天把它送给你"（I will give it thee tomorrow）这两个句子的意思有很大区别，因为"I will"在前一种说法里表示当下的行为意愿，但在后一种说法里则表示对未来行为意愿的承诺。如此看来，前者是现在时，转让的是未来的权利；后者是将来时，什么权利也没有转让。如果在词语之外，还有其他方式能表达转让权利的意志，那么即使是无偿赠予也能理解为权利已经通过表达将来时的词语转让了。就像一个悬赏赛跑冠军的人，他的赠予一定是无偿的，虽然话语是将来时的，但权利已经进行了转让。因为，如果他不愿意让自己的话语被这样理解，就不该让他们赛跑了。

对契约而言，权利不仅可以在话语的现在时和过去时之间转让，还可以通过其未来时转让。因为一切契约都是相互转让或交换权利，所以某人做出承诺的唯一原因是已经从中获益；这也可以理解为他确实想转让权利，因为除非他开出的条件能让对方满足，否则对方不会先履行自身的义务。基于这一点，对买卖和其他的契约行为而言，承诺就与契约等同，因此具备约束力。

在契约中，先行履约的一方应获得因另一方履约而交付事物，并作为"应得物品"（due）接受。对多人悬赏却只给予赢家奖金，或是在人群中丢下钱币而为拾得者所独享，虽然这同样是一类无偿赠予，但是对赢家或拾得者而言是应得的，那么奖金、钱币就是应得物品。因为权利在悬赏和丢出钱币的时候就已经进行了转让，但最终的归属还需要竞争来决出。这两种应得之间还存在这样的区别：就契约而言，我因自身的权利与合约方的需求相合而应得；就无偿赠予而言，我仅因赠予者的善意而应得。在契约中，对方放弃的权利是我应得的；但是在赠予中，我无权要求赠予者放弃自己的权利，只是在他放弃这些赠予物时，赠予物才应当属于我而非他人。在我看来，以上便是经院学派做出"适合性功德"与"等值性功德"区分的道理。因为，全能的上帝也承诺了，只要能遵守他订立的信条和规矩，那些被世俗欲望吸引的人也能进入天国。按照他们的言论，以这种方式走过俗世的人会因为"适合性功德"步入天国，因为除了上帝的无偿恩典，人们不能以自身的正义或其他任何权力要求得到进入天国的权利。根据经院学者的说法，没有人能因其"等值性功德"进入天国。这就是我认为的经院学派对此做出区分的道理。但是，争论者只会在对自身有利的情况下认同对方术语的意义，所以我完全不打算认同它们的意义；我要讲的只是，如果赠予物的赠予对象并不确定，而是像需要通过竞争得到的悬赏那样，那么赠予物就是竞争中的胜者应得的，胜者也可以称赏金为自己的应得物品。

如果契约订立之后两方都不立即履行，而是相互信任，那么在纯粹的自然状态（人人相互为敌的战争状态）中，只要出现了任何合乎情理的怀疑，这份契约就会失去效力。但若存在一种公共权力，有足够的权利和执行力能迫使双方履约，这份契约就不会失去效力。因为先履约的一方无法保证另一方会跟着履约，所以，若没有对强制性权力的畏惧之心，脆弱的文字就无法约束人们的野心、贪婪、怒气及其他激情。而在纯粹的自然状态中无法假定这种强制性权力存在，因为人人是平等的，只能以自身对违约的恐惧作为判断标准。所以，先行履约者就相当于违背了不能放弃保全生命及生存手段的权利，将自己完全交给敌人处置。

但世俗国家会设立一种能约束潜在失信者的权力，人们也就不再畏惧他人失约；因此，按照契约，应当先行履约的人就有义务先行履约。

对契约失效的恐惧，总是来自契约制订后才出现的事物，如新发现的事实或其他意图不履约的表现，其余的事物都不足以破坏契约。因为，若某事不能妨碍他人做出承诺，也同样不能妨碍他人履行承诺。

转让自己的某一权利，也是将自己在权力范围内享受这一权利的手段转让给他人。比如出售土地的人同样转让了土地上生长的牧草和别的产物；出售水磨的人当然也不可能把推磨的溪流带走；给予某人政府主权，也就同样给予了他征税维护军队、设立官吏与司法机关的权利。

人类无法与动物签订契约。动物不理解人的语言，就没法理解、接受任何权利的转让，也没法将任何权利转让给他人。没有权利的相互转让也就没有契约。

与上帝立约是不可能的，除非人们能通过超自然的启示或上帝的代理人等中介与上帝进行交流，否则就无从得知上帝是否接受了我们的契约。这样看来，任何与自然法相悖的誓言也是无效的，因为履行这些誓言是不义的；若履行誓言受到了自然法的认可，那么产生约束力量的也不是誓言，而是自然法。

契约的事项和主题往往是深思熟虑之后确定的，因为订立契约是意志方面的行为，即一种经过深思熟虑才做出的行为，所以契约就常被理解为即将发生的事，也是立约者判断为能够履行的事务。

如此看来，对明知不可能实现的事做出的承诺就不是契约。即使先前被认为有可能实现的事，立约后才证明无法实现，契约也依然有效且具备约束力——即使不再能约束事物本身，也依然能够约束在这一过程中产生的价值。如果产生价值也成了不可能实现的事，那么就只能抱着真诚的态度尽力履约了，因为再进一步就超出了契约的范围，没人应该对此负责。

有两种解除契约的方法：履约或被豁免。履约是义务的自然终点，被豁免则是以转让权利及相关义务的方式重获自由。

在纯粹的自然状态中，因恐惧订立的契约才有约束力。例如，若我与敌人立约以赎金或服务换回性命，我就受到这一契约的约束。因为在这样的契约里，其中一方获得的是生命，而另一方从中得到的利益是用来换命的钱财或服务。所以，在纯粹的自然状态中，若没有其他的法律禁止履约，契约就是有效的。如果战俘确信自己能付得起赎金，那么就有交付赎金的义务；如果一个弱小国家的君主因恐惧而与一个强大国家的君主订立了不利于自己的和约，那么他也有遵守和约的义务。除非如前所述，出现了新的引起恐惧的理由，且这一理由是正当的，两国才会重启战端。即使在国家中，我是被迫承诺交付钱财给强盗用以赎身，也必须支付这笔钱，直到市民法为我解除义务。因为我在没有义务时能合法地做的事，也能在恐惧的状况下合法地订立契约之后做到，而我既然合法地订立了契约，那么违背契约的行为就是非法的。

先订的契约可以使后订的契约失效。若某人在今天把某一权利转让给了他人，明天就没有这一权利可以转让了。所以，之后的承诺就没法转让任何权利，因此便是无效的。

如果一个契约不能以暴制暴并守护自身，那往往也是无效的。原因我已在上文论述过，所有人面对死亡、侵害和监禁时，都不能转让或放弃自救的权利，因为放弃权利的唯一目的就是要避免这样的事发生。所以，无法以暴制暴的承诺就无法在任何契约中转让权利，也就没有约束力。即使某人能立下"若我做了某件事，你可以杀我"的契约，也不可能立下"若我做了某件事，你杀我时我就不进行抵抗"这样的契约。因为人类的天性就是两害相权取其轻，与抵抗而死相比，不抵抗而得到必然死亡的结果就是大害。这是人人都认可的道理，就像即使囚犯认罪伏法后，将其押赴刑场或送往监狱时仍然需要武装人员随行一样。

若某人没有得到被赦免的保障就控告自己，那么他立下的契约同样是无效的。因为在自然状态中人人都是审判者，也就不存在所谓的控告；而在文明国家中，伴随控告而来的就是惩罚，惩罚又是一种暴力，人们对其没有不抵抗的义务。当控告父亲、妻子或恩人并导致其受到惩罚时，本人也会因谴责而陷入痛苦。因为，如果控告者的证据不是出于自身意愿提供的，那么本质上就是不可靠的，也就不足以作为证据；如果某人的证据是不可信的，他也就没有提供的义务。在施刑时得到的控告不能作为证据，因为施刑只是一种推测和引导的手段，用于进一步地检验与搜寻真相。受刑者的坦白只是为了减轻自身的痛苦，而不是为了告知施刑者有效信息，所以就不能相信或是当成有效证据，因为无论他的控告是真的还是假的，都出于保全自身生命的权利。

前文已经提到，文字的力量过于弱小，不足以令人履约。在人类的天性中，我只想到两种能强化其力量的激情：一是对食言的后果的畏惧，二是通过不需要食言而产生的荣誉感或自豪感。第二种情况由于太过罕见而难以作为依据，且在占据人类多数的追逐财富、权势及享乐之人中更罕见。能指望得上的激情还是畏惧，它能通过两种普遍的对象发挥作用：一是无形的鬼神之力，二是违约时将损害违约者的力量。相比之下，虽然前一种力量更加强大，人们却普遍对后一种力量更加畏惧。对前者的畏惧存在于一个人身上时，那就是他自己的宗教，在有文明社会之前，它就在人类天性里占据了相当的地位；后者却没有这样的地位，起码其地位没有高到能让人遵守自己的诺言。因为在纯粹的自然状况中，只能通过战争看出权力的不平等，所以，在文明社会到来之前，或在战争导致文明社会中断的时代里，人们除了对鬼神般的无形力量以及这一力量对自己背信行为的报复的畏惧外，就不再有其他的事物能够强化已经立下的契约，并使其不被贪婪、野心、肉欲或其他强烈欲望破坏。因此，不服从于世俗权力的两方，能做的只有对各自畏惧的神发誓，这种发誓的行为或誓言是建立在承诺基础上的表达方式；立下承诺的人通过这类方式表明，除非他履行诺言，否则就自愿放弃他信仰的神的宽恕，并请求神对自己降下报复。异教徒的誓言形式如："若爽约，则请朱庇特杀我，一如我杀此兽。"而我们的誓言形式如:"我将会做这事或那事,愿上帝保佑我。"这样的誓言,加上人们在各自的宗教中使用的典礼仪式,就会使人们对背信的畏惧更加强烈。

由此可见,任何不用特定形式或仪式发誓的行为都是白费力气,也都不是誓言;对发誓者不视为神的任何事物发誓也是白费力气。即使人们有时出于畏惧或奉承而以自己国王的名号发誓,也是借此让人们明白,他们把神的荣耀赋予了国王。所以,向神明发出不必要的誓言就是亵渎神的名字,而人们在日常对话中向其他事物发出的誓言则根本不算发誓,只不过是在激烈谈话中形成的不敬习惯。

从中也可以看出,誓言增加不了半点约束力。若契约合法,则无论是否有誓言,在神看来都具备约束力;若契约不合法,那么即便确实发出了誓言,也不具备丝毫的约束力。

第十五章

论其他自然法

根据自然法,某些权利一旦被人们保留就会妨碍和平,因此人们有义务将这类义务转让于他人。由此产生了第三自然法:"人们必须履行自己订立的契约。"如果没有第三自然法,契约就会失效,成为一纸空文;每个人对每件事的权利也会保留下来,我们就会一直处于战争状态。

第三自然法包含了正义的源泉。没有出现契约的地方就不会存在权利的转让,于是每个人对每件事都具备权利,也就没有行为是不义的。当人类开始订立契约之后,失约就被视为"不义"(unjust)。"不义"的定义无外乎"不履约",那么只要不是"不义的",就是"正义的"。

可正如第十四章所讲,在以互信为前提订立的契约中,一旦某方开始畏惧对方违约,这一契约就失效了。尽管正义源于契约的订立,可是在导致畏惧的原因被清除前,不义会一直存在、难以消除;如果人们身处战争状态,也无法清除导致畏惧的原因。这样看来,在产生"正义"与"不义"这样的语词之前,就必定存在着某种强制性权力,使破坏契约的人受到的惩罚远大于其收益,并能因此建立良好的规矩,使对等履约之人的收益足以补偿他放弃的普遍权利。这样的公共权力是国家成立之后才出现的，从经院学派对"正义"的基本定义中能推导出这一点，他们说："正义的含义是，把各人的物品各归其私有的恒定意志。"这么看来，如果某个地方没有"私有"，即没有"私有权"，也就不存在不义。而未建立起强制性权力的地方，即没有国家的地方，也不会存在私有权，那么在这些地方每个人就对每件事都具备权利，因此没有国家的地方就没有不义的行为。这样看来，正义的本质就是遵守有效的契约，而只有在强制人们遵守契约的社会权力完善之后，有效的契约才会随之产生并导致私有权产生。

愚人自认为世上压根没有所谓的正义，有时还公开宣扬这种观点。他们像模像样地下定论：若人们的自我保护与满足感都依托于自身的话，就一定会按照自认为有利的方式采取行动；所以，无论是否立约或守约，只要对个人有益就不与理性相悖。他们没有在这一言论中否认契约的存在，没有否认契约时而被人们遵守、时而却遭到破坏，也没有否认打破契约的行为是不义的，遵守契约的行为是正义的。但问题在于，他们说的不义和抛弃对上帝的畏惧（因为他们不相信有上帝存在），在某些情况下是否能与人们追求自身利益的理性相符？特别是，当这种不义带来的利益让人陷入不顾责备与辱骂、不顾他人权利的境地时，能否与追求自身利益的理性相符？上帝王国是上帝通过暴力获得的，如果这都能通过不义的暴力获得，那又会产生什么后果呢？如果我们以这种手段得到上帝王国且还不会遭受侵害的话，难道这与理性相悖了吗？而不与理性相悖就不会与正义相悖，否则就毫无推崇正义的必要了；这么推理下去，成功的恶行反而成了美德。有人在任何时候都对背信的行为嗤之以鼻，却允许背信并夺取国家的行为。异教徒坚信废黜萨图恩[1]的人正是其子朱庇特，却认为朱庇特是惩罚不义行为的公正之神，这样的情形倒是与柯克笔下《利特尔顿氏著作评注》里的一条法律有些相似，其中讲道："就算法定的王位继承人因叛国被判丧失公权，王位仍要传给他，并且从他得到王位的那一刻起，之前丧失的公权则会恢复。"依据这一主张，人们能轻易地得出推论：继承人弑父并取得王位的行为是不义的，或冠以其他任何罪名，但无法称其为有悖理性的；

---

[1] 萨图恩：罗马神话中最古老的神之一，司掌农业。罗马神话与希腊神话融合后，萨图恩与希腊神话中的克罗诺斯融合，成了朱庇特之父。

因为人们一切自愿的行为都是为了自身的利益，而最利于达成目的的行为就是最符合理性的行为。无论如何，这种含糊不清的推理都是错的。

这里的问题不在于：当做出承诺的双方并未建立起世俗权力时，双方都无法得到对方履行承诺的保障，因为这时还没有契约。问题在于：当一方已经履行承诺，或已经存在某种权力令其履行承诺时，这种情况是否与理性相悖，也即这种履约行为是否与对方的利益冲突。在我看来，这并不与理性冲突。为将这个问题解释清楚，我们需要思考下面几点：第一，当某人做的事可能导致自我毁灭时，无论他多么有预见性或有多少把握，只要发生了任何他预料之外的事件，即使是有利的，他的行为也不足以称为是理性的或智慧的。第二，在战争状态中，因为不存在一个能震慑众人的公共权力，所以人人相互为敌。除非依靠联盟的帮助，否则任何人都难以依赖自身的力量或智慧来保护自己免于死亡，而每个成员又都希望联盟可以给予他们同等的保护。如此看来，如果有某个人说欺骗帮助自己的人是合乎理性的行为，那么他就没法再期待得到他人的保护，而只能依靠自己。所以，打破契约并宣扬自己的行为合乎理性的人，就不会被任何为了和平和自保而组织起来的社会接纳。除非接纳者犯了错，且当这个人被社会接受并收留时，没有发现错误中所隐含的危险。因为依照常理，人们没法指望依靠错误保护自身的安全，所以当他被社会驱逐或抛弃后就会死亡；如果他继续在这个社会里，就是依靠他人的错误生活，但他无法预见或依赖他人的错误，所以这样的行为也与他保全自身的理性相悖。这样说来，如果人们没有推着他走向毁灭，那么这种容忍只是因为人们还不清楚什么样的做法对自己更有利。

想要通过任何手段获得天国保护和永恒福祉的例子都是可笑的，除了我能想到的唯一方法：遵守契约而不违背。

通过叛乱获取统治权的例子则体现得很明显。即使成功夺取了权力，后续发生的事也可能和预期的情况相反。因为用这种手段夺取了权力后，别人就会效仿这种手段夺权，所以这种行为就与理性相悖。因此，正义就是遵守契约，是一种理性的规则，而这一规则禁止了我们做出损害自身生命的行为，所以也是自然法。

有些人的观念更加超前，并不将自然法视为有助于人们在俗世保卫生命的规则，而视为帮助人们在死后获得永恒福祉的规则。他们认为违背契约有助于获得永恒福祉，因此是正义且合理的。在这类人的观念中，经自己的同意，通过杀害、废黜和反叛建立统治权力是一种美德。但我们并不生而知晓死后的状况，更不知道背信会有什么回报；这种信念不过是来自他人的，甚至道听途说的超自然式观点，所以背信算不得自然或理性的规则。

此外，有些人虽然认可"守信"这一自然法，却认为其对某些人来说是例外，如异教徒和一贯不履约的人。这种观点也与理性相悖，如果某人的错误足以使我们解除已订的契约，那么我们也理应不与其立约。

至于"正义"和"不义"这两个词，用于人物或行为的时候含义有别。用于人物时，指的是其品行是否合乎理性，用于行为时，指的就不是品行或生活方式，而是具体的行为是否合乎理性。所以，"正义之人"就是对自身行为处处留意，以求完全符合正义原则的人；"不义之人"就是对此毫不在意的人。比起"正义"和"不义"，我们在说话时更常用"有正义感"和"无正义感"这两个词，其含义是相同的。所以，有正义感的人不会因为一时的冲动或误解做出不义的行为就失去正义之名；无正义感的人也不会因为出于畏惧做某事或不做某事就改变性格，因为他的行为并不源于正义感，而只是源于显著的利益。驱使人们做出正义行为的，是某种少见的高尚品德或无畏的勇气——品行上的正义就是美德，品行上的不义就是邪恶，被这种精神主导的人，不齿于用行骗或欺诈满足自己的生活。

但是正义的行为不能让人获得正义之名，只能让人获得无罪之名。相对的，不义的行为，也即侵害他人的行为，会让人获得有罪之名。

此外，品行上的不义是指实施侵害的意向或能力，即便尚未付诸行动或未伤害到他人也同样不义。可是行为上的不义，即侵害，则需要有遭到侵害的个体，即与实施侵害者立下契约的人。所以很多情况下，遭到侵害的是一个人，蒙受损失的却是另外一个人。比方说，主人指示仆从将一笔钱送到一个陌生人手中，但是仆从没有依照指示送往，那么遭到侵害的就是主人，因为仆从曾立约服从，而损失由这个陌生人来承担，因为仆从对其没有任何义务可言，也就称不上对他实施了侵害。同理，在国家中，人们能免去别人欠下的债务，却不能免去侵害他们的劫掠或其他暴行，因为别人不还债只会侵害他们自己的利益，劫掠与暴行侵害的却是国家的人格。

无论对某个人做出了什么样的行为，只要行为人的做法符合这个人自己的意志，那么就不能认为行为人对这个人造成了侵害。如果行为人从未订立过契约，表明自己放弃了依照自身意志行事的基本权利，那就不存在所谓的违约，也就不构成对这个人的侵害。就算行为人订立了契约，放弃这一基本权利，也会因为违反了自然法而自动解除，因此不会对这个人造成伤害。

著作家们将正义的行为分为两类：其一是交换的正义，其二是分配的正义。他们声称，交换的正义呈现出算术比例，而分配的正义呈现出几何比例；所以他们认为，交换的正义体现在立约双方的应得物品的价值对等，而分配的正义体现在价值相同的人分到相同的利益。其含义大概是，低价买进高价卖出或分配给某人比其应得的更多的物品都是不义的行为。人们为之立约的事物，其价值都是通过立约者的欲望衡量的，所以他们愿意付出的就是这一事物的公允价值。应得物品不是根据正义应得的，而是对守约美德的回馈。但是，在契约中规定的除外：在这一情况下，一方履约就是另一方履约的前提，所以应该算作交换的正义，而非分配的正义。那么上文提到的区别，若从用处来解释就是不正确的。确切地讲，交换的正义可以看作立约者的正义，也即在交易、雇用、借贷、交换、以物易物和其他契约行为中践行约定。

分配的正义就是仲裁人的正义，即一种可以定义"何为正义"的行为。在这种情况下，受信赖而被委托为仲裁人的人，若能将每人应得的分配下去，就称为履行了信托。若这种分配方式的确符合正义，就能被不太准确地称为分配的正义，因为更恰当的称法是"公平"。这也属于自然法的一种，我会在下文进行探讨。

正义取决于先前的契约，感激则取决于先前的恩惠，即先前得到的无偿赠予。这也是第四自然法，可以这样理解："人们接受他人的恩惠而受益时，应该努力让施惠者找不到合理的理由反悔。"人不会平白赠予，不会做对自己没有好处的事，因为赠予是一种自愿行为，而任何人的自愿赠予都是为了自己的利益。如果人们都后悔于自愿赠予，那么从一开始就不会有仁爱与信赖，更不会有人与人之间的互帮互助与和谐共处，人们就会困于战争，这有悖于第一与基本自然法"追求和平"的宗旨。违背了这条自然法的行为便称作"忘恩"，它与恩惠间的关系就类似于不义与契约义务间的关系。

第五自然法是"顺应",含义是"任何人都应该尽力让自己适应其他人"。为理解这一点,我们应该这样认为,不同人的社会倾向由于各自的情感差异而产生了本质上的差异;就像我们见到的为建造大厦而铺在一起的石子,若其中的一块石子外形粗糙而不规整,占据了自身难以填补的空间,而且十分坚硬、无法轻易修整,就会妨碍建造的过程,并因其无用、碍事而被建造者丢弃。同理,如果某个人性格粗暴,力图占据自己有余而他人不足的事物,还冥顽不灵、难以矫正,就会被视为累赘并遭到社会的放弃或驱逐。任何人都是依据权利和自然天性的需求,尽其所能地取得自保所需的事物;为了多余且不必要的事物违背了这一点的人,就要为此而产生的战争担负罪责,因为他的行为与要求和人们寻求和平的基本自然法相悖。服从这一自然法就是合群,反之,就是顽固、不合群、刚愎自用或桀骜不驯。

第六条自然法是"人应宽恕那些虽然冒犯过自己,但已经忏悔并保证不再犯的人"。因为宽恕就是给予和平。虽然,将和平给予保持敌意的人从本质上来说更像畏惧,但是不与已经做出了保证的人和解则表示厌恶和平,因此有悖于自然法。

第七条自然法是"在'以怨报怨'的复仇循环中,人们不该只注意到曾经的恶,而应该注意到未来的好"。这条自然法做出了规定:惩罚的目的只在于让冒犯者改邪归正并对其他人明示警戒,出于其他目的施加惩罚的行为都是被禁止的。这条自然法是从上一条中产生的,即如果人们保证未来不再犯错,则理应得到宽恕。除此之外,若不重视前例与将来的益处而施以报复,就是自鸣得意与夸耀自身对他人的无目的的侵害。因为目的永远与未来事物相关,所以不含目的的夸耀就是一种不符合理性的虚荣,而无目的的任意伤人就会引发战争,这就与自然法相悖,这种行为通常称为"残忍"。

任何仇恨和轻蔑的表示都能引起斗殴,因为大多数人即使冒着生命危险也要施以报复。所以,我们将这一准则立为第八自然法:"任何人不得以动作、言辞、表情和手势对他人表示仇恨或轻蔑。"违背了这条自然法的行为往往称作"侮辱"。

如上文所讲,在纯粹的自然状况中人人平等,没有谁比谁更好这种说法,现有的不平等状态源于市民法。据我所知,亚里士多德在《政治学》

第一章就指明了自己学说的基础：根据人们的天性判断，有些人更适合统治，这类人就是相对更智慧的人，他觉得自己就是这种人，因为自己取得了哲学上的成就；有些人则更适合服侍，即身强体壮且不是他那样的哲学家的人。他似乎指的是：主仆之分成立的条件不是取决于人们是否同意，而取决于智力程度的高低。这样的观点不仅与理性相悖，而且有悖于经验，因为几乎没人会蠢到不愿意管理自己的事务而更愿意被别人管理。但是，自负的智者和那些不相信自身智慧的人全力相争时，往往获胜的概率不大，甚至根本没法获胜。如果自然平等地造就了每个人，那么我们就要认可这种平等；如果自然没有平等地造就每个人，那么自认为生而平等的人，得不到平等的待遇就不可能处于和平状态，因此认可这种平等是必然的。所以第九条自然法就是"所有人都必须认可自己与别人生来平等"。违背这项准则的人就是"自负"。

"处于和平状态时，若有人不赞成他人保留某项权利，则自己也不得要求保留这项权利。"这条自然法源于上一条自然法。任何追求和平的人都必须放弃一些自己掌握的自然权利，即不再拥有任意妄为的自由；同时人们也必须为了保全自身生命而留有一些权利，比方说对自己身体的支配权，享用空气和水的权利、活动的权利、使用两地之间道路的权利和其他一切缺少了就无法生存或正常生活的权利。在这一基础上，若人们建立和平时，为自己提出了不许他人获得某一事物的要求，就与上一条规定的"人们认可人人生来平等"的自然法相悖了。遵守这一自然法的人就是谦逊的，违背这一自然法的人就是傲慢的，希腊人将违背这条自然法称为πλεονεξία，即一种超过了本分的欲望。

同时，如果某个受信赖的人要审判人们的纠纷，那么自然法就会要求他公平处理；如果有失公平，人们的争端就只能通过战争解决。如此看来，在审判中受偏袒的人就会滥用权力，妨碍人们任用公正的法官和仲裁人，并会因为违背基本自然法而引发战争。

遵行这一自然法，将每个人于理应得的事物公平地分配下去就是公平，也就是我之前说的分配的正义；违反这一自然法就是偏袒。

从这一自然法能推得下一条自然法："无法分割的事物如果可以被共享，那就理应共享；数量允许时不应加以限制；反之，要按比例分配给有权拥有的人。"因为其他的分配方法都不平等，有悖公平。

但是还有一些无法分割也无法共享的事物。那么，规定了公平的自然法就要求"应由抽签的方式规定权利的第一占有权，或轮流使用"。原因在于，"公平分配"是自然法，而我们再也想不出其他公平分配的方法了。

抽签方法总共分为两类，一类是"人定的"（arbitrary），另一类是"天定的"（natural）。前者是经由竞争者们一致认可的，后者要么是先到先得，要么就是嫡长子继承。希腊人将嫡长子继承制称为 κληρονομία，其含义就是"抽签所得"。

因此无法共享也无法分割的事物就理应判给第一拥有者，在某些情况中，则应当按照"抽签所得"判给嫡长子。

这一条也是自然法："斡旋和平之人应得到安全通行权。"因为将和平规定为目标的自然法，也规定了人们应当把斡旋作为手段，而安全通行权就是斡旋的必要手段。

即使人们都愿意遵守这些自然法，但涉及个人行为时，依旧会出现一些问题：第一是有没有做出这一行为；第二是如果做出了，该行为是否合乎法律。前者关乎事实，后者关乎权利。所以，除非涉事各方相互立约并服从外部的判决，否则就会远离和平。能做出各方服膺的判决的外部人员就是仲裁人，所以，自然法就做出这一规定："争论各方应将权利交由仲裁人判决。"

既然任何人的任何行为都以自身利益为目的，那么即便他是最恰当的人选，在有关自身的案件中也不得作为仲裁人。但公平原则规定了双方利益均等，所以如果一方被接受为判决者，那么另一方也应当被接受为判决者。如此一来，争论，这一战争的导火索，就会继续存在并违背自然法。

同理，若某人在一方胜诉时，能获得比另一方胜诉更大的利益、名誉或愉悦，那么这个人就不能再当仲裁人，因为他必然受贿了；人们也就没有义务再相信他，如果人们仍然信任这样的人，战争就会继续存在，因为这有悖自然法。

在有关事实的争执中，判决者对双方的信任必须相同。所以，若他掌握的证据不够多，就必须授权给第三方、第四方或更多的人；否则悬而不决的问题就只能交由武力解决，这就与自然法相悖了。

上述各项自然法都规定了，人们应该以和平的手段在群体中保卫自身安全。但这一原则也只适用于文明社会。除此之外，还有一些会损害个体的行为，比方说酗酒和其他放纵的行径，也会被自然法禁止，但没有必要也不适合在这里探讨。

这些有关自然法的推理，恐怕因为太过精微而无法吸引所有人的注意，因为人们要么忙于生计，要么粗心大意而无法理解。所以，为了让任何人都找不到借口，上述法律可浓缩成一条简练的总则，再平庸的人也可以理解，即"己所不欲，勿施于人"。这一总则向人们展示了，若要研究自然法，只需做到下述的事就够了：当把自己与他人的行为置于天平两端进行对比的时候，如果发现他人的行为总是更重，那就将他人的行为换到天平的另一边，再将自己的行为置于天平的这一边，这样自己的激情与自爱就不会为他人的行为增重，如此一来他就会发现上述的自然法都以十分合理的方式适用于己身。

自然法对人的内心具备约束力，也就是说，它们一旦出现就会对欲望产生约束；但是，自然法在外界就无法一直发挥约束力了。因为，一个谦和温驯的人，若在他人都违背承诺的时间和场合还在履行自己的承诺，就只能成为他人的牺牲品，必然会招致毁灭；这与任何让人保卫自身天性的自然法都相悖。从另一个角度来看，假如某人对他人信守自然法有着充足的信心，而自己却违反的话，他追求的就不是和平而是战争，并会导致自己的天性最后被暴力摧毁。

促使人在内心产生约束力的一切自然法，不仅会被有悖于自然法的行为打破，还会被意在违背自然法但实际行为符合自然法的行为打破。在第二种情况下，人的行为虽然合乎自然法，但目的与之相悖的：当内心的约束力被打破，也就是违背了自然法。

自然法是永恒不变的。不义、忘恩、傲慢、自负、不公和偏袒等永远都不会符合自然法。就像永远不会有战争有助于保全生命，和平反而害人的道理。

这些自然法只会约束欲望和努力，我指的是那种真挚且不懈的努力，所以容易遵循自然法。遵循自然法，除了努力之外就别无所求，努力遵守这些自然法就是实现了它们，而实现了自然法的人就是正义的。

只有关于自然法的科学才是唯一的真正的道德哲学，因为道德哲学无外乎一种研究人类语言交流和社会交往中的善与恶的科学。善与恶是表达我们的渴望和厌恶的词，它们在人们不同的脾性、习惯与学说中的表现也不甚相同。不同的人不仅在五感上的喜恶不同，也会在共同生活中，对行为是否合乎理性有着不同的喜恶，甚至同一个人在不同的时间对善恶的理解也是不同的，有时称为善的，有时可能就斥责为恶；于是就出现了争论、斗殴乃至于战争。所以，如果将个人的欲望当作善恶的标准，人们就无法避免生活在纯粹的自然状态，即战争状态中。所以人们都认可和平就是善，那么能实现和平的方法或手段，如我在上文展示过的正义、感恩、谦逊、公平、仁爱和其他自然法都是善，换言之，它们代表的就是美德；与之相反的则代表着恶与恶行。关于美德和恶行的科学是道德哲学，因此关于自然法的真正学说就是真正的道德哲学。如果道德哲学领域的著作家认可这些相同的美德和恶行，却未认识到它们是如何构成的，或它们是如何作为和平、友善和舒适生活的手段而得到赞誉的，就只能把它们视为一种平常的激情，就好像说：坚毅不是勇敢的原因，只是勇敢的程度；慷慨不是赠予的原因，只是赠予物的多寡。

这些对理性的规定，人们一般称之为"法律"，但不够准确，因为它们只是关于"什么有助于人们自保和自卫"的结论或定理罢了；准确地讲，法律指的是有权管理他人之人的话语。但若我们觉得这些定理是掌管万物的上帝传达的话语，那么将它们称为法律就是准确的。

第十六章

论人、授权人和由人代表的事物

"人"的语言与行动代表自身、代表他人，或代表一切真实或虚构的、被归于他的事物。

当语言与行动代表本人意愿时，他就是"自然人"；当语言与行动代表他人意愿时，他就是"拟人"或"法人"。

"人"一词在希腊文中是 πρόσωπον，指面貌；在拉丁文中是 persona，指人在舞台上的装扮或外表，有时还特指装扮面部用的面具或假面，之后则由舞台用词演变为法庭与剧院中所有言行的代表。因此，在舞台对话和日常对话中，"人（人格）"（person）的含义就和"演员"（actor）没有区别；"由人代表（扮演）"（personate）的含义就是代表、扮演自己或他人，"扮演他人"就是"承担他的人格"或"以他的名号行事"。西塞罗也这样使用这个词，他说，"我承担着三种人格：我自己、我的敌人，以及法官"。"由人代表"一词在不同场合也有不同的叫法，如代表、代理人、副官、传教士、律师、副手、地方官员、演员等，以及与其相似的其他叫法。

如果法人的言行被他所代表的人认可，他就可以称为"代理人"（actor），认可其言行的人就是"授权人"（author），这种情况下，代理人依据被授予的权利行事。这类授权者在财货与个人财产方面被称为"所有人"（owner），拉丁文中是 dominus，希腊文中是 χύριος；在行为方面则被称为"授权人"（author）。掌管个人财产的权利是"支配权"（dominion），任意做所有事的权利就是"（被授予的）权限"（authority），有时也称为"许可"（warrant）。所以这种权限就常被理解为依照授权、委托或授权人的许可，任意做所有事的权利。

由此能推理出，即使一项契约是代理人依据权限立下的，授权人也会像亲自立约一样受到同等效力的约束，并对契约的任何后果承担责任。所以，如在第十四章探讨的，根据人与人之间以自然人资格订立的契约的性质，当得到授权的代理人、代表人或代诉人在委托许可的范围内代理立约，则也是真实有效的。

所以，若某人与代理人或代表立下了契约，却不清楚代理人或代表拥有何种权限，就得自己承担风险。因为不是契约授权人的人不会受到约束，更不会被违反或超出其权限范围的契约束缚。

如果代理人受先前立下的契约约束而必须服从授权人，并因授权人的要求做出与自然法相悖的事，那么违背自然法的就是授权人而非代理人。因为做出这种违背自然法的行为并非代理人的本意，若他拒绝了授权人的要求，反而是违背了禁止违反契约的自然法。

若某人通过代理人间接地与授权人订约，却不清楚代理人被授予了多大的权利，就只能接受他的一面之词。若这个人提出了要求，但代理人没法证明自己得到了某项权限，那他就不再被约束，因为没有得到授权人保证的契约是无效的。若立约者明白，自己除了代理人所说的之外不期待其他保证，那么契约就仍然有效，因为在这种情况下代理人自己就是授权人。这样看来，若授权是明了的，那么契约的约束对象就是授权人而非代理人；

若授权是假的，就只能对代理人产生约束力，因为他自己就是授权人。

只有极少数的事物无法被"拟代"（represented by fiction）。无生命的事物，如教堂、医院和桥梁等，都能由教区长、持有人和监督者代表。无生命之物不能做授权人，也无法自主授权给代理人，但是代理人仍然能从物主或管理者那里获得权限以进行维护。这样看来，在拥有世俗政府的国家建立之前，它们是无法被人代表的。

与之同理，没有理性的孩童、愚人或疯人可以由监护人或管理者代表，但不能被当成授权者，除非他们已经恢复理性并得到监护人或管理者的认证。在他们尚处蒙昧时，有权管理他们的人能将权利授予监护人；只有在世俗国家中会发生这种事，因为在此之前不存在对人的管理权。

偶像或纯粹在头脑中虚构出的东西也能由人代表，比如异教神就能由国家指派的官员代表，并管理人们献上的财产、财货和权利；但偶像无法成为授权者，因为它并不存在。这类权限都源于国家，所以在世俗政府建立之前，异教神无法由人代表。

真神也能由人代表。上帝最初便由摩西代表，摩西管理的以色列人并非他自己的子民，而是上帝的子民，所以他不以自己的名义如"摩西说"来进行管理，而是以神的名义如"神说"来进行管理。其次，上帝的代表人就是降临世间召集犹太民族，并指引所有民族皈依上帝王国的上帝之子耶稣基督，他并非自行降世的，而是由圣父委派的。最后，上帝由圣灵或保惠师代表，他们能驱动使徒的言行，且圣灵或保惠师并非自行降世，而是由圣父、圣子委派，并于圣灵降临节降世。

当一个群体出于其中每个个体的同意，由一个人或一个人格来代表，就构成了单一人格。这种单一人格来自代表人的统一性，而非被代表人的统一性。在这个群体中，统一性只能理解为代表人承担的人格的唯一性。

一个群体，其本质并非一个整体，而是许多人的结合。他们不能被视为一个授权人，而应被视为许多个授权人，各以自身名义为自己代表的事物发声或行事。人们各自为共同的代表人授权，并对代表人的一切行为负责。如果对代表人的授权是不加限制的，那么就需要规定代表人在何种事物及何种程度上能代表他们，否则就没有人能对代表人超出权限范围的行为负责。

假如代表人由多人组成，那么大部分人的意见就一定要当作全体意见来对待。譬如，当其中少部分人持赞成态度而大部分人持反对态度时，若反对意见在抵消赞成意见后还有剩余，那么多出的反对意见就是无可争议的，也就成了代表人的唯一意见。

当代表人的人数为偶数，且人数不多时，正反两方的意见往往就会形成均势，并时常陷入沉默、无法实施行动。但是，对某些情形而言，正反两方人数相等同样能解决问题，比方说在判罪或赦免的问题上，两种意见的相等就意味着无法判罪，所以只能赦免；但绝不能进行相反的判决，将未判处赦免的判为有罪。同理，某一案件在听审后，未判处有罪的即可得到赦免；但是反过来讲，未判处赦免就视为有罪则是不合理的。就审判立刻执行还是延缓执行的问题，情形也相似：正反两方人数相同无法立刻执行，就意味着延期执行。

当代表人的人数或集体数是奇数，且有三个或更多的话，每个人的反对意见就有权取消其他人的赞成意见，因此奇数就不适合代表制。在最重大的问题以及其他诸多事物上，人们往往会因为意见或利益的分歧而保持沉默或无法达成一致，因此代表制也就不适合于管理群体，尤其是在战争时期。

授权者分为两种。第一种是单纯的授权者，我在上文已经明确地下了定义，即对另一人的行为承担全部责任的授权者；第二种是在一定前提下对另一人的行为或契约予以认可的授权者，即保证另一人在某个时刻或之前没有做某件事时，他才会认可授权者。具备这类前提的授权者通常被称为"担保人"（sureties）。

第二部分　论国家

第十七章

论国家的成因、产生和定义

　　天性热爱自由或热衷于支配他人的人类，若情愿生活在某个国家中并让自己处在被约束的状态，那么一定是因为预见了只有进入国家才能让自己从惨烈的战争状态中脱身，并满足"保全自身并过上幸福生活"这一最终的目标、意图或动机。正如前文第八章探讨的，当缺乏一种令人畏服的有形力量时，人们就不会因为畏惧刑罚而履约，也不会恪守前文第十四章、十五章里提到的自然法，那么，人类天性中的激情必然会引发惨烈的战争。

　　因为一切自然法的本质，比方说正义、公平、谦逊、仁爱和作为总结的"待人如待己"，若不能配合某种令人恐惧的权力并强制人遵守，就会和我们的自私、自傲和报复等自然激情产生冲突。缺少武力保护的契约就只是一张纸罢了，根本无力保证人们的安全。这样看来，如果不能建立一种足以保障我们安全的权力，那么每个人就都能合法地依赖自身的力量和计谋防备他人。即使自然法存在且人们也有意遵守，但若遵守自然法不能保障自身的安全，那也毫无意义。在人们以小家庭模式生活的地方，互相劫掠被视为一种营生且人们不将之视为有悖于自然法的行为，所以他们劫掠的赃物越多就越能获得尊敬。在这样的地方，人们遵守的只有"荣誉法"（laws of honor），其本质就是拒绝残忍行为，不害人性命，不夺人农具。当下的国家与城邦的行径与曾经的小家庭也如出一辙，因为它们不过是规模较大的家族罢了，一个个都打着防范危机、畏惧入侵或担心有人协助入侵者的幌子，为保障自身的安全而扩大统治。他们会尽可能地通过明面上的武力或暗地里的阴谋来削弱邻国政府，因为缺乏其他的安全保障，所以这种做法就是正义的，并会得到后人的纪念和尊敬。

少数人的联合也无法给予人们安全的保障，因为对少数人而言，一旦某方的人数略有增多，其力量方面的优势就会扩大到能左右胜局的程度，因此就相当于鼓励人们发动侵略。在群体中，对自身安全是否有充分的信心并非由人数决定，而是通过与我们畏惧的敌人进行对比决定的。当敌人的胜机并不明显高于己方，且敌人无法决定战争的胜负，也无侵略的企图时，才能说对自身的安全有充分的信心。

无论群体的规模多么庞大，若其中的成员仍依据个人的判断和欲望行事，那么就很难指望他们能保护自身，更不用说共御外侮、平定内乱了。一旦人们对"怎样最好地运用力量"这一问题产生争议，就不会互相协助，而是会相互掣肘并因相互反对而使力量消散殆尽。如此发展下去，他们就会被团结一心的少数人轻易征服，或在缺乏共同敌人的时候为了各自的利益互相争斗。如果我们说，即使大规模群体中不存在某种能震慑众人的公共权力，人们也能遵守正义和其他自然法，那么我们就有足够的理由假设全人类都能如此了。如果现实如此，那么这个世上就不再需要什么世俗政府或国家了，因为人们无须服从也能得到和平。

人们都渴望得到持续终生的安全保障。若他们只在某次战争或战役的有限时间内被统一指挥或管理，是不足以得到这一保障的；即使他们通过共同努力能够对抗外敌并取胜，但是在缺乏共同敌人，或敌人被另一部分人视为朋友的情况下，就一定会因为利益不合而解体，重新回到人人相互为敌的战争状态。

诚然，一些特定的动物如蜜蜂、蚂蚁等过着集体生活，因此被亚里士多德归为政治的动物。但是，它们的行为却只受自身的决断与欲望指引，且无法通过语言向他人表达自己关于公共利益的思考。或许会有人想知道为何人类不能如此，对此，我给出这样的答复：

其一，人类不停地追求荣誉与尊严，这些动物却并非如此。人类对荣誉和尊严的追求会引发妒忌与仇恨，最终导致战争，可是在动物的族群中不会发生这种情况。

其二，对这些动物而言，公共利益与个体利益之间并不存在矛盾，天性驱使它们为自身利益而行动，而这一行动也有助于公共利益。但是，人类的快感源于将自己与他人进行对比，并只能从超越他人中获得快乐。

其三，这些动物不会像人类那样运用理性，它们看不到，也不认为自己能看到任何公众事务方面的管理缺陷。但是，会有很多人认为自己比他人更有智慧，也更有能力管理好公众；所以有些人就努力以某种方式进行改革和革新，但他们又只会各行其是，因此只带来了纷争与内战。

其四，尽管这些动物能通过声音来表达自身的欲求与情感，却缺乏人类的特殊语言技巧，即在他人面前颠倒黑白、混淆善恶是非的技巧。人们使用这些技巧随意蛊惑人心，并为了个人的享乐扰乱和平。

其五，不具有理性的动物分辨不出无形的侵害与有形的伤害，因此它们在安逸时就感受不到同伴的侵害；而人类在最安逸时反而最爱惹是生非，因为此时他们热衷于展示自己的智慧，并试图控制治国理政者的行为。

最后，这类动物天生就能达成一致，而人类只能通过人为的契约达成一致。所以，除了契约之外，还需要某些事物来稳固并维持他们的共识就不足为奇了，这一事物就是能使人们畏服，并能引导他们为了共同利益而行事的公共权力。

若想建立这种能够抵御外侮并阻止人们相互侵害的公共权力，来确保人们能够以自身的辛劳与土地的产出为生并过上令自己满足的生活，就需要将所有人的权力与力量都交予那个能在众人意见的基础上，将所有人的意志整合为一个统一意志的个体或集体。这就意味着，人们委任某个个体或集体承担众人的人格，且每个人都对这个承担人格的个体或集体在公众和平或安全方面做出的一切行为，以及任命他人做出的一切行为授权。这样，人们就能使自己的意志顺从于他的意志，使自己的判断顺从于他的判断。这种模式就不再是简单的认可或协调，而是真正地将所有人统一在一个人格里面，这个人格是人人相互立约造就的，就像人们相互宣誓："我将放弃对自身的管理权，并将权利授予这个人或这个集体。但前提是你也放弃自己的权利并且授权于他，并以相同的方式认可他的所有行为。"在实现了这一点以后，群体就成了一个人格，称为"国家"（commonwealth），拉丁文是 civitas。这就是伟大的"利维坦"（Leviathan）的诞生，换个更虔敬的说法，这就是俗世的上帝的诞生，我们在上帝的统治下得到的安全保障与和平生活都是它带来的。以国家中每一个人的授权为依据，他能使用被授予的力量和权利，并运用主权的威慑力凝聚人们的意志，对内谋求和平，对外则相互帮助、共御外侮；国家的实质便由此体现。可以做出如下定义："这是一个统一的人格，为了庞大的群体而行动，并由庞大群体中的每个个体彼此立约，将自己作为授权人，以达到最大程度上运用所有人的力量与手段的目的，据此，国家就能以最恰当的方式保障大家的和平并实施共同防卫。"

担当这一人格的人就是"主权者"（sovereign），即拥有主权之人；其他人都是他的臣民。

有两种获取主权的途径：第一是通过自然的力量获取，比方说某个人让自己的子嗣服从自己的统治——因为如果子嗣拒绝，他就有权将其处死。或是通过战争，让敌人为了活命而服从自己的意志。第二是人们彼此达成同意，自发地服从一个人或一个集体的统治，并相信能得到国家的保护，避免他人的威胁。后者通常称为"政治国家"或"按契约建立的国家"，前者则是"以武力获得的国家"。下面我们先探讨按契约建立的国家。

第十八章
论按契约建立的主权者的权利

所谓"按契约建立的国家"，就是群体中的每一个人都达成一致并相互订立契约，由大部分人授予一个人或集体权利，让这个人或集体做代表人，以代表他们的统一人格的国家；每个人，无论是赞成还是反对，都应该授予这个人或集体与自己一样的行事或决断的权利，以达到和平生活、抵御外敌的目的。

某个人或集体拥有的任何权利与职能都是从上述按契约建立的国家中得到的，他们的主权则是经过人们的同意而授予的。

其一，签订了新契约就意味着，他们不再受到任何与之有悖的旧契约约束。既然已经按契约建立了国家，他们就会受到约束并认可某个人的行为和决断，而在获得该人准许之前，自行签订新契约并服从于他人的做法是法律所不容的。所以，君主的臣民在获得许可之前，就不得抛弃君主制并回到一盘散沙的状态，也不得把自己的人格转移到其他人或集体那里。因为他们已经彼此立约，臣民作为主权者一切行为的授权人也认可了主权者的全部行为，若产生异议就等于破坏了与主权者订立的契约，这是不义的行为。同时人们也都将自己的主权授予了承担他们人格的人，如果废黜了他就是夺走了属于他的事物，这同样是一种不义的行为。此外，若某人打算废黜主权者而被处死或惩罚，他就是自己受到的惩罚的授权人，因为在按契约建立的国家中，他是主权者一切应为之举的授权人。若某个人的行为被他自己授予的权利惩罚，那他的行为就是不义的，因而他自己也是不义的。有人不服从于主权者，于是借口自己是与上帝而非与人类订立了新契约，这也是不义的。因为与上帝订立契约的唯一途径就是与代表上帝人格的中间人订立契约，而能代表上帝的只有上帝手下拥有主权的代理人而已。这种借口是毋庸置疑的谎言，甚至找借口的人心里也明白这是谎言，所以这一行为不仅是不义的，还是卑劣与懦弱的。

其二，被推选为主权者的人，其担任人们人格的权利是由人们相互订立的契约授予的，而不需要他与每个人立下契约，所以对主权者而言不存在违背契约一说，他的臣民也就没法以撤销主权为借口解除对他的服从。显而易见，那个被推选为主权者的人并未事先与他的臣民立约，若他这么做了，就必须把所有人视为契约的一方并立约，或是必须与每个人单独立约。把所有人都视为契约的一方并立约是不可能的，因为那时人民还没组成单一人格；如果是有多少人就签订多少份契约的话，一旦他获得统治权这些契约就失去效果了，因为任何被人称为违反契约的行为都不仅是主权者自己的，也是所有人的。所以，这一行为虽然由单一人格做出，权利却来自每一个人。此外，如果有一个人或许多人声称按契约确立的主权者违背了契约，而主权者或其他臣民自称没有违背，那么在这种情况下，因为没有决断者能解决这一争执，战火就会重燃，每个人就会重获以武力自保的权利，这就违背了按契约建立国家的宗旨。这样看来，以事先签订契约的方式授予主权是毫无意义的。有一种观点是，任何君主的主权都是通过订立契约获得的，也就是说获得这种权力是有条件的。这种观点产生的原因是对这一简单的真理缺乏理解："契约本身只是一纸空文，没有约束、压制、强制或保卫任何人的力量，只有行动受到人们一致认可，且能整合起人们力量的拥有主权的人或集体，使用来自众人的武力和统一力量才能使契约的力量生效。"如果被推选为主权者的是一个群体，就不会有任何人假设在建立国家时订立了这样的契约。比方说，没有人会蠢到认为，罗马贵族会和罗马平民立约并规定："在某些条件下贵族可保有主权，但若未履行，平民可以合法地驱逐罗马贵族。"人们之所以发觉不了君主制和民主制的相似性，是因为某些有野心之人更喜欢自己有望参政的集体政府，对君主制则不抱有希望。

其三，因为主权者是经由大部分人的同意而受任的，那么持反对意见的人就必须与大部分人达成一致。这就意味着，反对者必须公开认可这个主权者的应为之举，否则其他人就有了将他消灭的正当理由。因为，自愿加入大部分人组建的群体的行为足以表明他们的意愿，即默认立约并与大部分人站在同一立场，因此，反对或是抗议大部分人的规定，就代表着他们违背了亲自立下的契约，也就算作一种不义的行为了；无论他们是否属于这一群体，也无论他们的意见是否被事先征询过，如果没有服从大部分人的规定，他们就一定会被抛弃到原本的战争状态中，在这样的状态中，所有人都能将他们消灭且不会被认为是不义的。

其四，对按约确立的主权者而言，每位臣民都是他所有行为或决断的授权人，所以我们就能得出结论：主权者不会做任何能侵害到臣民的事，他的行为也不会被任何臣民指控为不义的，因为一个人依授权做出的所有事都不会对授权人造成侵害。按这样的契约建立国家以后，所有人都是主权者所有行为的授权人，所以，那些控诉主权者对自己造成了侵害的人，就等于在控诉作为授权人的自己，因此他除了自己之外无可控诉；他甚至还无法控诉自己受到了侵害，因为一个人不可能侵害自己。诚然，主权者可能会做出不公平的事，但准确地说，不能称其为"不义的"或"造成侵害的"。

其五，根据我们上面说的，没有主权者能被正义地处死，或被臣民以任何手段惩罚。既然所有臣民都算作主权者的行为授权人，那么这些行为就成了用自己行为上的过错惩罚他人。

因为按契约建立的国家都是为了和平与安全，任何在这一目的上具备权利的人，也在达成目的的手段上具备权利。因此拥有主权的所有个体或集体，就有权对保障或妨碍和平与安全的手段做出判断，并在认为必要时动用一切手段占据先机。这一切都是为了维持和平与安全，预防内乱和外侮，或为了夺回已经失去的和平与安全。

其六，以下权利都为主权所囊括：审定何种学说、意见妨害或有助于和平；公开演讲时，审定何种人在何种情况下、何种限度内可以被信任；选出能在出版前检查书中学说的人。人们的行动源于意见，所以为了保证人们的和平与和睦，就需要妥善地管理人们的意见，进而妥善地管理人们的行为。至于学说方面，虽然真理才是唯一的标准，但以和平为目的进行管制也是合乎情理的；若一个学说与和平相悖就不能称为真理，否则和平与和睦就可能违背自然法。确实出现过这样的情况：国家统治者和导师因为疏忽或处理不善，导致错误的学说被众人广泛接受，与真理相悖的学说四处流传。在这种情况下，匆忙引入新的真理虽然不会破坏和平，但有可能会引发战争。在这样懈怠的统治下，若人们需要鼓起勇气用武力来保卫或引入某种观点，就是仍处于战争状态中；人们的处境并不和平，只会出于对彼此武力的畏惧而暂时休战，就像一直生活在战场边缘的人。所以，主权者就有权审定意见与学说和任用审定人，并会将之作为和平的必需条件认真对待，以预防纠纷与内乱。

其七，主权还包括有权制定所有规章。所有人都要知道自己能享有何种财货，或被允许做何种行为，并且不会受到其他民众的妨碍，这类规范就被人们称为"私有权"。原因正如上文所讲的，在主权建立前任何人对任何事都享有权利，这必然会导致战争。因此，"私有权"就是依赖于主权并为和平所必需的，制定这一权力是为了公共和平。这种关于何谓"你的"或"我的"的私有权，以及人们行为中体现出的善、恶、非法或合法的规章就被称作"市民法"（civil laws），即每个国家特有的法律。当下的"市民法"一词来自古代罗马城邦的"市民法"，彼时的罗马在世界上统治着广大的领土，所以它的法律也就成了这些地区的法律。

其八，主权也囊括了司法权。"司法权"（judicature）的含义是，听审并判决所有世俗法、自然法或相关事实方面的纠纷。如果不能判决纠纷，就无法从人人相互侵害的情况中保护臣民，与私人财产权相关的法律也会如一纸空文。那么人们就只剩保全自身的天性与需求，以及通过自己的力量保全自身的权利；这就等于处于战争状态，与所有按契约建立国家的目的相悖。

其九，主权同样囊括了与其他国家开战或讲和的权利。这项权利的含义就是，有权以公共的利益为准则，判断出应该在何时征召何等规模的军队、武装，并且向臣民征收钱款以支付战争开销。因为军队是保卫国家的力量，它的力量则来自将众人的力量统归于一人的指挥权，这种指挥权由主权者规定并持有，因为它能让持有者越过其他制度直接成为主权者，所以无论军队的将领是谁，主权者永远都会是军队的总指挥。

其十，主权同样囊括了和平时期与战争时期对所有参议人员、大臣、地方官员与官吏的遴选权。既然主权者应当为公众的和平与安全负责，他就应该用自认为最合适的方式运用权力并履行责任。

其十一，主权者掌握的权力还包括，依据其事先订立的法律予以臣民钱财、荣誉等奖赏，或者体罚、罚款和剥夺名誉等惩罚。在尚未制定法律的地区，奖赏或处罚则按照在他看来最能激励人们服务国家或预防人们损害国家的方式来进行。

最后，因为人们天然地倾向于高估自身、渴望他者的尊敬却往往蔑视他人，从而引起不断的竞争、争吵与党派之争，并最终引发战争，致使人们互相毁灭、丧失抵御共同敌人的防卫力量，所以就有必要设置关于荣誉的法规和公开的标准，来衡量曾为国家立过功，或将来能为国家立功的人的价值，并需要一些掌控武力的人来落实这些法规。上文已经证明了，主权者不仅掌握国家的一切军队或武力，还掌握对一切争端的司法权；因此也有权颁授荣誉、赐予等级和地位以及制定公共或私人场合的应酬礼仪。

上文讲述的各项权利就是主权的本质，并且还是分辨主权隶属于哪个人或集体的标识，因为这些权利都是不可转让且不可分割的。一部分权力，如铸币权、处理未成年继承人的人身权与财产权的权利、市场中的优先购买权和其他公开规定的特权，都是主权者能转让并且无碍于保护臣民的。但若他将国家军队也转让了，留有司法权就不再有任何意义，因为法律将不会得到执行；若是他将征税权也让渡了，留有国家军队就不再有任何意义；若是让出对学说的管制权，臣民便会因为畏惧鬼神而叛乱。所以，如果我们稍微考虑上面列出的任意一项权利就能明白，若放弃了任意一项基本权利，那么即便保留了其他所有的权利，也无助于"维护和平和正义"这一建立国家的基本目的。这种权利上的分割会使国家分裂为互相敌对的阵营，最终导致"自身无法存在"。若当时大多数英国人没有接纳这一观念，就不会让主权被国王、下议院和上议院分割，人们也就不会分裂，就不会有持不同政见的人与在宗教自由问题上持异议的人分别先后陷入内战的问题。这样的境况，给予了人们在主权方面的深刻教训，所以当下的英国几乎所有人都知道这些权利是不得分割的，并在恢复和平的时期内也能达成共识，在人们忘记伤痛以前，这样的状况会一直持续下去。但是，除非大众能获得比以往更好的教导，否则这种和平不可能永远维持下去。

因为上述权利都是基础且不可分的，我们就能得出结论：无论表面上通过什么话语出让了什么权利，只要主权本身尚未被直接放弃，而且接受者会把主权归还给转让者，那么这样的转让就是无效的。即使所有可转让的都被转让了出去，只要我们能将主权转回，一切权利也就将作为主权的一部分而恢复。

如果这一大权是不可分割的，而且也不能脱离主权者存在。那么"主权君主的权力大于任何一个臣民，但却小于全体臣民的总和"这种观点就无立足之地了。因为这里的"全体"，如果不是指一个独立人格那样的集体，那么含义就与"每一个人"相同，这句话就成了谬论；如果这里的"全体"，指的是将全体臣民看作一个被主权者担任的人格，那么"全体"的权力就等同于主权者的权力了，也就成了谬论。人们会在某一集体掌握主权时清楚地发现这种荒谬，但是当君主掌握主权的时候却难以发觉，然而，无论主权由谁掌握，这一情况都是相同的。

和权力相同，主权者的荣誉也应高于任何一位臣民或全体臣民，因为荣誉源于主权。勋爵、伯爵、公爵与王公等身份都来自主权者。就像对主人而言仆从的地位全都平等，不存在任何荣誉上的区别，臣民对主权者而言也是如此。虽然在不与主权者相提并论时，臣民中还有更为耀眼或更为黯淡的人，但处于主权者面前时，他们就都成了太阳面前的群星，显得黯淡无光。

有人或许会反驳说，臣民的境况太过悲惨，被坐拥无限权力的某个人或某群人，以可憎的贪欲和病态的激情任意摆布。通常来讲，生活在君主治下的人认为这是君主制的弊端，生活在民主政府或其他集体主权下的人，则会将一切弊端都归于国家的模式。实际上，无论权力的形式如何，只要能保护好自己的臣民就是一样好的。人类的事务都或多或少地存在着弊端，但任何政府形式的最大弊端，所能造成的最严重的损害也比不上严重的天灾与内战，或是因无人统治、无人守法和无强制力量限制而导致的掠夺和复仇，以及这些行为造成的道德沦丧状态。对最高统治者而言，最大的压力并不是因为个人利益或一时兴起就侵害或剥削臣民，毕竟臣民的活力构成了他的力量与荣耀；而是来自臣民的抵抗情绪，因为他们甚至都不愿意为了保障自身的生命和安全而缴税；统治者就只能在和平时期尽可能多地征税，以期在情况紧急或急需某物时能发挥作用，以抵抗并战胜敌人。因为人们天生就带着一个高倍放大镜，即自己的激情和自爱，当视线透过它时，每一笔小小的税款都会引发巨大的抱怨；但他们缺少一个望远镜，即政治学与伦理学，因此没法以长远的目光来看那些悬在头顶的、不缴税就无法避免的灾祸。

第十九章

论几种不同的按契约建立的国家和主权的继承问题

不同国家的差异体现在主权者的差异，即全体人民的代表人和群体中每个个体的差异。统治权要么由一个人掌控，要么由多人组成的"议会"（assembly）掌控，但是，是所有人都有权进入议会，还是只有与他人不同的特定人士才有权进入议会？这就显示出国家仅有的三种形式。国家的代表人一定是一个人或者多个人。如果是多个人，则要么是所有人组成的议会，要么是一部分人组成的议会。如果代表人由一个人担任，那么这种国家就是"君主制"（monarchy）；如果代表人由所有人组成的议会担任，那么这种国家就是"民主制"（democracy）或"平民国家"（popular commonwealth）；如果议会仅由一部分人组成，那么这种国家就是"贵族制"（aristocracy）。除此之外就不会有其他形式的国家了，因为掌握主权的只能是一个人、多个人或所有人，这一点我已经在上文讲明了。

根据历史和政治书籍的记载，还有别的政体名称，比方说"僭主制"（tyranny）或"寡头制"（oligarchy）。但是，这些其实不是其他政体的名称，而只是相同的政体被人仇视时被冠以的名称：不满于君主制的称之为僭主制，不喜欢贵族制的称之为寡头制；同理，悲哀于民主制的则将其称为"无政府状态"（anarchy），其含义就是没有政府，但是我觉得没人会相信"无政府"也是一种新型政府。同样，人们也该明白，无论他们是否喜欢某一类政体，政体的名字都是固定的。

很明显，拥有绝对自由的人可以出于喜好，将自身的权利交予能代表所有人的个人或集体，如果他们觉得有益，就能以绝对臣服的态度服从于君主或其他代表人。因此，在那些已经建立了主权的地区，除了因为某些特别的目的被主权限制的代表人外，同一个人不可能有第二位代表人。因为如果有其他的代表人，就等于设立了两个主权者，也相当于每个人的人格都被两方代表了。如果这两个主权者处于对立状态，就一定会导致主权被分割，如果人们的目的又是取得和平生活，那么主权就绝对不能被分割，因为这将导致人们陷入战争状态，也就与按契约建立主权的目的相悖了。有一种荒唐的看法是，主权议会邀请治下民众指派、授权代理人参会以陈述愿望或意见时，不应将主权议会自身视为国民的绝对代表人，而应将那些代理人视为国民的绝对代表人。就算在君主制国家中，这样的观点也是荒谬至极的，我不明白为什么现在的人理解不了这条如此明显的真理：在一个君主制国家中，君主的主权传承自六百年的王统，他是唯一被称为主权者的人。所有臣民都尊称他为陛下，不假思索地将他奉为君主，但是从未将他视为代表人，代表人的名号居然顺理成章地冠给了那些在他的命令下由臣民指派并陈述请愿，并在他同意时才能提出建议的人。这对真正担任人民绝对代表人的人而言是一个教训，如果他们要履行人民的托付，就一定要引领人民认识到这一职位的性质，并要时刻提防人们再认可其他的代表人。

这三类国家的区别并不体现在权力上，而体现在获取和平与保障人民安全（即按契约建立国家的目的）的手段上。如果将君主制同其他两类政体进行对比，我们就能理解：第一，任何承担人们人格的人或承担人们人格的议会的成员仍然保有其自然人的身份。尽管他的政治人格要求谋求公共利益，但比起谋求公益，他会或多或少地谋求自己和亲朋好友的私人利益。在大多数情况中，当公共利益与私人利益产生矛盾时，他会优先考虑私人利益，因为人类的激情往往比理性更有力。由此可知，只有当公共利益与私人利益结合程度最深时，公共利益才会被最大程度地推动。对君主制而言，私人利益和公共利益在性质上相同，君主的财富、力量与声望只会从臣民的财富、力量与声望中产生，国家的臣民若因为贫穷、低贱、虚弱或陷入纠纷而无法参战并抵御外敌的话，君主就无法获得荣华富贵乃至人身安全。可是在民主制或贵族制中，对贪污者或野心家而言，社会繁荣为他们带来的私利远远比不上奸计、行骗或内乱所带来的。

第二，君主能在任意的时间或地点听取任何人的建议，所以在他思考的事物上，就能采纳该领域专家的意见，而不需考虑专家的等级与地位。君主也能依其意愿，尽可能地在行动前采纳私密意见。当一个主权议会需要进行商议时，除了一开始就具备权限的人，其他人都不得介入。这样的人往往精于谋取财富而拙于探求知识，能通过长篇演说激励人们的行动，却无法管理他们的行动，因为激情的烈焰往往只会令人目眩神迷，却不会令人清醒，并且议会往往因为人员冗杂，找不到能确保商议私密性的时间和地点。

第三，君主的决策只会因为人类的天性而摇摆不定，但是在议会中，即使抛开天性不谈，也有着由人数导致的摇摆不定。如果主张决议在通过之后应当继续维持的人，因为人身安全的考量、疏忽大意或私事妨碍而未到场，抑或是持反对意见的那部分人到场率很高，就会导致过去决定好的一切在当下再度被推翻。

第四，君主不可能因为妒忌或利益而自我反对，议会却有可能如此，甚至达到足以引发内乱的程度。

第五，在君主制中还存在着这一弊端，即所有臣民的财产都可能会被君主用权力夺取，并用于满足宠臣或奸臣的利益。我承认这个问题是巨大且无法避免的严重弊端，但是同样的情况也可能发生在议会掌握主权的国家。因为议会掌握着相同的权力，也可能会听信雄辩家的错误意见并被诱骗，就像君主面对阿谀奉承者一样；他们也可能相互阿谀奉承，为了满足自己的贪婪和野心而狼狈为奸。但是，君主的宠臣很少，也只会提拔自己的亲族，而议会宠信的人却相当多了，他们的亲属也远多于任何一个君主。另外，君主的宠臣都是既可以抵御外敌又可以援救亲友的，但主权议会宠信的雄辩家们，危害的能力极大，救护的能力极小。因为，就人类的天性而言，相比于脱罪辩护，指控有罪对口才的要求更小，并且判罪比赦免更像是行使正义的行为。

第六，君主制还有一项弊端，即主权或许会被一个孩童或善恶不分的人掌握。这样一来，君主要动用权力就必然要经过他人之手，或经过由许多人组成的议会，这个人或议会就会担任君主人格的监护人与保护者，并以自己的名义和君主的权利管理国家。如果说，由某个人或某个议会掌握主权的做法存在弊端，那么所有政府中都存在着比时局混乱和内战更严重的弊端，因为任何可能发生的危险都会来自人们对这一带有巨大名利的地位的竞争。为了证明这一弊端不来自君主制，我们可以对以下两种情形探究一二：一是前任君主已经立下遗嘱、明文规定了监护人，或接受习俗、默认了其幼子的监护人。那么，再出现的弊端就不能归到君主制上，而应归到臣民的野心和不义上。无论在哪种政体中，只要臣民没有接受过关于自身权利和对主权者的义务方面的良好教导，就会发生此类的事。二是前任君主根本没有为幼子任命监护人。这种情况下，自然法能提供一条有力的规则，即依据人类的天性，享有监护权的应该是那些在保卫幼主权力时自身获益最大，在幼主地位下降或死亡时自身损失也最大的人。我们都明白人类的天性是谋求个人利益与提升个人地位，如果将幼主交到一个能因为杀害或伤害他而提升地位的人手里，这种行为就不是监护而是叛国了。所以，在确立了幼主掌权方面的条款并解决了所有的合法争执后，再次产生的扰乱公众和平的纷争就不能归咎于君主制了，而应该归咎于臣民的野心及其对自身义务的无知。换个角度讲，如果一个国家的主权被大型议会掌控，那么所有关于战争、讲和与立法方面问题的意见，也就和幼子掌握政府的情形如出一辙了。就像幼子缺乏决断力而无法否决呈上来的建议，所以必须接受由个人或集体构成的监护方的意见那样，议会面对多数人的建议时也一样，无论这一建议是正确的还是错误的，议会都没有拒绝的自由。并且，就像幼子需要一个监护人或保护者来确保他的人身安全与权力一样，大型国家的主权议会面对严重危机和动乱时也都需要由"自由的守护人"，即独裁者或权力保护者来解决纷争。这样的人就是临时君主，议会在危机时期将所有权力交予他行使，并且一般会在这一时期结束后剥夺他的权力。临时君主的权力遭到剥夺的情形，比起幼主的权力被保护者、摄政者或其他监护人剥夺得情形更加常见。

就像我上文讲过的，只存在三种主权形式：单人掌权的君主制、全民大会掌权的民主制和由区别于其他人的特定人群组成的议会掌权的贵族制。

当我们观察过去和当今世上存在的特定国家时，或许难以将它们仅仅归纳为这三种，因此就会倾向于认为这些国家形式在混合后产生了新的形式。譬如说，在实行选举制的王国中，国王仅在任期内掌握主权；在另一些王国中，国王只掌握有限的权力。但是绝大部分著作家仍然将这两种政府形式称为君主制。同理，如果一个民主国家或贵族国家在战胜敌国之后派任了一名主席、总督或别的地方长官进行统治，乍一看非常像民主制或贵族制，但事实上并非如此，因为被派任为国王的不是主权者，而是主权者的大臣。权力受限的国王也不算主权者，只能算主权者的大臣。就算某一行省臣服于另一个民主制或贵族制国家，也不会受到民主制或贵族制的统治，而只会受到君主制的统治。

首先，选举出的国王的权力是终生受限的，就像当今许多基督教国家的情况，或特定时期的罗马独裁者一样。如果国王有权指定继承人，那么他就不是被选举出的而是世袭的国王。如果国王无权指定继承人，那么在他去世之后，就会有一些人或集体再次公开选任，否则国家就会随他的死亡一并解体，重新回到战争状态。如果事先就知道哪个人拥有在国王去世后授予主权的权力，那么毋庸置疑，主权就始终被那个人掌握着的，因为人们自己无权拥有的事物也同样无权给予他人，更不可能在认为它有利的时候据为己有。如果当前在任的国王死后就没人能再授予主权，那么这位国王就会被自然法授予任命继承人的权力，以保护那些信从他统治的人摆脱内战重燃之忧。因此，在他被选出的那一刻起就已经拥有绝对主权了。

其次，权力受限的国王，在地位上并不高于有权限制他的个体或群体。既然他没有至高的地位，那他就不是主权者，主权也就永远被有权限制他的议会掌握。因此这样的政府形式就不是君主制而是民主制或贵族制，古时候的斯巴达就是这样：两位国王有带兵的特权，但主权始终掌握在"五监察官"（Ephori）手里。[1]

再次，譬如说，罗马人曾派一位主席治理犹太地（the land of Judea），但那里并非民主制的，因为他们并不由任何人都有权进入的议会统治，那

---

[1] 古斯巴达由亚基亚德世系与欧里庞提德世系两个王室同时统治，并有着名为"二王制"的独特政治模式。在战争时期，两个国王几乎拥有无限的权力，一个国王统兵，一个国王守护城邦。并设五名监察官，由年满30岁的公民担任，从一年一次的公民大会中选举出，负责监督国王。

里也不是贵族制的，因为他们并不由经过选举才能进入的议会统治；事实上他们都受一个人统治。尽管罗马人觉得犹太人是受全民议会或民主制统治的，但对根本无权参与管理的犹太人而言，罗马人派出的主席就是他们的君主。因为，由本民族人选举产生的议会管理，这种管理模式确实能被称为民主制或贵族制，但被外族人组成的议会管理就是君主制了，这不是一个人统治其他人，而是一个民族统治另一个民族的君主制。

所有的政府组织形式都会衰朽，不仅是君主制，议会也一样会消亡。而为了维持人们的和平，就必须像规定"人造之人"（artificial man）那样规定"人造的永恒生命"（artificial eternity of life）。如果缺少了这一点，受议会统治的人民就会在每个时代都重归战争状态，而受一人统治的人民在统治者死后也会重归战争状态。这种人造的永恒，就是我们通常说的"继承权"。

在任何完善的政府制度中，继承权都由主权者处置。即使任何个人或私人集体，即臣民掌握了该权利，也都可以被主权者任意剥夺，因此这项权利就还是由主权者掌握。若这一权利不由任何人掌握，而是需要重新选举得出，那么国家就会瓦解，这一权利就会归于能夺取它的人。这样的模式就违背了建立国家是为了永久的安全而非暂时的安全这一宗旨。

对民主制而言，只要被统治的民众没有全部死亡，那么全体议会就会一直存在，因此有关继承权的问题就不会出现在这一政体中。

对贵族制而言，当议员死亡时，以选举填补缺位的事务就由任命全体议员与官员的议会作为主权者施行管理。因为议会代表以代理人身份做的事和每个臣民以授权人身份做的事一样，即使主权议会能把权力交予他人，并选举新议员填充议会，但选举依据的仍是议会的权力。同样的，就算公众提出撤销选举的要求，撤销也会依据议会的权力进行。

对君主制而言，还存在着继承权方面的最大困难。这一困难在于，初看之下难以确定由谁来指定继承人，且很多情况下也确实难以确定君主将指定谁为继承人。因为在这两种情况中，需要进行比人们的一般推理更为严格的推理。问题在于，谁来指定主权君主的继承人，即谁能够决定继承权。选举制下的国王没有主权，只有主权的使用权，因此不能指定继承人。我们需要思考的是，如果在位的主权君主无法决定继承权，那么这项权利就会再次落到散漫的民众手里。如果主权者在死前没有立出新的主权者，那么就没有能统一民众并指挥他们统一行动的代表人，人们也就无法推选出新的君主。这样发展下去，每个人都有平等的权利臣服于自己认为最能保护自己的人，或在有必要的情况下动用武力自保；这就等于重归混乱，再次落入人人相互为敌的战争状态，也与建立君主国的最初目的相悖。因此，显而易见的是，只要君主国按契约建立起来了，对继承人的选择就应该始终取决于在位君主的意志与决断。

有时也会出现这样的问题：谁是在位君主指定的权力继承人？这可以由君主的口头托付或遗嘱决定，也可以通过其他有效的表达方式以默许的方式决定。

君主在世时可以通过口头托付或书面遗嘱宣布继承人，比如罗马最早的几位皇帝就是通过这一方式宣布继承人的。由于"继承人"这个词的本义不是子女或近亲，而是任何人以任何方式宣布的能继承自己遗产的人，所以，如果一位君主通过书面或口头的形式公开宣布了某人将成为自己的继承人，那么当他死亡时继承人就会立即获得做君主的权利。

但若缺少遗嘱或口头托付，就要遵从其他能代表君主意志的自然表示，习俗就是其中之一。所以，若某地的习俗规定继承人应当是其直系后裔，其直系后裔就拥有继承权；若在位君主有其他意向，就应于在世时做出宣告。相同的，若某地的习俗规定继承人为直系男性后裔，那么就应由直系男性后裔获得继承权；若习俗是直系女性后裔优先获得继承权也同理。因为无论习俗如何，人们都能通过语言加以限制，如果在位君主没有这样做，就意味着认可了习俗的自然表示。

至于原本既无遗嘱又无习俗的地方，就应该这样认为：其一，根据君主的意愿，政府应该继续保持君主制。因为君主自身就认可这类政府。其二，君主本人的子女优先享有继承权。因为人类的天性就倾向于提拔自己的子女而非他人的子女。而在自己的子女中，他会更倾向于提拔自己的儿子，因为就本质而言，男性比女性更适合辛劳及危险的行动。其三，如果君主本人没有子嗣，兄弟就会比外人更优先。以这种方式推论，血缘近的人一定优于血缘远的人，因为人们一般认为血缘越近感情就越深厚；同理，一个人能从他血缘最近的亲戚那里分得最多的荣耀。

如果君主以契约或遗嘱来处置继承权是合法的，那么人们或许会发现并驳斥其中的弊端，即君主可以将自己的统治权卖给或交给一个外国人；

若外国人未在这类政体下生活过，也不会这一国家的语言，就容易产生鄙夷并有可能压迫这一国的臣民。这确实是一个严重的弊端，但其根本原因不在于臣服于外国人的政府，而在于管理者不擅治术并且忽视政治上的真理。所以，当罗马人战胜了许多民族，并要推行他们的统治时，通常就会尽可能地平息人们的不满。他们会将罗马人的特权或称号赋予所有被征服民族全员或其中的关键人物，还会让被征服民族中的许多人成为元老院的议员或重要官员，甚至将他们安置在罗马城中。这也是我国最贤明的詹姆斯王，致力于合并其治下的苏格兰与英格兰两境的原因；若他当初成功了，就很有可能会预防内战的发生，使现今的两境脱离现在这样悲惨的局面。这样看来，尽管许多国王做出的错误决定让人认为这种模式有弊病，但君主依照自身意志处置继承权并不会对民众造成任何伤害。这种方式的合法性，也可以通过这一例子得到证明：将国家交给外国人或与外国人结婚都有可能导致继承权落入外国人手中，但人们却觉得这种婚姻是合法的。

第二十章
论宗法管辖权与专制管辖权

以武力获取的国家，就是指以武力夺得主权的国家。"以武力获取"的含义就是，人们根据多数人的共同意见，出于对死亡或被奴役的畏惧，授予某个个体或集体做一切事的权力，并由他们掌管自己的生命与自由。

上述统治权或主权，与按契约建立的主权之间的唯一区别就是：在按契约建立的国家中，人们选择主权者的原因在于人与人之间的相互畏惧，而非出于对按约建立的主权者的畏惧；而在以武力获取的国家里，人们臣服的对象就是人们畏惧的对象。在这两种情况中，人们服从的原因都是畏惧。那些认为"一切由死亡与暴力促成的契约都不具有效力"的人应该注意这个问题，如果这一观点正确，那么任何国家中的任何人都不具有服从的义务。诚然，在按契约建立国家或以武力获得国家之后，如果曾经因为畏惧死亡或暴力而许下的承诺中有与法律相悖的内容，那就不能称为契约，也就不具备约束力了。但契约失效的原因不在于畏惧，而在于承诺人对自己承诺的事情不具备权利。同样，当某人应依法履约却没有履行时，他被赦免的原因就不是契约失去了效用，而是主权者对他做出了赦免判决。一个人无论何时依法立下了承诺，打破承诺都是违法的行为，但若他的义务被作为代理人的主权者免去，那他也就等于被强迫他立约的人，即授权者免去了义务。

但是主权的权利及其导致的必然结果在这两种国家里都一样。主权者若未许可，权力就不得转让于他人，且他的主权不得遭到剥夺，臣民也不得指控遭受了他的侵害，不得对他施加惩处，他决定哪些是和平所必需的事物，他审定学说，他是唯一的立法者与处理纠纷的最高法官，他决定战争或和平的时间及场合，他遴选地方官员、参议要员、将帅和其他所有官吏、大臣，他决定赏罚、荣誉及等级。上述各点成立的缘由，都与前面章节中提到的，按契约建立的主权的同类权利和必然结果相同。

管辖权可由两种途径取得：血缘或征服。从血缘中得来的统治权，如家长对孩子的权利，就称为"宗法管辖权"（dominion paternal）。这类依据血缘形成的管辖权，并不来自家长生下了子女，而是来自子女的自愿，并要通过口头表达或其他充分的证据表示出来。因为在生育事务方面，上帝规定了男子需要一个帮助者，所以子女的家长就一定是两个人。这么看来，子女的管辖权理应由双方平等享有，子女也应该平等地服从于两方，但这是不可能的，任何人都不可能服从两个主人。一些人认为管辖权应当只交给男性，因为男性在性别上更为优越，但是这种想法也不合理，男性和女性并不会在体力与慎思方面一直存在较大差异，所以这项权利的归属就不用通过战争决定。国家会通过市民法对这方面的纠纷做出规定，但往往都倾向于父方，因为大部分国家是由家族中的父亲而非母亲建立。然而，现在的问题是，在纯粹的自然状况中并不存在婚姻法，也不存在子女管教方面的法规，只有自然法和两性对彼此以及对子女的自然倾向。在这种纯粹的自然状态中，父母双方可就是否处置子女管辖权的问题立约，如果双方决定进行处置，那权利就应按照契约的规定交给其中一方。我们能够从历史中观察到，亚马孙国[1]就依靠邻国来传宗接代，并与它们订立契约，"若出生的是男子则留下，若出生的是女子则送还亚马孙国"，这种情况下女

---

[1] 亚马孙国：古希腊神话中的女儿国，国民都是战士。

子的管辖权就属于母方。

若无任何契约，管辖权就归属母方。因为在尚无婚姻法的纯粹的自然状态中，若无母亲的公布，就无从得知谁是孩子的父亲。如此看来，子女的管辖权由她的意志决定，所以管辖权属于母亲。同样，我们也能发现婴儿最初是受母亲的权力控制，母亲既可以抚养他也可以遗弃他。如果母亲抚养了婴儿，那么婴儿的生命就是母亲赋予的，就有义务服从于母亲而非他人，所以母亲就享有对婴儿的管辖权；如果母亲遗弃了婴儿，而婴儿被他人捡到并收养，那么收养者就有对婴儿的管辖权，因为这个婴儿有义务服从于保全他生命的人。保全自己的生命是一个人服从于他人的根本原因，每个人都应该服从于掌握自己生杀之权的人。

如果母方是父方的臣民，那么子女就应当被父方的权力管辖。如果父方是母方的臣民，就像女王和她的臣民结婚这种情况，那么子女就应当被母方的权力管辖。

如果父母双方都是一国君主，并立约规定了子女出生后哪方享有管辖权，那么管辖权就按照契约行使。如果未订立契约，那么管辖权就通过子女的居住地决定，因为国家主权者对境内的每一个居民都享有管辖权。

对子女具备管辖权的人，对子女的子嗣也具备管辖权。因为对一个人的人格具备管辖权，就意味着对这个人拥有的一切都具备管辖权。若非如此，管辖权就空有名头而无效用了。

宗法管辖权的继承权与君权继承权都按照相同的方式处理，而君权继承权已经在上一章充分地讨论过了。

通过征服或战争胜利获得的管辖权，被一部分著作家称作"专制管辖权"（dominion despotical），这个词来自希腊语中的 δεσπότης，其原本的含义是"主人"或"领主"，也代表主人对仆从的管辖权。当战败者为了避免眼前的死亡之祸，以口头表达或其他能充分表明意志的方式签订契约，规定在保有生命与人身自由的前提下，战胜者能凭自身喜好任意驱使自己，这就是战胜者获得管辖权的方式。只有在契约签订后，战败者才成为仆从。"仆从"（servant）这个词语的来源究竟是"服务"（servire）还是"护卫"（servare）就留给文法家去讨论，但无论如何其含义都不会是"俘虏"，即那些被关到牢里或戴上枷锁，等着被带走、买走并任凭处置的人。这些俘虏也被称为"奴隶"（slave），他们完全不受义务约束，会打开枷锁逃出牢狱，并能正当地杀掉或掳走自己的主人。"仆从"的含义则是，成为俘虏后被允许保有人身自由，且承诺不会逃走或对主人动武，获取了主人信任的人。

所以，对被征服者的管辖权并不源于胜利，而源于他们自己订立的契约；他们同样不是因为被征服而服从，就是说，他们并非因为被打败、被抓获或被击溃而负有义务，他们只是因为妥协并服从于战胜者才负有义务。战胜者在承诺保留他们的性命前，不会因为敌人主动投降就放弃对他们的自由处置权；投降这一行为，只在战胜者认为合适的时机才能产生约束作用。

当战败者祈求"宽仁"（quarter）的时候，就是通过投降这一行为避开战胜者当下的怒气，然后再通过交赎金或提供服务等方式向战胜者支取自己的生命。所以说，被饶恕的人并没有彻底取回性命，只是将死亡推迟，以待战胜者后续的考量。他们的屈服未必能保全生命，只是一种一厢情愿的行为；只有当战胜者信任投降者并赋予他们人身自由时，他们的服役才能算是义务，生命才会受到保障。好比监狱中那些戴着枷锁的奴隶，并非是因义务而劳动，而是为了免遭其主人的残害。

仆从的主人也是仆从一切所有物的主人，只要他觉得合适，就能任意使用仆从的财货、劳动、仆从自己的仆从和仆从的子嗣。因为仆从从主人手中获得生命的前提就是立约服从，即承认并为主人的一切行为授权。即使主人因为仆从拒绝服从而将他杀死、给他戴上枷锁或以其他的方式施以惩罚，这一切行为也都经过了仆从本人的授权，因此也无法指控主人对他造成了伤害。

总而言之，无论是宗法管辖权还是专制管辖权，其权利和结果都与按契约建立的主权相同，并且原因也相同；这些原因在之前的章节里已经讲明了。所以，若某个人同时是两个国家的君主，而他在一个国家中的主权是众人按约建立的，在另一个国家中是通过征服获得的，即通过人们为了免于死亡或监禁而臣服的行为获得的，那么如果他以征服的名义，将第二个国家视为被征服之国，并向它提出比第一个国家更多的要求，这种行为就表现出了他对主权权利的无知。因为主权对两个国家而言都是绝对的，而且是相同的，否则就意味着根本不存在主权；若不存在主权，那么每个人都能合法地运用武力保全自己的生命，也就相当于进入战争状态了。

由此我们能清楚地看出，若一个大家族不在国家之中，那么它的主权权利就像一个小君主国了，无论这个家族是由一个人和他的子女，还是一个人和他的仆从，抑或一个人和他的子女与仆从组成的，家族中的父亲或主人都相当于主权者。除非一个家族能依靠自身的人数或其他机遇，拥有不经历残酷的战争就不可能被征服的力量，否则就不能称为严格意义上的国家。如果一群人的力量弱到即使联合起来都难以自保，那么每个人在危机时都会以自认为最恰当的方式保全性命：要么逃跑，要么投降。这就相当于，一小队士兵遭到大军突袭时，会为了免遭杀戮而丢盔弃甲地求饶或逃跑。人们建立国家，臣服于君主或议会的统治，并将自身托付给足以保障他们安全的权力，这些做法的本质、需求及目的是我在推理主权的权利时发现的，上文也已经讲得足够清楚了。

在这一点上，我们看看《圣经》是怎么教导的。在《出埃及记》第二十章第十九节中，以色列人对摩西说："恳求你同我们对话，我们一定听从，不要让我们同神对话，我们畏惧死亡。"这就代表了人们对摩西的绝对服从。在君主的权利这方面，《撒母耳记上》第八章第十一节、十二节等处记载了上帝对撒母耳说的话："统治你们的国王将会这样对你们，他会让你们的儿子为自己赶车、牵马并在车前奔走……收割农作物，制造武器与车上的器械。一定会让你们的女儿为自己制作香膏，做厨师与烤饼师。也会收取你们的田地、葡萄园、橄榄园，并赐予自己的仆从。你们的粮食与葡萄园的产出，他一定会收取十分之一，并赐予自己的宦官与仆从。也一定会收取你们的男仆、女仆与青年人供自己差遣。你们的羊群也一定会被他取走十分之一，你们也必定成为他的仆从。"绝对权力正是如此，并总结成了最后这一句："你们也必定成为他的仆从"。然而，知道了自己的国王将会拥有何种权力后，以色列人依然同意并说道："让我们同列国一样，有一个治理我们，为我们身先士卒的王。"这句话认可了主权者的军权与司法权，还包含了绝对权力同样可以从一个人转让到另一个人身上的含义。此外，《列王记上》第三章第九节中所罗门王向上帝祈祷："求你赐予我智慧，能为你的子民判决，能够明辨对错。"所以，判决案件和制定判别善恶法规的权力就为主权者所有。这样的法规便是法律，因此立法权也归主权者所有。《撒母耳记上》第十四章第六节记载，扫罗曾经追杀过大卫，但是在大卫有权杀死扫罗，并且他的追随者也准备这么做的时候，大卫却制止了他们，并说："在神面前，我绝不敢出手害他，因为他是神的受膏者。"在《歌罗西书》第三章第二十节、第二十二节中，圣保罗就服从的问题对仆从们讲："你们身为仆从，凡事都要听从主人。"还有："你们身为儿女，凡事都要听从父母。"其中就包含了对宗法管辖权或专制管辖权的绝对服从。另外他还讲道："文士和法利赛人身处摩西的地位。他们命令的一切，你们皆需谨遵奉行。"（《马太福音》第二十三章第二、三节）这意味着完全服从。圣保罗也讲过："你要警示众人，让人们服从当官的、掌权的，遵守他的命令。"（《提多书》第三章第二节）这同样意味着完全服从。在《马太福音》第二十二章第二十一节中，我们的救主也认可了人们应当缴纳国王征收的税款："恺撒的物品应交归恺撒。"并且他本人也缴纳了税款。除此之外，在必要的情况下，君主只凭话语就能从任何臣民那里取得任何事物，而是否有必要则取决于君主的判断。在《马太福音》第十一章第二、三节中，身为犹太国王的耶稣要求他的门徒牵来驴与驴驹，并将他送到耶路撒冷，他讲道："你们到对面的村子中去，一定会看见那里拴着驴和驴驹。你们将它们的绳子解开，牵回此处，如果有人向你们发问，你们说主需要用它，那个人一定会立即同意你们牵过来。"他们没问他的需求是否有充分的理由，也没问为何由他来判断需求，而只是遵从主的意志罢了。

我们还能用《创世记》第三章的话作为补充："你们就像神一样能知晓善恶。""谁命令你们一丝不挂呢，难道是你吃了我禁止你吃的那树结出的果实吗？"对善恶的认知或判别，已用"智慧之树的果实"来代称并被禁止采食，作为对亚当服从性的考验。然而魔鬼却煽动起认为这果子好看的女人的野心，并说尝了这种果子你们就可以像神一样，能够知晓善恶；因此他们二人就都吃了下去，并且确实获得了神的判别善恶的能力，可是没得到正确判别善恶的新能力。据说他们吃了果子之后就发现自己浑身赤裸，没有人对这句话做过解释，人们似乎觉得他们原本是盲人，没法看到自己的身体。但这句话的含义其实相当明白，这是他们第一次认为，自己这被上帝意志造出的赤裸身体是丑陋的，并自觉羞赧、暗地里谴责上帝，于是上帝说道："难道你们吃了我禁止你们吃的那树上结出的果实吗？"这虽然是寓言式的，但也清楚地表明了臣民不能对拥有管辖权的人的命令妄加谴责或议论。

因此我认为，无论是从理性还是从《圣经》的角度分析都非常明确：主权无论是在君主制内由一人掌握，还是在民主制或贵族制内由议会掌握，这一权力的程度都远远超出了人们想象的极限。这样无限制的权力，或许会让人们想到许多不好的后果，但缺少这种权力的下场就是长时间的相互为战，这是更为糟糕的。人们在此世的生活不可能毫无弊端，但是在所有的国家里，最严重的弊端都来自臣民不服从或打破了成立国家的契约。无论谁觉得主权的权力太大而意图让它缩小，都必须服从于另一个能限制主权的权力，也就等于必须服从于比主权更大的权力。

　　最强烈的驳斥则来自实践，人们会问：臣民于何时何地认可过这一权力呢？我们可以反问，何时何地存在过一个长时间未有骚动和内乱的国家呢？世上确实存在这样一些国家，其王国可以长时间存在，只要没有外患就不会解体，臣民也从未在主权问题上产生过争论。然而，若某一意见仅仅得自实践，而未能在日复一日为无知所困的痛苦中，以精准的理性彻底理解国家的性质与成因，那么就是无效的。即使世上所有人都在沙滩上为房屋建造基础，我们也不能就此推断一切房屋都该这样建造。建立与维持国家的技艺就像算术与几何，有其特定的规则，而不只是像打网球这样的实践。对于这些规则，穷人无暇去发现，有闲暇的人却缺乏探明它的好奇心或方法。

第二十一章
论臣民的自由

　　"自由"（liberty or freedom）这个词，本义指一种无妨碍的状态。我说的妨碍是指运动的外部阻碍，同时适用于不具备理性与生命的事物和有理性的生物。任何被约束或被包围的事物，若只能在有限的空间里运动，而且这一空间的范围又被来自外物的阻碍限定，我们就说这一事物没有能够超越有限空间的自由。所以，对任何事物而言，如果它们能被牢狱监禁或被枷锁束缚，抑或像水被堤坝或容器阻挡而无法流到更广阔的空间里那样；如果它们无法像这些外部阻碍不存在时那样运动，我们就称其不在自由状态；但若阻碍运动的就是事物本身的成分，我们就不再说它缺乏自由，而是说它缺乏运动的动力，就好比静止的石头与卧床不起的病人。

"自由人"（freeman）这个词，其公认的本义是指那些"在自身智慧与力量的能力范围内，可以依照自身意志行事而不受阻碍的人"。如果将"自由"一词用在不是"物体"的其他事物上就是滥用了，因为只有物体能够运动，并会受到阻碍。所以，举例来看，如果我们说"某条道路是自由的"，指的并不是道路本身的自由，而是在这条道路上行走的人不会受阻碍。如果我们说"赠礼是自由的"，也不是说礼物本身拥有自由，而是说赠予者是自由的，即他的赠予行为没有遭到任何法律或契约管束。当我们讲"说话是自由的"，指的也不是发声或吐字的自由，而是指说话者可以不受法律限制地以任意方式讲话。最后，根据"自由意志"（free-will）一词的用途，我们也无法推理出意志、欲望或意向的自由，而只能推理出人的自由。"人的自由"就是，以自身意志、欲望或意向行事时不会受阻。

畏惧和自由是能共存的。比方说，某人因为畏惧船只沉没而将货物抛到海里，他是完全凭自身的意愿行事的，并且也可以凭自身的意愿不采取这种做法，所以这些行为就是自由的人做出的。同理，有时人们会出于对坐牢的畏惧而偿还债款，因为没有人阻碍他还债，所以这也视为人在自由情况下做出的行为。通常来讲，在国家中人们会因为畏惧法律而履行义务，但同样也有着不履行法律义务的自由。

必然性与自由也是共存的。比方说，水沿着河道向下方流淌，不仅是自由的，也是必然的。人们的自愿行为也类似，这类行为出于人们的意志，因此也出于自由。但任何一种出于人类意志、欲望或倾向的行为都有原因，而这一原因又来自其他原因，由此形成了连续的链条。有人认为一切原因的第一因就掌握在上帝手中，因而所有行为都出于必然。所以，在能发现这些原因之间的联系的人看来，人类所有自愿行为中的必然性都是非常明白的。所以，监察并规划万物的上帝，也会留意人们依据自身意志行事的自由，并令其依照自己意志中的必然性发展。即使人们能做出许多上帝不曾命令或授权的事，但若无上帝的意志为第一因，任何人都不会对任何事物产生激情或欲望。如果上帝的意志不能保证人类意志的必然性，就无法保证一切依存于人类意志的事物的必然性，那么人们的自由就违背上帝的全能与自由了。以上内容足以证明，唯一真正的自由就是"天赋自由"（natural liberty）。

人们为了获得和平、保全自我而发明了一种名为"国家"的"人造之人"。同时，人们也发明了名为"市民法"的人造链条，并通过互相订立契约的方式，将链条的一端系在被赋予主权的个人或议会的嘴巴上，并将另一端则系在自己的耳朵上。这些链条本质上十分脆弱，能将其维持住的并非其自身的坚固，而是其断裂后会引发的危机。

我现在要探讨的"臣民的自由"（liberty of a subject）是在这些链条之下的自由。我们能看到，世界上没有国家能制定出足以规范所有人的行为和话语的规定，因为这是绝无可能的。所以必然会得出这一结论：任何被法律许可的行为，人们都有自由以自身理性认为最有益的方式行事。因为既然自由的本质含义是"人身自由"（corporal liberty），即不受禁锢与约束的自由，那么人们仍叫嚷着要求自己已经明显享受到的自由就是很荒谬的。同理，若将自由当作法外之物，那么要求它的人就更荒谬了，因为在这样的自由下所有人都能主宰他人的性命。然而这样荒诞的自由竟然也能被人们强烈地要求，他们并不明白，如果没有运用武力的执法者，法律也就失去了力量。因此，臣民的自由仅仅存在于主权者没有施加约束的事务中，比如买卖的自由，与他人缔结契约的自由，选择自身住处、饮食、生计的自由，以及自行决定子女教育方法的自由。

但我们不能认为，掌握生杀的主权会因这种自由而被限制或取消。我们已经论证过，在任何情况下，主权代表人对臣民做的任何行为，都不得被指控为侵害或不义之行。因为每个臣民都是主权者一切行为的授权者，因此主权代表人除了作为上帝的臣民需要遵守自然法之外，对其他一切事务都具备权利。所以在一个国家中，即使臣民与主权者没有对彼此不利，主权者也有权力处决臣民，且这种事会时常发生。耶弗他献祭自己的女儿就属于这种情况，在这一事例和类似的情况中，被处死的人有自主做出行为的自由，因为这一处决不会对他造成权利上的侵害。主权者处决一个无辜的臣民也是同理，这样的行为即使因为有违公平而触犯了自然法，就像大卫杀死乌利亚那样 [1]，但这一行为并未侵害到乌利亚的权利，只是侵害了

---

[1]《撒母耳记下》记载，大卫王与勇士乌利亚的美貌妻子私通，并将乌利亚派到战争中最危险的地方，意图通过敌人除掉乌利亚。后来他把乌利亚的妻子接到宫中，生下一个儿子。上帝对此颇为不悦。

上帝的权利，因为乌利亚已经把按照自身意愿做事的权利赋予了大卫；说"只是侵害了上帝的权利"是因为大卫是上帝的子民，自然法禁止他做出任何不公正的行为。两者的区别很明显地展现在了大卫对此事表达忏悔的时候，他在《诗篇》第五十一篇中讲道："我对你犯了罪，只得罪了你一人。"同理，雅典人并不认为将国家中势力最大的人放逐十年是不正义的，他们向来不过问被放逐者犯过什么罪，而只在意被放逐者有可能做出的侵害行为，甚至他们会下令放逐自己不认识的人。每个公民都将自己想放逐的人的名字写在贝壳上带到市场，而不需要实施任何指控。有时会放逐像亚里斯泰迪斯[1]这样有公正之名的人，有时则只为了开个玩笑就放逐像海帕波罗斯这种总是开下流玩笑的人。但我们不能说雅典的主权人民没有放逐他们的权利，或是雅典的作为主权者的人民没有开玩笑或公正行事的自由。

在希腊人与罗马人的历史典籍和哲学书籍中，以及在那些继承了他们全套政治学说的人的著作与谈论中，被普遍推崇的自由并非个体的自由，而是国家的自由。这种自由和没有市民法与国家的自由相同，且后果也相同，因为在无主之民间只有人们各自为战的永恒战争。人们没有遗产传给子嗣，也不奢望从父辈那里得到遗产，财货和土地没有归属，每个人都没有安全可言，只有绝对而且充分的自由。每个独立的联邦或国家（而非每一个人）也有绝对的自由，并能以君主或议会为代表，做出对本国利益最有利的行为。但他们也始终生活在战争状态下，边境都被武装起来，并用大炮指向邻国。"自由属于罗马与雅典"这句话，说的是国家的自由，而非每个人都有反抗自己的代表人的自由，但他们的代表人却可以自由地抵抗或侵略其他国家。现如今，路加城的塔楼上虽然写着"自由"两个大字，但是没人能够据此推论那个国家里的人比君士坦丁堡里的人更自由，或能更多地免于劳役。在一个国家中，无论它是民主制国家还是君主制国家，自由都是一样的。

但是人们很容易被徒有其表的自由名号欺骗，并会因为缺乏判断力而无法加以辨别，误将私人继承权、天赋权利与仅作为公共权利的自由混淆。

---

[1] 亚里斯泰迪斯：雅典政治家、将军，以诚实和公正著称。曾因与当时民主派领导人地米斯托克利发生冲突而被放逐。

当在该领域著书立说的权威人士肯定了这类错误的时候，就必然会出现反动言论并导致政权更迭。我们作为西方世界的人，基本上都是从亚里士多德、西塞罗和其他希腊人、罗马人那里学到的有关国家制度与权利的观点。他们生活在民主国家中，写在书里的也只是民主制国家实践过的权利，而非自然的原理；这种情况和文法家按照当时的习惯总结语言规则，或是按照荷马与维吉尔的诗篇总结诗歌的规则一样。为了让雅典人不产生更换政体的想法，有人就教唆他们，称他们都是自由人，但是活在君主制下的臣民则都是奴隶。因此，亚里士多德在他的《政治学》第六篇第二章中讲道："民主制的自由是必然的，因为一般而言，其他任何政体中的人民都是不自由的。"像亚里士多德一样，西塞罗和其他著作家的政治理论，也都源于被教唆至厌恶君主制的罗马人的观点，这些教唆者正是最初罢黜君主并分享了罗马主权的人，他们死后则由继承人担任。正因为人们阅读了这些希腊与罗马著作家的作品，才会于孩童时就在虚伪的自由表象下形成了一种习气：赞成一些人发动暴乱并肆无忌惮地控制主权者的行为，接着再操控这些控制者，造成鲜血淋漓的下场。因此我发自内心地说：对我们来说，再没有什么事是比向西方世界学习希腊文与拉丁文著作要付出的代价更大的了。

现在我们可以探讨有关真正的"臣民的自由"的细节问题了。也就是说，我们来探讨一下，到底什么是即使主权者命令了，拒绝照做也不能算不义的事。我们需要思考，当人们成立国家时到底让出了哪些权利；换而言之，假如我们推选为主权者的个人或议会做出的任何行为，都无一例外地受到了我们自己的许可，那么我们就是放弃了自己的相关自由。因为我们服从的行为本来就包含了我们的义务和自由，所以能从上面的问题推论出：没有人应该为不出于自身的行为承担义务，因为人人都是生而自由的。这一论点必须从明确表达"我们对他的所有行为表示认可"，或是从"服从他的权力的人们的意图"（这里的意图要根据人们的服从目的加以理解）推理出来。所以，臣民的自由就一定要从这种话语和其他有相同效力的表达中得到，或从确立主权的目的，即从保卫臣民和平和共御外侮中得到。

首先，既然按约确立的主权来自人们彼此签订的契约，而以武力获取的主权则是由战败者对战胜者或子嗣对家长签订的契约所确定的；这样就很明确了，即臣民对所有无法通过契约转让权利的事物都享有自由。在前文第十四章中我已经探讨过了，不能保卫人身安全的契约是没有任何效力的。

因此，如果主权者下达了判决，即使判决是公正的，比如命令某人自杀或自戕，命令某人反抗侵害者，或命令某人自绝饮食、空气和医药等维生所必需的事物，这人也有违背的自由。

如果一个人受到了主权者或其授权人的审问，要他承认自己犯过的罪，那么在他尚未得到免罪的保证时，就没有认罪的义务。正如我在同一章里证明的，没有人会受契约的约束并控诉自己。

另外，臣民对主权者的认可还包含在这句话中："我为他的全部行为授权或负责。"这里没有限制他原本的天赋自由，因为准许他杀死我，并不意味着服从来自他的自裁命令。"你能按照自身意愿杀死我或处死我的朋友"是一回事，而"我会自裁或杀害我的朋友"又是另一回事了。所以，我们就能得出如下结论：

没有人会被自己的承诺所约束而自杀或杀害他人。因此，人们有时奉主权者之命执行危险或不光彩的任务，并不出于我们臣服的承诺，而是出于我们的意图。想要理解这种意图，则要理解这些任务的目的。所以，若我们拒绝命令的行为与主权建立的目的相悖，那么我们就没有拒绝的自由，反之则有。

若某个人拒绝了入伍抗敌的命令，主权者就有理由将他处死，但在很多情况下，他的拒绝不能算作不义之行，比如，只要他能找到一个合格的战士替自己参军，就不算逃避为国服役的责任。此外，生来就怯懦的人也应该得到谅解，人们不会要求妇女做参军这种危险的事，所以对待怯懦的男人也会像对待女人一样。在双方军队交战时，其中的一方或双方都会有逃兵，如果逃兵逃亡并不是因为变节而是因为恐惧，那就不能视为不义的行为，只能视为不光彩的事。按照相同的逻辑，避战就不是不义，而是懦弱。但是应征入伍并且预领了军饷的人就不能再拿天性怯懦当借口，这些人不仅有上战场的义务，而且不能在长官下令撤退前私自逃走。当保卫国家的需求已经紧迫到要所有能使用武器的人都奔赴战场时，每个人就都有上战场的义务。如果人们都没有保卫国家的打算或勇气，那建立国家也就是无用的了。

任何人都没有为了保护他人而对抗国家武力的自由，无论他人是有罪的还是无辜的。因为这样的自由会让主权者失去保护人民的手段，并因此破坏政府的本质。但是，假设有一大群人已经犯下不义之行，诸如违抗主权者或犯下了死罪，自知难逃一死，那么，就他们此时的情况而言，是否有联合起来互相帮助并守护彼此的自由呢？当然是有的，因为他们只是在为自身的性命抗争，而无论是有罪的人还是无辜的人都有权利这么做。他们违背了义务的行为固然是不义的，拿起武器也是在继续犯下罪行，但拿起武器并不算新的不义行为，因为他们只是为了自保。但若已经颁布了赦令，被赦免之人的自我保护就不能被免责，因此他们继续互相帮助或守护彼此的行为就是不合法的。

其他形式的自由则取决于法律的规定。主权者没有定下规矩的事，臣民就有按照自身意志决定是否采取行动的自由。而自由的大小也因时因地而异，这都取决于主权者认为什么是最有利的事。譬如，在英国，有一段时间人们能用武力驱逐非法入侵自己领地的人，但是过了一段时间后，这一"武力侵入的自由"（the liberty of forcible entry）就被国王和议会通过的成文法取消了。此外，世界上某些地区的男人有娶多个妻子的自由，而在别的地区这种自由则是被禁止的。

如果一个臣民因为现有法律引发的有关债务、土地和财物私有权、服役、体罚和罚款方面的问题，与主权者产生了争执，那么这一臣民就可以找到主权者指派的法官，像起诉其他臣民一样为自身权利发起诉讼。既然主权者的需求是由现有的法律而非自己的权力决定的，那就表明了，他需求的事物不得超过这项法律要求的范围。如此一来，这一诉讼就不与主权者的意志冲突，臣民也因此具备了听审自己的案件并获得依法判决的自由。但若主权者要求或征用任何物品的依据是自己的权力，就不会产生法律上的诉讼。因为他以自身权力为依据做出的任何行为都是由每一个臣民授权的，在这种情况下，起诉主权者就等同于起诉自己。

一个君主或主权议会，如果要授予全体或任一臣民某种自由，并且在这一授予成立的情况下无法继续为臣民的安全提供保障，那么这一授予就不得成立，除非他直接宣布放弃主权或将主权转让给他人。如果这一授予确实出于他的意志，他完全可以明确地公开宣布放弃主权或将主权转让，若他没有这么做，我们就应该认为这与他的意志相悖。这一授予的起因在于不明白自由与主权的冲突，因此主权会继续保留；同样的，动用主权的必要权力，比如宣战、讲和、司法、遴选官员和参议员、征税以及在第十八章提到的其他权力，也会完全地保留下来。

至于臣民对主权者的义务，应当这样理解：它只在主权者能够运用权力保卫臣民时存在。因为人们天然有自保的权利，如果没有人能保障自身的安全，也就不会存在让人们放弃自己权利的契约。主权是国家的灵魂所在，一旦灵魂脱离了身体，就没法再操纵肢体做出任何动作了。人们服从是为了得到保护，无论某个人是靠自己的武力还是他人的武力得到这种保护，天性都会使他服从并努力维系这种武力。即使主权的建立者们认为主权是不朽的，但就主权的本质而言，它一样会因为战争或人们的激情与愚昧而消亡——主权在建立之初就会因为内部的混乱而埋下自然衰亡的种子。

假如一个臣民在战争期间被俘虏，其人身自由或生存手段都被敌人警戒着，而重获自由与生命的条件是臣服于战胜者，那么他就有接受这一条件的自由，并且接受条件后会成战胜者的臣民，因为他再无自保的方法了；若他在外国被扣押的话也同理。如果一个人被监禁或被束缚，无法获得人身自由，那他就不用受这种"服从的约定"约束，在这种的情况下，他可以用尽一切手段逃走。

假如一个君主代表他本人和继承人放弃了主权，那么他的臣民就回到了绝对自由的自然状态。尽管能通过自然法宣布由他的儿子或他最近的血亲继位，就像上一章讲过的，但继承人也需要由他自己的意志决定。如果他的意志要求不再立继承人，那么也就不再有主权和臣服关系了；如果他死亡时没有已知的血亲，也没有宣布继承人，后果就与前者相同，因为若无已知的继承人，服从的义务也就不复存在了。

如果臣民被主权者放逐，那么他在被放逐的时候就不再是主权者的臣民了。但出国游历或被派到外国传信的臣民仍然服从于主权者。这种关系的依据是他与主权者之间的契约，而非"服从的约定"；因为无论什么人进入他国领土，都必须服从该国的一切法律，除非他因为和君主亲密而拥有特权，或因为得到了特殊的许可而有特权。

如果一位君主在战争中被人制服，并宣布向战胜者效忠，那么他的臣民也就从之前对他的义务中解脱，并转而对战胜者负有义务。如果君主被俘或没有人身自由，则不能理解为他放弃了主权权利，臣民就有义务继续服从于原来的地方官员，这些地方官员是以君主的名义而非以自身的名义进行管理，因为君主依旧保有权利。问题只发生在行政管理上，即地方官员和军官方面，如果君主没办法做出新的任命，就只能假设他认可自己之前指派的人选。

第二十二章
论臣民的政治团体和私人团体

在探讨了国家的起源、形式和权力以后，按顺序我应当探讨一下国家的各个部分。首先探讨的是团体，类比自然身体上的肌肉。我将团体理解为，投身于同一利益或同一事业的任意数量的人，其中有些团体是正规的，有些团体是不正规的。只有那些将个体或集体推选为全体代表人的团体才是正规的，其他的都是不正规的。

正规团体中，有一部分是绝对且独立的，不服从于除了自身的代表人之外的任何人。只有国家属于这类团体，在前面的五章中我已经探讨过了。除此之外的团体都是有依靠的，也就是说，从属于某个主权权力，而且团体内的所有成员和他们的代表人都是它的臣民。

就从属的团体而言，其中一部分是政治性的，还有一部分是私人的。政治团体也被称为"政治集体"或"法人"，其由国家主权权力的授权而成立；私人团体则是由臣民自发组建或由外国人授权建立的团体，因为外部主权的授权只在本国内有公共性质，在另一个国家治下则只有私人性质。

私人团体中，有些是合法的，有些是非法的。被国家承认的就是合法的，除此之外的任何团体都是非法的。不正规团体指的是，没有代表人而仅由人们聚集而成的团体。这样的团体如果没有遭到国家的禁止，也没有什么图谋不轨的组建原因，那么就是合法团体，譬如为了观看剧目、进入市场或其他无害的目的而聚集在一起的人群。但是，如果其图谋不轨且动机不明，那么在人数达到一定规模的情况下就是违法的。

在政治团体中，代表人的权力是有限的，而且他的权力被主权权力限制，因为无限的权力就相当于绝对的主权。在任何一个国家里，主权者无一例外是所有臣民的绝对代表，因此，若无他的准许就不能存在其他的代表人。要是准许一个政治团体存在，且这个团体对臣民的意图与目的有着绝对的代表权，就意味着国家对这一大群人放弃了管理，并分割了自身的统治权，这有违和平的要求与国家防卫的要求。如果主权者没有以明确且直接的方式准许他们解除对主权者的臣服关系，那么就不能将之理解为主权者的行为。因为，当其他相反的表达出现时，文字就不能再被视为其意志的表达，而只能代表错误或误判，这种事可能发生在任何人身上。

从两件事可以看出政治团体的代表人被赐予的权力的边界：第一是主权者颁发的命令或证书，第二是国家的法律。

如果一个独立国家是以契约建立或以武力获取的，那就不需要任何证明文件。因为除了不成文的自然法，再没有什么事物能限制代表人的权力了。但是对从属团体而言，其业务、地点和时间等事项都受到各种不同的限制，所以若缺少证明文件就很难记清或很难被注意到；除非向成员宣读这些加了封或盖上了主权当局印章的文件，或其他由主权授予的永久证明。

以书面方式描述这类限制并不容易，甚至根本就无法做到。因为所有臣民都共同遵守一般法，所以就必须在文件尚未做出规定之处，规定代表人的哪些行为是合法的。

因此，如果政治团体的代表人是一个人，那么他作为该团体的人格代表，做出的任何在法律与文件承认范围之外的事，都应该被视为其自身的行为，而非该团体或该团体中除他之外任何人的行为。因为，如果这一行为超出了证明文件和法律许可的限度，那他就无法代表任何人，而只能代表其自身的人格；若他的行为在权限之内，那他的行为就能代表每一个成员的行为。因为主权者是不受限制的代表人，所以每一个人都是主权者行为的授权人，这样的话，在主权者证明文件的许可范围内的行为，也被视为主权者的行为，团体中的所有成员也都是代表人行为的授权者。

若代表人是议会，那么议会所颁布的法案，无论是受到法律认证的还是证明文件认证的，都被视为这一议会或政治团体的行为，也被视为所有为了法案通过而投出赞成票的人的行为；但并不能将其视为在场并投出了反对票的人的行为，也不能视为缺席人的行为，除非有人代表缺席人进行了投票。之所以这个行为算是议会全体的行为，原因在于议会中的大部分人都赞同这一意见并投出了赞成票。如果这是一种犯罪行径，议会就会受到可行范围内的最大惩罚，比方说解除或收回其证明文件，这对人造团体或虚拟团体而言就是死刑。若这一议会具备公共财产，而且其中没有无罪成员的份额，就可以进行罚款，因为从本质上讲，所有的政治团体都无法接受体罚。根据这样的看法，没有进行投票的人就不能背负所谓的罪行，因为在未得到证明文件保证的事务方面，议会无法代表任何人，所以投了反对票的人就不会受牵连。

如果政治团体的人格被一个人代表，而此人又欠下了本团体之外的人的债款，那么债务就只是代表人本人的债务。所有的证明文件都没有必要在借款方面加以限制，因为在这一事务上人们本身的意向就是一种限制。但若他得到了证明文件的授权，能让成员替他偿还他的欠款，那他就相当于拥有了成员们的主权。这样看来，如果这种许可来自人类天性中普遍存在的错误，且无法充分证明许可者的意志，那它就是一纸空文；若这种许可得到了主权者的公开声明，那么他就是团体的主权代表人，这一情况不在本话题的探讨范围内，在这里只探讨从属团体。所以，所有成员都没有偿还债务的责任，债务必须由代表人本人偿还。因为借出款项的人并不清楚这一团体的证明文件或资质，只会将欠他钱款的人视为债务人，又因为代表人无法代表除了他自己的任何人，所有只有他本人才是欠债者，因此，在具备公共财产的情况下，代表人偿还欠款时可以动用公共财产；在没有公共财产的情况下，代表人必须使用自身的财产偿还欠款。

若代表人因为契约或罚款而负债，情况也是一样的。

如果代表人是议会，并欠下了外人的债款，那么应当对债务负责的就只是那些对借款、可能引起债务的契约以及可能受到的罚款投赞成票的人。因为每一个投赞成票的人都参与了借款，所以作为借款行为的授权人，他们就有偿还债务的责任。只有在投赞成票的人还清了每一份债款后，他们才能从中解脱。

如果议会欠款的对象是议会中的某一成员，那么在有公共财产的情况下，只有该议会本身负有通过公共财产还债的责任。因为这个成员有投票的自由，当他投票表示同意借出款项的时候，也意味着投票表示应当偿还债款。如果他没有出席或是投票反对借款，那么如果他确实借出了钱款，就表明他同意借款，这不仅与他先前投票的目的冲突，也代表着要为之后的行为负责。这样一来，他既是借贷人又是还贷人，所以就无法要求任何个人还款，而只能要求用公共财产还款。公共财产若是无法还清，他就再没有其他的补救手段，也没法埋怨他人，而只能埋怨自己；因为他对议会的行动是知情的，也知道他们的还款手段，并且没有遭到强迫——将钱财借给他人只是因为他自己太过愚昧。

显而易见的，在主权者属下的从属政治团体中，如果一个人公开抗议代表制议会颁布的法令，并找人将他的反对意见记录下来或担任见证人，那么这些行为就不仅是合法的，而且是可取的，否则他可能就会对还贷的契约担责，或为他人所犯的罪行担责。但是，在主权议会中这样的自由就被剥夺了，因为在这里抗议就意味着不认可议会的主权；也因为每个人都是主权者命令的授权者，所以主权者所下达的一切命令对臣民而言都是正义的——虽然在上帝看来并非一直如此。

几乎有无数种政治团体，它们不仅是为了负责不同的事务而成立（仅是这种区分的类别，团体就已经数不胜数了），还因为地点、时间和人数的不同而另有区分。就事务而言，其中一部分政治团体被用来治国理政。首先，一个行省的治理可能会由某一议会负责，其所有决议都依赖得票数最多的群体的意见。这类议会就是政治团体，其权力受委员会限制。"行省"一词的含义是负责或管理事务的人将自己的事务委托给其他下级管理。所以，在一个国家中，如果不同地区的法律有区别，或者不同地区间隔甚远而将政务委托给不同的人管理，那么这些主权者不在场而政务都委托给他人管理的地方就是行省。但行省的政务很少由当地的议会管理：罗马人在相当多的行省内拥有主权，但却一直派遣总督和行政长官来管理，这与他们用议会管理罗马城及其周边地区的模式不同。相似的，当英国派遣殖民团去弗吉尼亚与索马里兰殖民时，虽然当地政府的管理权被委托给了伦敦的议会，但伦敦的议会从未将管理权交给当地的议会，而只是在每一个殖民地派一名总督进行管理。尽管在自己能够到场时，每个人都天然地倾向于参与管理，但是当人们无法亲至时，就会天然地倾向于将他们共同利益的管理权委托给君主制政府，而非民主制政府。这一点在拥有巨量私人财产的人身上也很明显：如果他们不想为管理自己的事务受苦，就倾向于将这些事务委托给一个职员，而非委托给一个由很多朋友或职员构成的议会来管理。但无论事实如何，我们通常都会假设行省或殖民地的政府被委托给了一个议会管理，这时我们需要强调，该议会欠下的一切债款、非法颁布的一切法令都只是赞成者的行为，而非反对者或缺席者的行为，理由见上文所述。在境外驻扎并对某殖民地施行管理的议会，出了殖民地就无法对任何人或任何财物行使任何权力，也无法因赋税或其他任何义务而将他人拘留。因为除了法律允许的执法地点外，他们不得在其他地区运用权力或进行执法；即使议会有权向违犯其法律的一切成员罚款，但是出了这一殖民地他们就不能再行使任何权利。这里说的议会对行省或殖民地的管理权，同样适用于城镇、学院、大学或教会中的议会，以及其他管理人们人格的形式。

通常而言，在一切政治团体中，如果有成员感觉自己的权利被集体侵害了，那么这一案件就由君主及君主指定的法官审理，而不由团体自行审理，因为该团体与团体中的个人都是君主的臣民；但在主权议会中情况则不同，如果主权议会无法担任法官的话，就没有人能担任法官了。

在为了管理好对外贸易而成立的政治团体中，最合适的代表人就是由全体成员构成的议会。也就是说，每一个出资人在自己愿意的时候，都能参与团体内的所有商议与决议。为证明这一问题，我们就要思考：为何能自由进行商品交易与进出口贸易的商人，要联合起来组建一个公司？诚然，这些在本国买进商品的商人，鲜有人能承担得起独自雇船出口的运费，在他国买进商品的进口商人也一样。所以他们要组成一个团体，团体中的每个人都会根据自己的出资比例得到相应的分红；每个人也都可以选择独自经营，为自己运出或进口的商品合理定价。但是他们组成的不是政治团体，因为团体中没有共同的代表人，所以除了臣民必须遵守的法律之外，团体就无法让其成员承担任何法律责任。他们联合起来的目的就是使利益更大化，并会用两种方法实现：一种是国内外的垄断购买，另一种则是国内外的独家销售。因此，准许一群商人组成一个公司或政治团体，就意味着准许他们行使双重垄断，成为垄断买方和垄断卖方。如果他们成立了一个与特定国家进行贸易的公司，就只有他们能对这一国家出口商品了，这种模式就是在国内垄断购买，并且在国外独家销售，因为在国内只有一个买家，在国外也只有一个卖家。这两种情况都能给商人带来极大的利润，因为他们可以在国内低价购入并在国外高价卖出，而外国商品在国外只有一个买家且在国内也只有一个卖家，这两种情况都对投资者有利。

但是，这样的双重垄断既不利于本国人民也不利于外国人民。因为，他们垄断了出口，就能凭自身意愿规定人们的农产品与手工产品的价格；垄断了进口，就能凭自身意愿规定国民所需的所有外国商品的价格——这两种情况对人民而言都是有害的。从另一角度看，他们在国外独家销售本国商品，且还垄断了当地商品，就会哄抬本国商品价格并且打压当地商品价格，使外国人的利益受损，因为独家销售会使自己的商品价格提高，垄断收购则会使当地的商品价格降低。这种公司就是垄断公司，如果他们能在外国市场中结成一个团体，并在国内自由竞争，让每个人都按自身的情况进行买卖，那么对国家而言就是颇为有利的。

这类商人团体，除了在汇集每人资金的资金池中拨出部分钱款用于建造或购买船只，以及储备食物和配置船员外，就再无公共财产可言了；其目的也不是谋求整个团体的共同利益，而只是投资者的个人利益。因此要让每位成员都清楚自己提供的资金用在了哪里，也就是说，要让每位成员都参加会议、规划资金用途并算清自己的账目。那么这些团体的代表人就必须是议会，且每一位团体成员都能凭自身意愿随时参与商议。

如果一个由商人组成的政治团体，通过了代表人议会的法案向外人立约借款，那么其中的每个成员都要对债款负责。因为外人不需要了解他们私下的规矩，只会将他们看成许多独立的个体，因此团体中的每个成员都负有偿还所有债款的责任，直到某个成员还清债款并因此解除其他成员的债务。若团体欠下了某个成员的债务，那么债权人也被视为所有款项的债务人；所以，若有公共财产，他就只能从公共财产中索债，而不能以其他的方式索债了。

假如国家向这一团体征收税款，就应理解为根据每个成员在公司中的投资比例征收相应税款。因为这一团体中只有个人投资的总和，而没有公共财产。

若这一团体因为某种不法行为受到罚款，那么只有投票赞成这一行为或协助落实这一行为的人才需要缴纳罚金。在这件事上，其他人只是身为团体成员，但并无其他罪行；又因为这一团体的成立是由国家授权的，所以就算其他团体成员有罪，也应算作团体而非个人的罪。

若某成员欠下了团体的债务就可能会被起诉，但只有国家才有权没收他的财货或对他实施监禁，团体则无此权力。因为，团体要是有这些权力，就能自行判决债务是否应当偿还，这就等于是在自身的案件中担任法官了。

这种为了管理人员或贸易而建立的团体，要么是永久性的，要么就是明文规定了时限的。还有一种团体，因其负责事务的性质而有着存续时间上的限制，比如主权君主或主权议会认为有必要命令各城镇及领地呈报臣民的生活状况与需求、为制定良法提供建议并解决其他问题的需求，于是将一些人指派为整个地区的代表，并且约定好开会的时间和地点，那么这些代表在相应的时间、地点就相当于主权治下代表全体国民的政治团体。但是，仅当君主或议会动用主权召集这些代表，并让他们就给定问题提议时，他们才作为政治团体而存在；当主权者宣布不再需要提议或讨论时，这一团体就解散了。这是因为，如果他们是人民的绝对代表，那么他们的团体也就是主权议会，这相当于在一群人之上同时存在两个主权议会或主权君主，如此便无法维持和平。主权一旦确立，就不能有超越它的全体人民的绝对代表权，而这一团体代表全体人民的限度在代表人参会前就由文件规定过了，所以人民也不能在主权者明文规定的目的之外推选代表人。

合法且正规的私人团体是只需要服从臣民所必须遵守的法律，而不需要证明文件或书面授权建立的团体。这类团体由一个代表人格组建，通常也被视为正规的，譬如一切由父亲或主人完全管理的家庭都算这类团体。但是父亲或主人只能在不超出法律许可的范围内管束子女和仆从，因为子女和仆从没有义务服从于法律禁止的行为；但是，当他们处于管辖权之下的时候，就要服从于自己的父亲与主人，就像直接服从于自己的君主一样。因为，在按契约建立国家之前，父亲和主人就是自家的绝对主权者，他们在建国之后丧失的权利也不会多过国家法律取走的。

正规却非法的私人团体是由一个代表人格组建，但完全不具备公共权力的团体，就像乞丐、窃贼和吉卜赛人为了更高效地行窃与行乞而组建的团体，为了便利地宣扬学说与组建党派并反对他国政权而组建起来的由外国授权的团体也属于此类。

非正规团体的本质就是联盟；有时也单纯是一群不为什么特别的目的，没有彼此之间的义务，只因为志趣相投就聚在一块的人。团体的性质是否合法，需要根据团体内每一个成员的动机是否合法来判断，而他们的动机需要结合实际情况来理解。

人们往往为了共同防卫而结盟，因此国家就是一种全体国民共同组建的"联盟"（leagues）。在绝大多数情况下，国家都不需要这类联盟，所以仍然存在着的这类联盟往往有非法的企图，因此这类联盟就是非法的，通常称为"篡权政党"（factions）或"阴谋团伙"（conspiracies）。因为联盟是民众依据契约建立起来的，所以在纯粹的自然状况下，如果不把权力托付给任何个人或议会，并以强制手段确保契约的履行，那么联盟的有效期就只到人们因正当理由开始互相怀疑之前。所以，在国家之间组建的联盟中，即使没有能够令众人畏服的权力，其在存续时期内也是合法且有益的；但是在一个国家的臣民联盟中，所有臣民都能从主权那里获得自身的权利，因此联盟在维系正义与和平方面就没有用处。若他们图谋不轨，或国家不清楚他们的目的为何，就可以说这一联盟违犯了法律。因为私人聚集起来的任何力量，如果图谋不轨就是不义；如果意图不明确则会威胁到公众，所以隐瞒也被认作是不义的。

如果主权被一个大型议会掌握，且议会中的一部分人未经授权就私下协商并谋划着领导他人，那他们就是非法的篡权政党或阴谋团伙，因为他们运用了欺诈手段并为了一己私利而诱骗议会。但是如果有人将自己的私人利益交由议会辩论与判决，并广交朋友，那就并非不义的，因为在这一情况中，他并不是该议会的成员。即便他向议会中的朋友行了贿，但如果事先没有法律明确禁止这一行为，那也不能算不义的行为。因为人类就是这么办事的，有时候不破财就得不到正义，而在案件被听审并获得判决之前，每个人都能说自己的理由是正义的。

在任何国家中，如果某人私用的仆从数量超出了合法的限度或管理其财产所必需的数目，就可以算作违法的私人党派，因为生活在国家保护下的人并不需要保卫其私人武力。而在未完全开化的民族里，许多大家族则生活在彼此敌对之中，并会通过私人武力彼此进攻。但我们十分清楚他们的行为是不义的，不然也不至于没有国家。

与亲族组建私人党派是不义的，以统治宗教或国家为目的组建私人党派也是不义的，因为这与人民的安全与和平冲突，并且剥夺了主权者所掌握的武力。前者如教皇党（papists）和反教皇党（protestants）等；后者如古罗马时期的贵族党（patricians）和平民党（plebeians），还有古希腊时期的民主党（democraticals）和贵族党（aristocraticals）等。

如果聚集的民众也算一种非正规团体，那么它是否合法取决于聚集的场合和聚集的人数。若其聚集的场合是合法的，那么这一团体显然是合法的，比方说聚集于教堂或公共剧院且人数适中的情况就是合法的。因为，要是人数多得异乎寻常，那么情况就不再明朗了，如果这些人不能为自己的到场提供一个准确且合理的理由，那么他们会被判定为有非法的企图与引发骚动的意图。譬如，上千人联合起来写一份请愿书并由某人递交给地方官员或法官是合法的，但是上千人聚在一起呈递请愿就成了引发骚动的集会，因为本来只需要一两个人就能实现呈递请愿的目的。在这样的情况下，并不是某个确切的人数使得聚集成了非法的行为，而是当时的人数能否被官员镇压并缉拿。

如果规模大得异乎寻常的民众聚集在一起控告某人的话，这种聚集就是违法的骚乱，因为把他们的诉状呈递给地方官员用不了几个人。正如圣保罗在以弗所遭遇的情景那样，在那里，底米丢率领一大群人，携着两个与保罗同行的人到地方官员面前，众口一词地喊："壮哉以弗所人的亚底米阿。"这就是他们要求将这二人绳之以法的方式，因为这二人在人们面前宣讲了与人们的宗教和生计相悖的学说。按照其民族的法律来分析，这件事情从本质上看是正当的，但他们的聚集还是被判为非法行为，所以在《使徒行传》第十九章第三十八节中，地方官员就这么谴责他们："如果底米丢与随他而行的人提出了控诉，完全可以告上法庭，或呈交法官。如果你们还要求其他的事，我们可以通过合法的集会解决。今天的骚动同样会让我们陷入危险的境地，关于这场骚动，我们也说不出什么理由。"如果某人聚集起了一群人却给不出正当理由的话，就等于引发了他无法担责的骚乱。

以上就是我关于团体与人们的聚集所探讨的内容。正如我讲过的，它们能与人体组织进行类比：合法的那些就像肌肉，而非法的那些则像有害体液汇集生出的瘤子、黄胆汁或脓肿。

第二十三章

论主权者的政务大臣

在前一章里，我已经详细探讨了国家与人体相似的部分。在这一章里，我要谈论的是那些有机的部分，也就是政务大臣。

政务大臣（public minister）指的是，被主权君主或主权议会雇来处理一切事务，并有权代表国家人格的人。所有掌握主权的个人或议会都具备双重人格，用更通俗的方式讲就是拥有双重身份：自然身份和政治身份。就好比君主不仅在国家层面具备人格，还在自然人层面具备人格；主权议会不仅拥有国家的人格，还拥有议会的人格。那么以自然身份担任他们仆从的人就不算政务大臣，只有帮助他们管理公众事务的人才是政务大臣。因此，在贵族制或民主制国家中，门卫、男仆和只为议会参会者服务的职员就都不算政务大臣。在君主制国家中，王室的管家、财务官、国库看守和其他官员都称不上政务大臣。

一部分政务大臣被任命总管全国或某地的所有政务。在全国政务方面，好比奉前任国王之命担任幼主的监护人或摄政王，并在幼主年幼时总理全国所有政务；在这一情况下，每个臣民都有义务服从他以国王之名发布的不与主权矛盾的法令和命令。在地方或行省层面，君主或主权议会或许会将该地的一切事务委任给一个省长、巡抚、政务长官或总督来管理；在这一情况下，该官员以主权者之名做出的任何行为，即使不与主权者的权力矛盾，也要受到约束。这些监护人、省长或总督掌握的权力只以主权者的意志为准，若无明确的书面声明，证明主权者出于自身意志将主权转让给了他们，那么无论他们接受了怎样的任命都不能视作接受了主权的转让。这些政务大臣可以类比于让人类自然身体上的各个肢体活动的肌腱或神经。

其他的大臣都有各自的职能，就是说，在本国或外国管理着某些特定的事务。在国内，首先要说的是负责国家经济事务的大臣。凡是有权对贡物、税收、地租、罚款或其他公共收入进行征收、发放和记账的人都被称为政务大臣。称他们为"大臣"是因为他们侍奉的对象是国家人格的代表人，并且不得做出违背代表人命令或越权的行为。称他们为"政务大臣"，是因为他们以自己的政治身份处理事务。

其次是掌握军事权力的政务大臣，他们管控武器、要塞和港口，指挥和征召士兵，发放军饷，并从海陆筹备一切军事物资。不能发布命令的军人，虽然同样为国家征战，但因为没有得到授权，所以无法代表国家人格。所有能够下命令的人，也只在服从他命令的人面前代表国家人格。

有权教导人民或授权他人教导人民，以让人民认识到自己对主权者担负的义务，并教导人民何为正义与不义，由此使人们虔敬地生活、保持彼此间的和平并能抵抗外敌的人，同样是政务大臣。称他们为"大臣"是因为他们并非依据自身的权利，而是依据他人的授权行事。称他们为"政务大臣"，是因为他们管理事务的权力来自主权者。只有君主或主权议会才能通过上帝的直接授权来教育并教导臣民，也就是说主权者以外的任何人都无法直接通过上帝恩宠取得权力。其他任何人都是从上帝以及他们自己的主权者那里获得恩宠与天命。在一个君主制国家中，这句话就等于"蒙受上帝和国王的恩宠"，或"接受天命和王命"。

执掌司法权的人同样是政务大臣，因为他们在法庭上代表主权者的人格，他们的宣判也代表主权者的宣判。正如上文讲到的，司法权从本质上就算主权的一部分，因此法官都只是主权者的大臣。诉讼还分事实（fact）与法理（law）两类，所以判决也分两类，一部分与事实相关，一部分与法理相关。因此，一场诉讼中可能有两个法官，一个负责事实，另一个负责法理。

在这两类诉讼中，审判人与被审判人之间或许会产生新的诉讼。因为双方都是主权者的臣民，而且任何人都不能在涉及自身的案件里担任法官，所以为了公平起见，应当由双方都认可的人下达判决。但主权者作为双方都认可的法官人选，则要么是亲自到场听审并做出判决，要么是指派一个同时得到双方认可的人担任法官。这样看来，他们双方就可以通过以下几种不同的方法达成一致：第一，如果原告已经指定了法官的人选，而且被告人也被允许出于个人利益抗议自己不信任的法官，那么他不曾抗议的法官就可默认为他认同的人选。第二，如果他在另一个法官那里上诉，那他就不得在这一法官这里进一步上诉，因为上诉法官是他自行选择的。第三，如果他向主权者本人上诉，并由主权者本人或由双方都认同的被主权者委派的人进行判决，那么这一判决就是最终结果。因为被告人通过其自身的判断得到了判决，也就是说，他对自己做出了判决。

探讨完这些合乎正义与理性的司法制度后，我必须提出英国先前关于民诉（common pleas）与公诉（public pleas）法庭的绝佳组织。民诉指的是原告人与被告人都属于臣民的诉讼；而公诉也称为"王室诉讼"（pleas of the crown），是主权者作为原告人的诉讼。因为人民中有两个阶级，即贵族阶级和平民阶级。贵族阶级曾掌握一项特权，即只有贵族才能担任所有死刑罪的法官，并且出席审判的贵族都有这一特权。这一直都是一种特权，所以他们的法官都由自己期望的人担任。而平民在一切诉讼中，也像贵族的民事诉讼一样，是由诉讼所在地的人担任法官；平民们也可以就自己的期望提出异议，直到凑齐十二个得到一致认可的人，并由他们进行判决。既然他们已经自己选定了法官，那么就不再有其他的理由称这一判决不算最终结果。将这些由主权者授权教导人民或为人民判决案件的政务官员，类比为人类自然身体的发声器官是恰当的。

被主权者赐予权力，执行已下达的判决、发布主权者的命令、镇压动乱、逮捕并监禁犯罪分子和做出保卫和平之举的人，也都是政务大臣。因为他们的行为来自主权者的授权，所以他们的任何行为就都等于国家的行为，将他们类比为人类自然身体上的双手是恰当的。

境外政务大臣指的是，面对其他国家时代表本国主权者人格的人。凡是由于公务被遣出，并被授予公众权力的大使、传令官和代理人等都属于此类。

但是，在一个纷乱不休的国家中，即使某一个私人党派授权并派遣的人能得到外国的接待，这些人仍然算不上国家的私臣或政务大臣，因为国家不是他们行为的授权人。同理，由国王派遣到境外吊唁、祝贺和协办宗教仪式的大使，即使有公共权力，但因为处理的事务是私人性质的，属于主权者自然人身份的范畴，所以就只能称为私臣。同样，如果一个人被秘密派到外国以摸清该国的国力或民意，虽然他的行动所依据的权力与要处理的事务都属于公众领域，但是别人只会注意到他自己的人格，所以他也就被视为私臣。同时，他也算得上国家大臣，可以类比于人类自然身体上的眼睛。被任命收取人们的请愿书或其他来自民众的信息的官员，都可以类比为公众的耳朵，同样算作政务大臣，并在自己的职位上代表主权者。

如果地方参议员与参议会不掌握司法权或管理权，只能在主权者咨询时提议，或在主权者未咨询时主动提议，那他们就不能代表公共人格，因为其提议的对象只是主权者本人。如果主权者本人出现于现场，那他的人格就不可能被他人代表。但参议员构成的集体始终掌握着一些其他形式的权力，要么是司法权，要么是直接行政权。譬如，在一个君主制政体中，他们的职责是代表君主向政务大臣传达君主的命令；在一个民主制政体中，参议会和元老院的职务是作为参议机关将决议结果宣布给人民。但是，当他们指派法官、听审案件和接待使臣的时候，则是以人民大臣的身份行事。在贵族制国家中，国家参议会在本质上就是主权议会，只对自己一方提供意见，而不对其他任何人负责。

第二十四章

论国家的给养与生殖

国家的"给养"包含了大量维持生存的物资的分配、调配或制备，调配完毕后由便捷的渠道运输，以供公众使用。

物质通常会受限于自然，并被局限在一些商品的范畴里。上帝通常会通过人类共同的自然母亲的双乳——海洋和陆地，不求回报地将这些商品赠予人类，或是作为劳动所得给予人类。

这种所谓的给养物质包含动物、植物和矿物，上帝已慷慨地将它们放置于我们眼前的地面或浅表地层，因此仅需勤奋劳动就能收获它们。所以，在决定收获数量的因素中，仅次于上帝恩赐的就是人类的劳动与勤奋。

这些物质通常被称作商品，其中一部分是本土的，一部分是外来的。在本国境内得到的是本土商品，从境外进口来的就是外来商品。除非某个国家的领土极其辽阔，否则其境内的产出不可能维系自身或支持自身的活动。几乎所有国家都有一些超出自身需求的物质，这些对内部而言过剩的商品，经由进口、交易、正义战争和劳动等途径，变得不再过剩并能补充本国缺乏的物质。因为人类的劳动与其他事物一样，也是能交易并盈利的商品。有些国家的领土只够国民居住，但这些国家不仅能维持甚至还能增长国力；有些国家通过跨区域贸易增长国力；还有些国家则通过进口原材料并出口工业制品增长国力。

这类给养物资的分配是一种关于"我的"（mine）、"你的"（thine）和"他的"（his）的制度，一言以蔽之，即一种"私有制"或"私有（财产）权"。而私有财产权在一切国家都属于主权权力。我们在上文探讨过，不存在国家的地方就会存在人人相互为敌的恒久战争，因此一个人通过武力获取并保有的任何东西都不能算是私有的，也不能算是公有的，而只能算是"不确定的"（uncertainty）。这种情况是如此明显，以至于热衷为自由辩护的西塞罗也在一场公开辩论中，将私有财产权划分到市民法的范畴。他讲道："市民法一旦遭到遗弃，或仅仅是疏于维护的时候，任何人就都无法保证能获得先祖的遗产，也无法保证能给后人留下些什么。"他还讲道："离了市民法，每个人就都不知道什么属于自己，什么又属于他人了。"既然私有制的引入是国家建立带来的成果，而国家不经过代表人就什么都做不了，那么，引入私有制就是只有主权者才能做出的行为。这一行为的依据存在于法律之中，而不具备主权的人又无法制定法律。古人早就认识到了这一点，他们称为 νόμος 的，我们如今称为"法律"，这个词的含义就是分配，而正义则被定义为：按每个人所应得的进行分配。

分配方面的首条法律就是土地的分配法。对此，主权者不是依据任何臣民的意见，而是依据自己认为符合公平与公众利益的方式，为每个人进行分配。以色列最初是建立在荒野上的国家，但在他们成为"应许之地"（the Land of Promise）的主人前，十分缺乏地面上产出的各种物资；之后，他们分配土地的方式并不由其自身决定，而是由将军约书亚与祭司以利亚撒决定。最初有着十二支派，约书亚将约瑟支派再划分成两个支派，就有了十三支派，土地却仅分成十二份。利未支派没分得土地，而是分得了土地所有产出的百分之十，这种分配方式是人为制定的。一个民族通过战争得到土地的时候，并不总像犹太人那样杀光原来的居民，而是将他们中许多人、大部分人甚至所有人的财产都留下，但很明显，他们之后会作为胜者占有这些财产并分配出去，正如英国人民通过征服者威廉取得自己的财产那样。

由此可知，臣民对其土地的私有权就是指拒绝其他所有臣民动用他的私有土地的权利，但臣民不能拒绝主权者，无论主权者是议会还是君主。因为主权者代表了国家的人格，所以他的一切行为都是为了人民共同的和平与安全，对土地的分配也就依照相同的目的。如此看来，既然臣民已将自身的和平与安全托付给了主权者的判断力与良知，那么如果主权者在分配中有所偏私，就相当于违背了臣民的意志，臣民也都会认为这种分配是无效的。一个主权君主或主权议会里的大多数人，确实会因为徇私情而做出许多违背自身良知的事，这些事背叛了臣民的信任，也违背了自然法，但都不足以让任何臣民得到控告他不义或向他宣战的权力；因为他们已对主权权力的一切行为做出了授权，所以主权者的行为也就成了臣民自己的行为。而关于"主权者在何种情况下发出的命令有违了公平和自然法"这一问题，我会在后面其他章节中进行讨论。

当分配土地时，我们可以假设国家同样得到了其中的一份，并由国家代表人占有和使用，而且这份土地应该大到足以承系维公共防卫与公众和平所需的全部开销。若某一代表人能从人性的欲望与弱点中解脱出来，那么这种做法就是正确的。但是，既然人性如此，那么为国家拨出一部分税收收入或公用土地就是白费力气：一旦主权权力落入某些用钱太过轻率或将公共财产都投入漫长且耗资巨大的战争中的君主或议会之手，那么政府就会趋于瓦解，而且人们都会回到充斥战争的纯粹自然状态。国家无法忍受"禁食"（diet），因为国家的支出不受自己的"食欲"（appetite）影响，而仅受外部突发事件与邻国的"食欲"影响，所以，除了遭遇紧急情况时所必需的财产之外，公共财产不会被其他事物限制。英国的征服者威廉不仅将林地与猎区留给自己以供娱乐与保存木材之用，还向分配给臣民的土地征收税款。但他没有将这些税款用于政治身份，而只用在了自己的自然身份上，并且他本人和他的继承人都会在自认为有需求的时候向臣民的土地随意征收税款。或者说，如果这些公共土地与税款从一开始就被规定了，并足以维系国家，这就与建国的初衷相悖了。因为，根据此后追加的税款就能明白它的不足，而从王室后来的微薄收入也能看出，这类资金是能进行转让与减省的。所以，为国家分拨土地是无意义的，因为国家的代表人能将其售卖或赠出。

正如国内的土地分配问题那样，主权者也有权指定臣民用特定产地的商品进行对外贸易。如果这类事务由个人自行决定，就会有人为了获利而用能够伤害到国家的方式资敌，或进口对本国国民而言有害无益却能满足其欲望的商品。所以，批准或反对对外贸易的物资品种与地点的权力只能属于国家，即只能属于主权者。

此外，仅仅依靠每个人对一份土地或少数商品的私有权，或对某些有用技艺的天然私有权是不足以维持国家运转的。况且世界上的每一种技艺对人的生存和福祉而言都是必需的，所以，人们就要通过互换或彼此订立契约的方式，把自己没那么需要的物品分给他人并转让私有权。因此，臣民间所有交换、交易、借贷、租赁和雇用等行为的契约需要按照何种方式签订，以及哪些用词或表达形式是有效的，都需要国家也即主权者来规定。关于用于给养的物质及其如何在国家成员中实行分配的问题，本书已经论述清楚了。

至于调配，我理解为：将当前不会耗用而需留待未来使用的给养物质转化为等价且不会妨碍人们在各地行动的物品，目的是让人们可以随时随地得到当地的给养。这里的物品指的正是黄金、白银与货币。因为黄金和白银几乎从其出现时起，就为世上几乎一切国家所珍重，并成为衡量各个国家间一切事物价值的泛用尺度；而主权者铸造的货币，无论用了什么原料，在其国家内都是衡量一切事物价值的有效尺度。通过这些尺度，无论商品能否移动，都能随着人们离开平时居住的地方并抵达任何地方。它在本国人民间流通，并在流通时为国家各部分提供给养。这与国家的血液流动十分相似，因为天然血液的组成成分也是土地的产物，并且在流动的过程中一直为人体的各部分输送给养。

黄金白银的价值源于其本身的材质，因此它们首先就有一种特性，即一种能衡量各地物品价值的普遍尺度，其价值并不以某一国家或某些国家的权力而转移，贱金属货币的价值则比较容易涨跌。其次它们还有一种特性，能让国家活动起来并在需要时将手臂伸至外国：它们不仅可以支持以私人身份在外国旅行的臣民，还能供养全体军队。但铸币的价值并不取决于原料，而只取决于当地的印花，它们只能在国内发挥效果而不能换地使用。同时，在国内也会因为法律的变化而导致价值跌落，在许多情况下令持有者亏损。

有两种渠道和途径能把货币输送到公众手里供他们使用：第一是移送至国库，第二是将它们通过国库再次发放并用于公共支出。前者与征税员、出纳员和财政官有关，后者也与财政官有关，还与被任命为向不同公私大臣发放钱款的官员有关。在这方面，人造的人与自然人也很相似，自然人的血管从体内不同部分接受血液再送到心脏，于心脏处获得活力，再经动脉向身体各处注入活力并使各部分运动。

我们通常提到的种植园或殖民地就是国家的"后代"或"子女"。它们是由总督统辖的一群人离开国家去往一个人迹罕至或因战争而荒芜的地区建立起来的。当殖民地被建立起来后，殖民地中的人或许会自发建国，并与此前送他们来此地的主权者解除臣服关系——古代的许多国家都是这样建立的。在这种情况下，他们称自己原来的国家为"宗主国"或"母国"，母国对殖民地的要求正如不再管制子女的父亲对子女的要求一样，只有尊敬与友谊。有的也会和宗主国联合，就像罗马殖民地那样，在这种情况下它们就不是国家而只是行省，并作为宗主国的一部分存在。所以，殖民地拥有的权利除了尊敬母国并与母国结盟之外，还由主权者对他们的许可或证明文件决定。

第二十五章
论建议

用日常使用而且用法变化不定的语词来判定事物的本质是多么荒谬的事，从"命令"和"建议"的混淆中就能看出。出现这种混淆是因为"建议"与"命令"在多数情形中都以祈使句表达，命令者和建议者都会说"做这件事"，但任何人都能听出这两者的巨大差异，尤其是在知道讲话者是谁、在对谁讲话以及讲话时的情境后，这两者就更容易分清了。但是，当他们以书面形式看到这些语句之后，却因为不能或不愿意对客观情况进行深入思考，反而时常会混淆建议者与命令者。为避免这类错误，并正确地给出"命令"（command）、"建议"（counsel）和"劝告"（exhort）三个词的本义，我将如此定义它们：

命令，即某人说"做这件事"或"不做这件事"时，只为了表达他自己的意志而不给出任何理由。由此可见，命令者只为自身利益发出命令，因为他个人的意志是发出命令的唯一原因，而每个人的意志都指向对自己有利的事物。

建议，即某人说"做这件事"或"不做这件事"时，是为了让听他说话的对象获益。由此可见，无论提出建议的人有什么打算，他代表的只是听从建议者的利益。

所以，建议与命令之间就有一个巨大的差异：发出命令是为了自身的利益，而提出建议则是为了他人的利益。从中还产生出另一个差异：人们负有执行命令的责任，正如人们必须服从自己签订的契约；但人们并没有服从他人建议的责任，因为不服从他人的建议只会让自己受到伤害。如果人们先前立下了要服从建议的契约，那么建议的本质就变成命令了。二者间还有第三种差异：没有人能自称拥有成为他人建议者的权利，因为他无法证明自己不会从中获利。只有在他已向他人表明了自身的计划或为了获取与他人不同的利益时，才有权要求成为他人的建议者。因为，正如我之前说的，所有人的意志都指向自身的利益。

另外，从建议的本质来说，还附带了一点要求，即无论建议者说了什么，为了公平起见都不能起诉或惩罚他，因为征询他人的建议就意味着让那个人提出他自认为最好的建议。所以，被主权君主或主权议会询问才提出建议的人，为了公平起见，不能对他做出惩罚，因为无论他提出的建议与大部分人的意见相同还是相左，都与辩论的议题相关。若议会在辩论结束前就能得出统一意见，那么他们就不会再征求或接受更多建议，因为辩论与审议的目的就是得出统一的意见。通常而言，咨询者就是建议者的授权者，因此他们不得惩罚建议者；那么，主权者都不能做的事，臣民就更不能做了。但若某个臣民向另一个臣民提出建议，要他做任何违犯法律的事情，那么，无论这一建议是出于恶意还是无知，国家都可以对建议者施以惩罚。对法律的无知无法被免责，因为每个生活在法律下的人都必须了解它。

"劝告"（exhortation）和"劝阻"（dehortation）也是建议，这两者还伴随着建议者对自身建议得到采纳的强烈渴望及相应的表示，或更简单地说，二者是强加于他人的建议。劝告者不会推导自己建议的结果，并给出严密正确的论证，而只会激励他们建议的对象展开行动；当他们劝阻某人时，也是以相似的方式震慑他。因为在讲话的时候他们更关注民意和舆论，并能使用比喻、隐喻、举例及其他演讲技巧来说服人们，要人们相信听从他们的建议能得到什么好处、声望或正义。

由此就能推得，首先，劝告和劝阻并不指向咨询者的利益，而是指向建议者的利益，这就与建议者的义务相悖。按照建议的定义，建议者不应该关注自身的利益，而应该关注咨询者的利益。说他们的建议指向自身的利益，是因为他们长时间的、猛烈的催促或造作的姿态都表现出，他们提供建议并不是为了满足他人的要求，而只是为了满足自己的需求。因此他们为的就是自身的利益，咨询者的利益反而只是顺带考虑的问题，甚至根本就没有考虑过。

其次，劝告和劝阻只在面向群众讲话的场合发挥作用。因为，如果劝告者是对一个人讲话，就有可能会被打断，并且论证会被更严格地检验，甚至比向人群讲话时受到的检验更加严格。因为人群的规模太过庞大，想要与进行公开演讲的人展开辩论或对话是非常困难的。

再次，如果他们被要求提供建议，却进行了劝告或劝阻，那这个人就是不道德的建议者，类似于受到了他人的贿赂。因此，无论他们提出的建议多么完美，都不能被称为好的建议者，就像因为贪图回报而做出公正判决的法官也不能算公正的法官那样。但依法下达命令的人，如家庭中的父亲或军队中的统帅，他们的劝告与劝阻不仅合法、必要，而且值得称道，但他们的建议应该算作命令；若是为了某项艰辛的工作而下令，那么有时出于必要，更多时候则应出于人道主义的考量，以鼓励的口吻发出命令，并使用提建议的口吻与词汇，而不用强硬的命令式语言。

我们可以用《圣经》中的语言为例，区分建议与命令的差异。在《申命记》第五章中："除我之外，你不得再有其他的神""不得自发制作偶像""不得妄称神的名字""将安息日守为圣日""对父母孝顺""不得杀人""不得行窃"等语句都是命令，因为这都出于上帝的意志，而我们有义务服从上帝。但《路加福音》第十八章中："应将你的全部进行变卖，分发给穷人"和"你还应当追随我"等都属于建议，因为我们是为了自身利益而听从建议，以期得到"天堂的珍宝"（the treasure in heaven）。《马太福音》第二十一章第二节中有："你们到对面的村子中去，一定会看见那里拴着驴和驴驹。你们将它们的绳子解开，牵回此处。"这句话是命令，因为他们遵从主的意志行事。"你们每个人都要悔改，奉耶稣基督的名接受洗礼"却是建议，因为我们遵照奉行只是为了满足自身利益，而非全能的上帝的利益；无论我们以何种方式背叛他，他都是我们的王。但是，对我们自身而言，除了遵照奉行之外，就没有其他方式能避免来自原罪的惩罚了。

命令和建议之间的区别已经从建议的性质推理出了，包括建议者对被咨询事物所能带来的损失或利益的推理，以及采纳建议后可能或必然会导致的结果。我们也能以此区分建议者有没有能力，因为经验只是对曾经见过的相似行为及其后果的记忆，而建议只是用语言的方式将经验告知他人。建议的美德和缺陷就如智慧的美德和缺陷一样，在国家层面，建议者通过记忆和心理讨论为国家人格提供服务，但是，即使自然人与国家存在相似之处，二者间也有一个显著的差异：自然人的经验来自自然对象对感官的作用，虽然自然对象对感官产生作用，但对象本身不具备激情或私利；然而，向国家的代表人格提出建议的人，却有可能甚至往往会怀有个人的目的与激情，这也常使他们的建议变得可疑且不忠。所以，我们就能为"什么是好的建议者"这一问题定下第一个条件：他的目的与利益不得与咨询者的冲突。

第二，因为建议者的职责是真实且明白地讲明正在商议之事的后果，并使用揭露事物真相的方式提出建议。也就是说，建议者要在有据可依的情况下，尽量使用可靠的推理与准确、简练且重点突出的表达方式。因为那些从书本中得到的事例或权威，只是对事实的见证或意见，无法作为评判善恶的论据。所以，心血来潮且不切实际的推论、模棱两可的混乱表达、充满隐喻的话语以及意在煽动人们情绪的话语都与建议者的职责抵牾——上述那些论证与表达只能用来欺骗咨询者，并将咨询者引向建议者自身的意图。

第三，因为提建议的能力源于经验与长期的研究，所以任何人都不应认为自己对管理庞大国家所要涉及的全部事务都有经验，因此人们只能在自己精通并且深思熟虑过的事务方面成为好的建议者。由于国家的职责是对内保持和平、对外抵御侵略，所以我们可以得知国家需要涉及人性、政府的权力、公平的本质、法律、正义与荣誉等一系列庞大的知识，而这些都需要经过研究才能得到。同样，没有丰富的经验就无法得知本国与邻国在实力、财富和地理位置方面的状况，以及企图侵略本国的国家的状况。对于这一切事务——无论是其整体还是其中的具体事务——的经验，都需要有一定年纪的人经过长年累月的考查和超乎寻常的刻苦研究才能获得。正如我在第八章讲过的，提出建议所必需的智慧是判断力。在这一点上，人与人之间的差异来自所受教育的差异，一部分人从事某项研究或担任某种职务，另一部分人则从事其他研究或担任其他职务。如果任何事物都遵循某种毋庸置疑的规则，就像机械或建筑领域中的几何规则，那么世界上所有人的经验，都无法与研究或发现这一规则之人的建议相提并论；如果不存在这一规则，那么在具体事务方面，经验最丰富的人就有着最佳的判断力，因此也是最优秀的建议者。

第四，如果要为国家提供有关别国事务的建议，就必须牢记该国的情报与文件，并且熟知两国之间的所有条约与贸易记录。只有国家代表人认为的合适的人能负责这一事务。我们可以看出，一个未被询问的人，不可能在这类事务方面提山优秀的建议。

第五，如果建议者的人数是偶数，那么与集体相比，分别听取他们的意见会更好。这样做的原因有很多：首先，分别听取时能获取每一个人的建议，而在面对一群人的时候，就只能听到"是"或"否"的回答，或看到举手表决。他们不会动用自身的理智，只会附和别人的雄辩，有些人则害怕自己的反对意见会让发过言的人或议会全体感到不悦，还有些人则害怕被认为理解力低下，因此不敢反驳已得到他人赞许的意见。其次，在一群人中一定会有某些人的利益与公共利益冲突，他们会因为私利激动，并激情洋溢地发表长篇大论，以期能打动别人并促使别人同意他们的建议。人们在各自独处时，情绪是平和的，就像一根木柴上的火苗；但聚集起来时，就会引燃彼此，形成火焰。尤其当他们互相辩论的时候，更会借着提建议的名义让全国陷入火海。再次，分别听取每一个人的建议时，可以在必要时频繁打断对方或提出反驳，并从他的论证基础开始检验真实性或者合理性——这在面对一群人时则无法做到。人在面对一群人时，提出的任何一个困难问题都会得到各异的观点，并会感到惊诧、头晕眼花，不知道自己该采取什么方案。除此之外，如果向一群人征集建议，就一定会有野心家混杂其中，让旁人误以为他口才绝佳且熟知政事，他还会偏离目前的议题提出建议，胡乱征引从其他著作家那里搜罗来的片纸只字，只为了博得众人的赞许。这种不合宜的举动会占据严肃提议的时间，但若秘密地将他们分开并征询意见，就能轻易避免这种情况。最后，在处理大型公共事务的时候则有保密进行的必要，因为向一群人或者整个议会征询建议是很危险的，所以，大型议会就必须将这种事务交给最精通于这类事务且最忠实可信的少数人来解决。

总结一下，在子女嫁娶、处置土地、管理家事和经营私有财产等问题上，有谁会愿意听取一大群建议者的意见并期盼他们为自己效劳吗？尤其是当这群人中有着见不得他富裕的人时。如果一个人处理事务的时候能有许多慎思的建议者协助，并且每一个参议者都会就自己擅长的领域单独提议，那么这就是最佳的方式。好比在网球比赛中，能力出众的副手应当被安排在恰当的位置，比之稍次一等的安排则是没有副手，只依靠自己的判断力。但是在事业上，如果某人在自己的事务上都要被一系列的建议呼来唤去，在得到多数人的同意前无法行动分毫，而且决定要执行的事务时还常被一部分心怀嫉妒或追求私利之人阻碍，那么这就是最糟糕的情况。就像一个人被优秀的运动员带去打球，却只能坐在手推车或其他沉重的交通工具里，又因为与驾车人在判断和行动等方面不一致而受到阻碍。在这种情况中，插手的人越多情况就越糟，如果其中还有一个或几个希望他失败的人就更糟了。即使"众人看得比一人更清楚"这种说法是对的，但是在建议者人数过多时就不能这样理解了，只有在最终决定权由一个人掌握时才是如此，否则人们就会像不同的眼睛观察同一事物的角度不同那样，只会倾向于关注自己的利益。至于那些拒绝偏离目标的人，即使是用两只眼睛观察事物，也只能用一只眼睛瞄准。所以，一个庞大的民主制国家保持运转的原因，要么是在面临外敌时保持团结，要么是国家中某个杰出人物的声望高到足够团结民心，要么是由少数人进行秘密商议，要么是势力相当的党派彼此畏惧，但永远不会是因为议会进行公开商议。至于规模极小的国家，无论实行的是君主制还是民主制，如果想在强大邻国的觊觎下继续生存，却是人类智慧难以解决的了。

第二十六章
论市民法

谈到市民法，我认为它不是某个具体国家的法律，而是所有国家的人民都有义务遵守的法律。和具体法律有关的知识只有专门研究各国法律的人才懂，但普遍的市民法方面的知识则关乎所有人。古罗马法就是古罗马人的市民法，来自拉丁文 civitas，它的含义正是"国家"。曾在罗马帝国治下受到这一法律管理的国家，至今仍然保留着他们认为合适的部分，并称该部分为"市民法"，以此和他们的其他法律做出区别。但这不是我要讨论的内容，我并不想阐明某个地区的法律，而是想在此阐明法律本身，正如柏拉图、亚里士多德、西塞罗和其他许多不以研究法律为职业的人所做的那样。

首先，显而易见的是，法律通常而言都不是建议而是命令，但并不是任意某人对任意某人的命令，只是某人对有义务服从于他的人下达的命令；市民法则是在此基础上添加了下达命令者的名字——国家法人。

经过以上的思考，我对市民法做出这样的定义：市民法，对臣民而言就是国家以口头、书面或其他能表达自身意志的形式区分对与错的法律，也即区分合规与违规事物的法律。

在这个定义中，所有蕴含的意思都一目了然。因为所有人都知道，一些法律面向全体臣民发布，一些法律面向特定行省发布，还有一些则面向特定职业或群体发布。因此，法律只对那些直接受到命令的人而言是法律，对其他人而言则不是。并且，法律是评判正义与不义的规则，那么被人们认为是不义的事物就都与法律相悖。类似的，只有国家才能制定法律，因为人们只臣服于国家；命令也必须以充分且明确的方式表达，否则人们就不知道该怎么服从。所以，从这个定义推导出的所有必然结论都应被视为真理，现在我从中推导出如下结论：

一切国家的立法者都只能是主权者，无论他是君主制中的君主，还是民主制或贵族制中的议会。因为立法者就是制定法律的人，而只有国家才能制定这些被称为法律的规则并且命令臣民遵守，所以国家就是立法者。但国家并不是人，如果不通过代表人就做不了任何事，而国家的代表人就是主权者，所以主权者就是唯一的立法者。同理，只有主权者才能废止已经立下的法律，因为只有法律才能废止另一项法律，并禁止其继续生效。

国家的主权者，无论是君主还是议会都不需要遵守市民法。因为主权者掌握着废立法律的权力，所以他能凭自己的意志废止那些妨碍到自己的法律并另立新法，使自己从法律的限制中解脱出去，恢复到之前的自由状态。因为他是自由的，所以还能凭借自己的意志随时保持自由，而且不可能有人只对自己负有义务；那么，既然他能随时束缚和解放自己，我们就能明白，只对自己负有义务的人就是根本不会受到任何约束的人。

当被长期使用的东西拥有了法律的授权时，它的权利不来自长期的使用，而是来自主权者的默许态度，因为沉默在某些情况下就等于同意。当主权者不再对其保持默许的时候它也就不再是法律了。所以，如果主权者不依据自己现在的意志来处理某个权利问题，而是依据先前制定的法律，那么，法律存在时间的长短就不会影响他的权利，判断这一问题的标准就只能是公平。很多不义的行为与判决都因为年代久远到超出了人们的记忆而未被立法禁止，所以只有合理的习惯法才能被法律学家视为法律，而不良的习惯法应该被禁止并废除。但是，哪些习惯法合乎理性而哪些又该被废止，则要交由主权君主或主权议会来决断。

市民法与自然法在范围上是一致的，并且是相互包容的。因为，就像我在第十五章结尾讲的，自然法包含了公平、正义、感恩和其他道德，并以这些道德为依据而产生。但在纯粹的自然状态中，它们都不是正式的法律，而仅仅是能让人们倾向于和平与顺从的品质。只是在国家成立之后它们才能成为实际的法律、国家的命令以及市民法，国家成立前则不能——因为只有主权权力才能强制人们服从。因为处理平民的争论时要规定何为公平、何为正义以及何为道德，并使之在人民身上产生约束力，所以主权者必须颁布法令，并规定违犯者应当受到何种惩罚，这些法令也就成了市民法的一部分。所以，对世上的一切国家而言，自然法都是市民法的组成部分；换言之，市民法同样是自然法的组成部分。因为"正义"，即"履行契约并给予每一个人所应得的事物"属于自然法的指令，而且国家中的臣民都订立过要遵守市民法的契约（要么是人们聚集起来选出共同的代表人，要么就是在代表人本人的武力下，每个人为了赎回自己的性命而与代表人本人直接订立契约），所以遵守市民法也就成了自然法的一部分。市民法与自然法并非不同种类的法律，而应视为法律的两个部分，其中成文的部分是市民法，不成文的部分则是自然法。但人的自然权利，即天赋自由却可能被市民法限制或剥夺，甚至可以这样讲，制定法律的目的就是限制这些自由，若没有法律，和平也就无法存在。世界之所以需要法律，就是为了通过某种手段限制个人的天赋自由，让人们不再彼此伤害，而是互帮互助，联合起来抵御共同的敌人。

如果某个国家的主权者征服了一个生活在另一套成文法（written laws）下的民族，并且按照该民族现有的法律管理政务，那么这些法律就不是战败国的市民法，而是战胜国的市民法，因为这些法律虽然不是立法者以自身权力建立的，却是他令这些法律继续施行的。所以，如果某国有很多行省，而且这些行省各有不同的法律，并一般都称为习惯法，那么我们就不能认为这些法律只是因为存在的时间久才有效力，而是应该认为它们原本就是古代的成文法，或认为它们是因为主权者的规定与地位而被公布为法律的；现在它们还是法律，并不是因为它们被长期使用，而是因为现在的主权者将它们规定为法律。但若某一不成文法在国家治下的各个行省中都被广泛地遵守，并且在实施中没有出现过不公平的情况，那么这一法律就只可能是自然法，且应该被全人类共同遵守。

我们已经理解了，一切成文法和不成文法的权威与力量都源于国家的意志，也即源于代表人的意志；这一代表人在君主制下就是君主，在其他政体下就是主权议会。有些人可能会不理解，为什么某些国家的优秀法学家竟会在著作中直接或间接地表达"立法权属于每个百姓或下级法官"？这就像是有人说只有国会（parliament）才能管理习惯法；但实际上，只有当国会拥有主权，并且其召开或取消都取决于自身意志的时候这句话才是正确的。因为，假如有人具备解散国会的权利，那他也就具备控制国会的权利，也就是说他能控制自己的管理者；如果他没有这种权利，那么管理法律的就是王权国会而不是国会了。至于国会担任主权者的地区，即便它出于某些原因在辖区内广招贤士，人们也不会认为它因此掌握了立法权。此外，还有一种说法："武力与法律是国家的左膀右臂。武力由国王所掌握，法律由国会所掌握。"说得好像"武力"落在那些"正义"都无权命令与管理的人手里时，国家还能继续存在一样。

法律永远不得违背理性，我们的法学家也同意，法律并不是因为每一个构成它的文字才受人认可，而是因为与立法者的意向相符才叫法律。这是千真万确的，但问题在于，谁的理性才能被视作法律的准则？这里讨论的不是任何普通民众的理性，如果用的是某位民众的理性，那么法律中的矛盾就会像经院学派一样多；这一准则也不会从爱德华·柯克爵士自称具有的"历经长期的研究、观测与经验所得到的后天完美理性"中来，因为长期的研究可能会助长并巩固错误的判断。如果某人建立的根基不稳固，那么越添砖加瓦反而越有可能在坍塌时造成毁灭性的影响。即使在相同时间内，人们进行同样的勤奋研究和观测，得到的推论和结果也一定各不相同。所以，法律不是来自法官的慎思或下级法官的才智，而是来自我们的人造之人——国家的理性和命令。因为国家是被一个人代表的，所以就很难在制定法律时产生矛盾，即使法律中产生了矛盾，也能因为相同的原因而被解释或修正，并将矛盾消除。在任何法庭上都只有主权者即国家法人才能进行判决，下级法官则应该对主权者制定法律的理由给予足够的尊敬，并且让自己的判决与之相符。这样一来，他的判决就等同于主权者的判决，否则他的判决就只能代表自己，而且不公正的。

我们能从中了解到，法律就是命令，而颁布命令的方式则是话语、文字和其他能充分代表颁布者意志的宣告或表示。我们可以理解为，法律就是国家的命令，并只对那些能察觉到它的人产生作用，而孩童、疯人和天生愚笨的人在这一方面与动物无异。他们完全察觉不到法律的存在，也不能给他们冠上正义或不义的名号，因为他们没有订立任何契约的权利，也理解不了其后果；同样的，他们也无法为主权者的行为做出任何授权，不能像其他人一样做出建立国家所必需的行为。那些有天生缺陷或因突发事故失去了对一切法律的认知的人，既然无法察觉到法律，那么就算做出了违法行为也应得到赦免；准确地讲，这些法律对他而言根本不是法律。因此就需要思考，哪些证据和表现足以表明人们已经理解了何为法律，即在君主制和其他政体中的主权者的意志。

第一，如果某种法律能约束全体臣民，但没有成文而且没有在人们能察觉到的地方公布过，那它就是自然法。因为，不来自他人话语而来自众人理性的法律，一定得到了众人理性的共同认可，那么除了自然法就没有其他法律能做到了。这样看来，自然法根本就不用被公布或宣告，因为它已经存在于一个全世界都认可的观点中了——"己所不欲，勿施于人"。

其次，即使某种法律只在某些情况下对人有约束力，或是只能约束某一特定群体，并且没有成文也没有以文件的形式公布，那它也是自然法。因为在特定的情况下，人们能通过某些相似的证据与表现，将特定群体与其他臣民区别开。如果法律没有被制定者立于文字或通过其他形式公布，那么除了守法之人的理性就没有其他能获知的途径了，所以这些法律就不仅是市民法，也是自然法。譬如，当某个政务大臣受到主权者的任命时并未得到书面指导，那么就应该服从理性的指引。如果他担任法官一职，那么应当留意并遵循的准则就是"做出与主权者的理性相符的判决"，而主权者的理性又是公平的，所以他也受到自然法的约束，应当公平行事。如果他担任大使一职，那么在处理一切没有书面指示的事务时，他都应该在理性的指引下做那些最有益于主权者利益的事；主权者的所有政务大臣与私臣也都应当这样行事。这些出于自然理性的指引都能归入"忠诚"（fidelity）的范畴，它也正是自然正义的一个重要组成部分。

除了自然法之外，任何法律都有一个共同的本质，即应当通过口头、书面和其他方式让需要遵守法律的人了解法律，并且让他们了解法律是出于主权的。因为我们无法理解他人的意志，所以除了通过他人自身的话语和行动之外，就只能通过臆测来理解他人的目标和最终目的；而国家法人的意志则被视为永远与公平、理性保持一致。在文字尚未被广泛使用的古代，法律常被编为韵文，百姓们在唱诵它们时会感到愉悦，因此也就易于记忆。出于相同的原因，《箴言》第七章第三节记载，所罗门曾命令一个人将十诫绑在十个指头上。根据摩西与以色列人再次签订契约时为他们制定的法律，他要求以色列人都命令自己的子女"不管是坐于家中、行于道路，还是躺倒、起身，都要谈论法律，并要在房子的门框上和城门上书写下来"（《申命记》第六章第十九节），同时"召集他们的男子、女子和孩童……让他们听他宣读法律"（《申命记》第三十一章第十二节）。

只将法律立于文字并公布是不够的，还需要明确地表示法律出自主权者的意志。因为，如果某个个体掌握了或者自认为掌握了足以实现其不义计划的力量，能在安全无风险的状态下实现其野心，就会绕过立法机关，甚至反抗立法机关，把自己的偏好公布为法律。所以，不仅公布法律是必要的，明确表示法律的授权者与权力更是必要的。每个国家的法律授权者或说立法者都应该是众所周知的，因为他需要经过众人的同意才能成为主权者。但大多数人是无知且漫不经心的，甚至会逐渐忘记最初按契约建立国家时的记忆；他们不会思考自己是靠着谁的力量才能抵抗外敌、保全劳动成果，并且在自身利益受损时谁来为他们主持公道——人们只要思考一下就能得出正确的结论，因此对主权的无知是不可饶恕的。并且，按照自然理性的指引又能得出一条显而易见的自然法：既然人们都自发要求或有意接受这一权力的保护，并用以抵御外敌，那么所有人都不得削弱这一权力。因此，就算有邪恶之人从中作梗，也没有人应该对主权者的身份产生疑惑；如果某人不知道谁是主权者，那就是他自己的错。这里的难处在于如何证明该法律的权力来自主权者，而要解决这一难处就需要掌握有关公共记录簿、公共律师、政务大臣和公章方面的知识，它们都能使法律得到有效认证。我说的是认证而不是授权，因为认证只是一些证据和记录，不能称为对法律的授权；只有主权者的命令才能为法律授权。

因此，若某人依据自然法，也即"普遍公平"（common equity）怀疑自己受到了侵害，那么被委托并被授权审理这类案件的法官对此做出的判决就足以成为自然法的有效认证。尽管研究法律的专业人士的建议能有效避免争执，但他们的建议也仅仅是建议罢了，在听审过人们的诉讼后，依旧必须由法官来为人民解释何为法律。

如果，依据成文法怀疑自己的行为会伤害他人或犯下罪行，那么人们只需要亲自查询或让别人查询法律方面的记录，就能在做事前充分地认识到这一行为是否构成了对他人利益的侵害，而且人们是有必要查询相关记录的；如果人们怀疑自己将要做的行为是不义的，并且只要愿意就能亲自找到答案，那么一旦他做出了这些行为就违犯了法律。与之同理，如果某人觉得自己在成文法的管理下遭到了侵害，并且可以亲自或从别人那里了解并思考相关的法律，那么，他在了解法律前就加以控诉的行为就是不义的——与其说他是在捍卫自己的权利，不如说他是在给别人惹麻烦。

如果问题是"是否要听命于某个政务官员"，则需要看他盖有公章的委任书，并听到委任书的内容被宣读，或者是在有需要时，通过其他的手段获得对这位官员的权限的有效认证。每个人都应该尽可能地了解所有的成文法，因为这可能与他将来的行为有关联。

在立法者已知，而且成文法与自然法都被公布的情况下，还需满足一个重要条件才能让法律具备约束力。法律的本质并不取决于文字，而是取决于它的意义和倾向，即"权威解释"（authentic interpretation），也就是立法者的观点。所以，法律就只能由最高主权来解释，而且解释者只能由众人臣服的主权者委任；若非如此，解释者就可能利用诡计，将法律解释出违背主权者意志的含义，并因此成为立法者。

对一切的成文法与不成文法而言，解释都是必要的。不徇私情的人更容易通过自然理性运用不成文法，并使违法者无可争辩。但考虑到几乎所有人都时常会被私情或其他激情蒙蔽，所以自然法成了当今最为晦涩难懂的法律，也就最需要有能力的解释者来进行解释。在成文法中，简短的法条容易因为其中一两个字的歧义而被误解，较长的法条则容易因为其中许多字的歧义而令人费解；其结果就是，任何成文法不论字数多少，如果不能从源头完全地理解制定它的最终目的，那么人们就无法正确地理解。而有关最终目的的知识被立法者掌握着，所以对他而言法律中没有解不开的结：他要么是寻出头绪并将之拆解，要么是像亚历山大大帝剑斩"戈尔迪乌姆之结"[1]（Gordian knot）那样，依靠自身意志动用立法权造出头绪并解决问题。这都是其他解释者做不到的。

在一个国家中，对自然法的解释并不由道德哲学著作决定。无论著作家们的意见如何正确，缺少了国家的授权就不可能以自己的权威将自身意见变为法律。好比我在本书中提到的一切道德，以及它们在取得、维系和平上的重要作用，即使它们都是显而易见的真理，也不会因此变为法律，它们能成为法律是因为它们本来就存在于世上每个国家的市民法中。即使这些道德在本质上是合理的，也必须通过主权权力才能成为法律，否则我们将自然法称为不成文法就是一个巨大的错误。在这一领域中我们能见到太多来自不同作者的著作，以及其中过多的冲突与自相矛盾之处。

对自然法的解释，以主权者派任来负责听审与审判争议的法官做出的判词为依据，这种解释体现为：将自然法用在当前的案件中。因为在进行审判的时候，法官只需要斟酌诉讼者的要求是否与自然理性及公平相符，所以他做出的判词就相当于自然法的解释。这些判词会成为权威解释的原因不在于他做出了判决，而在于这一判决是他依据主权者的权力做出的。这样一来，这一判决就代表了主权者的判决，而主权者的判决对诉讼双方而言就代表着法律。

任何一个下级法官乃至主权者，在涉及公平问题时都可能会做出错误的判决。如果在之后的类似案件中发现了这些问题，而且能做出与之前相

---

[1] 戈尔迪乌姆之结：相传，戈尔迪乌姆城的建立者曾制作了一辆献给宙斯的战车，并在车辕与车辕之间系了一个极端复杂的绳结，而能打开绳结的人就能够统一小亚细亚。亚历山大大帝带兵攻下戈尔迪乌姆之后，一剑斩开了这个绳结，这也被视为亚历山大大受到神恩庇护、屡战屡胜的原因。

反且更公平的判决，那他就有义务这样行事。人们不该将错误当成自己的准则，也不该坚持自己的错误；同理，即使其他法官发誓服从这一判决，这一判决也不会因此就变成他们的法律。若某一错误的判决是在主权者知情并且许可的情况下做出的，那么对可变的法律而言，就相当于为所有与此类案件相似的情况设立了新法。但是，对不可变的自然法而言，这一案件的判决以及所有类似案件的判决都不能作为法律。君主代代相传，法官新旧交替，即使天地也会更易，自然法却不会有任何改变，因为它是上帝的永恒法律；哪怕将古往今来所有法官的判决加在一起，也不能使自然法与"自然公平"（natural equity）相悖。前任法官的任何判例，都不能成为现任法官做出不合理判决的依据。也不能解除现任法官依靠自身的自然理性研究何为公平原则的义务。譬如，"惩罚无辜者"就是与自然法相悖的，因为"无辜"意味着其人不仅在法律层面无罪，而且法官也认为其无辜。那么，假如有这样一个案子：一个人被指控犯有死罪，但是他发现自己的某个仇敌相当歹毒并且掌握了极大的权力，而且法官也是一群贪腐徇私之人，他就会出于对死刑的恐惧而逃亡；之后他被拘捕并经受法律的审判，在审判的过程中，他有充足的证据证明自己未曾犯下该罪行，于是被无罪释放，但却受到剥夺全部财产的惩罚。这就很明显是惩罚无辜者的情况。因此我说世界上任何地方都不应该将前任法官的判决立为法律或视为对自然法的解释，因为这些判决从一开始就是不义的，而现任的法官也不得将不义的判决当成判例。成文法可以禁止无辜者逃走，也可以惩罚他的逃跑行为。如果一个人在法律层面被宣告无罪后，仍然因为害怕遭到侵害而逃跑，那么再推定他畏罪潜逃就违背了"有罪推定"（presumption of guilt）的本质，在已然做出了判决的情况下就无据可依。但是，一位"杰出"的英国法学家制定了这样一条惯法："如果一个自称无辜的人被指控犯有重罪，而他出于对该重罪的恐惧而逃跑，即使在法律层面上他的重罪不成立，他却因为畏惧这一重罪而逃跑了，那么即使他是无辜的，也应当被剥夺一切私有的财物、职务、牲畜与债务。并且因为他逃跑的行为，法律将不接受任何与原有推定冲突的证据，并维持没收其财产的判决。"我们能从中看到，一个在法律层面被宣告无罪的无辜之人，即使他是清白的，并且也不存在禁止他逃跑的成文法，却仍然能被某条法律判处剥夺全部财产的惩罚。假如法律依据其逃跑的行为做出"事实推定"（presumption of fact），那么对他的判决就应当是死刑。如果这一推定不符合事实，那他又为什么要失去财产呢？因此这不是英国的法律，其判决也未依据法律进行推定，而只是法官本人的推定。并且，他说的"不接受任何与原有推定冲突的证据"也与法律相悖，因为对所有法官而言，无论他是主权者还是下级法官，拒绝听证都等于拒绝秉公处理。如果法官没有听取被呈上的证据就做出判决，那么即使判决是公正的，这个法官也称不上公正，他的推定只是私人意见；而无论他自称依据了哪些判例和先例，都不应将其带到法官席上。此外，还有很多因为过于依赖先例而颠倒了自己判决的情况。以上展示的情况足以表明，即使对诉讼人而言法官的判决就是法律，但是，在这一职位上的所有继任法官都不应将前任的任何判例视为法律本身。

相似的，当论及成文法的含义时，成文法的注释者不等于解释者。因为通常情况下，注释相较于原文更容易被人们吹毛求疵，所以就要另做其他的注释对注释进行解释，由此就会陷入无尽的解释循环中。所以，除非存在一个由主权者授权且下级法官不得违背的解释者，否则每个法官就都是解释者了，正如不成文法的情况一样。在具体的案件里，他们的判决应当被诉讼双方当成法律接受，但他们无权约束其他法官在相似的案件里也做出相似的判决；因为即使是成文法也可能会被法官错误地解释。但是，任何下级法官的错误都撼动不了作为主权者的普适判决的法律。

在使用成文法时，人们通常会将其条文和判决进行区分。因为基本上一切条文都在本义和隐喻义方面含混不清，在一个论点上可能引申出许多不同的含义，但是，法律只能呈现一种含义，所以法律条文基本上都使用能够简单辨认的白话。若其条文就是字面含义，那么条文与判决以及法律的倾向性就是一回事，因为其字面含义正是立法者意图通过法律条文表明的。立法者的意图是永远保持公平，如果法官认为主权者别有用意，就是对主权者的极大侮辱。因此，如果法律条文无法作为合理判决的充分依据，法官就应该用自然法对它进行补充，或在面临复杂的案件时，法官可以暂且放缓对该案件的判决，直到他掌握了更充足的证据。譬如，有一条成文法规定：如果某个人被武力逐出自己的住宅，那么他也可以通过武力夺回住宅。相似的还有：某个人因为疏忽而导致了住宅闲置，但是当他返回住宅时却有人动用武力禁止他进入。对这一情况，尚无相关法律做出规定，但显然这个案子应当归属在相同的法律下，否则他就没有别的解决办法了，这会与立法者的宗旨相悖。还有一个例子：法律条文规定要依据证据来判决，若某人被诬告做出了某件事，而法官亲眼见证了这件事是由他人而非被控告之人做出的；在这种情况下，他既无法依据法律条文判决无辜者有罪，又无法给出与证人的证据相反的判决，因为这一行为有悖于法律条文的规定。所以他只能请求主权者再行指派法官，而自己则担任证人。因此，由成文法的直白条文带来的不便会将法官引向法律制定的目的，并做出更好的解释。然而，任何不便都不得作为违犯法律判决的依据，因为法官的职责是判断对与错，而非判断什么是对国家有便利的或不便的。

一个优秀法律解释者，或说一个优秀的法官，在研究法律方面需要的能力与律师不同。就法官来说，他只应重视由主权者授权之人在诉讼过程中援引的法律，或直接向他宣布的成文法，以及来自主权者的法规，就像他只应重视证人的证据那样。他不需要提前关注将会审理什么案件，因为他应当说的话都基于证人提供的事实，他在法律层面应当说的话也都出于那些在辩护中当场提出并援引权威意见作为解释的人。英国国会里的贵族都曾担任法官，他们听审并判决过相当多棘手的案件，但是其中精通法律的人却少之又少，以法律为职业的人则更少了。即使他们会向被指派在场以解答问题的法律顾问咨询意见，但是只有他们拥有做出判决的权力。相似的，通常而言，有关权利的审判都由十二位平民担任法官，他们要对事实和权利都做出判决，并直白地宣布哪一方胜诉。这就意味着，他们不仅是审判事实的法官，也是审判权利的法官。在解决刑事案件的时候，他们不仅要判断当事人有没有犯下罪行，还要判断这一罪行是属于谋杀罪、杀人罪、侵犯他人身体罪还是重刑罪等，以上判断都需依据法律做出。然而，他们不可能凭空理解法律，因此就会有一个被委托的人，在他们处理案件的过程中告知他们法律。但是，即使他们没有把这个人的话当作判决依据也不会被处罚，除非人们能找到他们违背良知或受贿的证据。

要成为优秀的法官或优秀的法律解释者需要先满足一些条件：第一，要正确地认识自然法中的公平原则。这不是从阅读他人的书籍中得来的，而是来自人类自然理性中的善良以及沉思。人们一般认为，最有闲暇的人最擅长沉思，也最愿意沉思这些原则。第二，蔑视不必要的功名利禄。第三，在断案时舍弃一切恐惧、愤怒、仇恨、偏爱和同情。第四，也是最后一点，耐心倾听，在听审中时刻保持注意力，并且要牢记、理解以及运用自己所听到的东西。

　　法律领域的著作家们已经通过各自的方法，根据法律之间的区别将法律分为不同的类别。这种分类不取决于法律的本质，而取决于著作家们各自的眼界，以及他们各自用到的独特方法。我们发现《查士丁尼法典》（*Institution of Justinian*）[1] 中提到的市民法分为七种：

　　1. 国王（即罗马帝国皇帝）的敕令、法规和书信。因为所有人民的权力都由他掌握。英国国王的公告也同理。

　　2. 罗马所有人民的决议。如果问题由元老院提出，那么元老院也算在内。人民的决议能成为法律是因为当时的主权属于人民，其中未被罗马皇帝废止的，就作为法律被皇权保留了下来。我们可以将任何具备约束力的法律理解为"有权废除法律的人才能授权立下的法律"。英国国会法案与之相似。

　　3. 罗马普通平民的决议。如果问题由保民官提出，那么元老院不算在内。其中未被罗马皇帝废止的，就作为法律被皇权保留了下来。英国下议院的法令与之相似。

　　4. 元老院的法令。当罗马的人口数量过于庞大后，召集人民就变得十分不便，于是罗马皇帝认为与元老院协商更为方便，就不再与人民协商了。枢密院法案与之相似。

　　5. 军事执政官或市政官的公告。英国首席法官的公告与此相同。

　　6. 法律顾问的判决与意见。法律顾问就是主权者授权解释法律，并在相关法律问题上进行解答的人。罗马皇帝规定法官做出判决时需要服从法律顾问的解答。如果英国的法律规定其他法官必须遵从此前的判例，那么就与之相似。由于英国的习惯法法官不是正式法官，只能算法律专家，而正式法官要么是贵族，要么就是当地的十二个人，所以他们会在法律事务上征询这些法律专家的建议。

　　7. 不成文的习惯法。从本质上说它们是对法律的模仿，并被皇帝默许。如果它们并不违背自然法，那也算是一种法律。

---

　　[1]《查士丁尼法典》：又称《民法大全》《国法大全》，继承了《查士丁尼法典》《法学汇纂》《法理概要》《新法典》四部文献。它由东罗马帝国皇帝查士丁尼一世授命编纂，并于 529 年初次颁布，于 534 年修改后再度颁布，是罗马法的集大成之作。

此外还有一种法律的分类方式，该方式将法律分为"自然法"（natural laws）和"实在法"（positive laws）。其中自然法是永恒的法律，也被称为"道德法"（moral laws），它由正义、公平和所有对和平仁爱有利的道德组成。我已经在第十四章和第十五章中探讨过这些了。

实在法不是永恒的法律，而是能用主权权力统治他人的人，通过自身意志制定的法律。其中一部分立于文字，另一部分则由其他能体现立法者意志的方式告知人们。

实在法中的一部分是"人类的"（human），另一部分是"神圣的"（divine）。人类的实在法中，一部分是"分配法"（distributive），另一部分是"刑法"（penal）。分配法是一种关于臣民权利的法律，人们对得到的或拥有的土地、财物的私有权和自由支配权是由分配法规定的，并对所有臣民有效力；刑法则是对触犯法律者施加处罚的规定，只由执行刑罚的官员和大臣掌管。尽管每个人都应该提前了解对违法行为的处罚规定，但掌管这些规定的却不是犯罪人员，因为我们无法假定罪犯能诚实地惩罚自己，所以掌管这些规定的还是被委任监督执行刑罚的政务大臣。大部分刑法都与分配法写在一起，有时被称为"权威判决"，因为一切法律都是立法者的普遍权威判决或宣判；同样，对受审者而言每一条权威判决都是法律。

神圣的实在法就是上帝的命令。自然法是永恒且普世的，因此也是神圣的；但神圣的实在法不是永恒且普世的，它只是由上帝授权之人向某一民族与某一部分人宣布的法律。然而，我们怎么知道谁才是被上帝授权宣布法律的人呢？上帝或许会通过超自然的方式命令某个人向众人传达法律，但是法律的一个基本要素是"确保那些受到法律约束的人知道法律宣布者的权力"，我们却无法以自然的方式来确定它是否来自上帝。一个不曾获得过超自然启示的人，如何确定法律宣布者得到的启示呢？为何他有服从此人的义务呢？就第一个问题来说，一个自己不曾获得过启示的人，不可能确认他人获得的启示。因为一个人或许会由于目睹了某人展现的奇迹、超凡的虔诚、出类拔萃的智慧或由行为带来福祉而相信他确实得到了启示，因为上述种种迹象都代表着上帝对其施加了特别的眷顾。但是，我们其实不能由此就确认他获得了特别的启示：奇迹虽然是一种奇异的事迹，但它只是一个人眼中的奇异之事，在另一个人眼中或许就算不上奇异；虔诚也可以作伪；俗世肉眼所能见到的福祉也往往是上帝通过自然事物或寻常事物造就的。所以，任何人都无法以自然理性确认他人获得了代表上帝意志的超自然天启；这只能带来一种信念，每个人所见迹象的大小不同，在信念上也就有着坚定和脆弱的区别。

而第二个问题，即人们为何负有服从的义务这一问题，并没有这么难解答。因为，如果其人宣布的法律没有与作为神圣法律的自然法冲突，并且人们也做出了服从的保证，那么人们就会被自己的这一行为约束。我说的约束是指"服从"而非"相信"，因为人类的信仰与内在思考都不受命令的控制，而只被上帝用一般或特殊的方式操控；对超自然的信仰也不是服从这一法律，而只是认可这一法律，因为这不是我们对上帝应尽的义务，而是一种上帝对认可之人的无偿恩赐。并且，不信仰也并不意味着违犯了上帝的任何法律，而只意味着抛弃了自然法之外的所有神圣法律罢了。我说的这些事，如果辅以《圣经》里的事例和论据会显得更加明白，在《创世记》第十七章第十节中，亚伯拉罕与上帝以超自然方式订立的契约就是如此："你和你的后代必须永远遵从我的契约。"虽然亚伯拉罕的后代并未获得这一启示，甚至在那时还未出生，但他们也作为契约中的一方存在，并因此负有服从亚伯拉罕宣布的神圣法律的义务；因为他们有服从父母的义务，所以就有服从神圣法律的义务。为人父母者，比如亚伯拉罕这种不服从其他世俗权力的人，就对自己的子女和仆从具备主权。并且，在《创世记》第二十二章第十八节中，上帝对亚伯拉罕说道："地面上的一切国家都必然会因为他而享福……如果他能命令子女、家眷服从我的道理，执行公义之理。"显而易见，他的家人并未获得启示，那么他们服从的对象就是自己原本有义务服从的主权者。在西乃山上，只有摩西能去见上帝，其他人都不得接近，甚至违反者会受到死亡的惩罚，但他们都必须服从摩西以上帝之名宣布的任何法律："求你对我们说话，我们一定听从。不要让神对我们说话，我们害怕死亡。"（《出埃及记》第二十章第十九节）这里除他们自己的服从外还有其他理由吗？以上两处已经充分表达了，国家中的任何臣民如果不曾得到过清晰且能被证实的、出于上帝意志且只传达给自身的天启时，就必须将国家的命令当成上帝的命令来服从。如果人们自由地把自己的梦境和幻觉当成上帝的命令，那么甚至都找不到第二个会认可这是上帝命令的人。如果人们重视这些梦境或幻觉，就会蔑视国家的命令。所以我得出如下结论：任何不与道德法或说自然法冲突的国家法律，臣民都应将之当作神圣法律遵守。对每个人的理性而言这都是显而易见的，因为所有不与自然法相悖的命令都能以主权者之名定为法律，那么以上帝之名提出的法律，人们就更没有不遵守的理由了。此外，既然国家已宣布了来自上帝的命令，那么世上就不得再有其他人宣布上帝的命令了。基督教国家惩罚那些背叛了基督教的人，其他国家则惩罚那些试图建立任何被禁宗教的人；至于那些国家没有做出规定的事，所有人则应按照公平，也即自然法和上帝的永恒法律，平等地享有自身的自由。

此外，还有一种分类方法将法律分为"基本的"（fundamental）与"非基本的"（non fundamental）。虽然我从未见过哪些著作家讨论"基本法"的含义，但人们确实可以用这种合理的方式进行分类。

无论哪个国家，一旦失去了基本法就会导致衰败，并像根基被摧毁的房屋那样迅速瓦解。因此，每个臣民都有责任维护那些已经交予了主权者的权力，而无论主权者是君主还是议会，失去了这些权力都无法维系国家。比方说开战、讲和、司法和遴选官员的权力，或是做任何他认为有益于公共福利的行为的权力。"非基本法"则是那些就算废止了，国家也能继续运作而不至于解体的法律，譬如解决臣民间争论的法律就属于这种。有关法律分类的问题已经说得足够多了。

我发现，"市民法"与"市民权"这两个词，就算在最有学识的著作家笔下也会被混为一谈，这实属不该。因为权利意味着自由，即市民法留给我们的自由；市民法则意味着一种义务，它取走了自然法给予我们的自由。自然界给予我们每个人以使用自身力量保护自己的权利，以及提前攻击可疑邻人以防患于未然的权利，但市民法却将在所有情况下通过自然法保护我们自身安全的自由夺去了。法律和权利的差异就类似于义务和自由的差异。

同样，"法律"与"特许状"（charter）也被混为一谈。但是，特许状是来自主权者的赏赐，属于法外开恩而非法律本身。法律的用语是"我命令"与"我禁止"，特许状的用语则是"我已赐予"与"我已授予"，但这一赐予或授予并不由法律强制实施。法律是为了约束全国臣民而设立的，但是自由或特许状只为一个人或某些人享有。如果国家中的所有人在所有事务上都享有自由，那就说明国家没有制定法律，或者曾经制定过法律，但现在已经废止了。

第二十七章
论罪行、免罪与减罪

"罪"（sin），不仅是对法律的逾越，也是对立法者的蔑视。这种蔑视会一次性破坏掉他的全部法律，所以不仅包括做法律禁止的事、说法律禁止的话或无视法律的命令，也包括违犯法律的意向或意图，因为违犯法律的意图就等于在一定程度上蔑视掌管法律的人。然而，只是乐于在想象中霸占别人的财产、仆从或妻子，却并无通过武力或欺骗手段强夺的意向，就不算违犯了"不得贪婪"的法律。如果某个人只是乐于想象或梦到他人的死亡以及在生活中遭受的侵害与不悦，那就不算是罪，只有将此想法付诸行动才算是罪。因为，通过幻想就能获得快乐的事，一旦成真了同样也能带来快乐，这是一种根植于人类与其他一切生物天性中的情感，若说这是一种罪，就等于说生而为人也是一种罪。这让我想起那些对己对人都过于严苛的人，他们认为意识的原动力就是罪，只是因为畏惧上帝才得到了限制。但我得承认，在此事上出错比在别的事上出错更为安全。

"罪行"（crime）属于罪的一种，包括言行触犯了法律的禁令，或言行超出了法律命令所允许的范围。因此每项罪行都是一种罪，但并非每种罪都是罪行。如果某个人意图行窃或杀人，就算他从未付诸言行也算是罪，因为这归于能够洞察人类思想的上帝管辖；但若他不曾付诸言行，且人类法官无法因其意图而定罪，就不算罪行。希腊人用 ἁμάρτημα、ἔγκλημα 和 αἰτία 这三个词来表达他们观察到的区别。第一个词译为"罪"，指所有与法律相悖的行为；后两个词都译为"罪行"，仅指那些人们能用来控告他人的罪，但是那些未外显于行为的意图，人类就找不到控告的理由。与这一情形相同，拉丁文中的 peccatum 就是罪的意思，指所有偏离法律的事；而拉丁文中的 crimen，从 cerno 中来，意思是"察觉"（perceive），只指那些能被法官发现的罪，因此也不单单指意图。

依据上文关于罪与法律的关系和罪行与市民法的关系能够推论出：第一，在不存在法律的地方也不存在罪。但是，因为自然法永恒存在，所以像违反契约、忘恩负义、傲慢自负和一切有悖道德的事实就永远是罪。第二，在不存在市民法的地方也不存在罪行。因为这些地方只有自然法，所以也就不存在控告的依据。每个人都是自己的法官，只会受到自己良知的控告，并且会根据自身的意图是否正当来做出判决。当自己的意图正当时，做出的行为就不是罪；若不然，他的行为就是罪，但也并非罪行。第三，不存在主权的地方也不存在罪行。不存在主权权力的地方也不存在法律的保护，那么每个人就都能用自己的力量保护自己。原因在于，人们按约建立主权时并未放弃保全自己身体的权利，毕竟建立主权的目的就是保护自身安全。但是，这只对那些没有破坏保护自己的权力的人来讲才成立，因为这样的破坏行为从最开始就是罪行。

任何罪行都源于理解力的某些缺陷或推理的某些失误，抑或情感的突然宣泄。理解力的缺陷就是无知，推理的缺陷就是错误的意见。无知分为三类：不知法律、不知主权者和不知刑罚。任何人都不得因为不知自然法而被免责，因为凡是能运用理性的人都应该知道"己所不欲，勿施于人"。所以，无论一个人到了什么地方，只要他做出了违背自然法的举动就相当于犯下了罪行。要是某个人从印度来到我国，劝人们信仰某个新的宗教或是教唆他人做出任何会触犯我国法律的行为，那么就算他确信自己传授的是真理，也会因为犯下了罪行而得到公正的处罚。原因不仅在于他的学说是错误的，也在于他做出了自己不赞同他人实施的行为，即前往他国并致力于改变当地的宗教。但是，对市民法的无知可以让人们在异国被免责，因为直到有人向他宣布了此地的法律，他才会受到市民法的约束。

相同的，如果某国的市民法未被有效宣告，无法让人们凭意愿得知，并且某人的行为也并未违背自然法，那么无知就能被免责。在其他情况下，对市民法的无知都不能得到免责。

不知道谁是自己长居之地的主权者也不能被免责。因为人们应该知道自己是被谁的权力保护着。

如果某地已公布了法律，那么对刑罚的无知就不能得到免责。若违法者没有对刑罚的恐惧，那么法律就只是一纸空文。即使违法者不知刑罚是什么，也一样会受到惩处；因为人们自愿做出某些行为时，就已经接受了所有已知的后果，而在所有国家中违犯法律都会受到惩罚。如果刑罚已由法律事先规定了，那人们就必须接受；如果刑罚未由法律事先规定好，人们就只能被人随意处置；如果侵害者只是出于自身意志实施了侵害行为，那他就要受到与这一违法行为相应的惩罚。

如果与罪行相应的刑罚已有法律规定，或者这类刑罚已在相似的案件里得到了广泛的实施，那么罪犯就能免于更严厉的刑罚。如果已有的惩罚不够严厉，不足以消除人们的违法行为，就等于促使人们犯罪。因为人们会比较不义行为能够带来的利益和将要受到的惩罚，并依据天性选择明显更有利的那种；所以，他们若受到了比法律规定的更重的惩罚，或比其他犯下相同罪行的人更重的惩罚，就是法律诱骗了他们。

后制定的法律无法为先前发生的罪行定罪。如果这一行为违背了自然法，那么立法早于此事的自然法就能定罪；成文法则因为在制定前无法令人们知道，所以就无法产生约束力。但是，如果禁止这一行为的法律先前就已经立下，并且不曾有相关条款或先例给出过更轻的刑罚，那么此人就要按规定受罚。

推理方面的缺陷，或说推理方面的错误，导致人们容易在三个方面违犯法律。第一，从错误的原则展开推理。譬如说，某个人考查了从古至今的历史，认为不义的行为都会因为强大的武力或取得了胜利而受到人们的认可，并认为强大的人能打破本国的陈旧法网，而只有弱小的人或失败者才会被当作罪犯，因此就将下面的观点作为推理的准则或依据："正义只是空话""一个人经过艰难困苦所取得的东西就属于自己""在世上各国都发生过的事就不会是不义的""前事不忘后事之师"等许多这一类道理。如果认可了这些说法，那么所有的行为就都不可能是罪行了，定罪的标准就会是做出行为之人的成功或失败，而不是法律，同一件事究竟是善还是恶也只取决于运气。因此马略[1]看作是罪行的事，苏拉[2]却认为有功，并且在恺撒那里又成了有罪之事。这样下去，国家就会陷入不断的纷争而无法得到和平。

第二，受到伪导师的蛊惑。他们有的对自然法进行错误解释，让它与市民法矛盾；有的则将那些与臣民义务相悖的旧俗或自己的学说当成法律

---

[1] 马略：全名盖乌斯·马略，历任七次罗马执政官，是恺撒大帝的姑父。

[2] 苏拉：全名路西乌斯·科尔内利乌斯·苏拉，罗马首个终身独裁官。作为贵族派领袖的苏拉与作为平民派领袖的马略不断地进行政治斗争，互相夺取罗马的政权。

来讲解。

第三，由正确原则推得错误结论。这类行为通常发生在那些匆忙、轻率地得出结论或决定的人身上。这一类人过于相信自身的理解能力，并且认为这类事物不需要投入时间研究，只要有一般的经验与过人的天赋才智就够了。他们都认为自己具备这些素质，但在面对困难程度不亚于此的有关"是非问题"的知识方面，人们却认为需要长期的刻苦研究。上面举出的任何一种推理上的缺陷，在私人事务方面都不能成为免责的理由，尽管其中的一部分确实能减轻人的罪行。而对以理智自诩的公职人员来说，缺乏理性就更不能作为免责的理由了。

最常引发罪行的激情之一就是虚荣，也就是愚昧地高估自己的身价。就好像身价取决于才智、财富、阶级或某种天赋品质，而非主权者的意志。据此能推理出，由法律规定并且对全体国民生效的惩罚，在这些有身价之人身上生效时应当比平民更轻。这通常会导致拥有巨量财富而自视甚高之人更敢于犯下罪行，还会试图以腐蚀公共法官的方式脱离惩罚，或者通过钱财与其他形式的酬报获得赦免。

那些亲族势力庞大，并且在群众当中享有良好声望的公众人物通常不会怕犯法，因为他们自信能压制执法权力。

那些对自身才智的认识失实或过高的人，常常会批判统治者的行为、质疑当权者的权威并且发表动摇法律的公众言论；他们还会主张，除了自己规定的罪行外，其他行为都不算罪行。这类人往往会觉得自己的意图微妙、不易察觉，并常会因为使用诡计或欺诈邻人而犯下罪行。我认为这些都是错误估计自身才智导致的后果。国家的动乱往往来自内乱，只有少数几个引发内乱的罪魁祸首能侥幸活下来，并见到自己的目标实现。所以他们罪行的不良后果，往往需要最不期望能获得它的后辈来承担，这就意味着他们不像自己以为的那样智慧。那些自信于欺骗他人且不会被发现的人，往往也会骗到自己，他们以为自己藏身于黑暗，但实际上只是自己目盲罢了——孩童们捂上眼睛就以为其他人也都看不见了，这类人并不比孩童聪明多少。

通常而言，一个虚荣的人要么懦弱，要么易怒。相比普通人而言，他们更容易把他人谈话时的随意当作蔑视，罪行则基本上源于愤怒。

至于恨意、欲望、野心与贪婪等激情容易催生哪些罪行，每个人都能以自己的经验与理解力轻易理解。所以解释这一点就足够了：对人类和其他所有动物而言，这些激情都是根植于天性中的弱点，如果不能运用超凡的理智加以控制或常常对它们施加严格的惩罚，就很难杜绝它们的影响。人们往往会由于某些事物不可避免，或是不堪其扰而产生憎恨，因此，如果一个人没有坚韧不拔的忍耐力，要获得平静就必须扫除那些困扰他的力量。忍耐力很难获得，扫除困扰在很多情况下也不可能实现，除非违犯法律。贪婪和野心也是一直存在并会带来压力的激情，我们无法持续保持理智并压制它们，所以，一旦有望让自己免遭惩罚，它们就会出现并造成影响。至于欲望，虽然它不会长时间存在，但却十分强烈，能让人们对所有微小或不确切的惩罚的畏惧都显得微不足道。

在所有的激情中，最不容易致人犯罪的就是畏惧了。不仅如此，除一些天性慷慨的人外，当违法能带来利益或快乐时，畏惧就是唯一能让人服从法律的力量了。但在许多情况下，畏惧也有可能会导致人们犯罪。

并非所有出于畏惧的行为都是合理的，只有畏惧身体受到的伤害才合理，我们称之为"身体畏惧"（bodily fear）。对于这件事，除了采取行动外就别无摆脱的方法。如果某人受到侵害、死到临头，而除了杀伤侵害者外又看不到其他逃出生天的可能，那么这种情况下，即使他杀死对方也不算犯下罪行；因为，在成立国家的时候，没有人会放弃在法律无援时施行正当防卫以保全自己的生命与身体的权利。如果只是从他人的行为和威胁中推理出自己可能会被杀死，而且自己还有时间和手段从主权权力处寻求保护，那么，在这种情况下杀害他人就算犯下罪行。此外，如果某人被侮辱性的语言中伤或是遭遇了轻微的伤害，而立法者未对这类事务制定过任何处罚规定，也不觉得有理性的人会在乎这些事，但是这个人确实感到了畏惧，并觉得只有施以报复才能让自己摆脱蔑视，以及避免来自其他人的相似伤害；那么这个人违犯法律并且通过私人报复来保卫自己未来的行为，就应该视为犯下了罪行，因为来自他人的伤害只存在于他的幻想而并未伤及他的身体。虽然在我们的国家中，侠士和勇敢之人往往十分轻视这类轻微的伤害，但年轻人和虚荣者对此非常敏感。那些因为迷信或太相信其他人告知的怪梦或幻象而怕鬼的人，虽然是被迫相信做出或不做某些行为就会被鬼怪伤害，但无论是触犯法律还是未履行法律义务，凡是违犯了法律的行为就是罪行，不会因为这些行为是出于畏惧就能得到免责。正如我们在第二章讲到的，梦的自然原理仅仅是"清醒时进入感官的印象在入睡后产生的幻象"罢了。如果出于某些偶然原因，人们无法确定自己到底有没有进入睡眠状态，那么这时的梦境就似乎是一种真实的幻象。如果有人在自身或旁人的梦和幻象中违犯了法律，或是在某些为国家所不容的不可见灵体的幻象中违犯了法律，那么就是违背了自然法，并听信了来源混乱、意义和真伪都难以辨别的话语。而根据自然法，只要有一个人获得许可，那么所有人就都会获得同样的许可，因此，如果真的有人获得了如此行事的许可，那么法律就不可能成立，国家也会瓦解。

从这些各式各样的罪行中，我们能明显看出，它们并不像古代斯多葛派认为的那样具有相同的性质。不仅看上去是罪行但实际算不上罪行的事能得到免罪，看上去严重但影响轻微的罪行也能得到"减罪"（extenuation）。斯多葛派的人在这一点上是正确的：一切罪行都应该被冠以不义之名，正如同所有不直的线条都叫曲线。但是，这并不意味着一切罪行都在不义的程度上相同，就像一切曲线的曲度不可能全部相同。斯多葛派的人并未考虑到这一点，所以会认为"杀鸡"与"弑父"是同等程度的罪行。

如果某个事物能彻底为某种行为免罪，并消除其中作为罪行的特质，那么它一定可以消除法律的约束力。因为，如果某人的行为违犯了法律，并且他还承诺过要遵守法律，那么他的行为就是罪行。

如果某人缺少获知法律的途径，就能得到彻底的免罪，因为对个人而言，无法得知的法律不具备约束力。但是，不努力询问有什么法律不算缺少获知法律的途径；一个自诩理性并能管理自身事务的人也不能视为缺少获知自然法的途径：因为自然法就源于他们自诩掌握的理性。只有孩童与疯人才能在违犯自然法的时候得到免罪。

如果某个人被俘虏或受到敌方权力的掌控而犯下罪行，也即他的人格或求生手段受到了敌人控制，而非出于自身意愿犯罪，那他就不再负有法律义务。因为他要么服从敌人，要么就会死，所以他的服从就不算罪行——当法律的保护失效时，任何人都不再需要服从它，而是可以尽一切手段保护自身。

若某人面临着死亡的恐惧，不得已做出了违法的行为，那他就可以被完全免罪，因为没有法律能要求人们放弃保卫自己的生命。即使真有这样的法律，人们也能提出这样的理由："如果我不做这件事就会立刻丧命，如果我做了就能推迟死亡，因此做这件事能延长我的生命。"所以，可以认为是天性迫使他做了这件事。

当某人缺乏食物和其他的生活必需品，除犯法以外别无保全自身的手段时，当某人在饥荒中无法靠钱财或施舍得到食物，只能抢夺和偷窃时，当某人夺过他人的剑以保卫自身性命时，都可以被完全免罪，原因同上。

如果某人因他人的授权而做出了违法举动，那么这个人就能被免罪，因为他只是授权人的工具，而授权人也不能因为自己的行为控告他。但是，只要有第三人受到了伤害，那么授权人与代理人就都会因为违犯了法律而成为罪犯。据此推论，当主权君主或主权议会命令某人完成与现有法律冲突的事务时，他的行为是能得到完全免罪的。既然主权者也是授权者，那他就不应该批判这一行为；而主权者都缺乏正当理由控告的行为，其他人就更没有能对此进行处罚的正当理由了。除此之外，当主权者下令施行任何与现有法律相悖的行为时，这一行为就相当于废止了现有法律。

如果主权君主或主权议会放弃了主权所必需的任意一项权力，而让臣民得到了一种与主权也即国家的存在冲突的自由，并且臣民还拒绝了有悖这一自由的一切命令，那么这就算一种罪行，而且与臣民的义务相悖。因为，既然主权是臣民为了自保而自愿授权建立的，那么臣民也应该能分辨出，这种与国家冲突的自由是由于对严重后果的无知才被授予的。如果他不仅不服从，还抵制政务大臣掌握这一权力，那就是犯下了罪行；因为他只要提出控诉，就可以在不破坏和平的情况下采取正确的解决方式。

有很多衡量罪行轻重的标准和尺度：第一是犯罪的动机和目的中包含的恶意，第二是其造成的影响，其三是其后果的危害，其四是其涉及的时间、地点与人物等。

对违法的举动而言，希望不被查出或畏罪潜逃，总比自恃强壮、有财富或呼朋唤友对抗执法者的罪行更轻。因为"认为自己可以通过武力逃脱惩罚"的想法，无论何时出现，也无论因为何种诱惑出现，都会成为蔑视一切法律的根源。因为畏惧危险而逃跑的情况，会让他在日后更为服从。明知故犯的罪行比受误导而做出的罪行更为严重，因为这些违背良知并犯下罪行的人都会自恃拥有武力或其他权力，这也会促使他们犯下同样的罪行；误犯者则会在知错后变得服从法律。

如果犯下罪行的原因是信服了教师的权威或法律解释者的公开授权，

那么相比于因为专断地奉行自身准则与推理而造成犯罪则轻微了不少。因为来自公共权力的教导就相当于国家的教导，在被相同的公共权力接管前与法律类似。无论何种罪行，只要不包含否定主权的部分，而且不违背现有的法律或官方授权的学说，就可能会得到彻底的免罪。然而，如果一个人的行动仅仅依据自身的判断，那么就应当根据他判断的正误来判定是否有罪。

就同一项罪行而言，如果常有人因此受罚，而且没有什么免罚先例的，就是较为严重的罪行。因为免罚先例的多寡就等同于主权者赐予的免罪希望的大小。然而，主权者赐予的希望和赦免的可能性，反成了人们违法的保障，这就使得主权者也被动地参与了违法行为，因此难以处罚全体违法者。

因为一时激动而犯下的罪行，并不像经过长期谋划而犯下的罪行那样严重。原因在于，前者出于人类天性中共有的缺陷，尚有减罪的空间；而那些事先谋划的人则已经事先将一切都考虑周全，并且关注了法律、惩罚以及这类罪行的社会影响，因此他们犯下罪行就相当于蔑视一切，并将一切事物排到了自身欲望之后。但是，任何激情冲动都不足以让人们得到完全的免罪，因为从最初了解法律到最终犯下罪行期间，有着能够进行慎重考虑的时间，那么人们就应当深思法律并纠正自身激情上的反常。

如果法律已经事先对所有人民公开，并被详细地宣讲与解释过了，那么在这之后犯下的违法行为就更为恶劣。如果事先没有解释，人民难以查询与确定法条，甚至还需要暂停工作并咨询他人，那么这一情况下，一部分过失就应归于人们的共同缺点。至于前一种情况，则是对法律明显的忽视，其中必然包含着对主权者的蔑视。

有些行为虽然被法律明令禁止，但立法者明显表示出了默许的意志，那么这类罪行就轻于那些受法律和立法者一致禁止的罪行。因为立法者的意志等于法律，所以在这种情况下就看着像有两类相反的法律。如果人们除了主权者明文表达的命令外，还必须通过其他的理由才能得到他的许可，那么就能完全免罪。原因在于，如果违背主权者立下的法律要被惩处，而遵守他的法律也要被惩处，那么主权者就是违法行为的缘由，所以整个罪行不能全归咎于违法者。例如，法律禁止人们决斗，违法者将会受到死刑的处罚。然而拒绝决斗的人却要永远活在社会的蔑视与嘲讽中无法解脱，甚至在某些情况下，主权者还会认为拒绝者没资格担任职务，也没资格在战争中受到提拔。假设他因为这一原因进行了决斗，那么以"每个人都应努力通过合法途径博得主权者好感"为依据，他就不应该被严格惩罚，因为他的一部分过失可以归咎于惩罚者。我探讨这些事不是为了要求获得处理私人恩怨的自由，也不是为了实施任何违法行为，而只是为了提醒统治者们不要暗中纵容自己已经明令禁止的事物。从古至今，在规范人们的行为方面，君主自身的行为往往比他的法律更加有力。尽管我们的义务不是仿效他的行为而是服从他的话语，但若没有上帝赐予人们的非凡、超自然的恩典，人们也不会这样遵守规范。

此外，如果我们比较各类罪行造成的危害，就会发现以下情况：首先，在同一行为下，伤人更多者罪行更重。因此，如果某一危害性的行为不仅是在当下发生，并且其影响还延续到了未来，那么它的罪行就比仅发生于当下的更重。前一类罪行是"可育的"（fertile），它造成的伤害能够自我增加，而后一类则是"不育的"（barren）。如果一个得到认证的传教士，秉持与国教相悖的学说，那么他犯下的错误就会远大于一个普通人所能犯下的。如果他还过着放纵亵渎的生活，或是做出了任何有悖教规的事，那么罪行就更大了。同样，宣扬任何倾向于削弱主权的观点或亲自实施这种行为的法律学者，罪行也比其他人的相同行为更重。同理，如果某人有智慧之名，世人追捧他的言论，模仿他的行为，那么他触犯法律的行为也就比其他人的相同行为更为严重，因为这样的人的行为不仅仅是罪行，还是将这种罪行当成法律向世人宣扬。总而言之，罪行会因为它带来的恶果而变得更加严重。也就是说，对那些看不清自己脚下的道路而只能跟随他人引领的弱者而言，这些罪行就成了绊脚石。

同样，相比于与个人为敌，与国家为敌是更为严重的罪行，因为这种罪行造成的破坏会波及每一个人。把国家的武力情报与机密泄露给敌方，对国家代表人即君主、议会有所图谋，持续地通过语言或行动削弱代表人的权力等罪行，拉丁文写作 crimina laesae majestatis，即"叛国罪"或"背叛君主罪"，包含了所有违犯基本法的意图或行动。

同理，让判决失效的罪行比起针对一个人或寥寥数人的侵害更为严重。比方说，因为受贿而做出错误判决或做假证的罪行，比起为了获得钱财而欺诈他人的罪行更为严重。因为，不仅蒙冤者会因为错误的判决而遭受损失，受贿者做出的判决也都会失效；而且，这样的行为也会为动用武力和寻私仇提供理由。

抢劫与侵吞公共财产或税收的罪行，远远大于诈骗或抢劫私人财产的罪行，因为抢劫公众财物就相当于同时抢劫很多人。

假冒政务部门、伪制公章和公共货币的罪行，远大于冒充私人或伪制私人印章的罪行，因为前一种欺诈行为会损害许多人的利益。

至于私人性质的违法行为，则要根据人们的共识来判断，人们认为它造成的伤害越严重，它的罪行也就越重。所以：

违法杀人比任何不伤害生命的罪行更重。

虐待杀人比单纯杀人的罪行更重。

伤害身体比抢夺财货的罪行更重。

以死亡、伤害为威胁抢夺财货，比暗中偷盗的罪行更重。

暗中偷盗比欺骗他人同意并获取财货的罪行更重。

一切事物基本上都能以这种方式进行评判，虽然人们对某一相同罪行的反应各有不同，但法律并不会顾及个人的倾向，而只会顾及人类的普遍倾向。

所以，当人们被侮辱性的话语或手势冒犯，但除了感到痛苦之外没有受到其他伤害，那么无论是希腊、罗马，还是古往今来的一切国家，其法律都不会对此加以关注。因为对明了自身美德的人而言，这种痛苦并不来自侮辱性的行为，而是来自感到被冒犯的人自身的懦弱。

并且，对私人犯下的罪行也会因相关身份、时间和场合而被加重。譬如说，杀害家长比杀害他人的罪行更重，因为家长即使已向市民法交出了权力，但依据自然法，他们在家庭中也仍然享有作为主权者的荣誉。抢劫穷人比抢劫富人的罪行更重，因为这对穷人的侵害更严重。

若在已被指定用来祈祷的时间或地点犯下罪行，那么这一罪行就比在其他时间地点犯下的相同罪行更为严重，因为其中体现了对法律的更大蔑视。

我还能举出很多会加重或减轻罪行的情况，但根据上文提到的原理，每个人都应该能明白如何衡量其他罪行了。

因为基本上所有的罪行都同时侵害了私人与国家的利益，所以，如果一项罪行被国家起诉就是"公罪"（public crime），被个人起诉就是"私罪"

（private crime）。相对的，国家发起的诉讼就是"公诉"（public pleas），拉丁文是 judicia publica，也即"王室诉讼"（pleas of the crown）；而个人发起的诉讼则是"自诉"（private pleas）。比如对谋杀的指控，如果控告人是个人就称为自诉，如果控告人是主权者就称为公诉。

第二十八章
论惩罚与赏赐

"惩罚"（punishment），是公共权力对某人已犯下的罪行或不履行法律义务的违法行为做出的判决，并施加"伤害"（evil）以使人们更加顺从。

在我依据上述定义展开推理之前，必须先回答下面这一意义深远的问题："在所有案件中，惩罚人民的权利或授权从何而来？"因为按照上文所讲的，没有人会受契约的约束而不能抵制暴力。这就意味着，不能认为人们给予了其他人对自己施加暴力的权利。按契约建立国家的时候，人们确实放弃了防备他人的权利，但这并不意味着放弃了保卫自身的权利；同样的，人们负有协助主权者惩罚他人的义务，但并不负有惩罚自己的义务。如果是立约协助主权者伤害他人，那么除非立约者自身掌握着伤害他人的权利，否则他就无法给予主权者实施惩罚的权利。所以显而易见的，国家，也即代表国家的个人或群体所掌握的惩罚权并不来自臣民的赠予或出让。但我也在上文讲过，在国家建立前，每个人对每件事都拥有权利，并能做出一切自认为是自保所必需的事，为了实现这一点，他可以征服、伤害或杀害任何人。这就是在一切国家中惩罚权的来源，臣民并不是给予了主权者这一权利，而是全都放弃了这一权利，并由此增强了主权者的权利，使他能自行决定如何使用这一权利保护全体臣民。所以，这项权利不能看作是被交给他的，而应当看作是只留给他的。除了自然法对他具有限制外，这一权利就像在人人相互为战的纯粹自然状态中那样完整。

按照惩罚的定义，我做出如下推论：

第一，私人性质的复仇或针对个人的侵犯，严格来讲都不是惩罚，因为它们并不出于公共权力。

第二，被当权者忽略，或从未受到当权者的青睐并不算是惩罚。因为这一做法没有令任何人蒙受新的损失，而只是让一切维持原状。

第三，在公共权力没有事先公开定罪的情况下，施加的伤害就不是惩罚，而只是一种"敌对行为"（acts of hostility）。因为只有公共权力事先判为违法的行为才能受到惩罚。

第四，未经主权授权的判决和篡权的政权施加的伤害都不是惩罚，而只是敌对行为。因为篡权的政权的行为并未经过受惩罚者的授权，所以不是公共权力的行为。

第五，任何伤害，只要其目的不是处置罪犯或杀鸡儆猴地使其他犯人服从法律，那就不是惩罚，而仅仅是敌对行为。因为不出于以上目的的伤害都不能称为惩罚。

第六，某些特定的行为天然地附带有害结果，比方说某人在袭击他人时受伤或被杀，或是在行不法之事时染上疾病，等等。这类伤害若由上帝做出就是"神罚"（divine punishment），但不能称为惩罚，因为它不是由人类政权做出的。

第七，如果惩罚所能造成的伤害小于犯罪所能得到的益处，那么这种伤害就不符合惩罚的定义；与其称之为对罪行的"惩罚"，还不如称之为罪行的"代价"或"救赎"。因为，从本质上说惩罚是为了让人们遵守法律，假如惩罚造成的伤害小于违法带来的利益，就无法实现惩罚的目的，甚至会形成反作用。

第八，如果法律中已经事先制定好了惩罚规定，却对相关罪行施加了更严厉的惩罚，那么超出了规定的这部分惩罚就不是惩罚，而是敌对行为。因为惩罚的目的不在于复仇，而只在于震慑。但是，既然未知的严厉惩罚的震慑力已经被公布出的较轻惩罚消解，那么预期之外的附加惩罚就不算惩罚；如果法律事先并未规定任何惩罚，那么施加的一切伤害就都具有惩罚的性质。若某人违反了尚未明确定刑的法律，就意味着会面对不确定的任意惩罚。

第九，在某一行为被法律禁止前，对行为者施加的伤害就不是惩罚，而是一种敌对行为。因为没有相关的法律就无所谓违法，而惩罚是对违法行为的判决，所以在法律制定之前的惩罚就不是惩罚，而是敌对行为。

第十，对国家代表人的伤害不是惩罚而是敌对行为。因为惩罚本质上由公共权力施加，这一权力又只属于代表人。

最后，对敌人的伤害不能冠以惩罚之名。因为，他们要么是不服从于这一法律，所以不可能违法；要么是曾服从过，但现在已经宣称不再服从，因此也无所谓违法。所以，任何施加于他们的伤害都必须算作敌对行为，但对敌人施加的任何恶行都是合法的。由此可知，无论以前对叛国罪的惩罚做出了何种规定，对于那些故意或无意地用语言或行为否定国家代表人权力的臣民，代表人都可以出于自身意志施加一切伤害。因为否定臣服关系就意味着否定法律所规定的惩罚，他就要作为国家的敌人承受出于代表人意志的伤害，而法律上规定的惩罚又只适用于臣民，不适用于这种曾经臣服却有意背叛并否定主权者权力的人。

惩罚的第一种分类方式，同时也是最普遍的分类方式是："神的"（divine）惩罚与"人的"（human）惩罚。我会在后文合适之处探讨神的惩罚。

人的惩罚，指那些出于人的命令而施加的惩罚。其大概分为体罚、罚款、羞辱、监禁和流放等，或由它们混合而成的形式。

体罚指的是，依据施刑者的意愿直接施加于身体的惩罚，譬如鞭笞、伤害或剥夺合法的肉体享乐。

体罚中有一部分是死刑，一部分则轻于死刑。死刑就是直接处死或折磨至死的惩罚；轻于死刑的则有鞭笞、伤害、囚禁或其他一切在本质上不致死的肉身痛苦。如果施加惩罚导致了意外死亡，而且能证明受罚人的死亡是出于无法预见的意外，那就不能算作死刑。在这样的情况下，死亡并非有意而为之，而是偶然导致的。

罚款指的是，剥夺一定数目的财产、土地或其他一切通常以钱款进行交易的财货。如果法律规定，该惩罚的目的是收集违法者的财富，那么准确地说它就算不上惩罚，而是某种特权的代价，或是免责的一种手段；法律并不完全禁止这类违法行为，只是禁止交不起罚金的人做这种事。如果这里说的法律是自然法或与宗教相关的法律，那么，缴纳罚金就不是为了免责，而只是因为做出了违法的事。比方说，法律规定对妄称上帝名号的人罚款，那么交付罚款不等于得到了免责，而只是对违反了重要法律的惩罚。同理，当法律规定某人应赔偿被自己伤害之人一笔钱款，那么这笔钱款就只代表对他造成的伤害的补偿，这种行为能解除被伤害之人的控告，却无法解除违法者的罪行。

羞辱指的是，对某人施加伤害并使他背负恶名，或者从他身上剥夺国家授予的荣誉。有些事物天然就是荣誉的，好比勇气、豪迈、力量、智慧或其他身体及心灵上的能力；另外一部分是由国家规定为荣誉的，如奖章、头衔、职位和其他能代表主权者恩宠的象征。前者可能会自然丧失或因为偶然事件丧失，但无法通过法律的方式剥夺，所以失去它们就不算惩罚；但后者却能被制定这些荣誉的公共权力剥夺，这毋庸置疑就是惩罚了。比如取消被惩罚者的奖章、头衔和职位，或者宣告他们在日后不得再接受这类殊荣都属于惩罚。

监禁指的是，一个人的自由被公共权力剥夺。监禁一般出于两种目的：看押被告人和给受刑人增加痛苦。第一类不属于惩罚，因为所有人在接受司法听证并被宣布有罪前都不能被惩罚。所以，在案件听证前，如果加在他身上的拘束与限制超出了看押所必需的程度，并让他因此受伤，那就违背了自然法。第二类则属于惩罚，因为是公共权力判决此人有罪并对其施加伤害的。"监禁"这个词，我理解为"因为外部阻碍而导致的行动受限"。这种阻碍可以是一栋房屋，即人们通常讲的监狱；也可以是岛屿，就像我们说的"某人在岛上被关禁闭"；还可以是将人们送去当劳工的地方，好比古时候有人被判在矿区当劳工，现在也有人被判在桨帆船里划桨；此外还有用枷锁或其他物品充当拘束物的情况。

流放或放逐指的是，某人由于某项罪行而被判处遣出该国领土或遣出特定地区，并在规定时间内不得返回，甚至永远不得返回。这类惩罚，就其本质而言，如果不再有其他的前提则似乎称不上惩罚，而只是一种逃避，或者是通过逃亡的方式躲避公开的惩罚命令。西塞罗讲道，罗马城中从未做出过这样的惩罚规定，而只是将之称为"遭遇危机之人的避难"。如果某人被放逐了却还被允许享受自己原有的财物与土地税收，那就只是换了生活环境，不能算惩罚。设置惩罚是为了让国民形成守法的意识并因此有益于国家，然而这类惩罚大多时候会让国家蒙受损失，因为被放逐者已不是国家成员，所以对国家而言他就是合法的敌人。但是，如果他的土地与财物还同时被剥夺了，那么这就不是放逐而是罚款。

所有对无辜臣民的惩罚，无论程度大小，都与自然法冲突。因为惩罚只针对违法行为，所以就不可能存在对无辜臣民的惩罚。这么说来，这一做法首先就违背了"禁止任何人为除了未来的益处以外的目的实施报复"

的自然法，因为惩罚无辜者不会给国家带来任何好处。其次，这同样违背了禁止背信忘义的自然法。世上一切国家都由人们的同意建立，原因就在于，人们认为自己只要保持服从就能获得国家的保护，所以惩罚无辜者就相当于恩将仇报。再次，这还违背了要求公平的自然法，也即要求正义地平均分配的自然法。上述这些自然法都在惩罚无辜者时被违反了。

但是，如果惩罚的无辜之人不是本国臣民，而且惩罚的行为有益于国家，也不会破坏任何先前的契约，那就不算违背自然法。因为，既然不是臣民，那就要么是敌人，要么是脱离先前的契约而不再拥有本国臣民身份的人。如果在国家的观念中，对方国家是有可能伤害到自己的敌人，那么国家就可以根据自然法合法地发动战争。在过往的战争中，刀剑无眼，胜利者也不会判决谁有罪或无辜，除非涉及本国臣民的利益，否则不会有仁慈可言。基于这一点，对那些故意否定国家权力的臣民，国家可以合法地施以报复，并且报复的范围上至其先人，下至其尚未出世的第三代乃至第四代人。由于叛乱行为的本质就是宣布放弃臣服，也即复归战争状态，所以这些人就将被当作敌人而非臣民受到国家的攻击，因为叛乱就是重启战争。

奖赏要么来自赠予，要么来自契约。如果奖赏来自契约，就是俸禄或薪水，是已经完成或承诺要完成的某项服务应得的利益。如果它来自赠予，那就是来自赐予者的恩赐，也就是为了激励人们或让人们持续为他服务而施予的利益。所以，如果国家主权者规定了某一职位的薪水，就职者就有义务履行职责；如果这一职务没有薪水，他也就只能在荣誉方面表达感激并进行回馈了。因为，让人们抛弃个人事业并为公众提供无偿服务的命令根本无法可依，除非这件事再无他人可做，否则按照自然法或国家契约他都不负有这么做的义务。因为在人们看来，主权者能任意使用他们的财产，所以连最普通的士兵都会把自己的军饷当成债款来讨要。

如果主权者是因为畏惧臣民的某种权力或者臣民们可能伤害到国家的某种能力而施以利益，就不能算是奖赏。这也不是薪水，因为没有就此订立契约，并且每个人都有义务不损害国家。这也不属于恩赐，因为这是通过恐惧进行的勒索，不该发生在主权者的身上。这无疑是一种牺牲，这是从主权者的自然人身份而非国家法人的身份讲的，是主权者为了平息那个强于自己的人才做出的牺牲，但这一做法并不会让那位强者服从，反而会促使他做出更多且更过分的强取豪夺之事。

一部分薪水是固定的，由国库支出；还有一部分薪水是不固定且临时的，只在任命官员时才会确定。后者在某些情况下，如在司法方面就对国家有损，因为法官和法院官员的利益会因为送审的案件增多而增长，那么就一定会导致两种弊端：一种是滋长诉讼。因为案件数目越多，其利益也就越丰厚；另一种也从中产生，即争抢案件的审理权，所有法庭都会尽可能地将案件争取到自己的司法范围内。但是，对"执行机关"（offices of execution）而言就不存在该弊端，因为他们的工作不会因自身的努力而增长。这些已足够阐明赏罚的性质了，它们可以类比于控制国家肢体、关节的神经与肌腱。

写到这里，我已经讲明了人类的自然天性：出于骄傲及其他激情，他们被迫服从于政府的管理。此外，还讲明了人民的统治者具有的庞大权力，我将其比喻为"利维坦"（Leviathan），这一词出自《约伯记》第十二章的最末两节，上帝在讲明利维坦所蕴含的庞大力量后，给了它"骄傲之王"（King of Proud）的称号。上帝讲道："在地面上，没有能与它相比的。它生来就无所畏惧，凡是高大的，它全部蔑视；它在骄傲的水族中称王。"但它是"有朽的"（mortal），也终将像其他的地上生物一样死亡。即使它在地上无畏，在天空中也总有畏惧的，也会遵守它畏惧之人的法律。所以，我会在下面几章中探讨它的疾病与死因，以及它所必须遵守的自然法。

第二十九章
论削弱与瓦解国家的事物

虽然有朽之人不可能造出不朽的事物，但是，如果人们能运用自身的理性，就起码能确保自己的国家不至于因为内部疾病而灭亡。就立约建国的本质而言，国家是被设计成与人类、自然法和正义这些赋予了其生命的事物共生的。所以，如果国家不是因为外部的暴力，而是因为内部的失序而瓦解，那么过错就不在于作为"材料"的人，而在于作为"缔造者"（makers）与"规定者"（orderers）的人。因为人类最终厌倦了无规律地冲突与彼此残杀，所以齐心期盼着建造坚固长存的大厦。但是一方面缺乏制定恰当法律的技艺，无法为人们的行为树立规矩；另一方面又缺乏谦逊与耐心，不愿意削掉这座庞然大物上粗劣且无用的棱角。如果缺乏才智出众的建筑师的帮助，就只能建成一座混乱不堪的建筑，即使它能在建造者的时代艰难维持，也必定会在其后的时代轰然倒塌。

所以，在国家的诸多弱点中，我要考虑的第一类是按契约建国的过程不完善导致的问题，它们非常像人类自然身体上因为先天缺陷导致的疾病。

有些人只要能掌握某个王国就心满意足了，即使他们缺乏维持和平与保卫国家的权力。这就会导致，当他们为了保障公众安全而动用被搁置的权力时，反倒看上去像不义之行了。在这样的情况下，只要出现一丝机会就会发生大规模的叛变。就像带病的父母所生的孩子：要么会早夭，要么会在清除娘胎里带来的顽疾时让它们扩散到体表形成疮痂与脓包。君主在拒绝某些自身必备的权力时，不总是因为对执行公务所需的权力的无知，而往往是期望自己能在以后将这些权力任意取回。就这一点而言，他们的推理是错误的，因为他们对承诺的坚持会成为敌国进攻的理由。为了迎合自国臣民的利益，这些国家基本上不会放过任何削弱邻国的机会。比如，坎特伯雷的大主教托马斯·贝克特就曾以这种方式得到了教皇的支持来对付亨利二世；征服者威廉曾发誓不会干涉教会的自由，所以免去了教士服从国家的义务；此外，威廉·鲁弗斯在与兄长争夺王位时获得了男爵的帮助才得以获胜，所以男爵的势力也发展到了与主权不相上下的地步；他们在对约翰王发动叛变时，也受到了法国人的帮助。

这些事并不只发生在君主国。在古罗马的共和国里，即使国家代表人是元老院与罗马人民，但元老院与人民都掌握不了所有权力，所以就先导致了提比略·格拉古、盖约·格拉古和路西乌斯·萨图尔尼努斯等人造反，之后在马略与苏拉的统治下也发生了元老院与人民之间的战争，再之后于庞贝与恺撒的统治下也出现了类似的战争，最终民主政体走向终结并从此确立了君主政体。

雅典民众对不能做某件事达成了一致的约定，即所有人都不得提议为夺回萨拉米斯岛再次开战，违反者将被处以死刑。如果不是梭伦装疯卖傻，边唱边跳地将这一问题重新向他的跟随者们提议，那么雅典就会永远有一个厉兵秣马且伺于门口的强敌。任何一个权力受到如此限制的国家，都不得不承受这样的损失或变故。

我要探讨的第二类弱点是，那些煽动性学说的流毒导致国家产生了怎样的"疾病"。有一种学说称"每个人都能判断善恶"，若是在纯粹的自然状态中，这一说法就是正确的，因为那里没有市民法存在；同样，在那些有市民法管理，但尚未就此立法的地方也是正确的。在其他情况下，善恶的评判标准显然都是市民法，并由作为国家代表人的法官担任立法者。如果听信了这一错误的学说，人们就会在心里打算盘，并且对国家的命令抱有争议，再自行决定是否服从这些命令。这样下去，国家就会陷入混乱并被弱化。

第三类与市民社会矛盾的学说是"一个人违背自身良知而做出的行为就是罪行"，它来自"每个人都是自己的善恶评判者"这一假设。如果每个人的良知都与判断力相同，那么良知也会产生错误。因此，对一个不遵守市民法的人而言，所有违背良知的行为都是罪行，因为他除了自身的理性外再没有可遵守的规则了。但是，对于一个生活在国家中的人则不然，对他而言法律就是公共良知，是他保证要遵守的。否则，个人的良知或说个人的意见就一定会出现严重的分歧并致使国家分裂。所以，在国家中生活的人，即使看到了对自己有益的事也不敢违背主权权力。

人们还被广泛地教导"信仰与虔诚无法通过研究与理性获取，只能通过超自然的灵感与'灌注'（infusion）得到"。如果认同了这一点，我就看不到人们为了自身的信仰寻找理由的原因，或是不让每个基督徒都成为先知的原因，抑或人们都将国家的法律而非自己得到的灵感作为行为准则的原因。因为要是这样做了，我们就会再次错把自己当成评判善恶的标准，或是会相信那些自称得到了超自然灵感的人的善恶标准，并最终导致市民政府瓦解。信仰起源于"听道"（hearing），偶然的"听道"会驱使我们前往讲道者处，而这些偶然也都出于全能的上帝；但它们不是超自然的，只是因为偶然的事物太多且导致的结果太多，所以难以察觉罢了。信仰与虔诚确实并不常见，但也算不上奇迹，而是上帝在认为恰当的时机，通过教育、训练、纠错或其他自然的方式作用于他的选民。上面说的三类危害和平与政府的观点，主要出自那些胸无点墨的神职人员的口授笔传，他们违背理性并断章取义，把《圣经》中的文字拼凑起来，尽全力误导人们认为虔诚与自然理性是无法共存的。

第四类与国家本质矛盾的学说是"掌握主权的人需要遵守市民法"。固然，任何主权者都应当遵守自然法，因为这是神设立的法律，任何国家与个人都不得废除。但是，主权者无须服从其自身或国家制定的法律。因为服从法律就等于服从国家，服从国家就等于服从主权代表人，也就等于服从他自己；这就不是服从法律，而是不受法律约束了。这种误解源于把法律置于主权者之上，也就是把法官和能够惩罚主权者的权力置于主权者之上，也就等于另立了一个新主权者。那么同理，还能将第三人置于第二人之上以施加惩罚，这样的无尽循环会让国家混乱与瓦解。

第五类使国家趋于瓦解的学说是，"每一个臣民在自己的财物方面都掌握绝对私有权，并且排斥主权者的私有权"。固然，每个人的私有权都排斥其他臣民的私有权，但他的私有权只是来自主权者，如果缺乏主权者的保障，所有人就都会对同一物品具备相同的权利。如果主权者的权利遭到了排斥，他就无法履行人们托付的攘外安内的职责，这样一来，国家也将不复存在了。

如果臣民的私有权不得排斥主权者对他们的财物所享有的权利，那么就更不得排斥司法机关和执行机关对他们的财物所享有的权利，因为这些机关也代表主权者本身。

此外还有第六类宣扬"主权可分"的学说，它直接地反对国家的实质。为什么说分割国家权力就等于让国家瓦解？原因就在于，分割开的主权各部分会互相倾轧。那些法律专家常致力于让人们听信自己，而不是听信立法权力的学说。

和错误的学说一样，邻国的不同政体也会让人们产生改变本国体制的想法。犹太人民就是因此背弃了上帝，并且去往先知撒母耳那里，要求他按其他国家的方式为本国立一位国王。希腊那些规模较小的城邦也一直受到贵族制和民主制两派的扰乱和煽动，基本上所有城邦中都有一些人试图效仿斯巴达人，另一些人则试图仿效雅典人。我完全相信，相当一部分人都满意地旁观着英国近期因为仿效低地国家[1]而引发的骚动。在他们看来，要让国家富足，只需要效仿别国变换一下政体就足够了；因为人类天生喜欢追求新奇，如果邻国是因此而走向富足的，他们就会受到鼓动，很容易

---

[1] 低地国家：荷兰、比利时、卢森堡的合称。

听从那些劝他们做出改变的人。在改变刚开始的时候他们都满心欢喜，但若动乱持续下去他们就会陷入痛苦，就像急性子的人会用指甲抓挠发痒的地方，直到无法忍受疼痛才停下。

至于专门针对君主制的叛变，最常见的原因就是阅读了古代希腊人和罗马人的政治与历史书籍。青年人和其他那些无法用坚定的理性"解毒"的人，读了这些书籍后，会对军队统帅者斩获的显赫战功产生深刻且绝佳的印象，发自内心地认同他们的一切行为，并想象这一繁荣盛景完全来自民主制度，而非个人对胜利的争夺与追求，却没有考虑到因为民主制度的不完善而时常发生的反叛和内战。我认为，人们之所以读过这类书籍后就想杀害君主，是因为古希腊与古罗马的著作家们有关政治的名著和论述教会了人们，只要先将君主冠以暴君之名就能使杀死君主的行为变得合法且值得赞许。他们没有将"杀死君主"称为合法的行为，而是将"杀死暴君"称为合法的行为。在君主制下生活的人还会从书中看到这一观点，即"民主制下的臣民能够享有自由，而君主制下的臣民则都是奴隶"。对此我想说，只有生活在君主制下的人会认同这一观点，因为生活在民主制下的人会认为这是无稽之谈。总而言之，我实在是想不出，还有哪些是比不经谨慎学者的修正并剔除毒害就允许这些书籍被公共传阅更能危害君主制的事了。我坚定不移地将这种毒害比作医生说的狂犬病或恐水症，被咬伤的人会持续受到干渴的折磨却又厌恶水，就好像毒害要把人变成狗；所以当君主制被那些张牙舞爪的民主制作家咬伤时，它就需要一个强硬的君主，但又会因为某些"恐暴君症"而畏惧强硬统治，所以当人们有一个强硬的君主时就会产生厌恶。

就像有些宗教学者说人有三个灵魂那样，有些人也觉得国家不只具备一个灵魂，即不只有一个主权者，并支持"至高权"（supremacy）与"主权"（sovereignty）对立，"教规"（canons）与"法律"（laws）对立，"灵权"（ghostly authority）与"俗权"（civil authority）对立。他们用一些本身不具备实际意义的词语和差异来操控人民的意识，并用它们的模糊性向人们展现出另一个不可见的王国，就好像一个在黑暗中的、灵的王国。既然世俗权力与国家权力是一回事，而最高权力、制定教规和授予教职的权力也能代表一个国家，那么就能得出如下结论：如果某地区有一个"主权者"，并且还有一个"至高权者"，前者可以制定法律，后者可以制定教规，那么对臣民而言就相当于存在着两个国家。这就会导致王国的分裂，并使它无法继续存在。即使我们能够做出"灵界"（ghostly）和"俗界"（temporal）这样没有意义的区分，它们仍然算是两个王国，每个臣民也仍然要服从两个主人。既然灵权有权宣布什么是有罪的，那么它也有权宣布法律，因为罪的定义就是违犯法律；如果俗权也声明自己有权宣布法律，那么臣民就要同时服从两个主人。这两个主人还都要求人们将自己的命令当成法律遵守，但这显然是不可能的。如果只有一个王国，那就要么是俗权服从灵权，从此只有至高权而无主权；要么灵权服从俗权，从此只有主权而无至高权。所以，如果这两方权力彼此敌对，国家就一定会陷入内乱与瓦解的危机。因为世俗王国更为清晰可见，对自然理性而言更为清楚明确，所以它自身虽然无法做出选择，却也能吸引到绝大部分人；至于灵界王国，即使它只存在于经院学派的晦涩言辞中，但因为人们对黑暗与鬼神的恐惧超过了任何事物，就必然会吸引到一群能扰乱甚至毁灭国家的人。用灵界王国类比人类自然身体上的癫痫是恰当的，犹太人觉得这种病是被鬼附身导致的。这种病就是某种超自然的鬼怪冲上头部，在神经的根部产生阻碍并使其猛烈运动，夺走了大脑中出于灵魂的自然运动，并在身内造成猛烈且异常的运动，这种运动人们一般称为痉挛；这样下去，患了这种病的人就像失去了一切感官一样，进入水火都不自知。于政治身体而言也一样，如果一个国家的四肢是由灵权通过作为神经的"天罚"或"神恩"加以操控，并通过罕见、艰涩的话语迫使人民理解，而不是通过作为国家灵魂的世俗权力操控，那么就一定会导致人民分裂，并导致国家在压迫中解体或燃起内战之火。

有时在纯粹的世俗政府里也存在不止一个灵魂，例如，作为给养官能的征税权由全体会议决定；作为运动官能的行动和指挥权由君主决定；作为理性官能的立法权，不仅需要上述两方，还需要第三方的参与。这会让国家陷入危险，有时是因为缺乏能被共同认可的优良法律，但最常见的情形还是因为缺少了生命和运动所必需的营养。几乎没有人能认识到这种政府压根算不上政府，而只是将国家分成了三个集团，然后称之为"混合君主制"（mixed monarchy）。事实上这都不能算一个独立的国家，而只是三个各自独立的集团，其代表人也不止一个，而是有三个。在上帝王国中有三个人格代表人不会影响上帝的完整统治，但是在人类王国中这三个人就会各执己见，因此是行不通的。所以，如果由国王担任人民的人格，全民议会也担任人民的人格，而另一个议会再担任另一个群体的人格的话，他们就不算独一人格也不算独一主权者，而算是三个人格与三个主权者。

我无法将这种国家的非正常状态与人类自然身体上的疾病做出准确类比。我曾见过一个人，他的身体侧边另长出另一个人，有自己完整的头、手臂、胸膛与胃，如果这个人的身体另一侧再长出一个人，那么这个类比就十分恰当了。

现在我已列举出了国家中最为严重的疾病与迫在眉睫的危机。此外还有一些没那么严重，但也值得一提的疾病。首先就是在国家有需求的时候——尤其是在开战之前——筹集钱款的困难，这种困难来自"每个臣民对自身土地和财物的私有权都排斥主权者对这些事物的私有权"这一观点。由此就会出现这样的问题，当主权者预见到国家的需求与危机时，却发现民众对税收的抗拒妨碍了钱款进入国库；当他正要竭尽全力应对危机以求防患于未然的时候，却被一再拖延，直到拖无可拖时才艰难地对民众用上法律手段，但也只能得到微不足道的钱款。如果不敷支出，主权者就只能强行施展暴力手段，为当前的需求打开供给渠道，否则国家就会面临灭亡。在多次采取这样的极端方法后臣民就被驯服了，否则国家也就一起灭亡了。根据这种情况，我们能恰当地将这种疾病比作疟疾：疟疾会使血肉凝结或使有害物质堵塞血管，这就会导致静脉血管在按照自然循环向心脏输送血液后，无法得到动脉血液的补充。因此病人会先打一阵寒战，并且四肢发抖，之后又伴随发热。心脏在这时会尽力为血液打通道路，在道路被打通以前，心脏或许会稍微冷却并恢复精力。如果心脏足够强健，就最终可以冲破被阻塞的地方，将体内的有害物质随着汗液发散出去；如果心脏过于虚弱，病人则会死亡。

有时候国家的疾病与肋膜炎非常像，就是国家的公款按照既定用途支出，却因为垄断或包税而大量汇集到一个人或少数人手中；就像患肋膜炎的时候，血液流进肋膜产生炎症，并且伴随着发热与刺痛。

此外，有权势且受拥戴的臣民对国家来说也是危险的疾病，除非国家能严加关注他们是否忠诚。因为人民的行动本应通过主权者的权力引导，但是野心家们却通过自己的名望与吹捧，导致人们不再遵守法律，反而听命于一个品德与目的都未知的人。通常而言，当这种情况发生于民主制中，比发生于君主制中更加危险，因为掌握了强大武力且人数众多的军队更容易得到信任，让人们认为他们能够代表人民。譬如尤里乌斯·恺撒，本来是被人民推举出来对抗元老院的人，但是在取得了军队的支持后，反而让自己变成了元老院与人民的主人。对受到拥戴并且有野心的人而言，这种行为就是直接叛变，其效果可与巫术相比。

国家另一弱点就是过于庞大的城镇，如果城市的规模过大，它就要吸纳经费与人民来组建有力的军队；自治市数量太多也是一样的情况，就像大国内部存在着很多小国，这种情况也可以比作人类肠胃里的蛔虫。在这一方面我们能再进行补充：自称政治才能非凡的人有质疑绝对主权的自由，虽然这种人通常来自底层民众，但因为受到了错误学说的煽动，会持续地干预基本法并影响和扰乱国家。这可以类比医生说的蛔虫。

另外我还需要补充的病症是，扩张统治且永不满足的欲望，或称βουλιμία（暴食症），以及与之相伴的、由敌人攻击造成的不治之伤；另外还有许多"瘤子"，即未经整合的征服区域，它们通常会变成负担，留着比丢掉更危险。同样，安逸怠惰、过度浪费以及做出无效开支也都算是病症。

最后，如果在内乱或对外战争中敌方取得了最终的胜利，本国军队无法再守疆场，忠于本国的臣民也无法获得更多保护，国家就瓦解了，所有人也都有了各行其是以自保的自由。因为主权者是公共灵魂，带给国家生命与运动，当他死亡以后，四肢就不再被它控制，正如人的尸体不会被离体的灵魂控制，即使这灵魂是不朽的。虽然主权君主的权利不会因为其他人的行为而丧失，但是臣民的义务可能会因为其他人的行为而丧失。原因在于，失去保护的人会从各处寻求保护，而当人们获得保护之后，就不应该虚假地装出因为恐惧而投降的样子，而是有义务去尽可能长久地保护自己的保护者。但是对议会而言，当它的权力被镇压时，它的权利也就随之彻底消散了；因为，既然议会本身已经不存在了，也就不再有重新掌握主权的可能。

第三十章

论主权代表人的职责

无论主权者是君主还是议会，其职责都由人们授予主权的目的决定，即保卫人民的安全。按照自然法，主权者必须履行这一义务，并且只对制定了自然法的上帝负责。但这里讲的安全并不单指保卫生命，还包含了所有人在付出合法劳动且不与国家利益冲突的条件下，能够在生活方面获得的其他满足。

为了实现这一点就应该做到，除了对每个发起诉讼的人施加保护使其免于伤害之外，不再另加照顾；而是要按照一种整体规划，实施包含了学说与实例的公共教导，并制定和执行一种优良的法律，以使个体能够应用于自己的事务。

如果第十八章中列出的主权的基本权利被夺走了，那么国家就会瓦解，每个人就又回到最初彼此为战的灾难状态，这就是人生在世最大的苦难，所以主权者有责任维持这些权利的完整。因此，以下几种行为与他的职责相悖：第一，直接放弃权利或将权利转让给他人。因为放弃手段就等于放弃目标，如果主权者放弃了手段就等于要服从市民法，并声明放弃最高司法权、战争讲和权、判定国家需求的权力、依照自己的意志决定是否征兵的权力、确定税款征收时间与数量的权力、指派战争与和平时期的官吏与大使的权力、指派教师的权力以及检验学说是否利于人民的防卫、和平与福祉的权力。第二，让人们不了解或误解其基本权利的基础和来源。因为这会导致人民容易被诱骗，并且有可能在国家需要人民时转而反抗主权者。

这些基本权利的基础和来源，必须明确且不厌其烦地教授给民众，因为它们是无法靠市民法或合法惩罚的威慑力维系的。任何针对主权者基本权利的抵抗都等同于反叛，那么禁止臣民反叛的市民法，如果没有依据禁止背信的自然法就无法产生任何约束力。如果人们不理解这种自然的约束力，也就无法理解主权者制定的任何法律；至于惩罚，人们则完全会将之视为敌对行为，因此当他们认为自身力量足够时，也会试图用敌对行为使它失效。

我曾经听到有人说："正义徒有虚名、别无实质，无论在战争状态还是国家中，人能以武力或技巧取得的东西都属于他自己。"而我曾清晰地证明过这个观点是错误的。有些人则仍然保持着这一想法："没有任何基础或理性原则能让主权变得绝对。"原因是，如果它们存在就一定能在某处找到，但我们却发现，至今尚未有任何国家质疑或挑战这一权利。在这一问题上他们的论点糟糕至极，就好像美洲的野蛮人不相信世上有任何基础或原则，能让房子与建造它的材料存在得一样久，原因只是他们从未见过建得这样完美的房子。在时间与人类辛勤劳动的共同推动下，每一天都有新知识产生；优良的建筑技艺源于理性原则，但这些原则是在人类懂得如何建筑很久之后，才被那些研究材料性质、形状和比例等不同作用的勤劳之人发现的。因此，人类在开始建立国家很久之后，才能从不完善且容易重归混乱的诸多尝试中，通过勤奋地思考找出了不被外力破坏的前提下使国家永存的理性原则，也就是我在前面探讨的那些理性原则。至于那些掌握权力之人是会发现并利用它们还是会忽视它们，我现在已经不太关心了。就算我提出的这些原则不算理性原则，我也能保证它们完全是从《圣经》的权威中引申出的。我会在谈论那些被摩西统治且与上帝立约的特殊选民及上帝王国时进行详细解释。

但是，还会有人说："就算这些原则是确凿无误的，以普通人的能力也难以理解。"如果在某一王国中，有钱有势的臣民和最博学的臣民对这些原则的理解都与普通人相差无几，那我就应该感到高兴。众所周知，与其说这些原则内容艰深，不如说是因为人们没有学习的兴趣。有权之人无法接受能够建立权力并约束其欲望的事物，博学之人则无法接受能揭示其错误并削弱其权威的事物；如果普通人的意识尚未被其依附的有权之人玷污，也没有被其教导者的观点涂乱，那么就会像一张白纸，能接受公共权力对它的一切拓印。难道整个民族都要默然接受基督教那些超出理性之外的伟大奇迹吗？难道数百万人都要被迫相信"同一物体可以在数不尽的地方同时存在"这一与理性相悖的道理吗？难道不能通过世俗法律保护下的教导与宣讲，让人们接受那些与理性相符的、不带偏见的、人听之即懂且无须研究的事物吗？所以我总结出，如果主权者的权力完整无缺，那么除非他们自身或任命的大臣在治国理政方面出现了失误，否则教导人们接受这些主权者的基本权利——自然法或基本法——是不存在任何困难的。因此，主权者就有义务让人们接受教导，而这也不仅仅是他的义务，同样是他的益处，更是在叛乱中抵御危险、保护自身自然人身份的保障。

接下来，我们回到教育民众的具体问题上。第一，应当教导人民不得看轻本国的政体而偏爱邻国的政体，也不得因为其他政体当前的繁荣景况而意图更换本国的政体。因为一切贵族制或民主制国家的繁荣都不源于政体类型，而是源于臣民对政府的顺从与配合；君主制国家亦然，它的昌盛不源于一人掌握了统治权，而是源于臣民顺从于这一人的统治。无论哪种政体，如果其人民不顺从、不和谐，那么国家就无法繁荣昌盛，并且会在短时间内瓦解。那些不服从于主权者而一味要求改革国家的人，终将发现是他们自己亲手毁掉了整个国家。就像寓言里珀琉斯的几个蠢女儿那样，她们想让已经老去的父亲重回青春，就信了美狄亚的话，将父亲切成碎片放到锅里与奇异的草药一同炖煮，但是这显然不可能让他重获新生。这种对变革的欲望违背了上帝的第一诫，上帝在这条诫命中强调了："除了我以外，你不可信别的神。"并且在其他部分中提到了"国王就是神"。

第二，应当教导人民，无论属臣或非主权议会享有多高的地位或在国家中多么耀眼，人民也不得因为仰慕他们的德行就将对主权者的尊敬与顺从也用在他们身上，因为他们只能在特定的职位上代表主权者。并且，人民只能接受他们通过主权授权传达的事物，而不能接受任何出于他们自身的事物，否则，主权者就没法像自己应该做到的那样爱自己的人民——这不是出于妒忌而是出于痛苦，痛苦于人民对他们的吹捧以及人民被他们诱骗走的忠诚。他们常常以秘密或公开的方式引诱民心，不仅在教堂中以传教士的身份为人民证婚，甚至还会在公共场合为人民证婚。这些行为可以类比于破坏了十诫中的第二诫 [1]。

其三，根据上一条，应当告知人民，无论主权者是个人还是议会，说他们的坏话、对他们的权力发出诘难或者以不敬的方式称他们的名字都是极大的错误。因为这样会导致主权者被他的人民看轻，也会削弱人民的顺从，而这正是国家安危所系。第三诫 [2] 已经把这条道理用相似的方式说明了。

其四，如果不能经常在日常劳动中分出时间并派专门人员教导人民，那么一代过后人民就记不住那些应该被教导的事物，也不知道主权属于谁。所以就必须安排特定的时间让人民聚在一起，并在他们完成对上帝（即主权者们的主权者）的祈祷与赞美后，听专门人员宣讲他们的义务并向他们宣读、解答与所有人息息相关的成文法，让人们记住立法的主权者。为了

---

[1] 第二诫：你们不得为自己制作偶像，也不得为天上、地上和水中的生物制作偶像。你们不得跪拜、服侍它们，因为我是你们的神，是会嫉妒的神。那些恨我的，我将惩罚他们，从父到子再到其后两代。那些爱我且谨遵我命令的，我将慈爱他们千代。

[2] 第三诫：不得妄称神的名。凡是妄称神名的，神必将惩罚。

实现这一目的，每周第七天都被犹太人定为安息日，届时会宣讲并解答法律。在这场神圣且肃穆的仪式中，人们会铭记，在六天内创造这个世界并在第七天休息的上帝就是他们的国王；将他们从埃及人的奴役与艰苦的劳作中解放出来并赐予他们休息的上帝就是他们的国王。当人们衷心认可上帝后，就有合法取乐的时间。因此，第一法版[1]用全部篇幅记录了上帝作为犹太人的神以及按约成为国王的一切绝对权力；它能提示那些通过人们的同意获得主权权力的人，让他们明白自己应该以什么样的教义教育臣民。

由于子女最初接受的教导来自父母，因此当处于父母管教下时就应该服从他们；不仅如此，他们在未来也应该依据自然法的感恩原则，通过话语或行为向教育了他们的父母表达尊敬。为了达到这个目的，就应该教导人民：最开始时，父亲就是他们的主权者，掌握着生杀的权力；在按约建立国家之后，家庭中的父亲就辞去了这一绝对权力，但这并不意味着他们失去了因为教育子女而应当获得的尊敬。原因在于，获得子女尊敬的权利与主权完全不冲突，并且，如果人们从子女那里获得的利益还比不上从别人那里获得的利益，那么人们就没有理由生养子女并且尽己所能地养育和教导他们了。在这一点上，第五诫[2]与之相同。

并且，所有主权者都应该将正义教导给他的臣民，这一美德的本质正是不夺取他人的所有物，也就是说，教导人们不得以暴力或欺骗的方式夺取主权规定属于他人的物品。在个人的所有物中，最珍贵的就是自己的生命和身体；其次对大部分人而言是夫妻之爱；再次则是财物与谋生手段。因此，主权者就应当教导人们，不得出于私仇对他人施暴、不得破坏他人的夫妻感情以及不得强夺或偷骗他人的财货。为了实现这些，还需向人民说明因法官或证人的腐败导致的错误判决的恶果，即混淆了私有权的区别并使正义失效。这些都包含在第六诫、第七诫、第八诫与第九诫[3]中。

最后，应当教导人们不义之行与实施不义之行的计划与意图，即恶行与恶念都是不义的，就算它们被偶然地阻碍而未能实施也同样是不义的。

---

[1] 法版：传说中犹太民族的圣物，是两块刻有十诫的石板，第一块法版记载了四条诫命，另一块记载了六条诫命。

[2] 第五诫：你们应当尊敬父母，这样就能在神赐予的地上延年益寿。

[3] 第六诫：不可杀人。第七诫：不可奸淫。第八诫：不可偷盗。第九诫：不可做假证陷害人。

这就是第十诫的目的，并记录于第二法版中；就像第一法版的记录被归纳为"爱上帝"一样，第二法版的记录也全部被归纳为一条要求人们互相关爱的诫命："爱邻如爱己。"书写法版的时候犹太民族才接纳了上帝作为他们的王。

在探究人们接受这些教导的方式和途径前，我们应当先探究，这么多基于脆弱且错误的原则且有悖于人类和平的观点，到底是以何种方式扎根于人民心中的。这些观点就是我在上一章里提到的："人能够通过自己的良知，即私人判断而非法律来判断什么是合法与非法"，"除非臣民自己判定国家的命令合法，否则遵守这些命令就是有罪"，"他们对自身财物的私有权可以排斥国家对这些财物的权力"，"臣民杀死他们称为暴君的君主是合法的"，"主权可以被分割"，等等。这些观点应该是这样灌输给人民的：人类主要由两类人构成，一类出于必然需求或贪图金钱而将全部精力投入了自己的事业与工作，另一类则是因为怠惰荒淫而把精力浪费在感官享乐上，这使得他们无法深思。而深思不仅在研习自然正义的事物时不可或缺，在学习其他种类的科学时也不可或缺。所以他们得到的关于自身义务的概念，主要来自神职人员的讲授，还有一部分则来自那些讲话有条理、令人信服、看上去更智慧并且在法律与良知方面更有研究的邻人。而神职人员与其他炫耀学识者的知识则来自各个大学和法律学院以及其中杰出人士的出版作品。因此，显而易见的是，教导人民的关键就在于正确且恰当地教导学院中的青年。但是还会有很多人提出疑问："难道英国大学里的学问不足以教导青年吗？难道要你霍布斯到大学执教吗？"这些问题着实刁钻，但我能不假思索地回答第一个问题。在亨利八世晚期，赞同教皇权力并且驳斥国家权力的人主要来自各所大学；在大学里接受教育的法学家与传教士抱持的反对君主主权的学说可以为此提供充分的证据，即就算大学没有提出这些错误学说，它也不懂如何播种真理。这种观点上的冲突明显地体现出学生们尚未受到充分的教导，因此，他们仍沾染着这种反对世俗权力的习气也就不足为怪了。我没必要，也不适合对此加以褒贬，因为所有看到我的论述的人都能轻易地理解我的想法。

若要保障人民的安全，就更需要主权君主或主权议会无分贵贱一视同仁的公正判决了。也就是说，要让被侵害的人不分贵贱都能得到法律的保障，而暴力、侮辱或任何形式的伤害，无论是由有权势的人对平民做出的，还是反过来，都得不到任何脱罪的可能，这就是公平。既然公平是自然法的原则之一，那么君主也要像他的臣民一样遵守。一切违法的行为都是对国家的侵害，并且还会侵害到个人。对国家利益造成侵害的人，有可能得到不与公平相悖的赦免，因为他对国家的侵害就是对自己的侵害，所以可以赦免自己；但是，若侵害了其他人的利益，那么给不出合理的赔偿或得不到受害者的同意，就无法得到公平的赦免。

因为臣民间的不平等来自主权法案，所以对主权者而言人们都是平等的，法庭对臣民也都一视同仁，一如万王之王上帝对君主和臣民的一视同仁。地位更高之人的荣誉，只从救助地位更低之人的善行中获得。他们犯下的暴行、剥削与侵害不会因为地位高就被免罪，反而会得到更重的惩罚，因为他们最不应该做出这种事。偏袒地位高的人会带来这样的影响：免罪带来傲慢，傲慢滋生仇恨，仇恨则会使人们不顾国家的毁灭，极力将压迫人的傲慢上位者毁灭。

正义的平等包含税收平等。税收平等不在于财富平等，而在于每个人都因为受到了国家的保护而背负平等的债务。仅靠劳动无法维系人们的生活，在有必要时还需要通过战斗保护自身的劳动成果。人们要么像脱离囚房的犹太人那样，在重建神殿时一边练兵一边营造，要么就必须雇佣别人来替他们战斗。所以主权者在人民那里征的税款全都充作了军人的工资，并以此保卫每一个人的生计与事业。这样看来，无论贫富，每个人都能平等地享受生活，他们也就对自身得到的保护负有相同的债务。但是，如果富人雇用了穷人，那么富人就不只是自己的负债人，同样还背负了许多人的债务。考虑到这一点，税收的平等就在于消费，而不在于消费者拥有的财富。比如，某人通过勤勉劳动而收入颇丰，但他很少消费，都积蓄了下来；另一个人则怠慢劳动，收入较少却又消费颇多，那么，既然没有得到国家的更多保护，前者凭什么要交更多的税呢？如果国家是按人们消费的物品征税，那么每个人就都要为自己使用的物品平等交税，国家就不会因为个人的奢侈浪费而蒙受损失。

很多人会因为无法避免的偶然事故而不能继续通过劳动维持生活。他们不应被交由私人救济，而应该根据自然法的必要要求，由国家制定相应法律进行供养。因为任何忽视弱者的人都是无情的，如果国家不加以照顾，而是将这些人留给缺乏保障的私人救济，那么就也是无情的。

对身强力壮而不事劳动的人而言情况则不同。他们会被强制参加工作。为了解决任何以找不到工作为借口而不事劳动的情况，应该制定一些法律来激励人们从事航海、农业和渔业等技术行业，以及其他各类需求劳力的制造行业。如果强壮而贫困的人口不断增长，那就应该让他们移居到那些没什么人住的地方，而且要禁止他们杀害该地的原住民，并且要让他们比邻而居，还要禁止他们占据过多的空间或随意取走自己找到的东西，并且要让他们通过技艺与劳动，在每一小块私人土地上进行种植，随时节收获自身所需的事物。当世界上人口过多时，最后的解决方法就只有战争，而每个人的结局就只有胜利或死亡。

制定优良的法律也是主权者关注人民安全的方式。但什么是优良的法律呢？我说的"优良的法律"不是指"公正的法律"，因为法律都必须是公正的。法律由主权者制定，而他的权力源于每个人的授权与认可，所以每个人都认可的就是公正的。国家的法律就像游戏的规则，玩家们都认可的规则就是公正的。优良的法律就是为人民的良好生活所必需的而且清晰明了的法律。

法律就是被授权的规则，它不是用来限制人们的自主行为，而只是为了引导并保护他们，让他们不被源于自身冲动欲望的鲁莽和轻率行为伤到。就好像设置树篱并不是为了阻碍行人，而是为了让他们走在正确的路上。不必要的法律就不算优良的法律，因为它不包含法律的真实目的；某一条只为主权者的利益而立的法律也可能是优良的，尽管它不是人民必需的。但这里的情况有所不同，因为主权者和人民的利益不可分割：主权者弱小则臣民弱小，臣民弱小则主权者缺乏以自身意志施行管理的权力。非必需的法律就不是优良的法律，只是敛财的圈套罢了，因为它在主权权利被认可的地方显得多余，在主权权利不被认可的地方又无法有效地保护人民。

法律的清晰与明确不在于文字，而在于公布出的立法动机与原因。也就是说，法律展示了立法者的意图，若人们能理解他的意图，那么表述法律的文字越少反而就越更方便理解。因为任何文字都有模糊性，所以文字越多模糊性也就越大。此外，这似乎在暗示只要能规避文字就能瞒过法律，也因此而产生了许多不必要的诉讼。但是，我一想起古代的法律是如何简短，而后又慢慢变长的时候，似乎就看见"撰法人"（penner）与"讼师"（pleader）的争执，前者试图约束后者，而后者试图避过前者的约束，并最终由讼师取胜。所以，每一个立法者，也即国家的最高代表人（君主或议会），就必须讲清楚制定法律的原因，法律的条文则应当尽可能地简短，并尽可能地使用文字的本义与准确意义。

合理地实施惩罚与奖赏同样属于主权者的工作，因为惩罚的目的不是复仇或泄愤，而是纠正违法之人与他的仿效者，所以最严格的惩罚就应该用在对公众损害最大的罪行上。这类罪行有一部分出于对现存政府的恶意，一部分出于对法律的蔑视，一部分出于引发了众怒，还有一部分则出于因为未遭受惩罚而认为自己的行为得到了许可，比如犯罪者是主权者的子嗣、仆从或宠臣等。众怒不仅会使人民反抗这一不义行为的代理人和授权人，还会使人们反抗试图保护他们的权力，就像塔昆因为自己儿子的鲁莽行径而被剥夺君权并逐出罗马。[1] 但若罪行出于人性的弱点，如暴怒、极大的恐惧、迫切的需求以及不清楚某件事是否是严重的罪行，如果未对国家造成损害，往往就可以得到宽大处理。对这些情况进行宽大处理是自然法的要求，如果有叛乱的情况，就应惩罚叛乱的领头人与教唆者，而非那些可怜的受骗者，这种惩罚能够杀一儆百，让国家获益。苛责人民就等于是惩罚他们的无知，而他们的无知则要归咎于未做出良好教导的主权者。

相似的，主权的职责还有，将奖赏用在那些能为国家带来益处的事物上，这就是奖赏的用处与目的。如果主权者能以较少的国家财产换取尽可能大的回报，就能使他人受到鼓舞并更尽心地服务国家，更卖力地研究，不断提升自己的技艺。这样就达到了奖赏的用处和目的。

但是，用功名利禄收买颇有声望而有野心的臣子，让他保持沉默并不再给人留下深刻印象，就和奖赏的本质大相径庭了，因为奖赏为的是让臣民助益国家，而非损害国家。而且这也不是在表达感谢，而是在表达畏惧，它对公众无益且有害。这样和野心的争斗，就像赫拉克勒斯和水怪海德拉[2]的争斗，每次砍掉它的一个头，它都会重新生出来三个。相似的，如

---

[1] 塔昆：又译塔尔坎、塔尔坤等。塔昆是罗马最后一位国王，其残暴的统治令人们不满。其子塞克斯特斯玷污了一位贵族妇女卢克丽霞，卢克丽霞则因为不堪其辱而自杀，这一事件引起贵族们的强烈反抗，将他逐出罗马。

[2] 海德拉：希腊神话中的九头蛇怪，被砍下的头会再生，而中间的头是永生不死的。赫拉克勒斯遭人陷害，错杀了自己的妻女，为了赎罪，他接下许多艰难危险的任务，杀死海德拉就是其一。他砍下蛇头后用火把灼烧，使其无法再生，最后将中间的头用巨石压住，由此完成了任务。

果一个有声望的人顽固地同政府作对，政府却为了平息他的行为而给出奖赏，那么就会出现更多效仿他作恶并希望得到好处的人。恶意可以比作工艺品，销路越好就生产得越多。即使能通过这样的方式延缓内乱，危害也只会越来越大，同时公众也一定会因此受害。因此，如果主权者奖赏了那些企图通过扰乱国家和平而飞黄腾达的人，却不能防微杜渐，这些人就会日益滋蔓，危害也日益增大，主权者也就违背了保障公众安全的责任。

　　主权者的另外一个职责，就是遴选优秀的"建议者"（counselor）。我说的建议者，就是为国家的治理建言献策的参议员。"建议"（counsel）一词，拉丁文是consilium，是从considium演变而来的，其含义非常宽泛，可以理解为"一群人坐在一起，不仅要决定将来要做的事，还要评判之前完成的事以及当下的法律"。我在这里只使用它的第一种意义，即"决定将来要做的事"。在这一意义下，民主制与贵族制中都没有参议员，因为参议员本身就是咨询者中的一员，所以只在君主制中才有参议员。而在君主制中，如果君主没有在各项事务上都遴选出最有能力的人，就等于未尽到责任。最有能力的参议员，一般是最不可能从坏的建议中获益的人，也是在有益于国家安全与防卫的事务上最有学识之人。但是，我们很难得知谁才期待从公众的混乱中获益；有一些迹象能引出正当的怀疑，比如说那些收入不足以维持日常开销的人却在人们发出无理或无法挽回的抱怨时站出来表示安慰，了解内情的人可以轻易地发现这类迹象。但是，想知道谁在公众事务方面最有学识则更为困难，知道这些人选的人，往往也不需要他们。因为，要想知道谁最了解某一技艺的规则，就必须先在这一领域里掌握相当多的专业知识，因为不理解这些知识的人不可能确定他人掌握的规则是否正确；若想掌握关于任一技艺的知识，最好方式就是浸淫其中并持续获得教益。好的建议不是抓阄抓到的，也不是祖上传下来的，期待富贵之人在国家政务方面提出建设性建议，就像是期待他们在城堡测绘方面提出有用的建议一样，毫无道理；除非我们承认研究政治学与几何学不需要任何方法，只需要在一边看着就行——事实当然并非如此，在这两门学科中政治学的难度反而更高。在我们这边的欧洲国家中，将世袭最高政府机构里的官职视为某一类人的特权这一传统源于古日耳曼人的征服。古日耳曼的许多独立领主曾联合起来征讨其他的民族，如果那时不设立某些特权作为区别他们的子嗣与臣民子嗣的标识，他们就不愿意结盟。这些特权与主权无法共存，但因为主权者赞同才保留了下来。如果他们想从这些特权中争取自身的权利，就必须逐渐放弃这些特权，并最终只靠自身的能力来获取荣誉。

无论参议员有多善于处理政事，他们对每个人单独提出的建议和相关的理由都比在议会中以演讲形式提出的建议更为有益；经过他们事先考虑的建议也比突然讨论出的要好。因为，事先的考虑不仅能提供更多的时间来全盘考虑行为的结果，也能更少地被不同意见的交锋带来的嫉妒、模仿以及其他情绪影响。

当不涉及其他国家，只涉及国内臣民依法享有的福祉与和平时，最佳的建议就应该取自各省人民的汇报与投诉。臣民是最清楚自身需求的，所以只要他们没有要求废除任何主权者的基本权利，他们的建议就应该被认真听取。原因与我之前讲过的一样：国家一旦丧失了基本权利，自身也就不复存在了。

如果一支军队的统领不得人心，他就得不到应有的爱戴或敬畏，因此也不能很好地履职。所以，他必须勤奋、英勇、和蔼、宽容且幸运，才会被人们认为是称职且爱兵如子的，这就是所谓的"得人心"。得人心会催生士兵们博取统领青睐的渴望和努力，并在有必要惩罚背叛或失职的士兵时维护将军的威严。但是，如果不关注统领的忠诚，那么他的爱兵如子就是对主权者的威胁，当主权被尽失人心的议会掌握时就更是这样。为了人民的安全，主权者授权掌管军队的人不仅应是一个优秀的指挥官，更应是一个忠诚的臣民。

但若主权者自己就得人心并深得其臣民的尊敬与爱戴，那么得人心的臣民就不会对他造成任何威胁。因为士兵们不至于不义到在敬爱主权者的为人与事业时，仍要和自己的长官一起反抗他。所以，那些通过暴力手段剥夺主权者合法权力的人，都要先费一番工夫为自己正名，然后才能坐上主权者的位置，让人民不会耻于他的作为。对主权掌有众所周知的权利本身就是得人心的表现，因此主权者只要能完全管理好内部事务就足以使人民归心。而在对外时，如果能击溃敌军，甚至能使敌人归顺，因为人类天性中最显著且最活跃的部分就是永不满足于现状。

至于主权者对其他主权者的职责，应该从一般被称为"国际法"（law of nations）的法律中理解。我不需要对此进行讨论，因为国际法和自然法是一回事。每个主权者都有相同的保护其人民的权利，就好比每个人都有相同的保护自己的权利。这一法律对不被世俗政府管辖之人应当做出和应当避免的行为做出了规定，也对国家做出了规定，即对主权议会或主权君主的良知做出了规定。在良知外，这世上就不再有自然法的法庭，因为这里的统治者是上帝而非人类，上帝又是自然的创造者，所以他约束全体人类所用的法律就是自然法；又因为他是万王之王，所以他的法律就是普世的法律。至于与万王之王及其特定臣民的国王相关的上帝王国，我会在下文的其他地方进行探讨。

第三十一章

论自然的上帝王国

纯粹的自然状态，就是既非主权者也非臣民之人所处的绝对自由状态，可以视为一种无政府状态或战争状态。而引导人们脱离该状态的准则就是自然法。如果一个国家不具备主权，那么它就无法真正存在。我已在前文充分证明了，臣民在任何不违反神圣法律的事务上都应该完全地服从于主权者。而在有关"世俗义务"（civil duty）的所有知识中，我们只缺乏对神圣法律的理解；但是，如果无法理解神圣法律，一个人在得到世俗权力的命令时，就无法得知它是否违背了神圣法律。这样下去，要么会因为对世俗权力过于服从而冒犯到"神圣君主"（Divine Majesty），要么会因为害怕冒犯到上帝而违背国家的命令。为了避开这两重障碍，就要明白何为神圣法律。既然一切对法律的认识都出于对主权的认识，那么我将会在下文探讨"上帝王国"（Kingdom of God）。

《诗篇》第九十六篇第一节写道："上帝做王，愿大地快乐。"还写道："上帝做王，万民应颤抖。他坐在天使像上，地应动摇。"无论人们是否愿意，都必须始终臣服于神的权力，人们只会因为否定神的存在或神的意志而变得不自在，却无法挣脱它的束缚。但是，将上帝这一囊括了人类、动物、植物与无生命之物的权力称为王国，仅仅是一种比喻罢了。唯有以话语、以赏赐承诺服从者和以惩罚震慑违抗者等方式管理臣民的人，才真正称得上是统治。所以，无生命的事物或无理性的动物就无法成为上帝王国的臣民，因为它们理解不了神的规矩，无神论者以及那些不相信上帝会管理人类事务的人也不属于它的臣民，因为他们不认同上帝的话语、不期望上帝的奖赏，也不畏惧上帝的震慑。这样看来，只有那些相信上帝将统治世界、相信他向人类指明了规矩并设立了奖惩的人，才能算作上帝的臣民，其他的人则都应该属于敌人。

如果通过话语实施统治，就需要让人们理解这些话语，否则它们就不是法律。因为法律的本质就包含了进行充分且清晰的公示，以免人们用对法律的无知作为借口。人类的法律只能通过其自身的声音宣布与颁发，上帝却有三种公布神圣法律的方式：通过自然理性的命令、通过启示以及通过能够施展奇迹并获得人们信任之人的声音。由此能看出，上帝的话语分为三类："理性的"（rational）、"感觉的"（sensible）与"先知的"（prophetic）。与之对应的接收途径也有三种："正确的理性"（right reason）、"超自然的感觉"（sense supernatural）与"信仰"（faith）。至于超自然的感觉，也即启示或灵感，并没有传达过任何普世的法律，因为上帝只会通过这种方式向不同的人传达不同的事物。

根据其他两种传达方式的区别，即"理性的"与"先知的"的区别，我们可能会归结为有两种上帝王国存在，其一是"自然的"（natural），其二是"先知的"（prophetic）。在自然的上帝王国中，他以出于正确理性的自然命令管理一切接受其命令的人；在先知的上帝王国中，他只选出了一个特定的民族，即犹太民族作为自己的子民，他不仅通过自然理性管理他们，还通过圣贤先知之口颁布实在法来管理他们。在这一章里我将探讨自然的上帝王国。

上帝用于统治人类并惩罚触犯自身法律之人的自然权利不源于他创造了人类，否则就像是他要求人类回报恩德才让人们服从，而是源于"不可抗拒的权力"（irresistible power）。我已在上文讲明了主权者的权利是怎样出于契约的，而要讲明这类权利是怎样出于自然的，我们则只需要讲明它在哪些情况下永远不会被消除。既然每个人都天然具有对一切事物的权利，也就有管辖其他所有人的权利。但是，因为这一权利无法通过暴力获得，人们就抛弃了这一权利，并出于自身的判断和彼此间的同意选出了一个人并授予他主权权力，来管理和保护他们自身。掌握了这一"不可抗拒的权力"的人，会自然地使用它来统治依附者。那么这一能建立人类王国以及能惩罚人们的权利就理所应当地属于"全能的上帝"这一身份，而非"仁厚的造物主"的身份。即使我们说"惩罚"一词的意义是"因犯罪而受的痛苦"，所以惩罚只因罪而存在；但是，令人们遭受痛苦的权利并不来自其自身的罪，而来自上帝的权力。

关于"为何坏人常常能发达，好人反而受困苦"这一问题，古人已有过许多探讨。这与我们提出的"上帝是依据何种权利分配此世之人的祸福"这一问题相同且十分难解，以至于不仅动摇了普通人对上帝的信仰，甚至动摇了哲学家与圣徒的信仰。比如《诗篇》第七十三章第一节至第三节中就记录了大卫的话语："神诚然善待以色列人，善待那些内心纯洁之人。我却险些失足，几乎要滑倒。我见到倨傲之人与邪恶之人发达就心生嫉妒。"即使是正义如约伯这样的人，也会恳切地与上帝争论发生在自己身上的苦难。约伯的苦难是由上帝决定的，但不是出于约伯的罪，而是出于上帝自身的权力。约伯的朋友把他受的苦难都归为他的罪，他则以理性为自身的无辜辩护，上帝也亲自回答了这一问题，并且用"我创造大地根基的时候你身处何方呢？"（《约伯书》第三十八章第四节）这样的话，来说明自己动用权力使约伯受难的原因。这不仅证明了约伯的无辜，也驳斥了他朋友的错误说法。我们的救主在关于天生盲人的问题上也说过类似的话："既不是因为这人犯下了罪行，也不是因为他的父母犯下了罪行，只是要在他的身上体现出神的作为。"（《约翰福音》第四章第三节）虽然可以说"死亡是因为罪才进入此世的"，但这句话的含义是，如果亚当没有犯下罪行就不会死，他的灵肉也就不会分离。但是，我们不能从这一点就推论出上帝没有正当的理由让无罪的人遭受痛苦，就像他不会让无法犯罪的动物遭受痛苦那样。

我们已经讲明了上帝的主权权力只以自然为根据，接下来就要探讨何为神圣法律或何为自然理性的命令。神圣法律要么规定了每个人对彼此的自然义务，要么规定了我们对神圣主权者的尊敬。前者就是我在本书第十四章及第十五章中讨论的自然法，即公平、正义、仁爱、谦逊和其他美德。所以我们之后将要讨论的人类奉命遵守的规范就不仅出于自然理性，也出于上帝的话语，并涉及对神圣君主的尊敬与崇拜。

尊敬包含了对他人权力与美德的内在观点与意见，所以尊敬上帝就是要尽可能地高扬他的权力与美德。这种观点以话语的形式表现出来就是"崇拜"（worship），也是拉丁文 cultus（"培植"之义）的含义之一。cultus 一直被用来指"某人为了获得利益而向任何对象投入劳动力"的行为。这类对象如果依附于我们，那么产出的利益就是我们劳动的自然结果；如果它不依附于我们，却回应了我们的劳动，那么就是出于其自身的意志的行为。在第一种意义下，投入土地的劳动就是"培植"，而投入子女身上的教育就是对他们心灵的"培育"；在第二种意义下，我们不是以武力而是以取悦的方式，使他人的意志服从于我们的目的。这就等于以赞美、认可其权力或其他能讨好目标的方式博得恩惠，也就是"崇拜"的准确意义。在这一意义下，publicola 就应理解为"人民的崇拜者"，而 cultus Dei 就是"崇拜神"。

从人们内心对权力及美德的尊敬中产生了三种激情：首先是爱，这是对美德的激情；其次是希望与畏惧，它们都是与权力有关的激情。还产生了三种外在的崇拜：赞美、夸大与祝福。赞美的对象是美德。夸大与祝福的对象是权力，它们的结果则是福祉。赞美与夸大可由话语和行为这两种方式表达。当我们说"那个人多么伟大"时，就是通过话语来表达；当我们因为感谢某人的恩惠而服从他的权力时，就是通过行为来表达；对他人是否幸福的看法则只能通过话语来表达。

在个人的品质与行为方面，有一些表达尊敬的方式出于自然，如善良、正义和宽容等品质以及祈祷、感恩和服从等行为。其他表达尊敬的方式则出于人们的规定或习俗，在某时某地能够表达尊敬的品质或行为，在他人看来可能就是不敬的，或是漠不关心的。比方说行礼、祈祷与感恩的姿势在不同的时间与地点有着不同的使用方式。在这两种表达尊敬的方式中，前者是"自然的"，后者是"制定的"（arbitrary）。

在制定的崇拜方式中也有两种区别，因为崇拜有时是"被命令的"，有时则是"自愿的"。前者按照被崇拜者的命令施行，后者则按照崇拜者自己的想法施行。受命而为的崇拜，其尊敬并不在于话语或姿势，而在于服从的态度；自发而为的崇拜，其尊敬有时则取决于旁观者的看法。如果崇拜者的本意是尊敬，但话语或行为在旁观者眼里是荒谬且有侮辱性的，那就不是崇拜，因为他未能表达出尊敬。这一行为或话语无法表达尊敬，是因为它们含义不由表达者本人决定而是由旁观者决定。

再者，崇拜也分"公开的"和"私人的"。公开崇拜是国家以统一人格进行的崇拜，私人崇拜则是以个人身份进行的崇拜。公开崇拜对国家而言是自由的，但对国家中的每个个体而言却不是；私人崇拜在秘密进行时是自由的，但若公开进行就难免受到限制，这些限制要么是法律，要么就是舆论，都与自由的本质大相径庭。

人们互相崇拜是为了权力。当某人看到他人受到崇拜时，就会假定这个人有权有势，更容易服从于他，也会因此增长自身的权力；但崇拜上帝就不是为了什么，而只是因为崇拜上帝是我们的义务。崇拜是根据我们的身份以及表达尊敬的规则进行的，这一规则就是：弱者因为期待获利、畏惧伤害和感恩已获得的利益，根据理性的命令崇拜强者。

要想搞清楚如何通过自然的命令获知崇拜上帝的方式，我们就要从上帝的属性说起。第一，很明显的是，我们必须将"存在"（existence）归为他的属性，因为没有人会崇拜自己认为不存在的事物。

第二，一部分哲学家声称世界的灵或世界本身就是上帝，这一说法贬低了上帝并否认了他的存在。因为上帝是世界的起因，如果说世界就是上帝，就相当于说世界没有起因，即不存在上帝。

第三，有些人说世界不是被创造出的，而是永恒存在的，这就是说永恒的事物没有起因，同样是在否定上帝的存在。

第四，一部分人按照自己的想法而赋予了上帝"无牵无挂"（ease）的属性，这就等于说上帝不在意人类，也不在意自身获得的尊敬。这种说法消除了人们对上帝的爱和畏惧，而它们正是尊敬的基础。

第五，在那些体现了上帝的力量与伟大的事物上把上帝称为"有限的"（finite）就是不尊敬他。因为把人类都力所能及的事当成上帝的属性就是不尊敬的表现，而有限的事物就是人类能够完成的，还能在其上继续添砖加瓦。

因此，将"有形"（figure）归为上帝的属性也是不尊敬的，因为任何有形的事物都有限。

说我们能在意识中构想或描摹出上帝的概念是不敬的，因为我们所能构想的都是有限的。

将上帝赋予"部分"（parts）或"完整"（totality）的属性是不敬的，因为它们也属于有限的事物。

说上帝"在这里"或"在那里"是不敬的，因为有"处所"（place）就是受限制的，就是有限的。

说上帝是"运动的"或"静止的"是不敬的，因为它们都是描述处所的属性。

说上帝不止一个是不敬的，因为这一说法暗示了上帝都是有限的，因为无限是唯一的。

如果觉得上帝有着忏悔、愤怒和怜悯等象征着内心不安的激情就是不敬的，除非这是在比喻人的印象，而不是说上帝有激情。认为上帝拥有渴望、欲望和希望，或是拥有其他的负面官能也属于不敬，因为激情是一种受到外部事物限制的力量。

因此，如果我们认为上帝有意志，就不能理解为人类的意志，即一种理性的欲望，而是应该将上帝的意志理解为他用来影响万事万物的力量。

如果我们认为上帝具备视觉等感觉活动，或具备知识和理解能力也是不敬的。因为这些是外界事物对身体器官产生作用而导致的意识活动，上帝没有这些依靠自然原因产生的感觉或思维活动，因此也不能将它们归为上帝的属性。

如果一个人只打算将那些以自然理性为依据的属性归为上帝，要么就必须用无限、不朽和不可思议等表示否定的词，要么就使用最高、最伟大等表示最高级的词，或者是使用善、正义、神圣和造物主等无属性的词。使用这些词也不是为了说明上帝的本质，因为这相当于将上帝局限在我们想象的限度之内，只能表明我们有多仰慕他以及有多愿意服从他。这是谦逊的表现，也是我们尽心尊敬他的表现。因为只有一个词能表达我们对上帝本质的理解，即"我存在"，且只有一个词能够表达他与我们的关系，即"上帝"。后一个名词包含了天父、国王与主这三种含义。

至于神圣崇拜的行为方面，有一条最为普世的理性原则，即这些行为应当体现尊敬上帝的意志。有许多行为能体现这一意志，第一是"祈祷"（prayers）。雕工在雕刻时并不觉得自己能让雕塑变成神，因为只有向雕像祈祷的人们才能让它变成神。

第二是"感恩"（thanksgiving）。它和神圣崇拜时的祈祷只有一个区别，即祈祷在受到恩惠前，感恩在受到恩惠后，这两者都代表着人们认同上帝作为过去以及未来的一切恩惠的授予者。

第三是"祭礼"（gifts），即牺牲和贡品。如果它们是最佳的供品就代表着尊敬，因为它们是为感恩而献上的。

第四，"只以上帝之名发誓"也是一种尊敬的表现。因为这是认同只有上帝才能洞察人心，而且认同没有人能以自己的智慧或力量将一个发假誓的人从上帝的报复中解救出来。

第五，"慎言上帝之名"也是理性崇拜的一部分，因为这意味着我们畏惧上帝，而畏惧就是对上帝权力的承认，所以不可事出无因而妄言上帝之名。除了在发誓、国家下令、无法准确审判案件或规避国际间战争的时候，于其他时候称上帝的名号都是无目的且无意义的。争论上帝的本质是对他的不敬。因为在我们所处的自然上帝王国中，除了根据自然理性也即自然科学的原则之外，就不再有其他认识事物的方式了。然而，这一原则甚至都无法为我们阐明自身的本质，或最微小的生物的本质，更遑论阐明上帝的本质了。这样看来，人类以自然理性的原则争论上帝的属性就是一种不敬，因为我们为上帝赋予的属性中有什么哲学真理的意义不是我们该思考的，我们能予以上帝最大尊敬的虔诚之心的意义才是我们该思考的。对这一点缺乏考虑，就会让人们写出一卷又一卷争论上帝本质的书籍，写出这些书籍的目的不在于尊敬上帝，而只是在尊敬和欣赏自己的智慧和学识，这种缺乏考虑的行为也不过是在滥用上帝的神圣之名。

第六，在祈祷、感恩、献祭或献牲时，自然理性会指导我们选择哪一种最为合适，最能表达我们的尊敬。例如，祈祷与感恩时使用的语句不得是仓促、轻浮且粗俗的，而应是辞藻优美且精心组织过的，否则我们就是没有尽心尊敬上帝。因此，虽然异教徒们崇拜偶像的行为是荒谬的，但使用韵文、声乐和器乐等崇拜方式却是合理的。并且，他们献为牺牲的动物、献上的祭礼和崇拜的行为都充分体现了对他们的神的服从，以及对自身受到恩惠的铭记。因为这些行为都出于敬神的目的，所以都符合理性。

第七，理性指示我们不仅要私下崇拜神，而且更要在公开场合、在众人的面前崇拜神。否则就失去了最受人认可的敬神表现，即设法使他人敬神。

最后，遵守神圣法律，也即遵守自然法，就是最好的崇拜方式。因为比起牺牲，上帝更认可服从，所以轻视他的命令就是最大的不敬。以上这些，就是自然理性指示给每一个人的关于神圣崇拜的原则。

既然国家只有一个人格，那么它也就应该只展现出一种拜神方式，所以国家会命令每个人都参与公开的崇拜。这就是公共崇拜，其特征是统一，因为各人的各色行为并不是公共崇拜。所以，在各种私人宗教的各色崇拜方式都被允许的地方就不存在公共崇拜，也就不能说这一国家信仰了某一宗教。

词语的含义源于人们的约定俗成，同理，因为人们一致认同的某些属性可用于表示尊敬，所以人们也就将这些属性赋予了上帝。在没有法律只有理性的地方，人们能凭个人意志做出的行为，国家也能通过市民法规定，并根据意志来实施。又因为国家本身没有意志，不能制定法律，所以国家的意志与法律都由于主权君主或主权议会。因此，主权者规定为能够表达尊敬且要用于崇拜上帝的属性词，就需要每个个人在公共崇拜中使用。

但并非任何行为的意义都是约定好的，有些行为是自然自发的尊敬表现，有些行为则是侮辱性的。所以后者，也即人们耻于在自己尊敬的人面前做出的事，就不能由人类的权力规定为神圣崇拜的一部分；前者包含的正义、谦逊和虚心等行为也是不可被剥离的。还有无数的行为与姿势，虽然本质上是中立的，但若其中的某些行为被国家定为尊敬的表现，而且需要在崇拜上帝时公开、统一地使用，那么臣民就要加以采纳并遵守规定。《圣经》讲"服从上帝优于服从人"，对按照契约成立的上帝王国而言这句话也是成立的，但对自然的上帝王国而言却无法成立。

我已在上文简要地探讨了自然的上帝王国和上帝的自然法，现在我要在本章对上帝的自然惩罚做一些简要的讲解。人类在此世生活时，做出的每种行为都是极长的后果之链的发端，而没有人的见识高到能看清它的末尾。在这个链条里，快乐和痛苦的事件都连在一起，这种连接使得任何意图享乐之人都要忍受与之相伴的痛苦；这些痛苦就是对他的行为的自然惩罚，因为这样的行为往往是弊大于利的事件的开端。所以就会有如下情形：纵欲自然会受到疾病的惩罚，鲁莽自然会受到不幸的惩罚，不义自然会受到敌人攻击的惩罚，傲慢自然会受到失败的惩罚，懦弱自然会受到剥削的惩罚，君主执政不当自然会受到背叛的惩罚，以及背叛自然会受到杀戮的惩罚。既然种种惩罚都是违法行为带来的，那么自然惩罚就是违背自然法带来的结果，因此也就表现为不被人力左右的自然结果。

本书至此探讨的都是主权的建立、性质和权利，还有臣民的来自自然理性原则的义务。考虑到这一学说与世界上绝大部分地区的实践有很大的差异，特别是我们这些接受了雅典和罗马道德学说的西方国家的实践，并且，考虑到主权者也需要极高的道德哲学造诣，我就会认为自己的努力像柏拉图的国家学说那样无用，因为他也觉得除非主权者由哲人担任，否则因为国家的内乱、内战导致的政权更迭就不可能被消除。但是，当我再次考虑到，主权者与他的首席大臣们并不需要像柏拉图要求的那样精通数学，而只需要具备关于自然正义的知识，且只需要能制定优良的法律鼓励臣民研究数学就够了，然而，从柏拉图直到今日的哲学家，没有人能将全部的道德学说按顺序整理，并进行充分或部分的证明，以便于让人们学习如何治理以及如何服从。这使我重拾了一些希望，或许有一天我这本简洁明了的书能被某个主权者看到，且这位主权者能不受任何利益相关之人或心怀嫉妒的解释者影响，亲自进行思考并动用自身的一切权力保护对本书的公开宣讲，将其中的真理思想转化为实践效用。

第三部分 论基督教国家

第三十二章

论基督教的政治原则

到目前为止，我只依据被经验证实为真或在词语的用法上被一致认同的自然原则，推导出了主权的权利与臣民的义务。这就意味着，我所做的只是依据从经验中获知的人类天性，以及在一切政治推理中作为基础且获得了广泛认同的词语定义中，将这一原理推导了出来。但是我将要探讨的基督教国家的性质与权利，很大程度上是由来自上帝意志的超自然启示决定的，因此我接下来的探讨就必须以上帝的自然话语以及预言话语为基础。

尽管如此，我们也不能放弃自身的感觉和经验，也不能放弃毋庸置疑来自上帝话语的自然理性。因为这是在救主再次降临前，上帝赋予我们的处理事务的才能，所以不可以将它们藏在手帕中不加使用[1]，而应当用其追求一个正义、和平且名副其实的宗教。即使上帝话语中的很多事物超出了理性，无法被自然理性证实或驳斥，但它们也并不与自然理性冲突。这样看来，如果出现了冲突，就要么是因为我们的解释拙劣，要么是因为我们的推理出错。

---

[1] 典出《路加福音》第十九章。耶稣为了让众人皈依，做出了比喻，称有一位贵族将去远方取得王位，于是召集了十位仆人，给予每人一锭银子用来经营。归来后，贵族赐予了交还银子的仆人相应数量的城池来管理。一位仆人只是用手帕将银子藏在身上，贵族大怒，说将银子存在银行至少可以得到利息，并将他的银子也拿走，赏给了献银最多的仆人。耶稣借贵族的口说道："凡有的，还要加给他；没有的，连他所有的也要夺去。"

所以，如果《圣经》的经文太难理解而且难以验证，我们就应该将自身的理解力限制在上帝的话语中，而不该费力地运用逻辑筛查那些在一切自然科学的规律之外且我们无法理解的神秘哲学真理上。因为我们宗教的奥秘就像治病的药丸，完整地咽下才有疗效，若是嚼碎就很有可能被吐出来且毫无效果。

　　虽然我们的理解力有限，但也不意味着要让自己的智力服从于其他人的意见，而是在意志应当服从时才去服从。因为感觉、记忆、理解力、理性和意见都是我们无法凭一己之力改变的，而是必须由我们的所见、所闻与所思赋予我们。因此，它们不由我们的意志决定，反而是我们的意志由它们决定。所以，当我们忍受矛盾、按照合法权威的命令讲话和生活，并且在无法理解发言人的任何话语却仍然对他抱有信赖和信仰的时候，我们的理解力和理性就被限制住了。

　　上帝对人说话时，要么是亲口传达，要么是通过其他与上帝对话的人传达。上帝与人对话的方式，虽然并不是只有那些对话过的人才能理解，但其他人理解起来会非常困难。如果有某人自诩曾与上帝以超自然的方式直接对话过，我会对此产生怀疑，并不会轻易地接受他提供的证据并强迫自己信服。当然，如果这个人是主权者就有权强制我服从，并强制我不得通过行为或话语表明自己的不信任，但他却无法强迫我不通过自身的理性进行思考，如果这个人没有管理我的权力则无法强制我信任或服从。

　　《圣经》里说的上帝对某人说话并不意味着亲口说话，而只是像对其他基督徒那样，通过先知、使徒或教会转达。如果某人称上帝从梦中对他说话，那只不过是他梦见了上帝与他对话，并不能让那些明白"绝大多数梦都是一种自然现象，且来自人们所思所想"的人信任。一些自命不凡、愚蠢傲慢并对自身的虔诚或美德有错误认识的人，就会做这种从超凡启示中得到上帝青睐的美梦。如果他称自己在梦中见到了异象或听到了声音，那就是他在半睡半醒间做了梦。这种情况下，人们往往没有意识到自己是在打瞌睡，所以常会想当然地把梦当作异象。与其说他是出于超自然的灵感而讲话，不如说他有强烈的表达欲望，或是有什么无法归于自然或理性的重要观点。所以，全能的上帝虽然能通过梦境、异象、声音和灵感对某人说话，但是他却从未强迫人们相信某个自称与上帝对话过的人，因为这种人只是一介凡人，有可能出错，更有可能扯谎。

如果人们除自然理性之外就再也没有与上帝对话过，那么对于自称先知之人的话语，他们又怎能知道要不要服从呢？在《列王记上》第二十二章中记载，以色列国王为了发动对基列的拉末的战争而咨询了四百位先知，但是只有米该亚一位真正的先知。而反对耶罗波安设立丘坛的也是真正的先知，从他在耶罗波安面前施展的两个奇迹可以看出他是上帝派来的，但他却遭到了一个老先知的欺骗，那个老先知欺骗他道："上帝亲口说要你与我一同饮食。"（《列王记上》第十三章）如果一个先知都能欺骗另一个先知，那么除了理性之外，还有什么能得知上帝意志的方法呢？这一问题我能以《圣经》作答，如果以下两点同时成立，就可以认为先知是真的：第一，可施展奇迹，第二，只传布已建立的宗教。如果这两点不同时成立，那么就无法作为充分证明。《申命记》第十三章，第一节至第五节中记载："在你们之中，如果有先知或做梦者展现奇迹，对你说我们转而服从你所不认识的其他神，并要你们信奉他。那么，即使他展现的奇迹真能应验，你们也万万不能听信他的话⋯⋯既然那个先知或那个做梦者用言辞忤逆了你们的神，你们就应当将他处死。"在这段文字中，我们能注意到两点：第一，上帝不会只用奇迹来证明先知的使命。就像引文中说的，这样做只是为了验证人们是否仍然忠于他。因为，即使埃及术士的术法不像摩西施展的奇迹那样伟大，但也算是了不起的奇迹了。第二，无论奇迹多么伟大，如果它的目的是引动人们反叛国王或反叛被授权治理国家的人，那么施展这类奇迹的人就是奉命来检验人们是否忠诚的。因为"背叛你们的神"在这一情况下就是"背叛你们的国王"。因为他们当初在西乃山下就已经立下契约，奉上帝为他们的国王，而上帝也只通过摩西管理他们；因为只有摩西可以与上帝对话，并随时向人们宣布上帝的命令。相似的，在《马太福音》第二十章第二十四节中，我们的救主基督，即上帝的受膏者，犹太民族日夜盼望却又当其真正出现时拒绝承认的国王，在让门徒知晓自己为弥赛亚后，仍不忘告知他们奇迹的危险性："因为假基督与假先知会现身，展现伟大奇迹、盛大奇事，如果他们这样做了，神的选民就会受到迷惑。"从中我们能看出，假先知或许也能施展奇迹，但我们决不能把他说的话当成上帝的话语。在《加拉太书》第一章第八节中，圣保罗对加拉太人说："不管是我们还是来自天上的使者，如果向你们传达的福音和我们所传达的不同，那他就应该受到诅咒。"这一福音的含义是"基督就是国王"，所以圣彼得诅咒这些反对国王接受权力的教义。圣彼得的话是对那些听到耶稣传教并接受他为自己的救主也即接纳了耶稣作为犹太国王的人说的。

只施展奇迹却不宣讲上帝立下的教义，与只宣讲真教义而不施展奇迹一样，都不是获得了直接启示的充分证据。一个不宣讲假教义的人，如果不施展奇迹就自诩为先知，也不会更受人尊敬。《申命记》第十八章第二十一节与二十二节记载："如果你内心说，神没有嘱咐的话我如何可以得知呢。先知以神之名说的话，如果没有实现也没有应验，那就意味着神未曾下令过，也就是先知自作主张所说的，你们不需要畏惧他。"人们可能会对此再度发问："我们如何得知先知预言的事物能不能应验？"因为他预言的事物，可能在超出人类寿命的时间后才能应验，也可能会做出不确定的、随时都有可能应验的预言。在这种情况下，判断先知的方法就失效了，因为只有即刻发生或在不久后发生的奇迹才能让人相信某人就是先知。因此，我们能从《圣经》中看出，必须同时满足"传布上帝已经确定的教义"与"展现能够即刻生效的奇迹"这两个特征，才能被人们认可为先知；也就是说，只有直接的启示才能得到人们的认可，只满足其一则不足以让任何人信服他的说法。

既然现在奇迹已经绝迹，我们就无须认可任何人自称得到的启示或灵感，也无须服从任何与《圣经》不一致的教义，因为它能有效地代替并补充救主之后所有预言的缺陷。我们能不靠超自然的灵感或神灵附身，而是要运用智慧、熟稔的解释和精心的推理，轻松地从《圣经》中推导出认识上帝与人类义务所需的一切规范与准则。我将以《圣经》为准则，探讨基督教国家中最高世俗统治者的权力，以及基督徒臣民对其主权者的义务。为了达到该目标，我将在下一章中探讨《圣经》的作者、范围和依据。

第三十三章
论《圣经》的篇目、年代、范围、原则与解释者

我说的《圣经》，应当理解为能规范基督徒生活的"正典"（canon）。因为有良知的人所必须遵循的任何生活准则都是法律，所以有关《圣经》

的问题就是，在基督教国家中何为自然法、何为市民法。因为《圣经》中虽然未规定每个基督徒国王应该为领地制定何种法律，但规定了不得制定何种法律。我已经在前文论证过，每个主权者在自己的领地内都是唯一的立法者，那么在每个国家中，只有被主权判定为正典的书籍才是法律。固然，一切臣民都需要完全服从上帝的话，无论其是否与世俗君主的命令相悖，因为上帝是一切主权者的主权者；但个中问题不在于服从上帝，而在于上帝于何时说出了什么内容。没有得到超自然启示的臣民就只能跟随自然理性的指引，服从于国家主权以获得和平与正义。因此，除了英国国教规定的《旧约》之外，我不会承认其他的书籍是《圣经》。我想大家都很清楚《旧约》里有哪些篇目，也即圣杰罗姆所认可的篇目，因为众所周知我就不在此一一列出了。而他认为是"外经"（apocrypha）的有：《智慧书》，《传道篇》，《犹达德记》，《多比亚记》，《马甲伯记》的第一篇与第二篇（即使他见过第一篇的希伯来文版本），还有《以斯拉记》的第三篇与第四篇。于图密善[1]时期撰写著作的犹太学者约瑟夫认为正典应有二十二篇，正与希伯来文字母的数目相等。他的辨伪成果与圣杰罗姆的不同，因为他认为正典包含《摩西五经》和成书于他的时代的《先知书》十三篇（我们能在后文看到它们与《圣经》中的先知书多么相似）以及《诗篇与箴言四篇》，圣杰罗姆列出的则是《摩西五经》和《先知书》八篇，以及其他圣书九篇（约瑟夫将后者列出的称为外经）。埃及国王托勒密曾请了七十位犹太学者将犹太法律从希伯来文译为希腊文，他们译出的希腊文版《圣经》就是英国国教承认的"七十士译本"，除此之外就不再有其他了。

至于《新约》的篇目，只要被所有基督教会或所有基督教派接受和认可的就都是正典。

至于《圣经》各篇的原作者究竟是谁这一问题，并没有得到史书的有效证明，因为这些史书正是事实的唯一证据。这一问题同样无法通过自然理性证明，因为从理性中只能推理出让人相信的真理，而无法推理出让人相信的事实。所以，在这一问题上能够指引我们的就只有这些篇目本身，虽然它们并未向我们展示各篇的作者，却为我们提供了掌握它们成书时代

---

[1] 图密善：一译多米提安。罗马帝国第十一位皇帝，弗拉维王朝第三位也是最后一位皇帝。

的知识。

我们首先来探讨《摩西五经》。即使它的名称是《摩西五经》，也无法证明它是由摩西写就的。如《约书亚记》《士师记》《路得记》与《列王记》的篇名也不足以证明它们是由约书亚、士师、路得或列王写就的，因为"表示作者"和"提示主题"都是篇名常见的作用，比如《利未书》就是表示作者，而《斯堪德伯书》却是表示主题。在《申命记》最后一章第六节中有一句关于摩西之墓的话："至今都无人知晓他的坟墓。"而"至今"指的就是到这句话被写下的时间，因此，显而易见的，写下这句话的时间一定是在摩西被埋葬之后。如果将这句话理解为摩西本人在活着的时候写下的，虽然也有可能是他的预言，但这些解释实在是太过古怪了。可能还会有人说，只有全书最后一章是别人写的，其他部分都出于摩西之手。既然这样，我们可以看看《创世记》第七章第六节："亚伯兰途经那个地方，到了示剑之地的摩利橡树那里，当时迦南人正居住在那里。"这句话一定是迦南人不在那里居住时被人写下的，而摩西在到达那里之前就死去了，所以不可能是摩西亲手写的。同样的，在《民数记》第十一章第十四节中，作者曾引用了一本更加古老的书籍，其名称是《上主战记》（*The Book of the Wars of the Lord*），书中记载了摩西在红海与亚嫩河谷处的活动。因此就有充分的证据表明《摩西五经》的成书时间一定晚于他的时代，但到底有多晚就看不出了。

尽管摩西没有完整地编写五经，也没有写成我们当下使用的形式。但是书中明言出于他手的，确实都由他自己撰写。譬如，在《申命记》第六章到第二十七章都可以看到，摩西曾下令刻于迦南福地入口处的石头上面的《律法书》（*the Volume of the Law*），就由他本人写就。据《申命记》第三十一章第二十六节记载，他还将这些交给了以色列的祭司和长老，命令他们每过七年都要在人民于住棚节 [1]（Feast of Tabernacles）集会的时候公开宣读。这一法律就是上帝命令以色列人的国王从祭司与利未人那里取回的抄本，摩西也曾命令祭司与利未人将它置于约柜 [2]（ark of covenant）旁边。

---

[1] 住棚节：也译为棚舍节或收获节等。是犹太民族的传统节日，是为了纪念摩西带领犹太人离开埃及后，在流浪时期居住于草棚的生活。

[2] 约柜：存放以色列人与上帝契约的柜子，由上帝指示建造。具体可见《出埃及记》。

该法律曾经丢失过，过了很长时间才被希勒家寻回并交给约西亚王手中（《列王记下》第二十二章第八节），约西亚将它宣之于众（《列王记下》第二十三章第一、二、三节），并且重立了与上帝的契约。

《约书亚记》也是在约书亚时代很久之后才写下的，这能从文本中的很多地方整理出来。约书亚曾在约旦河中立了十二块石头以纪念渡河，在《约书亚记》第四章第九节中作者这样写道："它们至今仍立在那里。""至今"指的就是人们记忆无法抵达的久远时代。相似的，在《约书亚记》第五章第九节中，关于上帝说自己已经把埃及人带来的羞辱从人们身上"辊去了"（rolled off）的说法，作者这样写道："所以那个地方的名称是吉甲（Gilgal），沿用至今。"[1] 如果这句话写于约书亚时代就会产生冲突。在《约书亚记》第七章第二十六节中，有关亚干（Achan）在帐篷中制造出麻烦而使亚割谷（the Valley of Achor）得名的问题，作者也写了"至今"，因此可以证明这句话远远晚于约书亚时代。此外还有很多像这样的证据，如《约书亚记》第八章第二十九节、第十三章第十三节、第十四章第十四节、第十五章第六十三节等。

同样，在《士师记》第一章第二十一节及第二十六节、第六章第二十四节、第十章第四节、第十五章第十九节、第十七章第六节，《路德记》第一章第一节等章节中都有明显的证据。在《士师记》第十八章第三十节中证据尤为明显，书中讲道："约拿单与其子嗣担任但支派的祭司，一直到那个地方被劫掠的那一天为止。"

而在《撒母耳记》上下两篇中，也有类似的证据能证明它成书晚于这个时代。《撒母耳记上》第五章第五节，第七章第十三节、第十五节，第十七章第六节，第三十章第二十五节中也提到过，大卫将战利品平均分给了守备军械和上阵杀敌的士兵后，作者写道："将这一规矩定作以色列的法律典章，从那一天起，直至今日。"除此之外，据《撒母耳记下》第六章第八节记载，乌撒因伸手扶了约柜而被神诛杀，作者写道："大卫心里愁烦，就称那地方为毗列斯乌撒（Perez-Uzzah），直至今日。"所以，此章一定成书于此事发生很久之后，也即大卫的时代过去了很久以后。

---

[1] 吉甲：就是"辊"的意思。该章强调，以色列国民在行割礼后，神对约书亚讲了这句话。

而《列王记》上下两篇与《历代志》上下两篇中，作者还在以下章节中提到了留存到了他的时代的历史遗迹，如《列王记上》第九章第十三节、第九章第二十一节、第十章第十二节、第十二章第十九节，《列王记下》第二章第二十二节、第八章第二十二节、第十章第二十七节、第十四章第七节、第十六章第六节、第十七章第二十三节、第十七章第三十四节、第十七章第四十一节，《历代志》第四章第四十一节、第五章第二十六节。历史一直延续到了他的时代，因此这些章节就成了成书于巴比伦囚虏之后的有力证据。被记录的事实一定比记录本身更古，这些记录也就一定比提到和引用它们的篇目更古，而这些篇目已经引用了许多《犹太列王记》《以色列诸王记》《撒母耳先知书》《拿单先知书》《亚希亚先知书》《耶多异象录》《塞尔维亚先知书》与《阿多先知书》等书的内容。

《以斯拉记》与《尼希米记》能确定成书于巴比伦囚虏之后。因为他们的回归、重建耶路撒冷城墙与圣殿、重立契约与政治秩序等事都在书中有记录。

《以斯帖记》记录了在囚虏时发生的事，因此作者一定是与其同一时期或之后的人。

虽然《约伯书》中没有能表明成书时代的线索，但从《以西结书》第十四章第十四节和《雅各书》第五章第十一节中，可以看出约伯这个人是真实存在的。但此书似乎并不属于史书，而是关于古代一个颇受争议的问题的论著，这个问题就是"为何坏人常常能发达好人反而受困苦"。这种认识应当是更为准确的，因为圣杰罗姆曾考证过，在希伯来文版本中，首章到第三章第三节，也就是约伯开始控诉之前的部分都是散文，而从第三章第三节到末章的第六节都是韵文，末章其余部分也是散文。也就是说，论辩都以韵文写成，散文则只用于序和跋。像约伯这样承受着巨大痛苦的人或是前来安慰他的朋友都不可能使用韵文，但古代的哲学特别是道德哲学往往以韵文写就。

《诗篇》中很大一部分都由大卫写就，并供唱诗班使用。其他的则是摩西与其他圣徒的诗歌，或是像第一百二十六篇和第一百三十七篇这类逃离囚虏之后才写就的诗歌。所以很显然，这部诗集是在犹太人从巴比伦返回后才编纂成现在的面貌的。

《箴言》则是关于智慧与虔诚话语的格言集。一部分出于所罗门，一部分出于雅基之子亚古珥，还有一部分出于利慕伊勒王的母亲。很难认为这部书是他们中的某个人纂集的，即便这些话确实出自他们之口，将它们收集起来并编纂成书的工作也是由他们时代之后的某位信徒完成的。

《传道书》和《雅歌》除了书名和题词之外，一切都与所罗门王有关，因为这两部书的首句"布道之言、大卫之子、耶路撒冷之王"和"歌中之歌"都出于所罗门。似乎他是为了将《圣经》合为一部完整的法律，而又不使各部分混淆不清才写就的这两部书。这不仅是为了传播教义，也是为了让编纂者声名远扬。

在一众先知里，去古最远的是西番雅、约拿、阿摩斯、何西阿、以赛亚和米迦，他们都是犹太王亚玛谢与亚查利亚（也称俄西亚）时代的人。但严格来讲，《约拿书》并不算对约拿本人预言的记录，因为书中只有他的只言片语："再过四十天尼尼微一定会覆灭。"（《约拿书》第三章第四节）考虑到这一篇只是记录了他的放肆以及忤逆神旨的行为，那么他自己就不太可能是作者。然而《阿摩斯书》却是他的预言。

耶利米、俄巴底亚、那鸿与哈巴谷这四位先知都在约书亚时代做出过预言。

以西结、但以理、哈该与撒迦利亚等人都在被囚房时做出过预言。

约珥与玛拉讲出预言的时间并未在书中写明，但从题词和书名能比较明显地看出，整部《旧约》都是在犹太人被巴比伦人放还后，在埃及王托勒密·斐拉尔德斐斯派遣七十位犹太人前往朱迪亚将《旧约》翻译为希腊文之前，由以斯拉编纂为现在的形式的。如果所谓"外经"在成书年代上是可信的，且有教益，那么即使并非正典也可以被本国教会推荐。至于编纂者的身份，可以通过《以斯拉记下》第十四章第二十一中以斯拉对上帝说的话来确认："你的法律已经烧毁殆尽，没有任何人清楚你过去的行为或将来的行为。可要是我能够受恩于你，那便请求你使我承有圣灵，我会写下你的法律中从创世至今记录的世间万物，让人们可以寻得你的话语，让后世之人得以生活。"同样，在第四十五节中："在他驻足的第四十日，无上的神下达了命令：'你所著的第一部分能够向所有人公示，无论人们是否具备德行都可以阅读，最末尾的七十节则只允许贤者阅览。'"至此，对《旧约》各篇成书年代的探讨已经足够。

《新约》的作者则都在基督升天之后的时代，而且他们中的每一个人都做过救主的门徒或见过救主（圣保罗与圣路加二人是例外），因此他们的著述就和使徒时代一样久远，但教会对《新约》中各篇目的承认和接受却没有那样久。就像以斯拉得到上帝的指引寻回遗失的篇目并将《旧约》完整地传给我们一样，抄本稀缺且难以被个人保管的《新约》也是由教会最高领袖收集、许可，并冠以各使徒与门徒之名传予我们的，所以《新约》成书就不可能比这更早了。《旧约》和《新约》的首个编目是《宗徒准则》，它被猜测是由圣彼得之后的第一任罗马教皇克莱门特所作的。考虑到这只是猜想，且常受人质疑，因此，举办于公元 364 年的老底嘉会议（the Council of Laodicea）就是我们了解的第一个把《圣经》当作先知与使徒的著作举荐给当时的天主教会的事件。在那之后，教会中某些颇具野心的教士对各国皇帝毫无尊敬，身为基督徒的皇帝被他们视为羔羊而非人民的牧者，那些不是基督徒的皇帝则被他们视为狼。他们致力于传播教义，但并非像传教士那样提供建议与知识，而是像绝对的统治者那样规定法律，并且认为诱骗人们服从基督教教义是虔诚的行为。尽管《新约》的抄本都掌握在神职人员手里，但我也不相信他们会因此而篡改经文。他们如果有意如此，就一定会把自己的权力修改得比现在更利于操控基督徒君主与世俗主权，因此我认为我们不需要怀疑现在的《旧约》和《新约》不是记载着先知与使徒话语的真实版本。某些我们称为外经的篇目或许也是如此，它们并非因为不合教义而不入正典，而只是因为找不到希伯来文的原文。在亚历山大大帝征服了亚洲之后，有学问的犹太人基本上都掌握了希腊文，将《圣经》译为希腊文的七十位译者就全部是希伯来人。如今我们还能见到斐罗与约瑟夫这两位犹太人的著述，它们也都是以流畅的希腊文写就的。但是，使《圣经》变为正典的并不是其作者，而是教会的权威。各个篇目的作者虽然不同，但他们都秉持着相同的目标与精神，即阐明圣子、圣父和圣灵在上帝王国的权力。因为《创世记》记录了神的子民从天地初开到去往埃及时的谱系；《摩西五经》中的其他篇章则记录了神的子民推选上帝为自己的王，以及上帝为统治他们设立的法律；《约书亚记》《士师记》《路得记》《撒母耳记》则记录到了扫罗时期，那时上帝的臣民要脱离他的管辖，要求另立像列国一样的新王。《旧约》其余篇章的记录，则将大卫的谱系溯回巴比伦囚房时期，在这一谱系中将会诞生上帝王国的修复者，上帝之子——我们有福的救主。先知书事先做出了他降临的预言；《福音书》的作者记录了他在俗世的生活、行动，以及他宣称自己拥有的对上帝王国的权力；《使徒行传》与《使徒书信》则最终宣布了圣灵将要降临，以及他赐予使徒和继任者领导犹太民族并邀请非犹太民族之人的权力。总而言之，《旧约》中记录的历史和预言与《新约》中记录的福音和使徒书信有着相同的愿景，即让人们服从上帝。而服从上帝就是要服从摩西和各位祭司，其次是要服从降生为人的基督，最后是要服从使徒及其继任者的使徒的权力。因为这三者代表了上帝不同时期的人格：《旧约》时期，由摩西和他的继任者，即犹太国王与大祭司代表上帝的人格；基督身处俗世时，由基督本人代表上帝的人格；圣灵降临时，则由降临在使徒及其继任者身上的圣灵代表上帝的人格，并至今如此。

对于"《圣经》的权力从何而来"这一问题，基督教各派的争议最为激烈。这一问题有时也以其他方式提出，如"我们如何得知《圣经》是上帝的话语"或"我们为何相信《圣经》是上帝的话语"等，而解答它们的主要难点就在于用词的不恰当。首先，上帝是众所周知的《圣经》的最初作者，所以这就不是争议所在。其次，显而易见的是，虽然所有真正的基督徒都相信《圣经》的记载，但只有那些直接得到启示的人才能确认它们是否真实，因此"如何得知"这一问题就不恰当。最后，"为何相信"这一问题则会因为人们的理由各异而无法达成一致结论。所以，"《圣经》的权力从何而来"这一问题的恰当表达方式应该是"《圣经》因何种权力而成为法律"。

因为《圣经》与自然法无异，所以它无疑就是上帝的法律，并对所有能够运用自然理性的人而言都有着合法的权力。这种权力又与其他符合理性的道德准则一致，因此这种法律就不是"被制定的"（made），而是"永恒存在的"（eternal）。

如果它们是上帝本人制定的，那么它的本质就是自然法，也就是被上帝充分公布过的法律，因此人们不可以用"自己不知道它们出于上帝"来辩解。

所以，如果上帝没有以超自然启示的方式，告知人们这些法律由他制定，或这些法律由他指派的人公布，那么除了依法具有权力之人的命令外，人们就不需服从其他法律。也就是说，人们只需要服从掌握了国家立法权的主权者的法律。同样，如果某法律的效力不来自国家的立法权，那么就来自上帝的权力，由此使得法律对公众或个人具备效力。若对个人具备效力，那么就只有得到青睐与上帝直接启示的人，才需要遵守上帝的法律。因为总有无知且傲慢的人将自身的梦境、夸张的幻想和疯狂当成对圣灵的见证，或是某些野心家将错误且有悖于自身理性的东西称为神圣的见证。所以，如果所有人都需要将某个人自称得到的灵感或启示当成法律遵守，那么任何神圣法律就都不可能被接受了。如果对公众具备效力，那么这些法律就一定来自国家或教会的权力。如果教会有统一人格，那么就和基督教国家相同。国家之所以是国家，就因为人们共同建立了它的主权；教会之所以是教会，就因为基督徒共同建立了基督教的主权。如果教会的人格不统一就无法具备任何权力，不仅无法下达命令、做出任何行动和掌握任何权利与权力，也无法具备任何意志、理性或声音，因为这些都是人类的特质。如果基督徒们并不全部处于同一国家，那他们就无法形成统一人格，也就没有有权管理他们的统一教会。因此《圣经》也就无法被"普世教会"（universal church）立为法律。如果普世教会是一个国家，那么一切基督徒君主与其臣民，就都成了能被教会国家的"普世主权"判决、废黜与惩罚的个人。因此有关《圣经》权力的问题就可以归纳为，"基督教国家的主权议会与基督徒国王，是在自己的国家中作为处于上帝之下的绝对主权者，还是在普世教会中作为基督代理人的臣子，并能被此代理人出于自身意见或维护共同利益而判决、定罪、废黜或处死"的问题。

要回答这一问题或评判对《圣经》解释权的问题，就需要更加详细地对上帝王国进行探讨。因为能将任何成文的东西制定为法律的合法权力，也都有赞成或反对相关解释的权力。

第三十四章
论《圣经》中灵、天使和灵感的含义

任何推理都基于语词的固定意义，这些意义不像在自然科学的学说中那样由作者的意志决定，也不像在日常对话中那样由通俗的用法决定，而是由《圣经》中的意义决定。所以，在我做出进一步论述前就有必要通过

《圣经》来确定这些语词的含义，如果它们的含义模棱两可，就可能会导致我的推论晦涩难懂或引起争议。我会从"物体"（body）和"灵"（spirit）这两个语词开始讨论，它们在经院哲学的定义中是"实质实体"（substance corporeal）与"非实质实体"（substance incorporeal）。

在最广泛的含义下，"物体"这个词指的是充满或占据某个特定空间或假想空间的事物，它并不取决于想象，而是在宇宙中真实存在的一部分。因为宇宙是一切物体的总和，所以其中真实存在的事物就一定是物体，同理，任何实际上是物体的事物也都是宇宙的一部分。又因为物体处于变化之中，所以它在生物感觉中呈现出的不同表象就称为"实体"（substance），也就是说处于各种偶性之中，如时而运动、时而静止，或出现于我们感觉中，时而热，时而冷，时而以某种色、声、香、味示人，时而又发生变化。物体对我们感觉器官的各异作用产生了这些各异的表象，我们将这些产生各异作用的物体的变化称为"物体的偶性"。根据以上提到的概念，"实体"与"物体"这两个词的含义就相同了。所以，"非实质"和"实体"这两个词组合在一起时就会破坏两个词本身的含义，就像我们说的"非实质物体"。

但是，在普通人的感觉中，并非所有存在于宇宙中的事物都是物体，而只有那些能阻碍自己发力或阻碍自己看得更远的事物才是物体。因此在人们的日常用语中，"空气"与"气化实体"往往不会称为物体，而会因为感觉到的它们产生的效果而称之为"风"或"气息"（breath），抑或是根据拉丁文 spiritus 称之为"灵"。比如人们将所有存在于生物体内，并能赋予其生命或运动的气化实体称为"生命灵气"或"动物灵气"[1]。而大脑中的幻象，虽然看似是物体，但其实它们并不是，而只是类似在镜子或梦中，抑或在紊乱的大脑清醒时看到的幻象，正如使徒们常常用来评价偶像的说法：它们并不存在于世上。我的意思是，它们不是真正的物体，所以

---

[1] 即所谓"灵气论"。灵气有时也译为精气、元气。出自古罗马时期的著名医学家克劳迪亚斯·盖伦。他提出肝脏产生"自然灵气"，肺产生"生命灵气"，脑产生"动物灵气"。后来神学利用这一学说来论证"三位一体"，将人分为僧侣、贵族和平民，将自然界分为动物、植物和矿物，上帝则是圣父、圣子和圣灵三位一体。该学说的统治力一直持续到 16 世纪才被更为精准的解剖学推翻。霍布斯即受到这一学说影响，而哲学家如笛卡尔也在其《论灵魂的激情》中大量运用并发展这一理论。

并不存在于它们应该存在的地方，而只是因为感觉对象的运动或感觉器官的错乱对大脑造成了干扰而形成的幻象。忙于其他事物而没有工夫研究其成因的人，就不知道该如何称呼它们，因此也很容易听信自己所尊敬的学者。有些人称之为"物体"，认为它们是被超自然力量压缩而产生的，又因为其可见，就称之为"有实体的"；还有些人将它们称为"灵体"，因为即使它们显现了我们也触碰不到。所以，"灵"这个词在日常用语中要么是一种隐约而不可见的流质，要么就是某种鬼魂或想象中的幻觉。至于它的比喻意义就更多了，有时它被认为是人的性格或意识倾向，好比爱控制他人讲话的人就有"好辩驳的性格"（a spirit of contradiction）、不纯洁的人就有"不洁的性格"（an unclean spirit）、顽固的人就有"执拗的性格"（a forward spirit）、郁郁寡欢的人就有"沉郁的性格"（a dumb spirit），而倾向于虔敬与侍奉上帝的人就有"对神虔诚的性格"（the spirit of God）。任何卓越的能力、超凡的激情或意识上的疾病也都可以用"灵"一词表达，比如说极具智慧就是有"智慧之灵"（the spirit of wisdom），而疯人则是"被灵魂附身的"（possessed with a spirit）。

我找不到"灵"一词的其他含义了，如果上述含义都不符合它在《圣经》中的含义，好比那些称上帝为"灵"或"圣灵"经文，就是超出了人类的理解能力；那么我们的信仰就不体现于我们的观点，而是体现于我们的服从。因为上帝的本质是不可思议的，也就是说我们不可能理解上帝"是什么"，而只能理解上帝"是其所是"。所以，我们用来描述上帝特质的词语，不是要告诉人们上帝是什么，也并不是要表达我们对上帝本质的看法，而只是要用我们所知的最荣耀的词语来尊敬他。

《创世记》第一章第二节中讲道："神的灵（the spirit of God）运行于水面。"如果说这里提到的"神的灵"指上帝本身，就相当于认为上帝有运动的特质，即认为上帝存在于某处。但只有物体才存在于某处并能被人类认知，非实质实体则不然。所以这个处所就超出了人类的理解，因为我们无法构想出经过运动而不改变位置的物体或者不存在广延的物体，因为任何存在广延的东西都是物体。但是，这些话的含义在相似的章节中就能得到理解了。《创世记》第八章第一节中提到，创世之初大地被水覆盖，神要让水退去，让干燥的地面展露出来，并说了相似的话："我将带风（spirit）掠过大地，水将会退去。"在这里，spirit 的含义是风，也就是运动着的空气或灵。这里和上文的 spirit 都是"风"的意思，而都称为"神的灵"是因为这是上帝造出的风。

根据《创世记》第四十一章第三十八节的记录，法老将约瑟夫的智慧视作"神的灵"。因为那个时候约瑟夫建议法老遴选一个智慧且谨慎之人统治埃及，他说："这种人的体内存在着神的灵，我们如何能够寻得呢？"在《出埃及记》第二十八章第三节中上帝讲道："还需命令所有内心具备智慧的，也就是被我以智慧之灵充斥的，为亚伦做衣物，令他各自成圣。"尽管仅仅拥有制造衣物方面的智慧，但因为来自上帝的赐予，所以也被视为"神的灵"。相同的话也能在《出埃及记》第三十一章第三至第六节与第二十五章第二十一节中看到。在《以赛亚书》第六章第二节、第三节中，先知在讲到救主的时候说："神的灵一定存在于他的身上，也就是让他永远具备着智慧的灵、谋略与才干的灵和知识与尊敬神的灵。"这里明显不是说有很多幽灵，而是说上帝赐予了他许多非凡的恩典。

《士师记》里讲道，守卫上帝子民的人所具有的超凡勇武与激情也是神的灵。比方说激发了俄陀聂、基甸、耶户他与参孙，将受拘役的神的子民解救出来的激情就是神的灵，可见于《士师记》第三章第十节、第六章第三十四节、第十一章第二十九节、第十三章第二十五节和第十四章第六节、第十九节。《撒母耳记》第六章第六节记载了扫罗听闻亚扪人对亚比基列人施加凌虐时的情形："神的灵使扫罗甚为动容，甚至愤怒（拉丁文版本是大发雷霆）了。"这里"神的灵"的含义不可能是幽灵，而应该是一种要惩罚亚扪人残暴行为的强烈激情。相似的，《撒母耳记》第十九章第二十节中讲道：当扫罗与一群歌颂、称赞上帝的先知站在一起时，上帝的灵落在了扫罗的头上。此处的"灵"不应理解为幽灵，而应理解为他突然产生了参与先知们的敬神仪式的激情。

在《列王记上》第二十二章第二十四节中，虚假的先知西底家对米该亚讲道："神的灵于那处背离了我，正在与你说话呢。"这里"神得灵"的含义也绝不是幽灵，因为米该亚已经先于以色列与犹太的国王从异象目睹并宣布了战争的最后结局，而不是由神的灵告知的。

相似的，我们也能从先知书中看到，先知们是因神的灵而做出的预言，也就是说他们因为得到了神的特殊恩典才能讲出预言。但他们不是通过幽灵附身，而是通过超自然的梦或异象预见了未来。

《创世记》第二章第七节讲道："神使用地面的泥土造人，把生气透过鼻孔吹进，他就成了有灵的活人。"上帝"吹出生气"的意思正是上帝赐予了人类生命。《约伯记》第二十七章第三节中的"只要神赐的呼吸之气（the spirit of God，也即神的灵）仍然留于我的鼻孔内"，就等于是"只要我仍然活着"。《以西结书》第一章第二十节中说"轮中有活物的灵"，也就等于说"轮是活着的"。《以西结书》第二章第二节中说"灵就进到了我的体内，令我站立而起"，就等于说"我重新恢复了活力"，而不是说"某种幽灵或非实质实体涌入并占据了我的身体"。

在《民数记》第十一章第十七节中，上帝讲道："还需要将赐予你（摩西）体内的灵分给他们，他们就与你共同担当管理百姓的重要任务。"这就是说将灵分发给七十位长老，而且这七十人中将有两人可以讲出预言。这两个人在营帐中讲出预言，被他人控告，于是约书亚请求摩西对他们下达禁令，但摩西不同意。从这里能看出，约书亚不知道这两位长老得到了授权，并会按照摩西的心意讲出预言，也就是说他们得到的是从属于摩西的灵与权力。

我们能在《申命记》第三十四章第九节中看到含义相近的话："因为摩西将手按在约书亚的头部，所以他就被智慧之灵充斥。"其原因在于，他奉摩西的命令，继续做摩西自己发起但未及成功就死去的事务，即把上帝的子民领到福地。

《罗马书》第八章第九节中的这一段话也与之含义相近："要是人不具备基督的灵，就不算是基督之属。"这里的灵不是指基督的幽灵，而是指服从基督的教义。同样的，《约翰一书》第四章第二节中讲道："任何灵，只要认可耶稣基督是以肉身降临的，就是源于神的。"这意味着不加伪饰的基督徒之灵，或是服从于基督教的主要信条——"耶稣就是基督"[1]，但是不能将其理解为幽灵。

《路加福音》第四章第一节里的"耶稣被圣灵（the Holy Ghost）所充斥"，就等于《马太福音》第四章第一节与《马可福音》第一章第十二节

---

[1] 基督：意为"受膏者"。"受膏"是古代犹太人封立君主与祭祀的仪式，由祭司将橄榄油或混合香料的橄榄油涂抹在受膏者的头上。这一词由希腊文进入拉丁文，再进入英文并转译而来，英文为 christ。在希伯来语中，这一词的发音是"弥赛亚"。

里说的"神圣的灵"（the Holy Spirit），这应该理解为，耶稣得到了圣父的指派，并被将要完成事业的热情充斥。要是将 ghost 理解为"灵"就等于在说上帝自身被上帝充满或耶稣被上帝充满，那就很不恰当且毫无意义了。为什么人们会将 spirit 这个词翻译成 ghost 呢？ghost 不能代指任何上帝王国中的事物或俗世中的事物，而只能代指人们头脑中的想象物。我虽然还未对此做过研究，但能做出断言：spirit 在《圣经》中的含义绝非幽灵，而应该是指某种真实存在的实体，或是比喻某种在身体或心灵方面的超凡能力和激情。

在《马太福音》第十四章第二十六节与《马可福音》第六章第四十九节中记载了，耶稣的门徒见到耶稣行走于海面上，并认为他属于某种"灵体"。这里指的是气化物体而非幽灵。据说他们所有人都曾亲眼见到，所以就不能理解为脑内的错觉，而应理解为物体。因为每个人的错觉各不相同，只有可见的物体才能让人共同看到。相似的，《路加福音》第二十四章第三十七节中也讲到耶稣被这一群门徒认为是灵体。并且《使徒行传》第六章第十五节中也提到，圣彼得被天使带出了监狱，但门徒们都不相信他从监狱里出来了，直到女佣说在门外一直等候并不断敲门的就是他时，门徒才说这是天使将他带了出来。天使一定是某种实质实体，否则我们就只能说门徒认可了犹太人与外国人的普遍观点，即"灵体真实存在，不是想象出来的，并且它们的存在不依赖于人们的想象"。这种灵体无论善恶都被犹太人称为"灵"与"天使"（angels），但希腊人却将其称为"魔鬼"（demons）。这种灵体中或许有一部分是真实存在且有实体的，也即某类不易捉摸的物体。上帝能用创造万物的力量将它们创造出来，并将它们当作自己的臣子或使者（也即天使）以宣布自己的意志，或以超凡和超自然的方式执行他的意志。上帝将它们创造出来后，它们就成了占据空间的有广延的实体，并能从一处移动到另一处，这是物体独有的属性；因此它们就不是非实质的鬼魂或不占据空间的鬼魂，也即它们不是无处可存的事物，也不是看上去存在而实际不存在的事物。如果使用"实质"这个词最通俗的含义表达某种可被我们的外部感觉感知到的实体，那么非实质实体就不只是想象出的，更是真实存在的。也就是说，它是一种稀薄而不可见的实体，但是和厚重的物体拥有相同的广延。

"天使"这个词，通常指"信使"或"上帝的使者"。称为"上帝的使者"是要让人们知道他们的超凡性，也就是能以超凡的方式，尤其是通过梦或异象展现其权力。

《圣经》中并未提及上帝创造天使的过程，但曾屡次提及他们属于灵体。但"灵体"这个词，无论是在《圣经》中的用法或通俗用法，还是在犹太人或非犹太人的用法中，有时指稀薄的物体，如空气、风或生物体内的生命灵气和动物灵气，有时也指梦或异象中的幻觉映象。但这些映象不是真实存在的实体，也不会比梦或异象更持久。虽然它们只是人脑中的偶性，但是当上帝用超自然的方式将它们唤起并借以传达自身的意志时，就能称它们为上帝的使者或天使。

非犹太人曾庸俗地将脑内构想出的映象视为可在身外且不依赖于幻象存在的事物，他们还从这些映象中产生了关于善或恶的魔鬼的观念。他们认为这些魔鬼真实存在，所以称之为实体，又因为它们无法被手触摸到，所以称之为非实质的。虽然《旧约》中并无相关要求，但除了撒都该教派之外的犹太人都持一相同的观点，认为上帝凭其意志在人们的幻象中造出并服务于他的异象就是天使，而且是不依赖幻象存在的实体，是上帝的永久造物。人们将其中有助益的称为"上帝的天使"（angels of Gods），将其中有害的称为"恶天使"（evil angels）或恶灵。蛇灵、疯人、精神病患者与癫痫患者体内的灵都属于后者。在他们的观点里，患上这类病的原因就是被幽灵附身了。

我们可以从《旧约》中提及天使的地方看到，很多时候"天使"这个词没有别的意思，只是人类幻觉中的超自然映象，并作为上帝的代表执行一些超自然的事务。因此，在其他没有提及天使本质的地方也可以做同样的理解。

因为我们能在《创世记》第十六章中看到，一个相同的灵体不仅是天使，同样还是上帝。那些天使在第七节中被称为"上帝的使者"，并在第十节中代表上帝的人格对夏甲说："我一定会令你的后代繁盛起来。"这里的灵体并非幻觉中的形象，而是一种声音。那么这一章中的"天使"很明显就是"上帝"的意思，他让夏甲以超自然的方式听到了来自天上的声音，而正是这种超自然的声音昭示了上帝的特殊存在。但是，在《创世记》第十九章第十二节中，出现在罗得面前的天使有两位，罗得却在第十八节中表现得像是只有一位天使，只对他说话，并且把这位天使当成了上帝。原话是这样的："罗得对他们说，我的主呀，不要这么做。"为何不能把这两名天使理解为以超自然的方式在幻象中形成的，就像在上文中提到的，把天使视为假想的声音那样呢？在《创世记》第二十二章第十一节中，那个从天上对亚伯拉罕说话，告诉他不得杀害以撒[1]的天使也不是灵体，而只是声音。但是将之称为天使仍是合理的，因为他以超自然的方式宣布了上帝的意志，这就省下了将其假设为永恒存在的幽灵的麻烦。在《创世记》第二十八章第十二节中，雅各在通天之梯上看见了天使。虽然这仅仅是他在睡觉时从梦或幻象中看到的异象，但既然这是超自然的，而且还象征着上帝的特殊存在，那么称这些灵体为天使就不无恰当了。那么，在《创世记》第三十一章第十一节中，约伯说的"神的使者从梦里对我发出呼唤"这句话也应这样理解；因为人们都把睡眠时看到的灵体称为梦，无论这梦是自然的还是超自然的。而约伯称为天使的正是上帝本身，因为这个天使在第十三节中说："我就是伯特利的神。"

在《出埃及记》第十四章第十九节中提到，在以色列的军队前面走入红海并又走回军队后面的天使也是上帝，他没有以美丽的人类形象现身，而是在白天显现为一个云柱，在夜晚显现为一个火柱。这一柱体就是所有上帝应许给摩西的，为军队引路的灵体和天使。因为《圣经》中有记载，这一云柱曾停于营帐的门前与摩西讲话。

我们能看到，常被用来描述天使的"能够行动"和"能够说话"的特性，现在被用来描述云，因为在这里云是上帝存在的象征。无论他是以人类或非常美丽的孩童形象出现，还是以画像上那种误导平民百姓的有翼形象出现，都不能动摇他是天使这一事实。因为使他们成为天使的不是形象而是作用，他们的作用在于，表明上帝存在于自己的超自然举动之中。比如在《出埃及记》第三十三章第十四节中，摩西曾希望上帝与军营伴随而行，就像上帝在金牛犊铸成前做过的那样，上帝对他的回复不是"我将随行"，也非"我会派遣一名天使代我随行"，而是"我必会亲自随你同行"。

---

[1] 以撒：亚伯拉罕与妻子撒拉的独子。《创世记》第二十二章中记载，上帝为了检验亚伯拉罕的信仰，让他把儿子以撒带到摩利亚地献为燔祭。当亚伯拉罕要举行燔祭的时候，天使将他叫停，并让他在附近发现了一头公羊，于是他就将公羊献为燔祭。上帝验证了他的信仰，为他赐福。以撒被认为是耶稣的预先象征。

《旧约》中提及"天使"一词的地方多到无法在这里列出。就其总体而言,我认为在英国国教规定为正典的《旧约》篇目中,我们无法得到这一结论:以"灵"或"天使"之名被创造出的永恒事物都不具有数量,且不能理解为可分的。也就是说,不能从各个部分来认识永恒事物,因为它的各个部分可能分别处于各个处所。总而言之,如果认为物体必须"存在"且"有处所",那么"存在于一切处所却又不是实体的事物"就是对作为使者的天使的解释。这样一来,施洗者约翰就是"天使",基督也是"圣约天使"(the Angel of the Covenant)了。同理,如果鸽子与火舌等事物能够代表上帝的特殊存在,那么就也是天使。尽管我们在《但以理书》中看到了"加百列"和"米迦勒"这两个天使的名字,但在经文第七章第一节中能明显看到:米迦勒就是指基督,他是国王而非天使;加百列则与其他圣徒梦中的幻象相似,是超自然的幻影。正因如此,但以理在梦中见到了两位圣徒在交谈,其中一人对另一人讲道:"加百列呀,我们要让这个人理解他见到的异象。"因为上帝不需要通过名字区分他的"天上侍者"(celestial servant),这些名字只对凡人的短暂记忆起作用。《新约》中也没有提到过天使是永恒、非实质的事物,天使的永恒性是我们从救主的话中整理出的。《马太福音》第二十五章第四十一节中讲到,佞人们会在末日听到这样的话:"你们这些受到诅咒的人,将去往为魔鬼及其使者准备的永恒烈火中。"由此能清晰地看到,魔鬼的使者是永恒的。除非我们认为,魔鬼及其使者要被理解为教会的敌人和敌人的代理人,但这一理解与他们的非物质性相抵牾。因为,对一切非实质的物体而言,永恒烈火算不上惩罚。所以,以这些作为依据都无法证实天使是非实质的。圣保罗说的话也同理:"难道不了解我们将审判天使吗?"(《哥林多前书》第六章第三节)"上帝不会饶恕犯下罪行的天使,他们将被抛下地狱。"(《彼得后书》第二章第四节)"再出现不履行自身职责、脱离自身处所的天使,就用锁链将他们一直拘役于黑暗中,等到末日审判的到来。"(《犹太书》第一章第六节)这些话证明了永恒是天使的属性,也证明了他们的物质性。就像《马太福音》第二十二章第三十节中说的:"当复活时,人不行嫁娶之事,就像天上的天使那样。"在末日时复活的人是永恒的且有实质的,天使也属于此类。

从其他很多地方也可以推理出相似的结论。但是人们在理解"实体"

和"非实质"这两个词的含义时，不会将"非实质"理解为稀薄的物体，只会理解为"不存在物体"。这就显示了一种矛盾：如果在这一意义上说"天使"或"灵"是非实质实体，就等于说它们都不存在。因此，考虑到《旧约》中"天使"一词的含义，以及从普通的自然方式中产生的人类梦境与异象的本质，我曾抱有这一观点：天使只是幻象中的超自然灵体，产生于上帝特殊且超凡的运作；上帝由此主宰他的子民，并使自身的存在与命令为人类所知。但《新约》中的许多记录、我们救主的许多话语和许多不容置疑的文本，都迫使我孱弱的推理能力相信并认可，还存在着有实质并且永恒存在的天使。但是，如果相信那些认为天使是非实质实体的人的看法，即天使不存在于任何地方，是"无处所"或"不存在"的，那么就无法从《圣经》中找到证据。

　　"灵感"（inspiration）的含义是由"灵"的含义决定的，这两个词都要从其本义来解释，即"像人们吹气囊那样，将细微稀疏的空气或风吹入人的体内"。若非如此，"灵"就不是实质的且仅存在于幻象中，吹入人体的也只是一种幻影了。这种说法既不准确也不成立，因为幻影不是任何事物，而只是看上去像某些事物。所以在《圣经》中这个词只用为比喻，比如《创世记》第二章第七节里讲道"上帝把生命气息吹到（inspired）人的身体内"，这仅仅意味着上帝赋予了他生命的活动。因为我们不能认为上帝是先创造了生命气息，后创造出了亚当，然后再把气息吹入的——无论这个气息是真实存在的还是虚构的。我们只能认为他是像《使徒行传》第十七章第二十五节中讲的"自己反而把生命气息赋予了众人"，也即赋人以生命。《提摩太后书》第三章第十六节讲道："经文全都来自上帝灵感的恩赐。"这里说的经文指的是《旧约》。这句话用了简单易懂的比喻，表明了上帝给那些作者的灵和意识施加了倾向，使他们能写下对教育、批评和纠正等事务有用，并能指引人们过上正义生活的篇章。在《彼得后书》第一章第二十一节中，圣彼得讲道："预言永远不是根据人们的意志做出的，而是人们被圣灵（the Holy Spirit）触动而讲出的神的话语。"这里"圣灵"的含义就是在梦或超自然异象中出现的上帝的声音，而非上帝吹入的灵气。我们的救主一边向门徒吹气一边讲到"受圣灵"，也不是指吹入了灵气，而仅仅代表救主赐予了"属灵的恩典"（spiritual grace）。即使，据说许多人和我们的救主身上都被圣灵充满，但这里的"充满"不能被理解为被上帝灌注了实体，而应当理解为被积累起来的来自上帝的恩赐，好比生活中的虔诚、口才以及类似的天赋；而且无论是通过刻苦研究还是超自然的方式获得的天赋都出于上帝。因此，根据《约珥书》第二章第二十八节的记载，当上帝说"未来我会将我的灵灌注到有血气的人身上。你们的子女要做出预言，你们年老时要做异梦，年少时要目睹异象"的时候，我们也不该按照本义将上帝的灵理解为像水一样能灌注或流出的物体，而应当理解为上帝承诺赐予他们的预言性的梦和异象。用"灌注"这个词的本义来表达上帝的恩典算是一种滥用，因为上帝的恩典乃是诸般美德，不像物体那样能被随身携带，也不能像灌注进水桶里那样灌注到某个人的身上。

同理，若我们认为"灵感"这个词的本义就是"善灵"（good spirit）进入身体令人做出预言，或"恶灵"（evil spirit）进入身体令人发狂、疯癫或患上癫痫，那么就都不是这个词在《圣经》中的含义。因为在《圣经》中，"灵"被视为上帝的力量，并以未知的方式作用于我们。就如《使徒行传》第二章第二节记载的，圣灵降临节当天，风注满了使徒们聚集的屋子，这里的风也不能理解为圣灵，因为圣灵就是神本身，这里的风只能理解为上帝对他们心灵产生的特定作用的外在表现，而这种从内在对使徒们产生作用的恩典和神圣美德，就是上帝认为使徒们履行义务所需的。

第三十五章

论《圣经》中上帝王国、圣（神圣）与圣礼的含义

在神职人员的著述中，特别是在布道文与祈祷文中，"上帝王国"（The Kingdom of God）通常被视为在此世结束后能于至高天获得的永恒福祉，因此也被称为"荣耀王国"（The Kingdom of Glory），有时为了表现其福祉，又将其圣化为"恩典王国"（The Kingdom of Grace）。但是，他们从来不用这个词称呼君主国，也就是说，"上帝通过子民的同意获得的统治一切臣民的主权"就是"王国"这个词的本义。

与之相对，我发现"上帝王国"这个词在《圣经》中大多都使用了"王国"这个词的本义，即"以色列人民通过专属的方式投票建立的王国"。

因为上帝允许他们占有迦南地，他们就以这种方式选上帝为王，并与上帝立约。而这个词的比喻用法在《圣经》中则寥寥无几，且仅出现在《新约》里，即"对罪的统治权"，因为上帝王国中的所有子民都掌握这种统治权，且不会影响到主权者。

上帝创造出人类之后，就不仅仅通过自然的方式，以自己的伟力来施行统治，他还会像与他人对话那样，用声音命令特定的子民。他就用了这一方式统治亚当，并严禁亚当食用"知善恶之树"（tree of acknowledge of good and evil）所结的果子。亚当违背命令食用了果子并自视为神，开始以自身的感觉而不以创造者的命令判别善恶。他因此受到了惩罚，被剥夺了上帝最初创造他时赐下的永恒生命。此后，上帝因其后裔的罪行降下了大洪水作为惩罚，只有八个人幸免于难。在那时，上帝王国无疑是由这八个人组成的。

在这之后，上帝感到满意，于是同亚伯拉罕讲话并与他立下契约，《创世记》第十七章第七节、第八节中记载了上帝的话语："我要与你以及你的子孙后代坚定地立下我的契约，立下永远的契约，做你和你子嗣的神。我要将你现在居住的地方，就是迦南全地，赐给你和你的子嗣，安居乐业，我也必定做他们的神。"在这一契约中，亚伯拉罕代表自己和自己的子嗣承诺，会将与他对话的主奉为上帝，上帝则承诺让他们世代保有迦南地。为了纪念这一契约并代表这一契约，他命令需要行割礼（the sacrament of circumcision）。这一约定我们通常称为《旧约》，其中就包括了上帝与亚伯拉罕的契约。亚伯拉罕用这一契约约束自己和自己的子嗣，并用一种特别的方式遵守上帝的成文法。因为，根据道德法规，他有义务服从自身的效忠誓言；即使当时没有将上帝称为王，也没有将亚伯拉罕及其子嗣称为王国，但道理是一样的，即已经按约建立了上帝对亚伯拉罕子嗣的主权。在此之后，当摩西在西乃山上再次订立这项契约的时候，就明言其为犹太人特有的上帝王国。《罗马书》第四章第十一节中，圣保罗提到的"信者之父"不是指摩西而是指亚伯拉罕，这句话说的就是他最初通过割礼，之后在《新约》中通过洗礼，表达了对上帝的忠诚和无违于与上帝的契约。

据《出埃及记》第十九章第五节记载，摩西之后在西乃山脚下重立了这一契约，上帝命令摩西对人们这样说："如今你们要是诚心听从我的话，遵守我的约，就是在万民中做我特有的子民；因为全部土地都是我的，你们要归附于我担任祭司的国度，做神圣的国民。"在通用拉丁文中，"特有的子民"（peculiar people）"写作 peculium de cunctis populis，这段话在詹姆士王朝初期被译为"在万民之上的我特有的珍宝"（peculiar treasure unto me above all nations），在日内瓦法文版本的译文中是"万民之中最珍贵的宝石"（the most precious jewel of all nations）。前一种译法最有可信度，因为它获得了圣保罗的认可。他在《提多书》第二章第十四节中这样谈论我们有福的救主："为我们舍了自己，要赎我们脱离一切罪恶，又洁净我们，特做自己的子民。"这里指的就是特有的子民，它在希腊文中写作 περιούσιος，与 ἐπιούσιος 通用，后者的含义是"寻常的、普通的"，或者在主祷文中用为"寻常日用的"。另一个词的含义则是"过剩的、存储的、以特殊方式享用的"，拉丁文写作 peculium。这一点能从上帝说的原因"因为全部土地都是我的"来确认。他似乎是在说，世上一切人民都属于我，但他们属于我是因为我的神力，而你们则以另一种方式为我所特有，即因为你们自身的同意与契约而属于我。这是在他的"拥有全体人类"头衔之上附加的特有待遇。

这一点被同一部分经文中的话语再度证实："你们要服从于我的祭司王国（a sacerdotal kingdom），做神圣的国民。""祭司王国"在通用拉丁语中是 Regnum Sacerdotale，这符合《彼得前书》第二章第九节里 Sacerdotium Regale 的译法："君主般的祭司"（a regal priesthood）。并且符合这一制度：除大祭司之外，任何人都不得进入至圣所并直接询问上帝的意志。上文提到的"君主般的祭司"，日内瓦的版本译为"诸祭司的王国"（a kingdom of priests），这句话要么是说大祭司之间的继任关系，要么就与圣彼得的话语及大祭司的职权相悖。因为，只有大祭司才能将上帝的意志传达给人民，且任何祭司会议都不能进入至圣所。

除此之外，"神圣的国民"（holy nations）这个头衔也证明了相同的问题，因为"神圣"（holy）这个词象征着上帝特有的权利而非普世权利。好比经文里讲到"全部土地都属于上帝"，但并非"全部土地都是神圣的"，只有上帝分给犹太人民并用于服务自身的一类土地才是神圣的。因此，"上帝王国"的含义在这里就很明显了，它的本义就是国家和经过臣民的同意而建立起的世俗政府，并以正义管理人们与作为国王的上帝的关系、人们彼此之间的关系以及在和平与战争时期他们与别国的关系。这也是王国的本义，而上帝就是其中的王，大祭司则算作摩西死后的唯一总督或代理人。

其他很多地方也能清楚地证明这一问题。譬如，根据《撒母耳记上》第八章第七节的记载，以色列长老最初因为撒母耳的儿子收受贿赂而不忿，要求再立新王。撒母耳对此感到不满，于是向神祈祷，神回答道："任何百姓对你讲的话语，你只需遵从就好，因为他们所厌弃的并不是你，而是我，他们拒绝我来当他们的王。"这里明确地表达了他们的王正是上帝本人，统治人民的并不是撒母耳，他要做的仅仅是传达上帝的命令罢了。

同样，在《撒母耳记上》第十二章第十二节中，撒母耳向百姓讲道："当你们遭到亚扪人的国王攻击时，就要对我讲，我们必定需要一个管理我们的王，事实上你们的神就是你们的王。"这就能很明显地看出上帝正是他们的王，并且亲自管理着国家中的全体人民。

以色列人拒斥了上帝之后，先知们就预言了他会复位，比如《以赛亚书》第二十四章第二十三节中讲道："到那个时候，月亮会羞愧，太阳将愧怍，因为万军之神一定会在锡安山、耶路撒冷为王。"此处清楚地指出他会在锡安山与耶路撒冷为王，这便相当于在俗世为王。《弥迦书》第四章第七节讲"神将会在锡安山统治他们"，而锡安山正处于耶路撒冷，在俗世之中。《以西结书》第二十章第三十三节有记载："上帝宣告：'我以我的永生发誓，我将以强力的手、张开的臂膀和溢出的怒气来统治你们。'"第三十七节中还有："我必要你们从我的杖下经过，按契约约束你们。"这句话的意思就是，我会当你们的王，令你们遵从我与摩西订立的契约——你们在撒母耳时期另立新王而背叛的就是这一契约。

并且在《路加福音》第一章第三十二节与第三十三节中，天使加百列在谈及我们的救主时讲道："他将成就伟大，将被称为至高者之子，神会将他祖先大卫的王位传给他，他将永远当雅各家的王，他的王国也永不灭亡。"这同样算俗世的王国，因为他宣布了对王位的私有权。所以他也被恺撒视为敌人，并被处死，他的十字架上写着"犹太人的王、拿撒勒人耶稣"，并且被侮辱性地戴上了荆棘王冠。据《使徒行传》第十七章第七节记载，使徒们宣告了耶稣将要为王，因此有人说道："这些人都违背恺撒的命令，说另有一个王——耶稣。"由此可见，上帝的王国是真实不虚的，并非只存在于比喻中。这在《旧约》和《新约》中都有所体现，每当我们说"因为王国、权力和荣誉都属于你"的时候，都该理解为：上帝的王国因为我们之间的契约而成立，而非因为上帝的权利而成立。所以，当我们在祈祷中说"愿你的王国降临"时，其中的"王国"除非是指那个由上帝指派基督来复辟的国家，即复辟那个因以色列人背叛上帝、另立扫罗为王而中断的国家，否则都是没有意义的。假如这一上帝王国存续至今的话，我们说"天国接近了"或"愿你的王国降临"就都不准确了。

此外还有很多地方能证明这一解释，令人诧异的是为何它没能获更多关注。看来只能是因为它太过显眼，以至基督徒国王们发现了自己对教权政府的权利。他们有所洞察，由此就将"祭司（为王）的王国"翻译为"诸祭司的王国"，因为这样一来，他们就能将圣彼得的话翻译为"有祭司职权的国王"，而非"君主般的祭司"。他们将"我特有的子民"翻译为"贵重的宝石"或"珍宝"，人们也能称将军的私军为他的"贵重宝石"或"珍宝"。

简而言之，上帝的王国就是世俗王国，该王国最初由遵守摩西从西乃山带下的十诫的以色列人民组成，然后由遵守当时的大祭司从至圣所带出并公布的天使戒律的以色列人民组成，最后因为选了扫罗为王而遭到遗弃，并有先知预言其将会被基督复辟。我们在日常的祈祷中讲"愿你的国降临"就等于是在祈祷这一王国复辟，而我们紧接其后讲的"因为王国、权利和荣誉都属于你，永远如此，阿门"就是在认可它的权力。这一王国是由使徒在传道中宣布的，并通过宣讲福音的形式让人民做好准备。皈依他们的福音就是承诺服从于上帝的管理，也就等于身处恩典王国，因为上帝已赐予了他们做自己子民的权利而无求回报。当基督以威严的姿态降临、统治世界并真正管理他的子民时，这一王国就叫荣耀王国。因为上帝王国拥有荣誉和受人尊崇的至高王权，所以也叫天国。如果上帝不是以通过代理人或传教士传达命令的方式在俗世实施管理，就不会有这么多关于"谁是向我们传达上帝命令之人"的争论和战争，也不会有许多祭司为属灵的管辖权烦恼，更不会有国王否认他们的管辖权。

从"上帝王国"一词的字面解释中还产生了对"神圣的"（holy）[1] 这

---

[1] 本章标题的原文为 Of the signification in scripture of Kingdom of God, of holy, sacred, and sacrament。其中 holy 更多地用于形容与上帝相关的事物或概念，sacred 则更多地用于形容与日常事物有别的具体事物，二者含义有区别，但多数情况下可以混用。中文常译为"圣（的）、神圣（的）"。考虑到霍布斯也常混用且在本章中只用过一次 scared，本书译文也不特意区分，只在霍布斯明确使用 sacred 时加以标注。

个词的真正解释。因为，在上帝王国中使用这个词，就等于人们在俗世王国中使用"公共的"（public）或"国王的"（the king's）。

每一个国家的国王都是所有臣民的"公共人格"，或所有臣民的代表人。而上帝作为以色列之王就是以色列的"唯一圣神"（the Holy One）。服从于俗世主权者的人民就是该主权者的国民，也就是公共人格的国民；那么，作为上帝王国国民的犹太人就是"神圣的国民"（《出埃及记》第十九章第六节）。因为，"神圣"这个词指的要么是上帝本身，要么就是上帝的所有物，就像"公共"这个词语的含义要么是国家的人格，要么就是为国家所有的，无法被私人占有的事物。

所以，安息日这个属于上帝的日子就被称为"圣日"；神殿这类属于上帝的殿宇就被称为"圣殿"；牺牲、什一税与贡品是对上帝的献祭，因此也被称为"圣献"；祭司、先知与从基督处受膏的国王都属于上帝的代理人，因此也被称为"圣人"；在天上服侍上帝的灵是上帝的信使，因此被称为"圣天使"；等等。当运用"神圣"这个词的本义时，指一种从人们的同意中获得的私有权。当我们说"将你的名字尊称为圣"时，就等同于在祈祷得到上帝的恩典，令我们得以遵从第一诫："除了我以外，你不可信别的神。"人类都是上帝的子民，可是只有犹太人才称得上"神圣的国民"。除了他们通过契约变成了上帝特有的选民之外，还能有什么原因呢？

在《圣经》中，"尘俗"（profane）一词的用法与"普遍"（common）的用法基本一样。所以与之含义相反的"神圣"（holy）与"私有"（proper）二词，在上帝的王国中含义也必然相同。但从比喻义上看，假如某人过着虔诚的生活，能舍弃所有的世俗欲望并将全部身心都献给神的话，那他同样能被称为"神圣的"。从本义上来看，如果他是被上帝指定或规定为己所用而被称为"神圣的"，那么这种情况就是因为上帝而"神圣化"（sanctify），好比第四诫里提及的第七天[1]。再比如，《新约》中，当选民被赐予了神的灵时就同样可以称为"神圣的"，只在公共祭祀时向神进献的贡品也被称为"神圣的"（sacred）。此外能被称为"神圣的"事物有：在

---

[1] 第七天：据摩西十诫中的第四诫记载，上帝用了六天创造世界并在第七天休息，因此上帝将第七天赐予人们，让人们安息。这一天叫安息日或圣日。

神殿和其他公共祈祷场所中需要的器具、祭司、传教士、牺牲和贡品，以及圣礼所用的其他物品。

"神圣"也有程度上的区分。在用于侍奉上帝的事物中，有一些更能表达亲近且更为特别。比如说，全体以色列国民都是上帝的神圣国民，但在以色列国民中利未人是更为神圣的支派，在利未人中祭司又更为神圣，在祭司中又以大祭司最为神圣。同理，犹太地是圣地，但崇拜上帝的圣城却更为神圣，神殿又比圣城更为神圣，而在神殿中，至圣所的神圣程度还高于其他各个部分。

"圣礼"（sacrament）就是将一部分可见的东西从它的日常用途中划分出去并将其奉献给上帝，作为我们获准进入上帝王国并成为神的特有子民的象征，抑或作为一种纪念。《旧约》中记载的准入象征是割礼，《新约》中则是洗礼。《旧约》中记载的纪念方式是，每年在特定的时间食用逾越节羊羔，以此铭记摆脱埃及人囚虏的那个夜晚。《新约》中则是庆祝圣餐（the Lord's Supper），以让人们铭记，自己是因为有福的救主在十字架上的死亡才从罪的束缚中被解救了出来。准入上帝王国的圣礼只需要进行一次，因为只需得到一次准许就能进入上帝的王国。但是，因为我们需要时时铭记自己被解救与宣誓效忠的经历，所以需要重复举办纪念性的圣礼。上面说的都是主要圣礼，好比我们对自身的效忠做出的庄严宣誓。另外还有一些仪式可以称为圣礼，因为"圣礼"一词就指祭祀上帝的仪式，但是，当它指对上帝的誓言或承诺时，《旧约》中就只有割礼与逾越节，《新约》里则只有洗礼与圣餐了。

第三十六章

论上帝的话语与先知的话语

当提到"上帝的话语"或"人的话语"时，指的不是文法家常说的名词或动词，也不是指孤立于现存语言的纯粹声音，而是指一次完整的交谈或对话，讲话者可以表达自身的肯定、否决、命令、承诺、警诫、许愿和质询等。在这一意义上，"话语"的含义就不是单词，而是交谈，希腊文

是 λόγος，其含义正是交谈、对话或话语。

　　同理，当我们说"上帝的话语"或"人的话语"时，有时可以理解为"上帝或人作为发言者亲口说的话"，就这一含义而言，我们在说到《马太福音》时就明白这一福音的作者是圣马太。有时我们则应理解为"主题"，就这一含义而言，《圣经》中的"这是以色列或犹太诸王时代的话语"，就意味着那个时期的事迹就是这些话语的主题。希腊文《圣经》中还有很多希伯来文的部分，其中提到的"上帝的话语"实际上并不是指上帝说出的任何话语，而是特指与上帝及其统治方法相关的话语，这正是宗教的教义，"神的话语"也因此可以与"神学"等量齐观，"神学"则是我们一般说的"神圣教义"。以上内容在下述各处体现得十分明显："保罗和巴拿巴放胆说：'神的道先讲给你们，原是应当的；只因你们弃绝这道，断定自己不配得永生，我们就转向外邦人去。'"（《使徒行传》第十三章第四十六节）这里说的"神的道"[1]（神的话语）就相当于基督教的教义，在文中呈现得很明显。《使徒行传》第五章第二十节中记载，一个天使对使徒们讲道："你们去殿中站定，将此世的道向百姓讲授。"这里"此世的道（有关此世生命的话语）"就意味着福音书里面的教义，这一点在本章末节对他们在殿内行事的记录中显而易见："他们便天天在殿内、在家中，不停地训导人并宣扬耶稣基督。"我们能从这段话中看出，"耶稣基督"就是这一有关此世生命的话语的主题，也是有关永恒生命的话语的主题。因此，《使徒行传》第十五章第七节中称上帝的话语为"福音的话语"，因为其中包含了基督王国的教义，《罗马书》第十章第八节、第九节中将这类话语称为"信主的道"（有关信仰的话语），也就是前面两节提到的"基督降临并由死复生"的教义。《马太福音》第十三章第十九节中的"任何听闻上帝王国之理（与上帝王国有关的话语）的人"，其含义就是由耶稣教导的有关王国的教义。在《使徒行传》第十二章第二十四节中也出现了这样的话："以可见的程度日益兴旺，传布得越来越广泛。"我们很容易就能把它理解为福音的话语，但若要将它理解为上帝的声音或语言，就难以理解或是很怪异了。在《提摩太前书》第四章第一节中讲到"魔鬼的话语"时，其表

---

[1] 神的道：原文为 the word of God，直译即"上帝的话语""神的话语"。《圣经》和神学中多译为"神之道""上帝之道"，本书尽量采用直译来展示其本义和多义性。

达的含义也相同，指的不是魔鬼的话语，而是那些把魔鬼和幽灵当成上帝崇拜的异教徒们的教义。

思及"上帝的话语"在《圣经》中的两种含义，第二种含义更为明显，因为整部《圣经》都是上帝的统治方法，并被基督教用为教义。第一种含义则不然，《圣经》中只有部分内容是上帝亲口说出的话语，比如从"我是你们的神"开始，到十诫结束的位置。虽然经文中还有对这一部分的引言："神对所有事物吩咐道。"（《出埃及记》第二十章第一节）但应当理解为是神圣历史的书写者的话。如果将"上帝的话语"当作他亲口说的话，那么有时要从其本义理解，有时则要从其比喻义理解。当从本义理解的时候，指的是上帝对先知讲的话；当从比喻义理解的时候，指的则是上帝创造万物的智慧、权力与永恒意志，从这一意义上讲，《创世记》第一章提及的"要有光""要有天""我们……要创造人类"等命令就都是上帝的话语。在《约翰福音》第一章第三节里说的"万物被神的话语所造，任何被创造出来的事物，全部都被它所造"含义同样如此。《希伯来书》第一章第三节中说："神经常以他的权力话语支撑万物。"此句话的含义就是神以他话语的权力创造万物，也即以他的权力创造万物。在第十一章第三节中也讲到"世界由神的话语造就"。除此之外，文本中很多部分都有着相同的含义，拉丁文中 fate 的本义是"已讲出的话语"，但也与这一含义相同。

除此之外，这种比喻义还能展现他话语的效果，也就等于他的话语所肯定、命令、警诫或承诺的事物本身。比方说《诗篇》第一百零五篇第十九节中记载，约瑟夫一直被关在监狱，"直到他的话语得到应验"。这段话的意思就是，直到他对法老管家的"官复原职"这一预言实现之后才被放回 [1]（《创世记》第四十章第十三节），因为此处"他的话语得到应验"的含义就是事物本身得到了应验。同理，在《列王记上》第十八章第三十六节中，以利亚对上帝说的是"我遵行了你说的全部话语"，而不是"我已按照你的话语做了全部事情"。在《耶利米书》第十七章第十五节中，"神

---

[1] 据这一记载，约瑟被卖到埃及境内，含冤入狱。埃及国王的管家、厨师和他在同一个牢房，约瑟帮他们解梦，并预言三日之内厨师将被处死，管家将官复原职。他的预言全部应验，但管家出狱后忘了他的恩情，直到两年后法老找约瑟解梦，约瑟正确预言了埃及将面临的七年大旱。

的话语就在那里"这句话代替了"他警诫的恶果正在那里"。在《以西结书》第七章第二十八节中有"我的话语全都不会再耽延",这里"话语"的含义是"上帝承诺要给予其子民的事物"。在《新约》的《马太福音》第二十四章第三十五节中有"天地会毁灭但我的话语不会毁灭",其含义就是"我承诺或预言的事物全部都会应验"。《约翰福音》的作者圣约翰(我认为他也是这本书的唯一作者)在第一章第十四节中说,我们的救主是肉体化的"上帝之道"(上帝的话语)就是这一含义,即"道成肉身"(上帝的话语造的肉体)。也就是说,"自太初就与神同在"的基督,因上帝对他降临的承诺或话语而肉体化了。换言之,圣父特意要将圣子派到世上,启发人们对永生之理的认知,但直到真正实行时才会赋予圣子肉身。这样看来,我们的救主被称为"道成肉身"并不在于他是上帝做出承诺时说的话语,而在于他就是被承诺的事物本身。在这处寻找依据的人,通常将救主称为"上帝的动词",但这么解释只能让文意更加模糊。其实他们也能说救主是"上帝的名词",因为无论动词或名词,人们都只视其为话语中的某种成分和声音,而不是肯定、否定、命令和承诺,也就不能算物质或精神上的实体,因此就既不是神也不是人,但我们的救主兼具两种身份。圣约翰在《约翰一书》第一章第一节中说"道(话语)与神同在",并称之为"生命之道"(有关生命的话语),同章第二节还提到"原本与圣父共同存在的永恒生命"。因此他口中的"道"(话语)就是他说的永恒生命,也即在耶稣以肉身降临后"使我们获得的永恒生命"。同样,在《启示录》第十九章第十三节中,使徒也这样形容穿着血衣的耶稣:"他的名字正是神的道(神的话语)"。这段话应当从他讲过的耶稣名字的来源中理解:"他是依据着神从太初而起的目的和先知传布的神之道和神的承诺而来的。"因此,这里说的"道成肉身"(由上帝话语造就的肉体)就是圣子的"道成肉身";被称为"道"(话语)是因为他的"道成肉身"来自上帝对自身承诺的履行。圣灵也因此被称为"承诺"(the promise),具体可见于《使徒行传》第一章第四节、《路加福音》第二十四章第四十九节。

　　《圣经》里还有一些所谓"上帝话语"既不来自先知,又不来自圣徒,但却符合理性与公平。法老尼哥是崇拜偶像之人,但他派使者劝告贤王约西亚不得阻碍他攻打迦基米施,并称自己的行为是上帝口授的,约西亚没有听从他的话并死于战场。这一事件能在《历代志》第三十五章第二十一到第二十三节中看到。诚然，如果按照《以斯拉记》一书对此事的记载，则是耶利米得到了上帝的话语并传于约西亚的，但是无论外经写了什么我们都应当相信《圣经》正典。

所以，当《圣经》说"上帝的话语写于人们心上"时，就应该将之视为一种理性与公平的指引，正如《诗篇》第三十七章第三十一节，《耶利米书》第三十一章第三十三节，《申命记》第三十章第十一节、第十四节等章节中的类似说法。

在《圣经》中，"先知"一词的含义有时是"代言人"（prolocutor），就是代上帝向人类传话或代人类向上帝传话的人，有时则是"预言者"（predictor），即对未来之事做出预言的人，还有时是语无伦次、思维涣散的人。其中最常用的还是"代上帝向人类传话"这一含义，因此摩西、撒母耳、以利亚、以赛亚和耶利米等人都是先知。从这一意义上讲，大祭司就等于先知，因为他是唯一能进入至圣所向上帝询问并向众人宣布上帝答复的人。所以，当该亚法说"由一个人代替众人死亡更有利"的时候，圣约翰讲道："他并不为自己讲话，而是因为他这一年身为大祭司，所以预言耶稣会代替这个国家死亡。"（《约翰福音》第十一章第五十一节）同样，据《哥林多前书》第十四章第三节的记载，基督教会中的传教士也被认为能做出预言。相似的，在《出埃及记》第四章第十六节中，上帝曾就亚伦的问题对摩西说："他要当百姓的传话人，你会将他当成你自己的口，他会将你当成他的神。"这里的"传话人"在《出埃及记》第七章第一节中被解释为先知，上帝在本节中讲道："我让你在法老身前变成代替神的存在，你的兄长亚伦是代你传谕的先知。"而从"代人向上帝传话"这一意义上讲，亚伯拉罕也被称为先知。据《创世记》第二十章第七节中的记载，上帝在亚比米勒的梦中说道："你立刻将此人的妻子归还给他，因为他身为先知而存在，他要为你进行祈祷。"由此也可以得出结论，那些在基督教会中受到召唤并为会众做公开祷告的人也称得上先知。同理，从高处，或者说从上帝的山上走下来的先知也能做出预言，他们当中有人鼓瑟，有人击鼓，有人吹笛，有人奏琴（《撒母耳记上》第十章第五节、第六节），扫罗也身处其中（《撒母耳记上》第十章第十节）；因为他们以上述方式公开地赞美了上帝，所以也能做出预言。在《出埃及记》第十五章第二十节中，米利暗也是因为相同的原因而被称为女先知。圣保罗在《哥林多前书》第十一章第四节、第五节中讲道:"男性在祈祷或预言的时候,如果蒙着头就是在羞辱自己的头;女性在祈祷或预言的时候,如果没有蒙头就是在羞辱自己的头。"但这里说的"预言"不是预言未来之事,而是指用诗篇和圣歌赞美上帝;这是女性可以在教堂里做的事,但她们对会众发言是不合法的。在异教中,通过写圣诗或其他形式的诗歌敬神的诗人也在这一意义下被称为先知。这是熟悉外国文献的人所共知的,并且从《提多书》第一章第十二节圣保罗谈及革里底人的那些话,即革里底人中有一个先知说自己这帮先知都是骗子,也能明显看出。这并不能代表圣保罗将他们的诗人视为先知,只能代表他认为"先知"一词通常用来指那些用韵文敬神的人。

如果"先知的预言"指的就是对未来情况的预测或预言,那么除了那些传话人之外,需要邪灵帮助、通过迷信占卜过去的事件并从错误的起因预言未来相似事件的招摇撞骗之人也能被称为先知了;正如我在本书第十二章中讲的,这类人三教九流无所不包,无论他们怎么牵强附会,只要能偶然言中一次并合了民众的心意,那么之前失误过多少次都不妨碍他们得到预言家的声望。预言并不是一项技艺,预测未来更不是什么固定的职业,而只是上帝给出的临时任务或特定任务罢了。这些任务通常会派给善人,但有些时候也会派给恶人。隐多珥的一个女人据说拥有邪灵,她招出了撒母耳的鬼魂并向扫罗预言了他的死亡,但她并不能因此而被称为先知,因为她没有关于招魂的学问,从她招魂的行为中也无法看出上帝的意志,这只是一种引导扫罗产生恐惧且失去信心的骗术,并最终导致他败北丧命[1]。语无伦次有时候也被异教之人视为一种预言方式,因为向他们传达神谕的先知被德尔斐的派东神谕洞穴里的气体或硫黄蒸汽熏晕之后会疯癫一段时间,并像疯人一样说话。他们松散的话语可以用来附会一切事件,就好比说人的身体都是由"原始质料"[2]组成的。在《撒母耳记》第十八章第十节中我们也能看到类似的事件:"恶魔降于扫罗之身,他在家中语无伦

---

[1]《出埃及记》中记载,以色列人选了扫罗为王以后,扫罗却做出了不义的行为。于是上帝另选了大卫为王。扫罗心有不满并想除掉大卫,于是对他穷追不舍。到达基利波后,扫罗遇到了非利士军队,心存恐惧,派人去往隐多珥求问与鬼有交情的好人,于是遇到了撒母耳的鬼魂。鬼魂对他严加斥责,使他心生恐惧,并因此在战场上丧生。

[2] 原始质料:古代哲学概念。可以简要理解为能构成一切物质的基础原料。

次地做出预言。"

即使《圣经》中"先知"一词的含义十分丰富，但最常见的含义还是"听到上帝的话语并转告给他人的人"。这里可能会产生一个问题：上帝是以何种方式与先知对话的？有些人可能会发出疑问：上帝能发声与说话，难道他像人类一样有舌头或其他器官吗？先知大卫曾在《诗篇》第九十四章第九节中论及这一问题："上帝创造了耳朵，难道他自身听不到吗？上帝创造了眼睛，难道他自己看不见吗？"但是这些话并不能代表上帝的本质，只能代表人们对上帝的尊敬。因为"看"和"听"都属于人类的宝贵特质，将它们归于上帝是因为我们在穷尽想象地构想他的伟力。但严格来讲，不能因为上帝创造了人类就说他也会像人类一样运用身体的各个器官。人体上有许多不体面的器官，因此，认为上帝也拥有它们就是一种莫大的不敬，所以我们应该将"上帝对人亲口说话"解释为"上帝让人理解他的意志"。我们应该从《圣经》中寻找上帝传达意志的种种方式，尽管在经文中多次提到上帝与此人或某人对话，却未言明是以何种方式说出的。但是，经文中也有很多处提到，上帝会用象征物让人理解他的存在或命令，我们或许可以从中理解上帝与其他人对话的方式。

《圣经》中并未言明上帝通过什么方式与亚当、夏娃、该隐、挪亚对话；当亚伯拉罕去往迦南地的示剑处但尚未离开国境时，也未言明上帝是如何与亚伯拉罕对话的。但根据《创世记》第十二章第七节的记载，上帝之后对他"显现"（appear）了自身。所以，上帝就至少有一种能通过灵体或异象展现自身存在的方式。此外，在同书第十五章第一节中讲到"神在异象中与亚伯拉罕对话"，这就意味着上帝能以某种方式亲自显现，或显现为天使的形象并发起对话。再者，上帝还以三个天使的形象向亚伯拉罕显现（《创世记》第十八章第一节）；以梦的形式向亚比米勒显现（《创世记》第十章第三节）；以两个天使的形象向罗得显现（《创世记》第十四章第一节）；以一个天使的形象向夏甲显现（《创世记》第二十一章第十七节）；以来自天上的声音再次向亚伯拉罕显现（《创世记》第二十二章第十一节）；在夜间，也即在睡梦中向以撒显现（《创世记》第二十六章第二十四节）；在梦中向雅各显现，据经文记载，雅各"梦到了一个梯子"（《创世记》第三十二章第一节）；并且还以灌木中的烈焰这一形象向摩西显现（《出埃及记》第三章第二节）。在摩西之后，《旧约》中任何提及上帝直接与人对话的地方，都言明了他是通过异象或梦境完成的。与基甸、撒母耳、以利亚、以利沙、以赛亚、以西结和其他先知的对话都如此；在《新约》中，上帝也常用这一方式与约瑟、圣彼得、圣保罗和圣约翰对话；在《启示录》中，上帝同样用这一方式与福音书的作者圣约翰进行了对话。

上帝只有在西乃山和营帐中才会用特殊的方式与摩西对话；同样，也只会在营帐与神殿的至圣所中用特殊的方式与大祭司对话。但是摩西与继任的大祭司都是颇受上帝青睐的先知，上帝自己也曾言明，只会与他的仆从摩西像朋友那样对话，对其他的先知则都是以梦境和异象的方式对话。其原话见于《民数记》第十二章第六节至第八节："你们且听我的话：'你们中间若有先知，我耶和华必在异象中向他显现，在梦中与他说话。我的仆从摩西不是这样，他是为我全家尽忠的。我要与他面对面说话，乃是明说，不用谜语，并且他必见我的形象。你们毁谤我的仆从摩西，为何不畏惧呢？'"在《出埃及记》第三十三章第十一节中还有："神与摩西面对面说话，好像人与朋友说话一般。"但上帝仍是通过一位或许多位天使才与摩西这样对话的，这一点在《使徒行传》第七章第三十五节、第五十三节和《加拉太书》第三章第十九节中讲得很清楚，所以这仍是一种异象，只是比上帝展现给其他先知的异象更清晰。在《申命记》第十三章第一节中，上帝的话也证实了这一点："如果你们当中有先知或做梦者的话，起身出来。""做梦者"一词是用来解释"先知"的。在《约珥记》第二章第二十八节中有："你们的子女要做出预言，你们年老时要做异梦，年少要目睹异象。"这里的"预言"要用"异梦"与"异象"这两个词来解释。上帝也是通过这样的方式与所罗门对话，并许给他智慧、财富与荣誉，《列王记上》第三章第十五节记载："所罗门醒转过来，发现这竟然是梦境。"总而言之，在《旧约》中，即使是特殊的先知也只能通过梦或异象接受上帝的话语，这就是说只能通过梦中或幻象中的映象来接受。这些映象也说明了每个真先知都是超自然的，而假先知只能是自然的或假冒的。

这些先知据说还能通过灵来说话。比如《撒迦利亚书》第七章第十二节中提到，一个先知在言及犹太人的时候说道："他们的心坚硬如金刚石，不遵守法律，不听从万军之主耶和华通过注入自己的灵让从前的先知说出的话。"由此可见，通过灵或灵感说话与通过异象说话没有什么不同，也不是替上帝传话的唯一方式。据说通过圣灵对话的先知都是特殊的，比如，每一次新的传信都意味着特殊的任务，或是每个新的异象和梦都意味着特殊的任务，但后者与前者其实是一回事。

在《旧约》中，受到"永恒召唤"（perpetual calling）的先知们也分等级。在地位最高的先知中，首先是摩西，其次才是历代具有君主地位的大祭司。在犹太人背叛上帝并拒绝他做自己的王之后，服从他管理的诸王就成了他的首席先知，大祭司也就因此居于副位：当国王需要咨询上帝时，大祭司要身着神圣祭服按国王的命令进行询问，国王也能凭自身意愿免去他们的职务。扫罗王曾命令他人将燔祭带给他（《撒母耳记上》第八章第九节），还派祭司把约柜送到他身边（同书第十四章第十八节），这之后则因为见到了敌方占据上风而叫他们停手（同章第十九节），在这一章中扫罗还咨询过上帝。相似的，在大卫王受膏之后、坐上王位之前，《撒母耳记上》第二十三章第二节记载了他为了"攻打基伊拉的非利士人"一事"请求神的答复"。同章第十节中还讲道，大卫命令祭司把以弗得[1]（ephod）取来，并就"自己是否应该留在基伊拉"这一问题请求神的回答。所罗门王曾撤去了亚比亚他的祭祀职位（《列王记上》第二章第二十七节），并授予了撒都（同章第三十五节）。所以，摩西、大祭司、虔诚的国王以及向上帝询问自身命运与结局之人都属于主权者先知，但上帝与他们对话的方式还是不甚明了的。如果说摩西到西乃山上与上帝对话的行为是一种梦或异象，与其他先知见到的相同，那就与"上帝将摩西与其他先知们区别对待"的说法相悖了（《民数记》第十二章第六节、第七节、第八节）。如果说上帝以自己的本质形象向摩西显现或发起对话，那就和上帝无限、无形与不可想象的特性相悖了。如果说上帝是通过灵感或灌注圣灵的方式进行对话，而圣灵的意思就是"神"，那么就是将摩西等同于基督了，因为神的本体只存在于基督体内（《哥林多书》第二章第九节中圣保罗的话）。最后，如果说摩西是通过体内的圣灵对话，而这种方式又意味着圣灵的恩典或恩赐，就等于否认了摩西自身的超自然性。因为上帝是通过自然且普通的不同教义、事例和场合，将虔诚、正义、怜悯、求真和信仰等一系列有关道德与智慧的美德赋为人类的性格倾向。

以上这些都不属于上帝在西乃山上与摩西对话的方式，也不属于上帝

---

[1] 以弗得：古犹太大祭司穿的圣服。

在施恩座上与大祭司对话的方式。所以我们并不了解，在《旧约》中，上帝是以何种方式与负责向自己询问的主权者先知对话的。在《新约》的时代中，则只有我们的救主而无其他的主权者先知。我们的救主不仅是讲话的上帝，也是听上帝讲话的先知。

至于那些受到永恒召唤的次要先知，我却没有发现任何能证明他们曾与上帝进行过超自然对话的证据，而只能看到上帝像以自然方式教导其他基督徒一样，将对虔诚、信仰、正义和其他美德的倾向赋予了这些先知。尽管这些自然美德引发并要求了人们对基督教美德的制定、教育与学习，但实际上它们都出于神的灵或说圣灵的运作，因为所有善的意向都出于上帝的运作，但是，这些运作并不总是超自然的。当经文中说"先知与灵对话"或"先知通过上帝的灵讲话"时，我们就只能理解为先知们遵循上帝的意志讲话，并由最高先知公之于众。因为"灵"这个词最常用的含义就是"人们的倾向、意识或性情"。

在摩西的时代，除了摩西之外还有七十个人能在以色列的营帐中做出预言。在《民数记》第十一章第二十五节中，明确记载了上帝与他们对话的方式："神在云中降临，对摩西说话，把降在他身上的灵分赐给那七十位长老，灵停在他们身上的时候，他们就受到了灵感并说话，以后却没有再说。"我们能从这一记载中看出：首先，他们做出的预言只是摩西预言的附属，因为只有上帝将摩西承载的灵分赐给了他们之后，他们才能以摩西的方式做出预言，否则他们就没有预言的能力。在本章第二十七节中提到，有人向摩西控告营帐中另有人做出了预言，约书亚要求摩西禁止他们，但摩西并未照做，反而对约书亚说："不要因为我妒忌他人。"其次，这里提到的灵只代表服从、协助摩西的统治的意愿与意向。因为，如果说这七十个人在实质上具有上帝之灵，即是说具有"神性"（divine nature）的话，那么从神本身就具有圣灵这一点上看，他们就和耶稣本人没什么区别了。但是，上帝的灵只在耶稣体内，这就说明了这些人的灵本就属于摩西，而且是由上帝从摩西身上分赐下来以引导他们协助摩西的。据《民数记》第十一章第十六节记载，他们就像是摩西派去管理人民的长老或官员，经文记载道："你从以色列的长老中召集七十个人，就是你所知道做百姓的长老和长官的。"这句话语里的"你所知道"就意味着"你来指派"或"你已指派的"。因为在《出埃及记》第十八章第二十四节中已写明了，摩西确实曾听从其岳父叶特罗的话，指派了敬畏上帝的人做管理人民的法官与官员。这些人就是上文提到的那七十人，上帝将摩西的灵分赐给他们，并让他们辅助摩西管理王国。在《撒母耳记上》第十六章第十三节、十四节中记载，在大卫受膏时，神的灵就立刻离开了扫罗并降在大卫身上，这里的含义与上文相同。上帝将恩典赐予他选出的管理自己子民的人，并将恩典从自己拒绝的人那里取回。所以这里"灵"的含义就是"侍奉上帝的意愿"，而非"超自然的启示"。

上帝也常用"抽签的结果"向人们说话，安排抽签的则是由他授权管理他的子民的人。因此我们能从《撒母耳记上》第十四章第四十三节中看到，约拿单因为偷吃了蜂蜜而违背了扫罗与人民的誓言[1]，他的错是由上帝让扫罗派人抽签而证实的。在《约书亚记》第十八章第十节中写到"约书亚就在示罗，在神面前为他们抽签"，上帝根据结果将迦南地分发给以色列人。按照《约书亚记》第七章第十六节的记载，上帝应该也是用了这一方法指明亚干的罪行。以上说的都是上帝在《旧约》中用来宣告自身意志的方法。

这些方法上帝也在《新约》中全部使用过。他以天使的异象向圣母玛利亚宣布自身意志；用梦向约瑟宣布自身意志；他在保罗前往大马士革的路上，用救主的异象宣布自身意志；他向彼得显现了从天上垂落、挂有洁净与不洁的动物肉的巨大布匹的异象，并在彼得处于狱中时显现了天使的异象；他还以自己的灵向所有使徒和《新约》的作者赐下了恩典；并且在使徒们选择马提亚代替加略人犹大的位置时，用抽签的方式展现了自己的意志。

既然所有的预言都证明了异象、梦，或是因为罕见而令人敬仰的独特恩赐是存在的；而异象和梦都出于自然的话就没有区别了。如果这种恩赐是超凡的异象和梦，那么既有可能直接地来自上帝的超自然运作，也有可能间接地来自第二因，即来自上帝的自然运作。因此，我们就有必要用

---

[1] 彼时以色列人在扫罗的带领下与非利士人战斗得胜，正要乘胜追击。百姓已经非常疲乏，但扫罗认为得胜是因为有神助，因此要百姓起誓在彻底战胜敌人前不进食，即以禁食的方式表达对上帝的虔敬。约拿单没有听到父亲扫罗的话，用手杖头蘸着蜂蜜吃了。扫罗用抽签的方式知道了破誓的人是约拿单，因此要处死他，但约拿单被百姓力保下来。此事过后，扫罗停止追击非利士人。

理性和判断力来区分自然和超自然的恩赐，并区分自然和超自然的梦及异象。因此我们需要小心谨慎地听取那些自诩为先知之人的话语，也即他们以上帝之名告知我们并要求我们听从的获得幸福的方法。任何企图教导民众获取巨大福祉的人，也一定是企图统治人们的人，也即企图约束与控制人们的人。又因为任何人都有获取福祉的天性，所以人们就应该对这些先知的野心与欺诈保持怀疑，也要在服从前一一检验他们话语的真实性，除非人们事先已经立约建国，并已经服从于被世俗主权授权的先知或作为世俗主权者的先知。假如不是每个人都被允许检验先知和灵，那么，也就没有必要辨别他们的说法，并区分出哪些可以听从，哪些又不能听从。既然《申命记》第十三章第一节等处已经列出了辨别先知的方式，《约翰一书》第四章第一节等处也列出了辨别灵的方式，还有《旧约》中的大量预言和《新约》中的大量传道书教人们反对假先知，而且假先知还往往远多于真先知，那么，任何听从假先知教导的人都应自己承担损失。首先，假先知的数量远远大于真先知，这一点从《圣经》中就能看到。《列王记上》第二十二章中记载，亚哈王曾向四百个先知提出疑问，却发现只有米该亚一位真先知而其他人都是骗子。在早于巴比伦囚虏的时期，先知基本都是骗子。在《耶利米书》第十四章第十四节中，上帝讲道："那些先知托我的名说假预言，我并没有打发他们，没有吩咐他们，也没有对他们说话。他们向你们预言的，乃是虚假的异象和占卜，以及虚无的事和出于其个人之心的欺诈。"所以，在第二十三章第十六节中，上帝借先知耶利米之口命令人民不得听从他们："这些先知向你们说预言，你们不要听他们的话。他们以虚无教导你们，所说的异象，是出于自己的心，不是出于神的口。"

在《旧约》的时代，能看到异象的先知们会彼此争吵并质疑："神的灵是于何处离开了我并与你对话的？"这就是米该雅与除她之外的四百位先知的争论，而且这些先知也仍然在互相欺骗，就像《耶利米书》第十四章第十四节记载的那样。《新约》中的这一争论，同样发生在今天那些有灵的先知之间。因此，无论是那时还是今天的人们，都应该运用上帝赐予我们的自然理性准则来辨别这些预言的真伪。在《旧约》中，这些准则中的一项是"要与主权者先知摩西的教导相符"，另一项是"能预言上帝将要施展的奇迹与伟力"，后者我已在上文提到《申命记》第十三章第一节的时候解释过了；在《新约》中则只有一种辨别方式，即宣传"耶稣就是基督"这一教义，其含义是"耶稣就是《旧约》中承诺的犹太国王"。任何否认这一信条的人都是假先知，就算他似乎能展现奇迹也一样，传布它的人则是真先知。在《约翰一书》第四章第二节等处，圣约翰指出将会有假先知现身之后，清楚地讲解了如何辨别灵是否来自上帝："任何灵，只要认可耶稣基督是以肉身降临的，那就是源于神的。"这种方法就能证明先知是否得到了上帝的承认。意思就是，只要他承认、声明或传布了"耶稣就是基督"这一信条，就可被公认为真先知；但意思不是只要他这么做了就是虔诚之人或可以成为上帝的选民，因为上帝也会通过他未接受为选民的人说话，就像他曾通过巴兰[1]之口讲话，通过恩多洱的女巫做出扫罗死亡的预言。在《约翰一书》第四章第五节中还有："任何不认耶稣的灵，就不源于神，也就是反基督的灵。你们从前听见他要来，现在他已经在世上了。"因此这一准则从两方面讲都称得上完美：宣扬"弥赛亚已降临为耶稣"的就是真先知；先是否认他的降临而后又假冒他的就是假先知，使徒们准确地将其称为"反基督"（antichrist）。因此，所有人都应该思考谁才是主权者先知，也即思考谁才是上帝在尘世的代理人，谁才是在治理基督徒方面掌握仅次于上帝权力的人。所有人都要将这人以上帝之名宣传的教义当成法律服从，并用这人的教义检验那些无论能否施展奇迹都自称为先知的人，并检验他们的预言是否能时时应验。当发现他们的说法与法律相悖，就要学那些发现有人在营地中预言并向摩西控告的人，保持对他们权威性的怀疑，并将他们交给主权者定夺。如果主权者否定了这些人，就不应再听从他们的话；如果主权者承认了这些人，就应认为是上帝将主权者的一部分灵分赐给了他们，并要听从他们的话。如果信基督的人都不把基督徒君主当成上帝的先知，反而把自己的梦当成能够管理自己的预言，把自己心灵上的病变当成上帝的灵，或是任由自己被异教徒君主或某些臣民领导——这些人无法施展奇迹，只能以偶然的非凡胜利或大难不死来谎称自己得到了上帝的召唤，而且这些人会诋毁政府并教唆人们发动叛

---

[1] 巴兰：巴兰并非以色列人，他是异教预言家，有祝福和诅咒的能力。《民数记》中记载，摩押王巴勒要攻打以色列，于是派人请巴兰施以诅咒。巴兰骑驴出行，上帝派使者在路上持刀拦截。驴能看到使者，于是三次转向避开。巴兰看不到使者，以为驴失控并打了它三次。上帝使驴开口说话，并让巴兰看到使者，他于是谢罪。上帝要他仍然去见巴勒，并在巴勒准备的诅咒以色列的地方，借巴兰之口做了三次燔祭并三次祝福以色列。

乱——这样一来，所有神圣法律和人类法律都会被摧毁，所有秩序、政府和社会也都会退回最原始的混乱、暴力与内战频发的状态。

第三十七章
论奇迹及其作用

"奇迹"（miracles）的含义就是"上帝的伟业"（works of God），因此也被称为"奇观"（wonders）。绝大多数奇迹的施展都是为了宣告上帝的命令；如果不施展奇迹，人们就会因为自身的自然理性而倾向于怀疑这一命令是否出于上帝。因此《圣经》通常将其称为"征兆"（signs），拉丁文是ostenta 和 portenta，即"迹象"和"征兆"，它们能展示或预示万能的主将要做的事。

想要理解什么是奇迹，我们必须先理解奇迹是如何让人们感到惊异并景仰的。人们只会对两种事物感到惊异：一种是奇异的事物，也就是前所未有或十分罕见的事物；另一种则是我们想象不出自然成因，只能认为是被上帝造出的事物。但是，当我们明白事物的自然成因时，无论相似的事物有多罕见都不会令我们感到惊异。我们看待那些常见事物时也一样，无论它们的自然成因多么超乎想象，我们都不会感到惊异也不会将它们视为奇迹。

如果牛和马能口吐人言就是一种奇迹，因为这不仅奇异，而且难以想象其自然成因。所以，如果我们发现自然界中发生了奇异的变化并孕生出了新的生命形式，那也是一种奇迹。我们同样不理解人类或动物繁衍后代的原理，但因为这是常见的事，所以不算奇迹。相似的，一个人变成一块石头或一根柱子就是奇迹，因为这件事是奇异的；但是一块木头变成一根柱子就并不奇异，因为这太常见了。然而，我们对上帝造就伟业和施展奇迹的方式一无所知。

人们在世上见到的第一道彩虹就是奇迹，因为这是它的首次出现，所以是奇异的；它是上帝造就并置于天空的征兆，以向人们保证将不会再有灭世的洪水出现。但现在看来彩虹只是很常见的事物，所以无论能否了解它的自然成因，它都不能算是奇迹。除此之外，世上还有很多由人类技艺创造的罕见事物，但我们知道它们是被人类造出的，也知道它们是怎样被造出的，所以不就算奇迹了。因为它们并不是上帝直接创造的，而是由人类的劳动创造的。

此外，因为景仰与惊奇源于经验与知识，而各人的经验和知识也分多寡，所以同一事物对某些人算是奇迹，对其他人则不然。那么，被无知迷信之人推崇为奇迹的事，对理解其自然成因的人而言就不值得景仰。比如，普通人认为日食和月食是超自然事件，但有些人能通过其自然成因提前算出它们发生的准确时刻。再如，某人与他人串通好，暗中打探出某个愚昧粗心的人的私事并对他讲述，那么对他而言这无疑是一种奇迹；但是对智慧且谨慎之人而言，这类"奇迹"就很难被制造出来。

奇迹还有以下性质。展现奇迹是为了证明上帝的先知、使者与代理人的身份，并告知人们这些人被上帝召唤、派遣及委任的原因，这样人们就更容易服从于他们。所以，创造世界与发动灭世洪水虽然是令人景仰的伟业，但因为它们并不是为了证明任何先知或代理人的身份，所以通常不被称为奇迹。人们毫不怀疑上帝是全能的，所以不会因为上帝能够造就伟业就产生景仰，但是会因为上帝通过造就伟业回应人们的祈祷或话语而产生景仰。上帝在埃及借摩西之手造就的伟业就属于奇迹，因为这是为了让以色列的人民相信摩西是被上帝派来的，而非为了一己私利才来的。因此，在《出埃及记》第四章第一节中，当上帝命令摩西将以色列人从埃及人的奴役中拯救出来，摩西却说"他们必不信我，也会不听我的话，并且一定会说神没有向我显现"的时候，上帝就赐予他能将手杖变为蛇并再次变回手杖的神力，并赐予他将手放在怀中就会生出麻风病而将手拿出就会复原的神力。正如本章第五节的记载，这都是为了让以色列百姓相信他们祖先信仰的神已对他们显现，如果以上两种神力还不能让人们相信，上帝还另外赋予了他一种能让埃及人的水变为血的神力。当摩西在百姓面前施展了这些奇迹之后，本章第四十一节记载"人们都相信了他"，但还是因为畏惧法老而不敢服从于他；为了让以色列人相信摩西，上帝就对法老与埃及人降下了灾祸，这些都属于奇迹。同理，当我们回顾摩西与巴比伦囚虏之前的众多先知施展的奇迹，以及我们的救主与门徒施展的所有奇迹，就能发现施展奇迹是为了引发或坚定人们的信仰，令人们相信这些先知并非为了私利到来，而是被上帝派遣来的。此外，我们还能在《圣经》中看到，施展奇迹并不是为了让所有人都产生信仰，而只是为了让选民产生信仰，也即让上帝决定选为自己臣民的人产生信仰。对埃及降下的奇迹般的灾祸并不是为了让法老改变信仰，因为上帝告诉摩西自己会坚定法老的心，让他不放走犹太人民；法老最终放走犹太人不是因为奇迹，而是因为这些灾祸迫使他如此行事。《马太福音》第十三章第五十八节提到，因为当地人没有信仰，耶稣也就没有频繁地施展奇迹。《马可福音》第六章第五节中的记载则不是"没有频繁地施展奇迹"，而是"不得施展任何奇迹"，这不意味着他缺乏神力，因为说他缺乏神力是渎神的，也不是说施展奇迹的目的就是要让不信者皈依基督，因为摩西、先知、我们的救主及其使徒施展奇迹都是为了让教会吸纳信众，但不是要把所有人都纳为信众，只有那些应该得到拯救的人，也即上帝的子民才能被吸纳进来。既然我们的救主是被他的父亲派来的，他就不得动用自身的神力吸纳父亲舍弃的人。一些解释者说《马可福音》这里的"他不得"是指"他不想"，他们的论点在希腊语中没有例证，否则就像在说基督只会对轻信者施展奇迹——这会成为削弱基督徒信仰的绊脚石。在希腊语中，形容无意志的非生命时，"不想"有时候会被"不得"替换，但是用"不得"替换"不想"的用法没有出现过。

根据我所讲明的奇迹的本质与作用，我们可以得出这一定义：奇迹就是上帝的伟业，但不包含他以自然的方式运作或创造世界的伟业；施展奇迹的目的是向选民们展现上帝的超凡代理人拯救他们的使命。

以该定义为依据，我们可以推论出：第一，任何奇迹都不是通过先知的美德实现的，因为奇迹只出于上帝之手，也就是说上帝造就伟业不需要先知的辅佐。

第二，一切魔鬼、天使或被创造出来的灵都无法施展奇迹。因为奇迹只能通过某些自然原理或咒语施展，而通过咒语施展就是通过话语施展。如果说，念咒者能不依靠上帝并独立地运用自身力量达成效果，那么任何人都不会相信。如果说，他们是通过上帝赐予的力量，但这种赐予并非直接赐予，而是以一种自然的方式达成效果的话，就不能称为奇迹。

在《圣经》的一些篇目中，似乎将某些能与上帝亲手施展的奇迹媲美的奇迹归为特定的术法或咒语。譬如，当摩西将手杖扔到地上并且手杖变成了蛇之后，"埃及魔法师也按此施术"（《出埃及记》第七章第十一节）；当摩西把埃及江河、池塘里的水全都变为血之后，"埃及魔法师也按此施术"（同章第二十二节）；在摩西施展神的力量让青蛙爬满地面之后，"埃及魔法师也施术让青蛙爬上埃及的地面"（第八章第七节）。人们读了这些内容后，会不会将施展奇迹的方式视为术法，并将这些记载和其他相似的记载当成证据呢？然而，《圣经》中并没有提到过什么是术法。如果术法不是人们想象的用咒文和话语施展出的奇异作用，而只是一种普通的欺诈或错觉，还与超自然没什么关系，那么欺诈者就根本不需要研究什么自然原理，只要观察人类普遍具有的无知、愚蠢与迷信就足以达到目的了。这样说来，那些看似证明了魔术、巫术与术法力量存在的经文应该另有含义。

因为，话语很明显只会对理解它的人产生作用，并只能表明讲话者的意图与情感，使听话者心中产生希望、恐惧或其他形式的情感与概念。所以看起来像蛇的手杖、看起来像血的水或其他看起来像是由术法造就的奇迹，如果目的不是要教化上帝的子民，那么被术法影响的就不是手杖、水或其他被施术的东西，而是旁观者。所以这一类"奇迹"就无非是施术者对人们的欺诈，根本算不上奇迹，而且是很容易就能做到的。

几乎所有人都无知且容易犯错，而那些不理解自然原理、人类利益与人类本质的人尤其如此，并且会被许多种简单的骗术蒙骗。在人们不了解有关星体运行的知识时，如果某人说这一小时或这一天内太阳会变得暗淡，那么人们会怎样看待他这种奇迹般的力量呢？杂技师用他的高脚杯或别的小道具耍戏法时，如果人们未曾见过这一类把戏，就可能会把这种令人惊异的技巧当成魔鬼的力量。有些在古代被称为"腹语者"的人，会训练自己通过吸气的方式讲话，让自己发出的微弱声音听起来不像来自语言器官的微弱活动，反而像是来自远处的声音，这就很容易让人们相信他说出的话都来自天上。有些狡猾的人，会打听别人在日常谈话中提到的行为或经历，并反过来在他们面前讲出，这不算什么难事，但这些人仍然会被冠以"术士"的名号。将这几类人全部列出来可是个大工程，在希腊文中他们被称为θαυματουργόι，也即"造就奇迹之人"。但这些人也不过是靠着耍小聪明行骗罢了，如果我们了解一下那些串通起来的诈骗者就能知道，没什么看上去令人难以置信的事是无法实现的。好比有两个串通好的人，一个人装作跛脚而另一个使用术法将他"治愈"，那么很多人都会上当；如果是一大群人串通起来，由一个人装作跛脚，另一人施法"治愈"他，而且其他人都为此做证，那么就会有更多人上当。

对于人类这种容易相信虚假奇迹的天性，我认为再没有比上帝借摩西之口做出的规定更为恰当的，我也在前文提到过这种规定，即《申命记》第十三章开头与第十八章结尾记载的：如果某人传布的宗教不是上帝的代理人建立的，也即不是摩西建立的，就不要把他当成先知；即使他传布的是上帝代理人建立的宗教，在其预言实现之前也不得将其视为先知。在我们相信据说是奇迹的事或据说是先知的人之前，应当先去询问那些教会的领袖，也就是仅次于上帝且对上帝的子民有主权的人。在任何时代都应如此，好比在摩西的时代询问摩西，在亚伦与其继承人的时代询问亚伦与其继承人，并了解他们建立的教义。做到这点以后，还必须亲眼见证那些被人们称为奇迹的事物实现，并尽可能地思考：它们是否被实现了？是人类通过自己的能力实现的，还是直接通过上帝的神力实现的？这些问题我们也必须向上帝的代理人求助，因为我们已将自身的判断力交予了他，委托他帮我们解决任何拿不准的问题。比如，某人对一片面包说了几个词之后就说上帝已经让它变成了一个人或神，或者两者兼备，只是它的样子没有丝毫变化，那么任何人都不应该相信他真的做到了这件事并害怕他，除非他已通过上帝的代理人向上帝发问，并得到了肯定的答复。如果得到了否定的答复，就可以用《申命记》第十八章中摩西的话来印证："那是他自己随意乱讲的，你无须惧他。"如果他说自己做到了这件事且没有被神反驳，但我们没有亲眼见到，只是听说了这一奇迹，就应该咨询合法教会中的合法领袖，以明确我们应在何种程度上相信他的话。这些都是如今生活在基督教主权治下的人们会面临的主要问题。据我所知，至今都没有任何人见过由术法、话语或祈祷造就的奇迹，能让具有一般程度理性的人也认为它是超自然的。问题已经不再是"在我们的见证下完成的事物是不是奇迹"，而是"我们听到、读到的事究竟是真实的，还是仅为口授笔传的虚构故事"。简而言之，我们了解到的究竟是真相还是谎言。这一问题不该由个人的推理与理性来判断，而应该由公共理性，也即由上帝最高代理人的理性来判断。既然我们已经把主权交予他，并要他为我们的和平与防卫做一切必要的事，那么就已经是把他视为我们的公共审判者了。思想是自由的，人们永远能自由地选择是否去相信那些被称为奇迹的事物，因为这位代理人能看到，人们的相信会给那些自称或赞成它们是奇迹的人带来什么好处，从而推测它们究竟是奇迹还是谎言。但是，涉及表明自身信仰的事件时，个人理性就必须服从于公共理性，也即服从于上帝代理人的理性。对于"谁才是上帝代理人""谁才是教会领袖"等问题，我们会在下文合适的地方进行探讨。

第三十八章

论《圣经》中永生、地狱、拯救、
来世和赎罪的含义

世俗社会的维系有赖于司法权，司法则依赖于国家主权者的生杀赏罚之权。如果除主权者外还有人能赐下比生命更珍贵的奖赏，或是施加比死亡更严酷的惩罚，那么国家就无法维系了。既然"永生"（eternal life）代表着比此世生命更珍贵的奖赏，而"永刑"（eternal torment）代表着比自然死亡更严酷的惩罚，那么所有期望通过服从于国家权力来避免乱局与内战灾难的人，都应该仔细思考《圣经》中的"永生"与"永刑"到底是什么含义，即什么样的罪行或对谁犯下罪行会招致永刑，而什么样的行为又能带来永生。

首先，我们能在《圣经》中看到，亚当被创造出来时就是永生的，如果他没有违抗上帝的命令，就能永远在伊甸园中享福。因为园中有"生命之树"（tree of life），他被允许食用其果实，但被禁止食用"知善恶之树"（tree of knowledge of good and evil）的果实，所以，他吃下知善恶之树结出的果实后就被上帝逐出了伊甸园。在《创世记》第三章第二十二节中，上帝说道："既然他知道了善恶，就不得允许他再食用生命树的果子延续永生。"关于这一问题以及所有与《圣经》相关的问题，我都以一位臣民的身份服从于国家对《圣经》的解释。但是在我看来，如果亚当没有犯罪就能在尘世中永生了，但他的"原罪"（first sin）使他与他的子嗣变得"有朽"（mortality）。"有朽"并不意味着立即死亡，否则亚当就不可能有孩子，也不可能在活过漫长的时间后于死前看到自己的诸多子嗣。所以，经文中

"你吃的那天一定会死"的含义就是他从此变得"有朽"并必将走向死亡。既然亚当因为犯下了罪而被罚没了永生，而赦免他的罪就是恢复他的永生；那么，耶稣基督替信仰他的人赎了罪，就等于恢复了他们因为亚当的罪而失去的永生。这就是圣保罗在《罗马书》第五章第十八节、第十九节中进行比较的意义所在，他讲道："这样看来，一次罪行使人们都背上了罪名，同理，一次义行也会使人们全体复活。"同样，《哥林多前书》第十五章第二十一节、第二十二节清晰地阐明了这种类比："死亡既然是因为一个人而降临，死人复活也会因为一个人而发生。因为亚当，人们全都有朽；而因为基督，人们又将全体复活。"

然而，人们将在什么地方享受基督带来的永生？其后的经文似乎指出是在尘世中。如果人们的"有朽"都是亚当造成的，并因此被剥夺了在乐园与尘世中的永生；那么，人们因为基督的拯救而复活后也应该在尘世中获得永生，否则这种类比就不适宜了。这似乎与《诗篇》第一百三十三章第三节中的记载相同："在锡安山……有着神赐下的福祉，就是永生。"锡安山在耶路撒冷，处于尘世中。圣约翰在《启示录》第二章第七节中也说了类似的话，他讲道："得胜利的人，我一定会把伊甸园中生命之树的果实赏给他食用。"这就是给予了亚当永生的树，但亚当是在尘世中过完一生的。在《启示录》第十一章第二节中，圣约翰还有一段话对此加以肯定："我再次目睹圣城新耶路撒冷从神明处降临下来，正像新妇穿戴齐整静候丈夫。"在本章第十节中还有一个含义相近的段落，其大义是：新耶路撒冷、上帝的乐园，会在基督再次降临时从天上降到上帝的子民那里，而非让百姓从尘世飞升到乐园。《使徒行传》第一章第十一节中记载，当使徒们注视着基督升天的时候，两位身着白衣的天使对他们说："这离开你们被接升天的耶稣，你们见他怎样往天上去，他还会怎样回来。"这一说法与上文相似，即耶稣将会降临并在圣父之下永远管理他的子民，而不会将他们接到天上来管理。这也与摩西立约建立的上帝之国的复兴，也即犹太人的地上政权的复兴相符。在《马太福音》第二十二章第三十节中，我们的救主也讲过："当复活时，人不行嫁娶之事，就像天上的天使那样。"这一对永生的描述，体现了我们因为亚当的罪而失去的婚姻：如果亚当和夏娃从未犯过罪，就会在尘世中永久地独自生活，也就很明显不会以这种方式持续繁衍。因为，如果永生之人以人类如今的方式进行繁衍，那么很快尘世中就会无立足之地了。在《马可福音》第七章第十九节至第二十五节中，有犹太人向我们的救主提出疑问："如果一个女人曾与许多弟兄有过婚姻[1]，那么在复活后到底算是谁的妻子？"他们不明白永生会导致的后果，因此我们的救主就将永生的后果教给他们：那时将无生育，因此也无婚姻，就像天使们那样。比较亚当丧失的永生与基督战胜死亡而重获的永生，可以得到这样一个观点：亚当由于犯了罪而丧失永生，并在生活了一段时间后迎来死亡；虔诚的基督徒因为基督受难而恢复永生的情形也一样，他们在寿终正寝后会先保持死亡的状态并最终迎来复活。因为死亡是亚当被定罪后的必然结果，而不是上帝的处决，所以永生也是得到赦免后的必然结果，而不是因为他们被耶稣选中才能复活。

在我所见的文献中，找不到"人们将在复活之后于天上永生"的说法。这里说的"天上"，指的就是世界上离尘世最远的地方，是与众星同在或高于众星的天界，拉丁文叫 coelum empyreum，即"至高天"。但是，它在《圣经》中没有被提到，也并不能用理性推理出。"天国"的含义就是住在天上的国王的国家，他的王国由以色列的子民组成，并由他的代理人先知在尘世进行管理。最开始由摩西代理，其后则由以利沙与主权者祭司代理，直到撒母耳时期他们背叛了上帝并要求与列国一样选举一个凡人做自己国家的王。当我们的救主基督靠传教士们的传教劝使犹太人转变心意，并召集了服从于他的外国人之后，就会出现一个新的上帝王国，那时上帝就会做我们的王，他以天界为自己的王座。至于"人类会从作为上帝脚凳的尘世飞升并获得福祉"这样的说法，《圣经》中也没有任何明确的证据。与之相反，《约翰福音》第三章第十三节中记载："除了从天降下并且仍在天上的人子，从未有人升天。"据我观察，这句话出于圣约翰，但经文中这句话之前的话却直接出于救主，因为彼时基督不在天上，而是在尘世中。在《使徒行传》第二章第三十四节中，圣彼得为了证明耶稣已经升天，引用了《诗篇》中的话："因为你必不将我的灵魂撇在阴间，也不叫你的圣徒见朽坏。"（《诗篇》第十六章第十节）他说，这段话是在讲救主而非大卫，并附上了证明：大卫并未升天。人们能够轻易地对此做出回答：尽管肉身无法在最终审判日到来前升天，但是灵魂一旦离开了肉身就在天上。

---

[1] 古代犹太妇女有婚姻自由，可以离婚，丧夫的寡妇也可再嫁。

救主基督的话语也能作为证明，在《路加福音》第二十章第三十七节、第三十八节中，他以摩西的话证实了复活："至于死人复活，摩西在荆棘篇上，称主是亚伯拉罕的神、以撒的神和雅各的神，就指示明白了。神原本不是死人的神，乃是活人的神；因为在他那里，人都是活的。"如果只将这句话理解为灵魂的不朽，就完全无法证明救主基督想要证明的肉身复活，也即人的不朽。所以救主基督的意思是，这几位族长的不朽并非人类的本质或与生俱来的特质，只不过是上帝以自身的意志略施恩典，赐予了这些虔诚之人永恒的生命。尽管这些族长与其他虔诚之人已经死去了，但经文中却说他们"在神那里是活的"，也就是说，他们与那些已被赦免并将在复活时得到永生的人们一起，被记载到了"生命册"（Book of Life）上。至于"人类的灵魂在本质上是永恒的并能独立于肉身存活"或"（除了以诺与以利亚）一个纯粹的凡人能不靠末日时的复活就达到永恒"的说法，则不见于《圣经》。《约伯记》第十四章整章都是约伯自己的话，而非他朋友的话，他在其中表达了对有朽的本质的控诉，但这并不与复活时的永生冲突。他在第七节到第十节中讲道："如果是一棵树被砍了，还有发芽的希望，嫩枝也能生长不息。它的根虽然在地下衰老，枝干也死在了土中，但是得到了水分还能发芽抽枝，像新栽的树一样。可是，一个人死亡后，僵卧气绝，又能去哪里呢？"在第十二节中还有："人也是如此，躺下不再起来，等到天没有了仍不得复醒，也不得唤醒。"但天是在何时消失的呢？圣彼得告诉我们，是在人们全部复活的时候。因为他在《彼得后书》第三章第七节中说道："现在的天地还是被上帝的话语于火中保留下来的，直到不信者受到审判并遭到毁灭的那一天。"同章第十二节中还有："盼望并催促上帝的日子来到。因为在那日，天要被火烧毁，所有物质都会在火中熔化。但我们因为上帝的承诺，盼望着新天新地，那个有正义存在的地方。"所以，当约伯说"等到天没有了仍不得复醒"的时候，似乎是指永生在复活与审判日以前不会出现在人类的身上，而《圣经》中的"灵魂"与"生命"一般是同义的。因为人类并不会因为某些特殊的天性或繁衍的能力就得到永生，只能因为上帝的承诺而获得永生。也因为圣彼得说的"盼望新天新地"并不能从我们的天性中盼得，而是要在"上帝的承诺"中盼得。

最后，我已经在本书第三十五章中，用许多《圣经》中的确切经文为依据证实了上帝的王国是一个世俗国家，上帝最开始根据《旧约》，后来根据《新约》而亲自担任这一国家的主权者，并且借代理人之手进行统治。因此这些经文也证明了：当我们的救主再次降临，并以其威仪与荣耀真正且永久地施行统治的时候，上帝的王国就会成为尘世的王国。即使这一结论并未使用《圣经》中的孤例或含混的部分来证明，但仍被大多数人认为是新奇的。我所做的不过是将它提出罢了，我不会坚持自己关于这一问题或任何宗教问题的新奇观点，而只会关注在本国尚未停息的关于权力的武装斗争，因为一切学说都要经过主权者权力的认可或驳斥。无论个人的意见如何，只要想受到法律的保护，就必须服从主权者以口头或书面形式下达的任何命令。考虑到这一关于上帝王国的学说会对人类的王国产生巨大影响，所以除了在上帝之下的主权者外没有人能定夺。

就像上帝王国与永生会降在尘世一样，上帝的敌人以及他们受审判后要经受的永刑根据《圣经》的记载也会降在尘世。任何人，无论是被掩埋的还是被大地吞噬的，《圣经》通常都使用带有"地下"这种含义的词来表示他们复活前的处所。拉丁文通常将之称作 infernus（地狱）或 inferi（下界），而希腊文则是 ἄδης，其含义就是"人们不可见之地"，并包含了"墓穴"以及"其他幽深之处"的含义。当死者复活以后，根据《旧约》或《新约》记载只能确定那些受刑之人将与何人为伍，但是不能确定他们身处何处。这些上帝曾用超凡且奇迹般的手段从地表上抹去的邪恶之人可能处于地狱、"冥土"[1]（tartarus）或无底洞中，因为可拉、大坍与亚比兰都是被大地生生吞没的[2]，但并不是说《圣经》的作者想让我们相信在这个有限的、尺度远小于星辰的地球上竟然有着无底洞，也即希腊人在其魔鬼学说中提到，并被罗马人称为冥土的无限深的洞穴。维吉尔曾在《埃涅阿斯纪》中写下描述这一洞穴的诗句："进入之后感受到的深邃程度就像登奥

---

[1] 冥土：或译为冥府、冥界、冥国、地狱等。是希腊神话中关押巨人和有罪灵魂的地方，也是一个人格化的神，名为塔耳塔洛斯。

[2]《民数记》第十六章记载，可拉、大坍和亚比兰三人率二百五十名会众攻讦摩西，称他专权自大，不仅没将以色列人带到流着奶与蜜的土地，还残害同胞。摩西愤怒地向上帝请求不要接受他们的贡品，并命令他们次日在营帐手持香炉面见上帝。次日，上帝显现，要消灭这三人及二百五十名会众。在摩西和亚伦的请求下，上帝让二百五十名会众离开，并在地面上打开裂口将这三人及其所有的家眷和物品一同吞没。

林匹斯山那样。"因为这一洞穴的深度不容于天地之中，所以我们应该认为这些人是被上帝实施了永刑，以儆效尤。

其二，在大洪水之前的挪亚时代生活着"地上的有力之人"（mighty men of the earth）。希腊人称之为"英雄"（heros），《圣经》则称之为"巨人"（giants），它们是神明后裔与人类后裔的结合。它们邪恶的生命也都在大洪水中被消灭了，因此有时受刑之人也被认为是与那些已被消灭的巨人待在一起。比如《箴言》第二十一章第十六节中有："迷失于明智之路上的人，一定与阴魂处于一地。"《约伯记》第二十六章第五节中有："将那些巨人困于水下，使他们和与他们为伍的人哀号切齿。"在这里能看到，受刑的人处于水下。《以赛亚书》第十四章第九节中有，"地狱正困扰于如何接纳你（即巴比伦国王），必将用你取代巨人们。"[1] 若是从字面上看的话，这里再次说到了受刑之人处于水下。

其三，所多玛与哥摩拉这两座城市的罪恶令上帝震怒，并用火与硫黄将其焚烧殆尽，这两座城市与周边的地区形成了难闻的沥青湖[2]，因此受刑者的处所有时就被称为"火"或"火湖"。如在《启示录》第二十一章第八节中讲道："只有胆怯的、不信的、可憎的、杀人的、淫乱的、行邪术的、拜偶像的和一切说谎话的，他们就应当在燃烧着硫黄的火湖中，这是第二次死亡[3]。"这段话就很明显了，这里用所多玛的火类比地狱之火，不是指某种刑罚或在某处施刑，而大概是"消灭"的意思。就像《启示录》第二十章第十四节中的"死亡与阴间也被扔在火湖里"，这就等于将它废除与毁灭。似乎在"第二次死亡"之后就不再有死亡，也不再有下地狱或进阴间的人，也即再次重复了"不再有死亡"。

其四，对于埃及人遭受的黑暗灾祸，《出埃及记》第十章第二十三节这样记载："三天之久，人不能相见，谁也不敢起来离开自己的处所，只有以色列人的家中有亮光。"那么经受了末日审判的邪恶之人所处的地方就是"完全的黑暗"或"外部的黑暗"。《马太福音》第二十二章第十三节

---

[1] 本句及上句引文未见于钦定版《圣经》及新国际版《圣经》。

[2]《创世记》第十九章等处记载，这两座城市恶名远扬，为上帝所知。亚伯拉罕的弟弟罗特住在所多玛城，城中居民看到天使来临，想要玷污、杀死天使，罗特将天使接到家中，并听从他们的指示逃离此城。后来，神从天上降下硫黄和火烧毁全城，只有罗特幸免。

[3] 第二次死亡：第一次死亡是身体的死亡，第二次死亡是遭受永刑。

是这样记载的，国王命令他的仆从："捆起他的手脚来，把他丢进完全的黑暗里。"即使这句话被翻译为"完全的黑暗"，但是它指的不是黑暗的程度，而是指黑暗所在之处，也即在上帝选民所处的地方之外。

最后，耶路撒冷周边有一个叫"欣嫩子谷"（the Valley of the Children of Hinnon）的地方，犹太人在里面一个被称为陀斐特的地方犯了最恶劣的偶像崇拜罪——把他们的子女献祭给摩洛[1]。上帝在这里对他的敌人实施了最可怕的惩罚，并将摩洛的祭司烧死在他们各自的祭坛上，这件事记载于《列王记下》第二十三章。这个地方之后就被用于接收城中运出的垃圾和秽物，并且时常用火净化空气，去除腐烂的臭味。因为这个地方遭人厌恶，犹太人就习惯于将受刑之人所在的地方称为 Gehenna 或"欣嫩谷"（the Valley of Hinnon），现在 Gehenna 一词常被译为"地狱"（hell）；又因为那里常常有火燃烧，我们就有了"永燃不熄的火"这一概念。

既然现在没有人这样解释经文，认为在审判日后邪恶之人将会在欣嫩谷中受永恒的惩罚，或是认为他们也会复活，但只能永远待在地下或水下，或是认为他们在复活后无法见到彼此，也无法移动到其他地方。所以，我觉得一定能推论出：有关地狱之火的话是以隐喻的方式说出的，那么地狱的位置、地狱刑罚的本质以及"行刑人"（tormenters）的本义也是能探明的。因为任何隐喻都基于现实，也一定都有本义。

首先，我们可以知道"行刑人"的本质与特征，这个词的准确本义是"敌人"或"撒旦"（Satan），即控诉人——"恶魔"（Diabolus），或毁灭者——"亚巴顿"（Abaddon）。[2]"撒旦""恶魔"和"亚巴顿"这些重要的名字不是指称某个个体的专有名词，可以算是头衔，不应该像拉丁语《圣经》和现代《圣经》中那样不加以翻译，因为这样会让它们显得像指称"魔鬼"（demons）的专有名词，而使人们更容易受到引诱并相信魔鬼的教义，也即那时与摩西和基督的宗教相抗的异教的教义。

因为"敌人""控诉人"与"毁灭者"的含义是将去往上帝王国之人

---

[1] 摩洛：古代迦南人崇拜的神明，摩洛信仰曾在上古时期流行于地中海东南岸区域。人们会献祭自己的子女以求取保佑。

[2] Diabolus 是英文 devil（魔鬼）的希腊词源。Abaddon 据说在希伯来文中有"毁灭之地"的含义，也有神学家认为其含义是"邪灵"，国内多音译为"亚巴顿"，也有魔鬼、恶魔、堕落天使和地狱天使等译法。

的敌人，因此，根据我在上一章中的证明，如果全体复活后的上帝王国处于尘世的话，那么敌人及其王国也一定会处于尘世。在犹太人拒斥上帝为王之前的时代就如此，因为上帝的王国位于巴勒斯坦，而周边的各个国家却是敌人的王国，所以"撒旦"的含义就可以理解为"教会在尘世中的敌人"。

地狱之刑有时被描述为"哀号切齿"（《马太福音》第八章第十二节）；有时又被称为"良心的蛀虫"（《以赛亚书》第六十六章第二十四节与《马可福音》第九章第四十四节、第四十六节和第四十八节等）；有时被称为"火"，如"彼处的蛀虫不死、火不熄"，很多地方也会用相似的说法；还有些时候被称为"耻辱与蔑视"，好比《但以理书》第十二章第二节中讲的："沉眠在尘埃里的罪人，一定会有很多人再次苏醒，其中一部分人会得到永生，一部分人则会因为耻辱而始终被蔑视。"这些地方都用比喻的方式表达了悲痛与心中的不满，因为他们在别人身上见到了永恒福祉，自己却因为不信与不服从神而失去了这一福祉；他们实际经受的苦难与别人的福祉一比就更明显了。因此能推论出：他们承受的肉体痛苦与灾难，不仅像是在邪恶且残酷的君主统治下遭受的，更是因为与全能的上帝及其信徒们的永恒国王为敌而遭受的。这种肉体上的痛苦应该被认为是邪恶之人的第二次死亡。即使《圣经》中清楚地讲了全体复活的事，但我们找不到讲述"神弃之人"（reprobate）也被承诺了永生的部分。圣保罗在《哥林多前书》第十五章第四十二节、第四十三节中回答了人们将以何种身体复活的问题："所种的（即肉体）是可朽的，复活的是不朽的；所种的是耻辱的，复活的是荣耀的；所种的是怯懦的，复活的是强大的。""荣耀"和"强大"并不能用来形容邪恶之人的肉身，"第二次死亡"也不能用来形容只能死一次的人。尽管在比喻性的话语中，永恒受难或可称为永恒的死亡，但不能将之理解为第二次死亡。

为邪恶之人准备的火焰是永恒不熄的，也就是说在全体复活之后，只要世界还存在，这些邪恶之人的肉体与灵魂就要承受永刑。从这一意义上讲，火焰不熄、刑罚不止。但我们不能据此推论，那些被丢到火中或承受刑罚之人能在永恒的燃烧或刑罚中坚持下来且不被毁灭或死亡。即使经文中有很多地方肯定了永火和永刑的存在，而且只要世界还存在，他们就会在漫长的时间中被依次投入火焰，但我没见到任何个体能从中获得永生的说法，反而只能看到永死，即第二次死亡。如《启示录》第二十章第十三节、第十四节中有："死亡与阴间也将里面的死人交出，他们都依据各自的行为受到审判。死亡与阴间也被抛入火湖内，这个火湖就代表第二次死亡。"从这里就能看明白，在审判之日，所有受刑的人都将第二次死亡，此后则不再有死亡了。

《圣经》中的永生之乐都可以通过"拯救"（salvation）或"得救"（being saved）含义来理解。"得救"的含义是在特定或所有不好的事中被保护下来，包括贫穷、疾病与死亡。因为人类被创造出来的时候是不朽的，不会走向死亡，也不会做任何能破坏自身天性的事，直到亚当犯下原罪而丧失了这一福祉。我们能从中推理出，"得救"就是从所有由罪带来的坏事和灾难中被救出。因此《圣经》中说的"免罪"与"从死亡与痛苦中被拯救"就是一回事，这一点也能从救主基督的话中体现出来。据《马太福音》第九章第二节记载，他治愈了一个瘫痪的人，并说道："孩子，放宽心吧，你的罪已被免去了。"当他知道了文士们认为"一个人宣称赦免了他人的罪是一种渎神行为"时，就向他们询问道："是说'你被赦免了'更简单，还是说'你可以起身走动了'更简单呢？"（同章第五节）这段话表明，在治病时说"你被赦免了"与"你可以起身走动了"的含义是一样的。救主用这一方式证明了，只有他才有赦免的权力。此外，于理而言，既然死亡和痛苦都是对罪的惩罚，那么赦免了罪就等于解除了死亡和痛苦，也就等于绝对的拯救。这就是信徒在审判日后，从耶稣基督的权力和恩惠中得到的拯救，所以耶稣基督被称为我们的"救主"（saviour）。

有关"特定之事的拯救"的问题，如《撒母耳记上》第十四章第三十九节中记载的"拯救以色列众人并赐予其永生的神"，其含义就是将他们从遭遇到的敌人的手中救出。此外，《撒母耳记下》第二十二章第四节中有"我的救主啊，你从暴行之中拯救了我"。《列王记下》第十三章第五节中有"上帝赐予了以色列人一位解救之子，让人们能从亚兰人的掌控中摆脱出来"等。类似的部分我就不赘述了，这些经文都不难理解，我也不想破坏对它们的解释。

考虑到全体救赎必须发生在上帝的王国中，对其进行考查就比较困难了。一方面，王国是人类为了持久地抗衡敌人并免于物资匮乏而建立的，那么拯救似乎就应该发生在尘世中。因为拯救是我们的国王通过征服达成的荣耀统治，而非通过逃避获得的安全。所以我们期盼拯救就是期盼凯旋，但是，在凯旋之前我们期盼胜利，在胜利之后我们又期盼战争。这些都不应被认为是会发生在天上的事，所以无论理由有多好，我在《圣经》中找到证明之前都不会相信。《以赛亚书》第三十三章对拯救的情况进行了大篇幅描述：

"你需见锡安，我们守圣节之城，你的目光一定会看到我们安静的居所——耶路撒冷。为了不移动的帷帐，短木桩始终不会被拔出，绳子也始终不会断开。"（第二十节）

"荣耀的主一定会与我们同在，那里会是江河宽广的地方，其中一定没有摇橹荡桨的船舶，也不会有英武的船舶。"（第二十一节）

"由于我主是我们的审判者，我主是我们的立法者，我主是我们的国王，他必会拯救我们。"（第二十二节）

"你的绳子松动了，无法稳定桅杆，也无法扬起帆蓬，那个时候有很多遭掳的物品都被瓜分殆尽，跛脚之人也取得了一份。"（第二十三节）

"城内的居民必不会说自己病了，因为在里面居住的百姓都被免去了罪。"（第二十四节）

我们能看到，拯救来自"安静的居所——耶路撒冷"，它的永恒状态就是"不移动的帷帐"等。在这里"救主"就是他们的审判者、立法者和国王，即会拯救他们的上帝；"拯救"就是主让他们的江河变得宽广等事，他们的敌人则会绳索松动、桅杆易断，跛脚之人也能取得被掳的物品；得救之人的情况是"城内的居民必不会说自己病了"。最终，这些都包含在了对罪的赦免中："在里面居住的百姓都被免去了罪。"我们能看到，拯救会发生在基督再次降临尘世、上帝统治耶路撒冷的时候，并会从耶路撒冷开始，拯救那些被接纳进上帝王国的人。这位先知在《以赛亚书》第六十五章第二十节、第二十一节中做出了更明确的解释："你们的弟兄在列国，那些曾经掳夺犹太人的外国人一定会把你们的弟兄从各国中送回，让他们要么骑马，要么乘车，要么乘轿子、骑骡子或骑单峰驼，到我的圣山耶路撒冷，当成为我奉上的贡品，就像以色列人用干净的器皿盛装贡品奉上圣殿，我也一定会在他们当中选定祭司的人选，为利未人。"这里写得很明白，上帝王国的中心地点，也即我们外国人得拯救的最初地点将会是耶路撒冷，这从我们的救主与撒玛利亚的妇女对崇拜上帝的地点的讨论中也得到了证明。在《约翰福音》第四章第二十二节中有记载，他对那妇女说："你们所拜的，你们不知道。我们所拜的，我们却知道，因为拯救正来自犹太人。"他的意思应当是：你们拜神但不知道他将派谁来救你们，而我们知道那人将会是犹大支派的犹太人，而非撒玛利亚人。然后那位妇人有礼地回答了救主："我们清楚弥赛亚将要到来。"因此我们的救主说："拯救正来自犹太人。"这与保罗在《罗马书》第一章第十六节、第十七节中说的话相同，他讲道："福音是属于上帝的能力，要解救所有信从之人，首先是犹太人，之后就是希腊人。因为上帝的正义从福音中显现，这种正义是从信仰者到信仰者的。"也就是从犹太信仰者到外国信仰者。先知约珥也在描述审判日的时候表达了相似的含义，《约珥书》第二章第三十节、第三十一节中有："上帝将会在天上与地下施展出奇迹，有血，有火，有烟柱，天空将被黑暗覆盖，月亮将被血色包裹，这些都会出现在上帝那伟大且可畏的日子来临之前。"他还在第三十二节中补充道："在那个时刻到来之时，只要以上帝的名号求告就必然能够得救。因为锡安山与耶路撒冷中的人一定会得救。"在《俄巴底亚书》第十七节中有相同的话："锡安山内一定有逃离的人存在，那座山一定会变成圣地，雅各家族一定会获得原本就掌握的产业（从异教徒那里获得的产业）。"他在下述几节里将该产业阐述得非常细致：以扫山、非利士地、以法莲地、撒玛利亚地、基列以及南地的城邑，并以"国度从此属于神"作结。这些经文都与全体得救以及审判日之后便处于尘世的上帝王国有关。另一方面，我则无法找到任何能证明或记载着圣徒将会升天的经文，即任何能证明他们升到至高天或其他天界的经文，除非我们说的"天国"就是他们飞升的地方。但"天国"一词源于作为犹太王的上帝，派遣"天上"的天使向摩西传达他的命令，在犹太人叛变后又将圣子从"天上"派下以让他们归心服从，还会在审判之日后，再将圣子从"天上"派下，永远做犹太人以及其他信徒的王；或是得名于这句话："上帝吾王的王座立在天上，而尘世是他的脚凳。"但是，要是说上帝的子民应该处于与他的王座同等高的地方，或说处于比他的脚凳（即尘世）更高的地方，则似乎有悖于国王的尊严；我也未从《圣经》中找到相关证据。

既然已经讨论过了"上帝王国"与"拯救"这两个问题，那么接下来解释"来世"（the world to come）也就不难了。《圣经》中提到了三个世界：古代的世界、现在的世界与将来的世界。关于古代的世界，圣彼得在《彼得后书》第二章第五节中讲道："神不曾包容上古时代，他曾让洪水覆盖那个不怀虔诚之心的时代，但保卫了传布正义的挪亚一家八口。"因此第一个世界就是从亚当开始直到洪水灭世的世界。至于现在的世界，救主基督在《约翰福音》第十八章第三十六节中讲道："我的国不在此世之中。"因为他的降临只是为了将"得拯救"的方法教给人民，并以他的教义重建圣父的王国。至于有关来世的内容，圣彼得在《彼得后书》第三章第十三节中讲道："可是我们应他的许可，期盼新的天地。"也是在这一世中基督将伴着权力与荣耀从天上乘云而降。他将指派天使召集四境之内乃至远在天涯海角的选民，并永远在圣父之下治理他们。

"罪人可得拯救"这一说法，假定了一种得救前的"赎罪"（redemption）行为。因为犯罪的人都厌恶被施以同态复仇作为惩罚，并且必须付给（或让他人代付）被侵害之人有权要求的赎金。如果被侵害之人是万能的上帝而且上帝有掌管万物的权力，那么罪人就必须在得拯救前支付赎金，直到上帝满意为止。这一赎金并不是对罪或罪行造成的侵害的补偿，因为罪人不能为自己的罪做出补偿，正义之人也不能为他人的罪做出补偿。人对他人的伤害可以通过赔偿或赔款来弥补，然而罪不会因此消除，否则就会让"犯罪的自由"成为可售卖的东西。但罪会因为忏悔而得到赦免，且无须其他代价；也会因为交上了上帝乐于接受的偿罪物而被赦免，在《旧约》中上帝往往会接受牺牲或祭品作为偿罪物。尽管赦免会威胁到惩罚的效力，但它不是一种不义的行为。对人类而言，虽然"善的承诺"能约束两方的行为，但威胁，也即"恶的承诺"却没有约束力，更不用说约束无限慈爱的上帝了。所以，我们的救主基督在拯救我们时，并不是用自己的死亡来威胁上帝，让上帝对罪人做出的"永死"惩罚变成不义的行为，以此弥补人们的罪恶；而是他在第一次降临时牺牲了自己，将自己当作祭品献给了上帝，这才会使上帝欣然接受他的请求，并将在他第二次降临的时候拯救那些已然忏悔并已经开始信仰他的人。虽然他为了我们的救赎而做出的行为，在《圣经》中并不总被称为"牺牲"或"献祭"，有时也被称为"代价"（price），但这里的"代价"并不能理解为某种价格，某种能使他从被冒犯的圣父那里得到"赦免人类的权利"的价格，而只能理解为圣父因怜悯而乐意接受的代价。

第三十九章

论《圣经》中church的含义

Church 一词在《圣经》中有各种不同的含义。偶尔它指"上帝的居所"，即基督徒聚集并公开履行神圣职责的神殿，像《哥林多前书》第十四章第三十四节中的："让妇人们在集会（churches）中保持安静。"这里的 churches 就是比喻用法，指"集会"。之后则被用来指建筑物本身，以区别基督徒与偶像崇拜者的神殿。耶路撒冷的神殿就是上帝的居所或祈祷人的居所，也是基督徒为了崇拜基督而修建的居所。因此，希腊教父就将其称为 Κυριακὴ，即神的居所；英文中则称为 kirk 和 church，二词都有"教堂"的意思。

如果 church 这个词指的不是"居所"，那么它的含义就等于古希腊城邦中的 ecclesia 一词，指"公民的集会"或"被召集起来听行政官讲话"。在罗马共和国时期，这个词对应的拉丁文是 concio，发言人则是 ecclesiaster 和 concionator。如果人们是被合法政府召集的，那么就是 ecclesia legitima，即"合法集会"，希腊文则是 ἔννομος ἐκκλησία。如果人们是因为骚动或煽动性的喧闹而聚集起来的，那么就是"混乱的集会"，即 ἐκκλησία συγκεχυμένη。

有时候，church 的含义是"有权参会但未出席者"，这就是指全体基督徒，无论他们分散得有多远。如《使徒行传》第八章第三节中的："扫罗对教会产生了恶劣的影响。"基督就是在这一意义下被称为"教会的首领"。有时也指特定的一部分基督徒，如《哥罗西书》第四章第十五节中的："请问……他家中的教会安好。"有些时候 church 仅仅表示"选民"，如《以弗所书》第五章第二十七节中的："成为一个荣耀的选民（church），丝毫没有污染褶皱之类的病症，是圣洁且无瑕疵的。"这里 church 的含义就是"得胜的选民""将来的选民"。有时 church 还指"公开表明基督信仰之人的教会"，无论他们公开表明信仰的行为是真诚的还是虚伪的。正如《马太福音》第十八章第十七节中讲的："告知会众，要是不听信教会的话，就要将他们视为外国人或税吏。"

仅在"教会"这一含义下，church才会被视为一个人，也就是说，只在这一含义下，它才有权下旨、宣布事务、颁布命令、令人服从、制定法律或做出其他任何行动。如果没有合法集会的授权，那么在场众人做出的行为就只能视为每个人的独立行为，而不能视为一个群体或一个整体的行动。据此，我为"教会"做出如下定义：公开表明基督教信仰，并在一个主权者人格下聚集起来的一群人，他们的集会应遵从主权者的命令，若没有得到主权者的准可就不得集会。因为在任何国家中，没有得到世俗主权者许可的集会都不合法，所以只要教会所处的国家禁止信徒们集会，那么集会就是非法的。

我们还能得出如下推论：因为世上并不存在一个所有国家都必须臣服的权力，所以世上并不存在一个所有基督徒都必须服从的普世教会。在各个国家治下都有基督徒存在，但他们都是自己所在国家的臣民，不得臣服于其他国家。那么，有命令、审判、赦免、定罪以及其他权力的教会，实际上就是由基督徒组成的世俗国家——称它为"世俗国家"，是因为它是由普通人组成的；称它为"教会"，是因为它又是由基督徒组成的。"世俗政府"（temporal government）和"属灵政府"（spiritual government）这两个词被创造出来就是为了让人困惑并搞错自己的合法主权者。诚然，虔信之人在复活之后，身体就是属灵且永恒的，但在此世中，身体不过是有朽的血肉之躯。因此，在此世中的一切政府、国家或宗教就都是世俗的，任何国家与教会的统治者颁布的禁令都不可能对世上所有臣民产生法律效力。在教会与国家之间，在属灵之人与世俗之人之间，在信仰之盾与正义之剑间只能存在一个统治者，否则就必然会引发党争与内乱。比这还糟糕的是基督徒将自己与普通人区别开的分别心。教会的圣师被称为传教士，世俗主权者也被称为传教士，如果传教士之间做不到相互服从并选出唯一首席传教士，人们就可能会接受相互矛盾的观点，给出这些观点的双方可能都不正确，也可能只有一方正确。这个"唯一首席传教士"的身份，已经被自然法明示为世俗主权者。我们将在下一章讨论谁是《圣经》指派的唯一首席传教士。

第四十章

论亚伯拉罕、摩西、大祭司和犹太诸王 在上帝王国中的权利

信仰者之父与首个按约进入上帝王国的人就是亚伯拉罕。他是首个与上帝立约的人，还要求自己的子嗣服从并理解上帝的命令——不仅有出于自然的道德法，还有上帝通过异象与梦传达的命令。因为他们已遵守了道德法，就不再需要通过迦南地的应许而立约，也没有任何契约能附加或增强他们（以及所有人）都天生具有的、服从于全能上帝的义务。因此，亚伯拉罕与上帝立下的契约，是把上帝在梦中或异象中以上帝之名传达的命令视为命令，并将之传给他的家人，令他们也遵守。

在上帝与亚伯拉罕立下的契约中，我们能发现上帝管理子民的三项要点：首先，在立约时上帝只对亚伯拉罕说话，因此未与他的家人或子嗣立约。只有当他的家人与子嗣们的意志，也即作为所有契约基础的个人意志，已在立约之前就服从于他的意志，他才有合法的权力，履行自己为他们立下的所有契约。因此，在《创世记》第十八章第十八节、第十九节中上帝讲道："地上的万国都一定会因他得福。因为我知道他会命令他的子嗣与家眷遵守我的道。"我们能从中推理出第一条结论：那些未与上帝直接对话过的人，需要从他们的主权者那里获得上帝的正式命令，就像亚伯拉罕的亲人与子嗣是从自己的父亲、主人与世俗主权者——亚伯拉罕那里获得命令一样。因此，无论在哪一个国家中，人们只要未曾获得与此冲突的超自然启示，就要通过外在的行为与公开表达自身宗教信仰这两方面服从主权者的法律。因为只有上帝才能洞察人心，而人们的想法与信仰无法被人类统治者得知；并且它们既不是义务的对象，也不是法律的对象，只是一种在上帝的权力之下未曾显露的意志，因此也就不被义务约束。

从中可推理出第二点：假如亚伯拉罕的臣民中有人自称直接得到了来自上帝的异象、灵感或其他形式的启示，要他反对亚伯拉罕已经禁止的事；或是臣民中有人服从或依附于说这种话的人，那么亚伯拉罕对这些人施以

惩罚就是合法的。因此，主权者就能合法地惩罚那些假传神旨的人，因为主权者在国家中的地位与亚伯拉罕在自家中的地位无异。

我们还能从中推理出第三点：在亚伯拉罕的家中，只有他自己能判断哪些是上帝的话语，哪些不是；基督教国家中的主权者也同理。因为上帝只与亚伯拉罕说话，所以只有亚伯拉罕能理解上帝的话并向他的家人们解释。同理，在国家中只有主权者拥有与亚伯拉罕相同的地位，因此也只有主权者能解释上帝的话语。

这一契约曾经与以撒重新订立过，之后又与雅各重新订立过，再之后就中断了；直到以色列人从埃及逃出，来到西乃山下时，才由摩西重新续约。这一点我已在上文第三十五章中做出了说明。这让他们自那时起就成了特属于上帝的国的臣民。在摩西的时代，上帝的代理人由摩西担任，此后则由亚伦与他的后代担任。对上帝来说，这个国家永远是祭司的王国。

依照此约，上帝获得了一个王国。但是，摩西无权作为亚伯拉罕的权利的继承人来统治以色列人，因为他不能通过继承权来要求得到统治权。在这里还看不出，当人们不相信上帝能与他直接对话时，又有什么义务将他视为上帝的代理人；所以，尽管人们与上帝立了约，摩西的权威却仍然只取决于人们对他的虔诚、对他与上帝对话的真实性以及对他能够施展的多种奇迹的看法。如果人们的看法改变了，就不再需要把他以上帝的名义说出的话当成法律。所以我们还需要考虑，人们会出于什么原因而承担起服从他的义务。这义务不可能来自上帝的命令，因为上帝不会直接与人们对话，而只会通过摩西之口转述。我们的救主基督在《约翰福音》第五章第三十一节中这样说："假如我为自身做证，我的见证就不真。"那么，假如摩西为他自己做证，特别是声明自己拥有统治上帝子民的权力，那么他的证据就更不应该被认可了。这样来看，他的权力与其他国王的一样，都来自人们的一致同意与对服从的承诺。实际情况也正是如此，《出埃及记》第二十章第十八节中有："百姓们一旦看到雷鸣、闪电、号角声和山上升起的烟就浑身颤抖，站得极远。他们对摩西说：'求你对我们说话，我们一定听从。不要让神对我们说话，我们害怕死亡。'"这句话中就包含了人们对服从的承诺，因为这一承诺，人们就有义务服从于他所传达的一切来自上帝的命令。

尽管按约建立了一个祭司的王国，也就是说，一个由亚伦世袭的王国，但他的继承权也只在摩西死后才生效。因为无论是谁以何种方式建立了何种政体的国家，其建立者都一定会掌握对一切人民的主权。摩西就在这一时期掌握着上述权力，《圣经》中的记载是足够牢靠的。首先，就上面的引文来看，百姓只对他承诺了服从而并未对亚伦承诺服从，且《出埃及记》第二十四章第一节、第二节还说道："上帝向摩西讲道：'你与亚伦、拿答、亚比户以及以色列长老中的七十个人，都需要来到此处，只有你能与我亲切接触，他们却不得如此，百姓也不得一起上来。'"这句话清楚地告诉我们，受上帝召唤的只有摩西，而不是亚伦、其他祭司、七十位长老和被禁止上前的百姓，因此也只有摩西能在以色列人中成为上帝的代表人，也就是上帝之下的唯一主权者。即使在后面第九节中有"摩西、亚伦、拿答、亚比户以及以色列长老中的七十人全都到了山上，他们见到了以色列的上帝，他的脚下有蓝宝石一样的道路，就像天的颜色那般明净"，但这发生在摩西已经到达上帝所在之处，并将上帝对他说的话传达给了百姓之后。只有他是为了百姓的事务才去见上帝的，其他的人都只是随行者，只是因为得到了殊荣才被允许见到上帝并生还，而其他百姓则未得到许可："上帝并未伸手伤害这些以色列子民中的领袖，他们瞻仰了上帝并照常饮食。"这意味着他们确实生还了，但没有向百姓传达上帝的命令。除此之外，在涉及政务的部分随处可见"神对摩西说"这样的话，在《出埃及记》第二十五章到第三十一章与整部《利未记》中，谈及规定宗教仪式的事务时都有这样的话，但几乎没有神对亚伦说话的记录；亚伦铸造的金牛犊也被摩西丢到了火中。最后，在有关亚伦权力的问题上，他与米利暗造反并反抗摩西的事都是由上帝自己代替摩西审判的。（《民数记》第七章）在摩西与有权统治百姓的人之间出现问题时也同样如此，在《民数记》第十六章第三节中，当可拉、大坍、亚比兰以及以色列的二百五十个会众，当着摩西的面聚集起来攻讦摩西与亚伦时说："你们私自专权，既然会众们人人都是虔诚的，上帝也身处他们当中，为何你们要将自己置于上帝的会众之上呢？"上帝便让地面裂开，将可拉、大坍与亚比兰还有他们的家眷都生生吞掉，并要用火焰将那二百五十名会众全部烧死。所以，只有摩西的地位在上帝治下，并且掌握了对以色列人的主权，其他人如亚伦、百姓或百姓当中的领袖或贵族都不掌握这一权力。而且，不仅是在世俗政治上如此，在宗教事务上也一样，因为只有摩西能与上帝对话，也只有他能向百姓们传达上帝的要求，没有人敢冒着死亡的危险接近上帝与摩西对话的那座山。上帝在《出埃及记》第十九章第十二节中讲道："你要在山的周围给百姓定下界限，说：'你们当谨慎，不可上山去，也不可摸山的边界；凡摸这山的，必将被处死。'"他在第二十一节中还讲道："你下去嘱咐百姓，不可闯过来到我面前瞻仰，否则许多人会死亡。"我们可以从中得出结论：在基督教国家中，与摩西地位相同的都是上帝的唯一信使以及上帝命令的解释者。因此，人们对《圣经》的解释就不得超出主权者规定的界限。既然《圣经》中有上帝亲口说的话，那么《圣经》就也是"西乃山"，其界限就是在尘世中的上帝代表人制定的法律。阅读《圣经》、了解上帝施展的奇迹以及学会敬畏上帝，这些都是被允许的；但是，自行解释、窥探上帝对其任命之人说的话，并自行判断这些人是否按照上帝的命令来施行管理，就越过了上帝给我们设定的界限，这样瞻仰上帝是不敬的。

在摩西那个时代，除了摩西认可的被授权的先知之外，就再没有别的先知或自诩拥有上帝之灵的人了。根据《圣经》的记载，在摩西时代只有七十个人能以上帝的灵做出预言，并且他们还都是由摩西选出的。在《民数记》第十一章第十六节中，上帝曾经对摩西说过有关他们的话："你从以色列的长老中召集七十个人，就是你所知道做百姓的长老和长官的。"上帝把灵分别赐予了他们，而且和赐给摩西的灵相同，因为同章第二十五节中讲道："神在云中降临，对摩西说话，把降在他身上的灵分赐给那七十位长老。"但就像我在上面第三十六章讲的，"灵"（spirit）应该被理解成"心灵"（mind）。因此这一句话的意思就是：上帝赐予了他们与摩西一致且顺从的心灵，以使他们能讲出预言，也就等于在上帝的名义下担任摩西的副官，并通过他的授权传布合于摩西的教义。因为他们只是副官，所以当其中的两个人在营帐中讲出预言时，就被人们视为一种新的违法之事。按第二十七节、第二十八节的记载，他们遭到了控告，因为那时约书亚还不清楚他们是受到了摩西的灵的感召才讲出了预言，因此就请求摩西对他们下达禁令。由此可见，任何臣民都不得自称能讲预言或拥有灵，也不得与在摩西之位上的人建立的教义相悖。

亚伦与摩西相继死亡后，这一祭祀的王国就按约传给了亚伦之子——大祭司以利亚撒。上帝宣布他为仅次于自己的主权者，并指派约书亚担任军队的将军。与约书亚相关的事，上帝已经在《民数记》第二十七章第二十一节中讲明了："他要在祭司以利亚撒身前站定，以利亚撒需当着上帝的面向他提问，他与以色列全体会众都需要服从以利亚撒的命令进出。"所以，开战与讲和的最高权力就都属于大祭司。最高司法权也被大祭司掌握，因为法典是被祭司看管的。《申命记》第十七章第八节到第十节记载，有权在世俗案件中担任副法官一职的只有利未人与祭司，而且直到扫罗时期，大祭司都毋庸置疑地掌握着制定拜神方式的至高权力。所以，世俗与宗教上的权力就都归大祭司一人所有，而任何以神权施行统治，也即直接以上帝的权力施行统治的人也都应同时具有这两种权力。

《士师记》通常将约书亚死后直到扫罗的这一段时期记录为"那个时候的以色列没有国王"，偶尔还会补充道："每个人都依自身的意愿行动。"我们应该这样理解这些话，在说到"没有国王"的时候，意思就是以色列"没有主权权力"。考虑到这一权力的行使与作为就会发现确实如此，因为在约书亚与以利亚撒去世之后，"其他世代紧接兴起，不知道上帝，也不知道上帝为以色列人做的事，以色列人做着上帝最厌恶的事情，并供奉巴力"（《士师记》第二章第十节）。犹太人身上有着圣保罗称为"寻找征兆"的特质，他们在服从于摩西的统治之前如此，在他们因为服从而承担义务之后也如此。但奇迹与征兆仅仅能给予人信仰，而不能保持人们不偏离信仰，因为人们在这一点上要服从于自然法的约束。但是，如果我们考虑的不是谁来施行统治，而是统治权的归属，那么主权就仍然被大祭司掌握。所以，无论人们有多么服从于"士师"（judges），服从于这些由上帝选出，并从敌人那里解救背叛他的子民的人，都无法成为反对大祭司对政治与宗教方面一切事务的主权权力的理由。各位士师与撒母耳本人在统治上的使命都不是普通的使命，而是超凡的使命，以色列人服从于他们并不是因为义务，而是尊敬他们因为受到神的青睐而展现出的智慧、勇气与福祉。因此直到那时，管理政治与宗教的权力都是不可分的。

在士师之后出现的是国王，曾经宗教与政治上的全部权力都归大祭司所有，现在则归国王所有。因为，曾经统治人民的主权不仅来自神圣权力，也来自以色列人与上帝的契约，这一权力归于地位仅次于上帝并作为他在尘世中的副官的大祭司所有，大祭司的主权后来被人民废弃并得到了上帝的同意。在《撒母耳记》第八章第五节中，当他们对撒母耳说"求你像列国那样为我们立一个管理我们的王"的时候，他们的意思就是，不想让祭

257

司以上帝的名义通过传达命令的方式统治他们，而是要选出一个像其他国家一样，能够直接命令他们的人来统治。这样一来，如果他们废黜了具备君权的大祭司，就相当于废黜了特殊的上帝政府。然而上帝对此表达了同意，他对撒母耳说："任何百姓对你讲的话语，你只需遵从就好，因为他们所厌弃的并不是你，而是我，他们拒绝我来当他们的王。"（第七节）他们就这样拒斥了上帝，但祭司又是以上帝的名义实施统治的，所以，如果没有国王的允许他们就剩不下什么权力了；至于能剩下多少权力，还要取决于国王的善恶。因为世俗事务的统治权很明显全部由国王掌握，同章第二十节中有："要立一个王来对他们进行统治，叫他们如列国那般，有一个王来管理、领导他们，并为他们征战。"这就意味着，无论是在和平时期还是战争时期，国王都具备一切权力；他的权力同样包含了宗教管理权，因为那时的宗教还未得到更多上帝的话语以规范自身，只能遵守摩西十诫，并以此作为自身在世俗中的法律。除此之外，在《列王记上》第二章第二十七节有"所罗门便罢免亚比亚他，不再让他担任神的祭司"，这表明所罗门对大祭司拥有绝对的权威，就像对其他臣民一样，这就是他掌管宗教最高统治权的标识。我们能在《列王记上》第八章中看到他供奉神殿、为民赐福，并亲自编写了在教堂和祈祷室使用的祈祷文，这是他掌管宗教最高统治权的另一个标识。并且，在《列王记下》第二十二章提到，如果某一问题与神殿中的法典相关，那就同样不由大祭司做决定，而应当由约书亚及其派去咨询女先知户勒大的人决定，这是人们掌管宗教最高统治权的又一证明。最后，在《历代志上》第二十六章第三十节，有大卫让哈沙比雅与他的弟兄（希伯伦族人）担任约旦河以西的以色列人的官员，解决"有关神与国王的全部事务"。相似的，在第三十二节中还有，他另派了一部分希伯伦族人"管理流便支派、迦得支派与玛拿西半支派中一切与神和国王相关的事务"，这些地方的人就是约旦河边的其余以色列人。这种兼具了世俗与宗教的完整权力，难道不就是有些人说的会导致分裂的权力吗？总而言之，从上帝王国建立开始，直到巴比伦因虏，宗教上的最高统治权与世俗主权都始终被一个人掌握。当扫罗被选举为王之后，祭司的职位就从主要负责人变成副官。

尽管政治与宗教方面的统治权一开始由大祭司统一掌管，之后则由国王统一掌管，但从《圣经》中能够看出百姓并不知道这一点。只有当多数人或绝大多数人都看到伟大奇迹、近似于奇迹的强大能力或伟大的福祉时，他们才会完全相信关于摩西的传闻和上帝与祭司的对话；而且，只要他们对统治者感到不满就会谴责政权或宗教，并更换政府或随心所欲地叛变、不服从命令——这样会频繁地引发内战、分裂以及国家的灾难。例如，以利亚撒与约书亚去世以后，下一代人并未亲眼见证过上帝的奇迹，只能靠自身薄弱的理性行事，他们并不清楚自己被祭司王国的契约约束，也不再重视祭司的命令或摩西的法律，只会各行其是，并在世俗事务上服从于他们认为能将自己从邻国的压迫中解救出来的人。他们不去咨询上帝，却将那些推测未来之事的人都视为先知；尽管他们都在礼拜堂里供奉偶像，但是当礼拜堂的祭司是利未人时，他们就会转而声称自己崇拜的是以色列人的上帝。

之后他们要求像其他国家那样立一位国王，但不是因为他们对担任国王的上帝失去了崇拜，而只是因为对撒母耳之子的司法方式感到失望。他们希望能有一位新的国王来管理本国的世俗事务，但并不意味着允许新王改变在他们看来由摩西建立的宗教，所以他们就总是用宗教或法律当借口，并在自己占据上风的时候趁机解除之前的服从关系。撒母耳不满于百姓们另立新王的愿望，因为上帝已经是他们的王了，而撒母耳仅仅是在上帝之下掌握统治权；所以当扫罗不听他的劝告，不服从上帝的命令放走亚甲的时候[1]，撒母耳就从扫罗的子嗣那里收回了继承权，并为大卫施膏，立他为王。罗波安并非偶像崇拜者，但当人民认为他压迫百姓的时候，这种说法就使得十个支派背叛了他并转向偶像崇拜者耶罗波安。纵观犹太与以色列诸王的历史，其中确实有先知控制着国王，以免其违逆宗教或在国家大事上犯错。如《历代志下》第十九章第二节记载了，先知耶户谴责约沙法王协助以色列王攻打叙利亚人；在《以赛亚书》第三十九章第三节至第七节中，也有以赛亚谴责希西家王允许巴比伦使者看管财物的记载。我们能从中看到，即使国王掌握着政治与宗教事务方面的所有权力，但是除了那些

---

[1]《撒母耳记》中记载，上帝命令扫罗，在与亚玛力人的战争中要杀尽他们的男女老少和牲口，因为以色列人曾在逃出埃及的时候被他们这样迫害。但扫罗留下了上等的牲口，并因为怜悯亚甲而放他逃走。撒母耳随后遵从上帝的命令杀死了亚甲，并遵从上帝的旨意废黜了扫罗，立大卫为王。

因为自身能力或福祉而得到眷顾的人，任何人在使用权力时都会受到限制。所以，通过那个时代施行权力的方式，我们无法得出"宗教的最高权力并不由国王掌握"这样的结论。除非认为这一权力是由先知掌握，并归结为：因为希西加在天使像前对上帝的祈祷未得到回应，而先知以赛亚却给出了答复，因此以赛亚就是教会的最高领袖。或是说：因为约书亚曾就法典的问题咨询女先知户勒大，所以是由户勒大而非由约书亚或其他大祭司在宗教事务方面掌握最高权力。但在我看来，没有任何圣师会认同这种观点。

犹太人遭巴比伦人囚虏的时候还未建立国家。虽然他们返回后与上帝再次立了约，但从未承诺要服从于以斯拉或其他人；而且不久之后他们就成了希腊人的臣民，他们的宗教也因希腊人的习俗与魔鬼学说，以及希伯来"神秘哲学家"（Cabalist）的学说变得堕落。在他们的混乱状态中，根本找不出在政治与宗教这两方面的最高权力归属于谁。因此，从《旧约》中我们可以得出这样的结论：在犹太人的国家中拥有主权的人，他在"公开拜神"（external worship）的事务方面也拥有最高权力，并代表上帝也即圣父的人格。上帝彼时尚未被称为圣父，直到他将圣子耶稣基督派往尘世，为人类赎罪，并将人类带往永恒王国以得到永恒的拯救。我们会在下一章中讨论这一点。

第四十一章

论我们神圣救主的职责

我们可以从《圣经》中看到弥赛亚的三种职责：第一种是"赎罪者"（redeemer）或"救主"（saviour）的职责；第二种是"传教士"（pastor）、"建议者"（counsellor）或"教导者"（teacher）的职责，这也是上帝为让选民皈依而派到尘世的先知的职责；第三种是"国王"（king）或"永恒国王"（eternal king）的职责，也就是在圣父之下做国王，与摩西和大祭司们那时的情况相同。三种职责对应三个时期，耶稣第一次降临时就在十字架上献出了生命，并以此为祭品赎清了人类的罪。他本人已经完成了一部分令我们皈依的工作，如今是代表他的传教士在进行剩下的工作，直到他再次降临。当他再次降临后就会对其选民施行万世不衰的荣耀统治。

　　"赎罪者"的职责就是以死亡偿还人类的罪。他按照上帝的要求付出了自己的性命，并带走了我们身上的罪恶。从司法的严格性上看，即使是无罪的人也无法通过死亡免除人类的罪行，但正因为上帝的怜悯，他才会制定并接受这用牺牲自我来赎罪的方式。我们能从《利未记》第十六章中看到上帝立下的旧法，即每年为以色列的全体子民赎罪一次，也包括祭司与其他人。为此，亚伦需要单独为自己与一众祭司献祭一只公牛犊，并接受其他人献上的两只公山羊。亚伦会献祭其中一只，而另一只则当作"替罪羊"（scape-goat），他会将双手按在羊头上忏悔以色列人民的罪恶，将罪恶转移到羊头上，再派一个合适的人将羊领到野外，让羊在那里背着他们的全部罪恶逃跑。就像上帝会接受一只羊作为全体以色列人赎罪的代价一样，弥赛亚的死亡也因此能成为赎清全人类罪恶的唯一代价。这里对救主基督受难的描写，就像《旧约》中对以撒的献祭或其他事务的描写一样清楚：他不仅是被献祭的羊，也是替罪羊。《以赛亚书》第五十三章第七节记载："他受到压迫，却在遭难之时缄口不言，他像羔羊一样被引至屠宰之处，还保持着羊被剪毛之时的沉默，他丝毫不曾开口。"此处他是被献祭的羊。同章第四节有："他坦然承担了我们的忧愁，担负起了我们的苦难。"第六节还有："上帝将我们所有人的罪恶都置于他一个人身上。"所以在这里他就是替罪羊了。同章第八节中还讲道："他从活人之地被灭除，只为了赎去我们百姓的罪恶。"在这里他又成了被献祭的羊。此外，第十一节中有："他需要承担我们的罪恶。"这里就是替罪羊。所以，上帝的羔羊就是这两种羊合为一体：用死亡作为献祭，并因复活而脱罪。因此基督会在恰当的时机被圣父接到天上，并会在升天时离开人类的居所。

　　因为赎罪之人在尚未赎清罪过或尚未付出赎价以前没有掌握赎买之物的权利，而赎价又是赎罪者自己的生命，因此，我们的救主在尘世中的肉身因受难而死之前，尚不是那些被拯救之人的国王。我的意思是，他那时无法通过信徒在受洗时立的约成为国王；但是，因为信徒在受洗时又与上帝立了约，就有义务在耶稣能够掌管王国的时候臣服于他，并奉他为圣父之下的国王。救主本人曾明确讲过："我的国不在此世之中。"（《约翰福音》第十八章第三十六节）因为《圣经》只提到了两个于大洪水之后的世界：其一是现世，它会存在到审判日来临的那一天，因此审判日也叫末日；另一个则是在审判日之后产生的新天新地。所以基督的王国只出现于全体复活之后。在《马太福音》第十六章第二十七节中，我们的救主讲道："人子将会沐浴在他父的荣耀中，与天使一同降临。到那时，他会因各人的作为给予奖赏。""因各人的作为而给予奖赏"就是履行国王的职责，但这要在他于圣父的荣耀中与天使一同降临时才会发生。在《马太福音》第二十三章第二节中，救主曾讲过："文士和法利赛人身处摩西的地位。他们命令的一切，你们皆须谨遵奉行。"他讲得很明白：那时的王权被授予了代理人而非他自己。他在《路加福音》第七章第十四节中的话语也有相同的含义："谁将我设为你们裁决事端的官员，为你们分家业呢？"同样，《约翰福音》第七章第四十七节中的话也如此，"我降临于此并不为审判世界，而是拯救世界。"我们的救主降临于此世，是因为他会在来世担任国王与审判者，因为他是弥赛亚，是基督，是受膏的祭司与上帝的主权者先知，也就是说，他将拥有先知摩西、继任摩西之位的大祭司与继任大祭司之位的诸王的一切权力。圣约翰在其福音书第五章第二十二节中清楚地讲过："圣父不会对任何人进行审判，审判方面的事务都由圣子来施行。"这段话与上文所提到的"我不为审判世界"并不矛盾，因为上文指的是现世，而这段话指的是来世。《马太福音》第十九章第二十八节中这样描述基督第二次降临："你们这部分随我而行的人，待到复兴之时到来，人子将在他荣耀的王座上坐定，你们同样可以在十二宝座上坐定，审判以色列的十二支派。"

若在基督降临的时候尘世中还没有王国的话，他的首次降临又是出于什么目的呢？他的目的应该是：通过新约将旧约中因为以色列人的背叛与选举扫罗为王而中断的上帝王国复兴。为此他就需要向众人传布自己是弥赛亚也即由先知应许的王这一教义，并为赎清信徒的罪而牺牲自己；如果这一国家中的大部分人都拒斥他，那他就会召集外国的信徒服从于自己。因此，救主处于尘世的时候就有两种职责：其一是宣布自己就是基督；其二是以传教和施展奇迹的方式，劝导人们做好准备，让他们在基督带着威严降临并掌握圣父的王国时，配得上永生的信徒们所应享受的生活。因此，他通常将自己传道的时期称为"复兴期"（regeneration）。但严格来讲，这还算不上王国，人们也就无法因此不再服从于那时的长官，因为基督曾下令要人们服从于担任摩西职位的人，并向恺撒献上贡品。所以，对那些得到神恩成为他的门徒并信仰他的人而言，这只是将要降临的上帝王国的预兆。因此，那些虔信之人被说成"已在荣耀的王国中"，这句话的意思就是"成了天国的子民"。

基督的行为与教导都不是为了弱化犹太人与恺撒的世俗权力，因为那时犹太国家的统治者与臣民都期盼着弥赛亚与上帝王国的降临。如果他的行为受到犹太法律的禁止，那他就无法揭露或宣布自己的身份，然而，他也只是以传教或施展奇迹的方式证明自己是弥赛亚，并没有做出任何违犯犹太法律的事。他称自己掌握的王国不在此世，教导人们臣服于当时身处摩西之位的人，代替他为恺撒献上贡品，并拒绝成为审判者。那么他的言行怎么可能带有煽动性，怎么可能带有颠覆那时世俗政府的目的呢？但上帝已决定用他的牺牲来恢复选民之前由契约规定的服从，并利用了百姓的恶意和忘恩作为达成这一结果的手段，这同样不违犯恺撒的法律。尽管彼拉多为了满足犹太人的意愿而将耶稣交出并钉在十字架上，但他也事前公开声明了自己未曾找出耶稣的任何过错，并且没有按犹太人的要求为他定下"他自称为犹太人的王"的罪名，而只写了"他曾是犹太人的王"，即使人们叫嚷抗议他也拒绝更改，并说："我已经写下了我应写的。"

至于他的第三种职责就是国王，我已证明了他的王国只有在全体复活之后才会建立。到了那时，他就不仅会像上帝那样，因为全能而成为全世界永恒的王，同样也会因信徒在受洗时的契约而成为一切选民的王。因此，在《马太福音》第十九章第二十八节中救主才会说，"人子将在他荣耀的王座上坐定"，而他的门徒"同样可以在十二宝座上坐定，审判以色列的十二支派"。这句话的意思就是他会以人类的身份统治人民。在《马太福音》第十六章第二十七节中还有："人子将会沐浴在他父的荣耀中，与天使一同降临。到那时，他会因各人的作为给予奖赏。"我们也能在《马可福音》第十三章第二十六节和第十四章第六十二节中看到相似的话。《路加福音》第二十二章第二十九节和第三十节则对时间的问题讲得更加清楚："我赐国予你们，就像我父将之赐予我那般。你们可在我的桌上吃喝，并坐于宝座上审判以色列十二支派。"由此可见，只有人子伴随荣耀降临并让其门徒审判十二支派的时候，圣父赐予他的王国才得以存在。但人们可能会对此提出疑问，既然天国中没有婚姻，那么是否还有吃喝呢？此处的吃喝又指什么呢？我们的救主在《约翰福音》第六章第二十七节中对此做出了详细的解释："不需要为那种会腐烂的食物而劳作，而是要为那种能维持永恒生命的食物而劳作，人子会将这些赐予你们。"因此，在基督的桌上吃的就是生命之树的果实，也就等于在人子的王国中享受不朽。从这里和其他地方能够看出，我们的救主会以自己的人性施行统治。

同样，基督是以圣父的臣子或代理人的身份在那时做国王，就像摩西在荒野时那样，像扫罗当政前的大祭司那样，也像扫罗当政后的国王那样。因为基督曾对此做出过预言，即自己的职责将与摩西无异。《申命记》第十八章第十八节记载了上帝的话："我一定会在他们的弟兄当中，为他们设一位你这样的先知，并通过他的口传达我的话。"这一与摩西相似的职责，从基督在尘世的行为和对话中也能看出。因为摩西选出了十二支派的族长在他之下施行统治，我们的救主也挑选出了十二位将坐上十二宝座的门徒来审判以色列的十二支派。摩西允许七十位长老接受圣灵并讲出预言，也即我在上文讲的：以神的名义对百姓说话。我们的救主基督同样任命了七十位门徒向所有民族传布他的王国和救赎。有人向摩西控告，七十位长老中的两人在以色列人的营帐中讲预言，摩西为他们正了名，并说这种行为利于他管理百姓。同样，圣约翰告诉我们的救主，有人打着他的名号驱鬼，救主也为其正名："无须命他停止，因为他并未与我们为敌，而是站在我们这一边。"（《路加福音》第九章第五十节）

除此之外，我们的救主在制定圣礼方面也与摩西类似，他为"获准进入上帝王国"和"纪念上帝从悲惨境地中解救选民"制定了圣礼。就像以色列子民在摩西时期之前，将割礼作为他们"获准进入上帝王国"的圣礼，这一圣礼曾在荒野上被废除，但到了应许之地又立刻恢复了。在救主降临之前犹太人也有"洗礼"（baptise）的仪式，即以水清洗每一个皈依以色列之神的外国人。施洗者约翰曾传布过基督已降临于世，并为所有皈依基督的人施洗；我们的救主同样规定了所有信仰他的人都要经过洗礼。《圣经》中并未明确记载洗礼是如何产生的，我们可以认为它是对摩西关于麻风病的法律的模仿——这一法律命令人们将麻风病患者安置于营帐外，经过一段时间后，由祭司判断他是否洁净，并在经过洗涤后才能进入营帐。所以，这或许就是在洗礼中"用水洗涤"的象征，人们从信仰中洗掉"因罪而生的麻风"就是完成了仪式，并可以加入教会。还有一个从外邦人的仪式中得出的猜想：在一些极为罕见的情况下，死去的人会偶然复活，其他人则会像忌讳与鬼魂交谈一样忌讳与这个人交谈，除非他被水洗涤过并被重新接纳进人群中——就像婴儿刚出生时被洗去污秽那样，这也是一种新生。在犹太人被亚历山大大帝与其继任者统治的时候，希腊人使用的就是这一仪式，因此它极有可能也进入了犹太人的宗教中。但考虑到我们的救主不太可能会认同异教徒的仪式，因此洗礼最有可能产生于麻风病痊愈后的洗涤仪式。而另一种"食用逾越节羔羊"的圣礼，则明显是在仿照"圣餐"（The Lord's Supper）的圣礼。其中掰面包、斟酒都是要让我们铭记，自己是因为基督的受难才从罪的苦难中得到了解脱，就像食用逾越节羔羊能让犹太人铭记自己是从埃及人的奴役中被解救了出来。既然摩西掌握的权力只是从属的权力，他也只是上帝的代表人，那么就表明了基督作为人类时的权力应该与摩西的权力一样，只是从属于圣父的权力。这一点在他教授我们祈祷时体现得更为明显："父啊，愿你的国降临"，"王国、权力和荣耀都属于你"，以及"他将在他父的荣耀里降临"；还有圣保罗在《哥林多书前书》第十五章第二十四节中的话："末日来临了，基督便将国交付至其父上帝之手。"除此之外，还有很多能证明这一点的地方。

因此，我们的救主在传教与统治两方面都代表了上帝，一如曾经的摩西。上帝也只从那时起才被称为"圣父"（Father），但他们仍是同一实体，并由摩西代表了一个人格，其子基督代表另一人格，因为人格对应了代表人，所以有多少代表人就有多少人格，但都属于同一个实体。

第四十二章

论教权

要理解何为"教权"（power ecclesiastical）以及何人掌握这一权力，我们就要将救主升天后的时期划分成两个部分：第一部分是国王与世俗主权者皈依基督教之前的时期，第二部分是他们皈依基督教之后的时期。这样划分的原因是，在基督升天后的很长一段时间里，都没有任何国王或世俗主权信奉基督教或允许基督徒传教。

在这期间，教权很明显是由使徒掌握的，其后则由那些使徒授权传布福音、使人们皈依基督教并指导人们皈依的人掌握，再之后又由受权者传下：他们会将手按在新的受权者头顶，这代表着交予圣灵或上帝的灵，使这些人成为上帝的代表人并发展上帝的王国，因此"按手礼"就是对他们传扬基督和传授基督教教义的委任状。而通过按手礼授予圣灵的仪式则是对摩西的模仿，摩西曾对他的代表人约书亚用过相同的仪式，我们能从《申命记》第三十四章第九节中看到："摩西将手按在嫩的儿子约书亚头顶，约书亚就变得富有智慧之灵。"所以，我们的救主在复活后到升天前的这段时间里，将他的灵赐予使徒的方式就是"对着他们吹出一股气体并说接受圣灵"（《约翰福音》第二十章第二十二节），在基督升天之后则是通过"一阵大风与火舌"（《使徒行传》第二章第一节、第三节），而不是通过按手礼赐下圣灵，因为上帝也没有对摩西施展过按手礼；之后基督的使徒也用按手礼的方式传授圣灵，正如摩西对约书亚做的。所以在尚无基督教国家的时候，教权掌握在何人手中就是显而易见的了，也就是掌握在那些通过按手礼的传承而接受了圣灵的人手中。

在这里，我们见到了上帝的第三种人格。正如摩西和大祭司在《旧约》中是上帝的代表人，我们救主基督以人的身份居于尘世时是上帝的代表人，那么圣灵，也即接受了圣灵并有传教布道职责的使徒与其继任者，也就从那时起成了上帝的代表人。但正如我在第十六章中阐明的，"人格"就是"被代表的人"，而每一次被代表都会产生一个人格，因此被代表三次，也即被人格化三次的上帝"有三个人格"；尽管《圣经》中并未用"人格"（Person）或"三位一体"（Trinity）这两个词来描述他。圣约翰在《约翰一书》第五章第七节中确实讲过："在天上做见证的有三个，就是圣父、道（话语）与圣灵；这三者是一体的。"如果从人格的本义，即"被代表的人"来看，这就与"三个人格"的含义相符并能支持这一说法。所以，圣父被摩西代表时是一个人格，被圣子代表时是另一个人格，被使徒及其继任者代表时就是第三个人格，而且每一个人格都是唯一上帝的人格。或许会有人问，这三者到底见证了什么呢？圣约翰在《约翰一书》第五章第十一节中告诉我们，它们见证了"上帝在圣子身上赐予我们永生"。同样，也会有人问证据在哪里，这个问题很容易回答，因为上帝已经先通过摩西，再通过他的儿子，最后通过接受圣灵的使徒，施展出奇迹并以此做了见证；他们在各自的时代都代表上帝的人格，并预言或传布了耶稣基督的降临。

至于使徒，最初十二个大使徒的职责就是见证耶稣的复活，这在《使徒行传》第一章第二十一节、第二十二节中已经十分清楚了。当圣彼得选择新的使徒代替加略人犹大时，经文这样记载道："以约翰施洗为始，直至主脱离我们升至天上的那一天，一定要在那些经常伴我们左右的人里选出一位殉道者，与我们一起见证耶稣的复活。"这些话就解释了圣约翰说的"做见证"，他还在《约翰一书》第五章第八节中讲到了在地上做见证的三位一体："在地上做见证的有三个，就是圣灵、血和水；这三者也是一体的。"这就是说，圣灵的恩典和洗礼、圣餐这两种圣礼，它们都属于同一个见证，以此来确保信徒们对永生的信心。对于这一见证，圣约翰在同章第十节中讲道："信仰人子的人，内心就有见证。"地上的，或说尘世中的"三位一体"，并不是说这三者是同一事物，因为圣灵、血与水虽然能做出相同的见证，但它们并非同一实体。至于天上的三位一体，则都属于唯一上帝的人格，不过是在三个不同的时机与场合下代表上帝罢了。总而言之，三位一体的教义能够直接从《圣经》中总结出来，其基本内容为：上帝永远是唯一且不变的，他就是摩西代表的人格，是其子道成肉身代表的人格，还是被基督门徒代表的人格。当他被使徒代表的时候，使徒就通过上帝的灵说话；当他被神与人二位一体的圣子代表的时候，圣子就是上帝；当他被摩西与大祭司代表的时候，圣父——耶稣基督的父亲——就是上帝。我们能因此推论出，为何"圣父""圣子"和"圣灵"这三个词在《旧约》中从未用于神性方面的含义：它们是因为被人代表才得名的人格。这些名字只有在不同的人作为上帝人格的代表，并在上帝之下进行管理与统治之后才能存在。

因此，我们就能看出教权是怎样被我们的救主传于使徒的，还能看出为了让他们更好地行使权力，圣灵是怎样降身于他们的。所以，《新约》中将圣灵称为 paracletus，意思是"施助者"（assister），即被某人召唤来帮忙的，但现在一般翻译成"保惠师"（comforter）。接下来，我们一起来探讨权力的本质及其对象。

枢机主教贝拉民在他的第三次总辩论中，处理了许多关于罗马教皇教权的问题，从这一问题开始，探讨教权应当是君主制、贵族制还是民主制——这三类政权都属于主权，并且都是强制性权力。但现在看来，我们的救主没有留下任何强制性权力，只是留下了这样一种权力：宣扬基督的王国，说服人们臣服于它，并通过戒律与良好的劝导，教导那些已经臣服之人应该如何行事，才能在上帝王国降临时得到接纳。而且，那些使徒和福音牧师是我们的校长而非司令官，他们的戒律不是法律而是有益的建议，所以，主教的所有讨论就变得毫无意义了。

我在上一章已经讲明了基督的王国不在此世，因此任何基督的代表人都不能以他的名义要求别人臣服，除非他的代表人是国王。如果至高的王在此世并不掌握统治权，那么他的官员又有什么权力要求他人臣服？据《约翰福音》第二十章第二十节记载，救主基督曾说："我的父如何派任我，我也将如何派任你们。"我们的救主是被派来说服犹太人重回他父亲的王国、邀请外国人进入他父亲的王国，并且直到审判日才能作为其父的代理人施行统治。

在基督升天到全体复活之前的时期，并不是统治期，而是复兴期。这也是人类的准备期，为了迎接基督在审判日的、荣耀的第二次降临。《马太福音》第十九章第二十八节中，救主明确说道："你们这部分随我而行的人，待到复兴之时到来，人子将在他荣耀的王座上坐定，你们同样可以在十二宝座上坐定。"在《以弗所书》第六章第十五节中，圣保罗还讲过："你们要用准备好的平安福音当成鞋穿在脚上。"

我们的救主还将之比作钓鱼，意思就是不用强迫或惩罚，而是用信仰使人归服；所以，他就不让自己的使徒们成为宁录[1]，而是让他们成为垂钓者。他过去还将这些比喻成了酵母、播种以及芥菜种子的生长，这些比喻都不包含强制性，因此那时也就不可能有实际的统治。耶稣代理人的工作就是传福音，也就是宣扬基督，同时要为他的第二次降临做准备，就像施洗者约翰传福音是为他的第一次降临做准备。

除此之外，基督代理人在此世的职责就是让人们相信并信仰基督。但信仰既不来自也不依赖于强制和命令，而只来自人们从理性中得到的确定或是存在可能性的观点，抑或是人们已经相信的事物。所以在此世中，基督的代理人并不能从自己的头衔中得到权力，以此惩罚任何不信仰基督或忤逆自己话语的人。虽然他们无权以基督代理人的名义施行惩罚，但若他们能以建立政府的方式获得世俗主权，那么也就能合法地惩罚那些违抗他

---

[1] 宁录：挪亚的曾孙。《创世记》中记载其为"世上英雄之首""是个英勇的猎户"。

们法律的人了。圣保罗在谈及他自身以及当时其他传福音的人时讲道:"我们并非统治你们的信仰,而是助你们获得快乐。"(《哥林多后书》第一章第二十四节)

另一种观点是,基督的代理人在此世并无命令的权力,这或许是从"基督把合法权力留给了一切信基督与不信基督的国王"这件事中推理出的。在《歌罗西书》第三章第二十节中圣保罗讲道:"你们是子女,应该在一切事务上都顺从父母的想法,因为主喜欢这种行为。"他在第二十二节中还讲道:"你们作为仆从,应该在一切事务上顺从你们肉身的主人,不要做表面功夫,只在能看见的地方侍奉,而应该从内心敬畏主。"这段话是对那些主人不信基督的仆从说的,而他却让仆从们在一切事务上服从于主人。此外,在服从国王这一问题上,他在《罗马书》第八章的前六节中规劝人们"要服从掌权者",他说:"因为任何权力都来自上帝,一切掌权者都是被上帝任命的。你们一定要服从于他,不仅是出于刑罚的缘故,同样是出于良心的缘故。"圣彼得在《彼得前书》第二章第十三节到第十五节中同样讲过:"你们需要为了主而服从于人类的所有规定,无论是在上的君主,还是君主派来惩恶奖善的臣子,因为这是上帝的意志。"保罗还在《提多书》第三章第一节中说过:"你需要对众人提点,让他们服从官吏、掌权者,听从他们的命令。"圣彼得与圣保罗在此处讲到的君主与权力都是不信基督的,那么,我们就更要服从那些上帝指定的、对我们有主权权力的基督徒了。所以,如果基督的代理人命令我们做与国王或主权代表人的命令相悖的事,但我们又是国家的臣民且需要主权的保护,那么我们应该怎么服从命令呢?因此,很明显基督没有为他在此世的代理人留下任何能够命令他人的权力,除非他的代理人已事先拥有了世俗权力,并以此命令他人。

或许有些人会对此表示反对并问出:如果国王、参议员或其他主权人格禁止我们信仰基督怎么办?我给出的答案是:这种禁止是无效的,因为信仰或不信仰并不由他人的命令决定。信仰是上帝的恩赐,人的信仰不可能因为承诺或奖励而被放弃或剥夺。若进一步问出:要是我们的君主命令我们说自己不信仰基督,我们也必须遵从吗?我的回答是,口头宣称只是证明自己信仰的众多外在方式中的一种,只要基督徒的心中严守对基督的信仰,那么他就同样有先知以利沙授予叙利亚人乃缦的那种自由。《列王记下》第五章第十七节和第十八节中记载，乃缦从心底皈依了以色列人的上帝，因为他讲道："你的仆从（即乃缦）从此不再将燔祭或祭品献给其他的神，而只献给上帝。做这件事只是希望上帝可以宽恕你的仆从，我的主人去临门庙做礼拜的时候扶着我的手，因此我也弯下了身子，希望上帝能够宽恕我这一行为。"先知宽恕了他并让他"平安顺利地回去"，这里的乃缦从心底信仰上帝，但做出了向临门庙的偶像鞠躬这种否定真神的行为，这种行为和口头上否定真神类似。那么对于救主的这一句话："任何人要是在人前不认我，那么我也不会在天上的父身前认他。"我们应该如何回答呢？对此我们可以说，乃缦作为臣民做出的行为都出于对主权者的强制性服从，他的行为并不出于自身意愿，而是受制于国家的法律。因此我们可以说这一行为不是他做的，而是他的主权者做的：在人前不认基督的并不是他，而是他的统治者及其法律。如果有人抨击这一观点，认为这有悖于真实且未经篡改的基督教教义，那我就要向他质询：如果在某个基督教国家中，有一个虔信异教的臣民被他的君主命令参加基督教的神圣仪式，否则就将他处死，那么抨击者是认为这个异教徒应该凭良心赴死，还是应该遵从国王的命令呢？若他说此人应该被处死，就是在为民众授权，即无论民众信奉的宗教是真是假都有权违抗君主；若他说此人应该服从君主的命令，那就是他认可自己应当服从命令，却又反对此人违抗命令，这就违反了救主在《路加福音》第六章第三十一节中的话："你希望他人如何对待你，你便要如何对待他人。"还违反了"己所不欲，勿施于人"的自然法，而这条自然法是永恒存在的神圣法律。

那么又该怎样评价那些教会史上本不必丧生的殉道者呢？在回答该问题之前，我们需要对丧生者的死因做出区分：其中有些人是受到感召并传教，因为公开宣扬基督的王国而被处死；还有些人则未受到感召，仅仅是因为宣传自己的信仰而被处死。若前者是为了见证基督的复活而被处死，那就是真正的殉道者，因为"殉道者"（martyr）这个词的真正定义就是"弥赛亚耶稣复活的见证人"。只有以前在尘世中与耶稣交谈过，并且在耶稣升天后还见过他的人才是见证人。因为见证人必须以自己所见为证据，否则证据就不可信。我们能从圣彼得在《使徒行传》第一章第二十一节、第二十二节的话中看到，严格来说，只有这类人才能被称为基督的殉道者："因此在主耶稣与我们同进同出的时间里，即以约翰施洗为始，直至主脱

270

离我们升至天上的那一天，一定要在那些经常伴我们左右的人里选出一位殉道者，与我们一起见证耶稣的复活。"我们可以推理出，担任耶稣复活这一事实的见证人，就等于担任"耶稣是基督"这一基督教基础信条真实性的见证人。担任见证人的必须是曾与他对话过并且在复活前后都见过他的门徒，也就是他最初的门徒。其他人无法见证而只能听前辈讲述，因此只是其他见证人的见证人，是次一级的殉道者，或基督见证人的殉道者。

如果，某个人为了拥护自己从救主的生平、使徒行传和使徒书信中发现的观点，或是因为相信某个个体的权威，而去对抗世俗国家的法律和权力，那他就根本称不上是基督的殉道者，也称不上是殉道者的殉道者。只有为了一个信条而死才配得上如此殊荣，这个信条就是："耶稣是基督。"也就是信仰那位赎清了我们的罪，并将再次降临，在荣耀的王国中赐予我们救赎和永生的耶稣基督。成为殉道者，不需要为任何神职人员的野心或私利而死，也不需要殉道者自身的死亡，所需的只是殉道者的见证本身——因为"殉道者"一词的含义只是"见证者"，而无论见证者是否死亡都可称为殉道者。

同样，如果某人只是出于个人意愿，而并未被任命来宣扬这一基础信条，那么他也算见证人并能被称为殉道者——要么是作为基督的第一见证人，要么是作为基督的使徒和门徒，或使徒和门徒继任者的见证人。但因为他并未受到感召，所以也就没有为此付出生命的义务；同样，若他期待从那些未曾授予他任务的人那里获得奖赏，但又并未得到，那么他也不应该抱怨。这样看来，任何没有被准许传布"基督以肉身降临"这一信条的人，也即任何没有得到授权去归化异教徒的人，无论他们是第一见证者还是第二见证者，都不能称为殉道者。因为那些已经有信仰的人不再需要见证，而那些否定、质疑或不曾听说过基督教的人才需要见证。基督只授权并派遣了他的使徒与七十门徒，让他们向无信仰的人传道，而非向有信仰的人传道，他说"我派遣你们去，就像羊进到狼群那样"，而不是羊进到另一个羊群那样。

最后，福音书中清楚地记下了他们各自的使命，他们中的任何人都没有统治教会的权力。

我们可以从《马太福音》第十章中看到，十二使徒最开始是被派到"丢了羊的那户以色列人"那里，并且受命传布"上帝王国已经临近了"。

"传教"（preaching）这个词的本义是"传令官、传令员或其他官员公开宣布国王登基"，但传令官并无命令任何人的权利。《路加福音》第十章第二节中讲到，被派出的七十门徒应当像"劳动者"而非"庄稼的主人"，在第九节中提到他们的受命时讲："上帝的王国离你们更近了。"此处说的上帝王国指的不是恩典的王国，而是荣耀的王国，因为在第十一节、十二节中记载，他们曾受命斥责那些不愿接待他们的城池，并威胁道："所多玛受的惩罚比这城将受的还轻些。"《马太福音》第二十章第二十八节中记载，我们的救主对争夺更高地位的门徒们说，他们的职责在于侍奉，"就像人子的降临，他不是来享受侍奉的，而是要去侍奉的"。所以，传教士只有侍奉的权力，而无统治的权力。在《马太福音》第二十三章第十节中，我们的救主讲道："你们不得接受'主人'这一称呼，因为你们的主人仅有一人，即基督。"

他们还有一项职责即"教导万民"，可见于《马太福音》第二十八章第十九节，或如《马可福音》第十六章第十五节说的"前去世间，向万民传福音"。因此，"教导"（teaching）与"传教"（preaching）的含义是相同的。如果要宣告一位王的降临，并想让人们服从于他，就必须同时让人们知道这位王将以何种权力降临，正如圣保罗对帖撒罗尼迦的犹太人做的那样。《使徒行传》第十七章第二节、第三节中记载道："他连着三个安息日，以《圣经》为本与其进行辩论，公开讲明基督一定会受难，并将从死亡中复活，还说我向你们传的耶稣正是基督。"但是依据《旧约》的内容教导人们"耶稣就是基督（即国王）并会死而复生"这一道理，并不意味着人们一旦相信了就要受到约束，并有义务违抗他们主权者的法律与命令，而只意味着他们应该更加明智地保持耐心与信仰，服从于他们此世的统治者，并期待着基督在未来的降临。

他们还有一个使命就是"奉圣父、圣子和圣灵的名义施洗"。什么是施洗？就是在水里浸一下。但为什么要以其他人的名义将人在水中浸一下呢？这些话大概能讲清楚洗礼的含义：受洗者被浸入水中或被水洗涤，象征着他成了一个新的人、一位上帝的忠诚臣民。在古时候，上帝还是犹太人的王，他的人格被摩西与大祭司代表，现在则是被耶稣基督代表：他是上帝的儿子，是神也是人，他曾赎清了我们的罪，并将在复活后于上帝永恒的国度中，以人性代表他父亲的人格。此外还需要认同使徒的教义：使徒得到圣父与圣子的灵的帮助，在耶稣升天后继续担任引导者，将我们领入上帝王国，他们的引导是进入上帝王国的唯一有效方式。这都是我们在受洗时的承诺。而世俗主权者的权力不会在审判日前瓦解，因为圣保罗已经清楚且确切地表达了这一点，他在《哥林多前书》第十五章第二十二节到第二十四节中讲道："因为亚当，人们都要死；而因为基督，人们也都会复活。但是各自按应有的顺序复活。基督是第一个复活的，当基督再次降临时，属基督的也都会复活。最后到了末日时，基督把王国交付到上帝也即圣父的手中，那时他会废除一切统治、权威以及权力。"很明显，我们并不会因为受了洗礼就能建立新的权力，以管理我们在此世的行为，而只是做出了承诺，要把使徒的教义视为通向永生之道的指引。

"赦免"（remission）和"保留"（retention）罪的权力，也称为"开释"（loosing）和"束缚"（binding）的权力，有时也称为"天国的钥匙"，它来自"施洗"与"不予施洗"的权力。因为洗礼是表示效忠的圣礼，只施予那些将被接入上帝王国、将获得永生以及将被赦免之人——永生曾因为人犯下的罪而丧失，所以也会通过人获得的赦免而复得。洗礼的目的就是赦罪，因此，当圣灵降临节时听了圣彼得讲道而皈依基督教的人，询问圣彼得应该如何行事的时候，他建议道："你们都要自省并改正，奉耶稣基督的名义接受洗礼以免去罪恶。"（《使徒行传》第二章第三十八节）既然"施洗"就是宣布人们被接入上帝王国，那么"拒绝施洗"就是宣布人们被拒入上帝王国，所以宣布人们能否进入上帝王国的权力就被使徒及其代表人和继任者掌握了。因此，在《约翰福音》第二十章第二十二节中记载，我们的救主向他们吹出一口气并说了"接受圣灵"之后，就在之后的一节中补充道："你们赦免了谁的罪，谁的罪就因此消去了；你们保留了谁的罪，谁的罪就继续存在。"这些话并不是为了授予他们赦免或保留罪的权力，而只是让他们有条件地回应忏悔。因为只有能洞察人心、知晓人们是否在真心忏悔与皈依的上帝，才能直接与完全地赦免或保留人的罪恶。但是，如果被赦免者只是佯装忏悔而无任何忏悔的行为，那么这类宽恕或赦免就会对他失效，而且不会使其得到拯救，反而只能加重他的罪。因此，使徒及其继任者只能以忏悔的外部表现为依据：当此类表现出现时，他们就不得拒绝赦免；若此类表现还未出现，他们就不得进行赦免。在洗礼时也需要留意，因为使徒无权拒绝为已经皈依的犹太人或外国人施洗，也无权为尚未忏悔的人施洗。鉴于没人能分辨出他人的忏悔是否真心，所以只能从表现在外的言行来辨认哪些是虚伪的。这样又会出现另一个问题：何人能被任命来判断这些表现呢？我们的救主已对此给出了答复，在《马太福音》第十八章第十五节到第十七节中他讲道："假如你的弟兄冒犯了你，你应与他单独交谈，告知他的错处。若他听从了你，你就又得到了你的弟兄。若他不听从你，你就需要再三劝告。若他继续忽视你的话，就要告知教会。若他再不听从教会，就要将他当成异教徒或税吏对待。"由此可知，判断某人是否真心忏悔的权力并不属于任何个人，而是属于教会，也即属于一群虔信者或教会的代表人。但除了加以判断外，还需要宣布判词，这就一直是使徒或教会领袖的职责了，我们的救主也对此讲过："任何事物若被你们在地上束缚，那么其在天上也应该被束缚；如果有事物被你们在地上开释，那么其在天上也应该被开释。"（《马太福音》第十九章第十八节）圣保罗的行为也与之相符，他在《哥林多前书》第五章第三节到第五节中讲道："我身子虽不在你们那里，心却在你们那里，好像我亲自与你们同在，已经判断了行这事的人。就是你们聚会的时候，我的心也与你们同在。奉我们主耶稣的名，并用我们主耶稣的权能，要把这样的人交给撒旦。"这就意味着将罪行未被宽恕的人逐出教会。此处宣读判词的人是保罗，但因为保罗并不在场，所以就需要先经过教会听证，然后再进行判罚。在同章第十一节、第十二节中也将这类情况下的判决权更明确地划拨给了教会，他讲道："我现在与你们通过写信的方式讲道，假如有人称其弟兄与人私通……那么就不得与这类人有交际，甚至不得与他一起吃饭。外教的人不归我审判，本教的人难道不该由你们来审判吗？"所以，把人逐出教会的判词应由使徒或传教士宣布，但有关案件是非的判决权则属于教会，也就是说，在君主或国家主权者尚未皈依基督教的时期，这些案件都是由同一城里的基督徒集会进行审判，比如哥林多城的相关案件就是由哥林多城的基督徒集会审判的。

这一天国钥匙的权力能将人逐出上帝王国，也被称为"开除教籍权"（excommunication），它的源头是希腊文 ἀποσυνάγωγον ποιεῖν，意思就是"逐出犹太教堂"，也即"将人逐出侍奉神的地方"。这个词出于犹太习俗，即把他们认为在行为或思想上有"传染病"的人赶出会堂，就像按照摩西的法律把麻风病人从以色列会众中分离出来，直到祭司宣布他们已然洁净。

而开除教籍权的作用，在未得到世俗权力的强化之前最多只能让被开除者与未被开除者停止往来罢了。被开除教籍的人不能被视为从未信仰过基督的异教徒，因为教徒们尚可能与异教徒一同饮食，却不可以和被开除教籍的人一同饮食。这一点能非常明确地在《哥林多前书》第五章第九节、第十节等有关圣彼得的内容中看到：圣彼得向人们传道，并事先禁止他们"与私通者来往"；但若不能离开此世就无法做到这一点，所以他就将这些通奸者与淫邪之人的范畴限定在同胞之内，并说不得同"这种人"来往，"哪怕是与他一起进食"都是不被允许的。这就相当于我们的救主在《马太福音》第十八章第十七节讲过的："以看待异教徒与税吏的方式看待他们。"税吏指的就是国家的包税人与收税人，需要纳税的犹太人对他们极为厌恶且憎恨，对他们而言，"税吏"和"罪人"几乎就是同义词。所以，我们的救主接受税吏撒该邀约[1]的唯一目的就是让他皈依，但即便如此，也被人驳斥为犯罪行径。所以，当我们的救主提到异教徒并且还加上了税吏，就是明确禁止教徒们与被开除教籍者一同饮食。

无论教堂或集会地的所有者是基督徒还是异教徒，他们都有权拒绝他人入内。又因为所有地方都受国家管辖，所以任何被开除了教籍或未受洗的人都能通过世俗官员的许可而进入任何地方。比如保罗在尚未皈依基督教的时候，就通过大祭司的许可进入了大马色的会堂，逮捕了男女基督徒并将他们绑到了耶路撒冷。（《使徒行传》第九章第二节）

由此可知，若是在某个迫害或不支持教会的世俗权力中有基督叛徒，那么开除他的教籍并不会产生影响，不会让他在此世受到伤害，也不会让他恐惧。无法让他恐惧是因为他已无信仰，不会造成伤害是因为他已重回世俗权力的保护，他在来世中也不会比那些从未信教之人地位更低。反而是教会受到的损害更大，因为这些被逐出的人会不断挑衅教会，并能更自由地作恶。

所以，开除教籍就只能在信徒身上发挥作用。因为他们相信基督会伴着荣耀再次降临、统治世界并审判活人与死人，所以就不会允许那些有罪的人，也即被教会开除教籍的人进入上帝的王国；这也是圣保罗将开除教

---

[1]《路加福音》中记载，是耶稣自己到他家中去的。

籍称为"把被开除者交到撒旦手中"的原因。因为在审判日以后，除了基督教国家之外的任何国家都算是在撒旦的王国中。这就是信徒们畏惧的，只要他们处于被开除教籍的状态，自身的罪就不会被宽恕。因此，我们可以理解为，在基督教没有得到世俗权力授权的时候，开除教籍只是为了矫正信徒的行为，而不是矫正他们观点上的错误；因为这是一种惩罚，只对那些期待我们的救主再次降临并审判世界的信徒才产生意义。而那些虔信之人并不需要其他观点，只要过着正义的生活就可以得救。

此外还有因为不义的行为而被开除教籍的问题。如《马太福音》第十八章中讲过，假如你的弟兄冒犯了你，就要先单独与他交谈，之后再带上见证者与他交谈，最终才通知教会，如果他仍不遵从，再以对待异教徒与税吏的方式对待他。此外，还有因为丑闻而被开除教籍的问题，如《哥林多前书》第五章第十一节中讲道："若某位弟兄做了私通、贪婪、拜偶像或酗酒等事，那么你们不可与他一起饮食。"如果某人坚持着"耶稣是基督"的基础信仰，却在其他问题上产生了不同的观点，而且他的观点没有破坏基础信仰，那么我们就无法从《圣经》的权力或使徒的事例中找到能将他开除教籍的依据。固然，圣保罗的部分经文与之矛盾，他在《提多书》第三章第十节中讲道："对待离经叛道者，在告诫一二后就应将他放弃。""离经叛道者"（heretic）就是身为教会成员却传播那些教会禁止的个人观点的人。对于这类人，圣保罗曾建议提多，在告诫过一两次后就可以"放弃"（reject）他，这里说的"放弃"不是开除教籍，而是"不再告诫他，不再管他，不再与他争论"，因为他只相信自己。这位使徒还讲过："一定要舍弃那种愚昧且无学识的争论。"这里的"舍弃"（avoid）与前文的"放弃"在希腊文中有共同的来源，即 παραιτοῦ。对争论愚昧问题的人置之不理即可，无须将他开除教籍。同样，《提多书》第三章第九节中也讲过"避免愚昧的争辩"，其希腊文原文中 περιΐστασο 的含义就等于上文的"放弃"。《圣经》中并无任何明确的说法，支持将那些信从基础教义，并且因为善良与虔诚的心性而建立起独特上层结构的人逐出教籍。与之相对的，任何命令人们避免此类争辩的内容，都是为了教诲提摩太与提多这些传教士而写下的，让他们不至于因为发生了微不足道的争辩就要订立新的信条；否则就有可能让人的内心背负不必要的负担，或刺激人们破坏教会团结。使徒们自身就能很好地遵守这一教诲，即使圣保罗和圣彼得之间有过激烈的争辩，这在《加拉太书》第二章第十一节中有所记录[1]，但他们也并未将对方逐出教会。然而，在使徒时代却有部分传教士并未遵从这一点，比如丢特腓就因为骄傲自大，将圣约翰认为可被接纳的人逐出了教会（《约翰三书》第九节）。在这样早的时候，虚荣与野心就已经进入基督教会了。

如果某人要开除他人教籍，则应满足以下条件：首先，他必须是某一团体、某一合法集会的成员，也即基督教会的成员，这样才有审判将被开除之人的权力。没有团体的地方，自然就无所谓开除教籍；没有司法权的地方，自然也无权给出这类判词。

由此可知，一个教会不可能被其他教会开除教籍。如果它们在开除彼此教籍方面拥有平等的权力，那么这种行为就不是约束也不是行使权力，而是在分裂教会、瓦解教徒间的友爱；如果它们之间有从属关系，那么它们就只能有一个声音，就只能是同一个教会。被开除教籍的教会就不再是教会，而只是一群个体。

因为开除教籍的宣判也是一种劝诫，劝人不得与被开除教籍者来往或一同饮食，所以若被开除教籍的是某位主权君主或主权议会，这一宣判就是无效的。因为依据自然法，所有臣民与自己的主权者都是一体的，并且代表了自己的主权者。那么，臣民就不能合法地将主权者从其领地内任何地方逐出，无论这个地方是世俗的还是神圣的。同时，他们也不得在未获得主权者许可的情况下离开其领地。如果主权者授予殊荣，赐宴给臣民，那么臣民就更不可能拒绝与他一同饮食了。而其他国王与国家本就不属于同一宗教的一部分，因此，告诉人们不得进出被开除教籍的国家也就不需要任何宣判。国家的建立，是由许多人集合起来形成一个整体，因此，这一整体也就和其他整体有着区别。所以开除教籍并不是让各个国王与国家维持分裂的有效方式，在与国家政策本质相符的方面也不会产生更多作用，除非这样做的目的是煽动各国开战。

对一个遵守自己主权者法律的基督徒臣民而言，无论其主权者是不是基督徒，开除教籍都不会起作用。因为"任何相信耶稣是基督的人，都有神的灵"（《约翰一书》第五章第一节），"神在他身上，他也在神之中"（同

---

[1]《加拉太书》第二章第十一节："后来彼得到了安提阿，因他做了应遭谴责的事，我就与他当面对质。"

书第四章第十五节）。如果他拥有神的灵，那么他就在神之中，神也会在他的身上，因此他就不可能被开除教籍。这样看来，相信"耶稣就是基督"的人能免于被开除教籍的人所要面临的危险，而不信的人则不是基督徒。所以，一个真正的基督徒就不会被开除教籍；那些伪装成基督徒的人，只有当暴露出虚伪的品性或违犯了主权者的法律之后才会被开除教籍。这一法律就是对人们品性的规范，也是基督和他的使徒命令人们遵守的，因为教会无法通过外部的行为判断人的品性，只有当他们的行为触犯国家法律时才能做出相应的审判。

如果被开除教籍的人有父母或师长的身份，那么就不能禁止他们的孩子与他们来往或一同饮食。因为儿童没办法自己获得食物，而且让他们违背自己父母或师长的命令也与使徒的规范冲突。

总而言之，开除教籍的权力不得超过救主赋予使徒与教会传教士的限度。救主赐下这种权力，不是为了以命令和强制力统治教徒，而是为了将人们引导向"于来世得拯救"的道路。教授某一学问的师长，可以因为学生不遵守自己制定的规范而将他放弃，但不能因为学生不服从于自己就说他不义。同理，一个传布基督教教义的传教士，可以因为自己的门徒一直不遵守基督徒的生活方式而将他放弃，但不能因为门徒不服从于自己就说他有罪。对于那些想要发起控告的传教士，我们或许可以搬出在相似情形下上帝对撒母耳的回答："他们所厌弃的并不是你，而是我。"（《撒母耳记上》第八章第七节）因此，当开除教籍缺乏世俗权力的帮助时，就好比一个基督教国家或君主的教籍被某一异教政权开除一样，都是无效的，也不会产生震慑作用。"开除教籍的雷霆"（Fulmen excommunicationis）这个说法来自罗马教皇的幻象，他最初用这一说法称自己为万王之王，就像异教徒将朱庇特视为神王，并在为他而作的诗歌与画像中加上了雷霆，以示他用雷霆制服并惩罚了那些胆敢否认他的权力的巨人。这一幻想源于以下两种错误认识：第一，基督之国就在此世。这一观点与救主本人的话语冲突，他曾说过："我的国不在此世之中。"（《约翰福音》第十八章第三十六节）第二，他认为自己作为基督的代理人，不仅能管理自己的臣民，还能管理世上的所有基督徒。这一点在《圣经》中并无依据，我将在合适的部分对此做出反驳。

圣保罗曾经到过帖撒罗尼迦，那里有一个犹太教堂，《使徒行传》第十七章第二节、第三节讲道："他连着三个安息日，以《圣经》为本与其进行辩论，公开讲明基督一定会受难，并将从死亡中复活，还说我向你们传的耶稣正是基督。"这里的《圣经》指犹太人的《圣经》，即《旧约》。听他讲明"耶稣正是基督"且"将从死亡中复活"的人同样是犹太人，并且已经相信了这些是上帝的话语。一些人听过这些话就相信了（见同章第四节），另一些人则仍不相信（见同章第五节）。是什么原因导致他们虽然信仰同一部《圣经》，但信仰的方式却不同？为何有些人认同，有些人却反对圣保罗对自己引用的经文的解释，且每个人都有自己的解释？原因在于，圣保罗并不是被派来的，所以他就不能采取命令的方式，而只能采取说服的方式。他要么必须施展奇迹，就像摩西对以色列人在埃及做的那样；要么就通过公认的《圣经》文本进行辩论，让犹太人接受他从上帝话语中解释出的真理。假如有人试图通过辩论经文中的原则说服他人，就是将他人当成了裁判，并要同时裁定这些原则和他从经文中做出的推论。如果帖撒罗尼迦的犹太人不是裁判，那么谁能裁定圣保罗从《圣经》中做出的推论呢？如果圣保罗自己就是裁判，那他还有什么必要通过引用来证明自己的说法呢？他只用说"我是被基督派来的解释者，这些是我从《圣经》也即你们的法律中论证出的"就足够了。这样说的话，帖撒罗尼迦的犹太人就不必认同任何《圣经》的解释者了，因为所有人都能自己判断是否接受某一解释，以及自己是否要信仰基督。通常而言，在世上的一切事务中，提出证明的人，都会将听他说话的人当成裁定其证明的人。至于这些特殊的犹太人，是因为他们被明文规定要在棘手的问题上服从祭司和法官的决定（《申命记》第十七章），但也能理解为他们尚未皈依基督教。

如果要使外国人皈依基督教，仅仅通过他们不相信的《圣经》是做不到的，所以使徒就要与他们辩论，驳斥他们崇拜偶像的行为。做到这一点之后，再用自己见证过的基督生平与复活来劝说他们信奉基督，这样就不会在《圣经》的解释权上产生争议。因为，如果某人不受信仰约束，也就不需要服从任何人对任何经文的解释，而只服从于他的国王对法律的解释就够了。

我们现在可以思考"皈依"本身，并思考这如何让人服从。人们只会皈依使徒传布的信仰，但使徒们传布的不过是"耶稣就是基督"这一信条，也即"耶稣就是将要拯救人们并在来世的永恒王国施行统治的王"。因此，根据使徒的说法耶稣并未死亡，而是在死后复活并且升天了，还将会在某一天重新降临以审判世界。到那时，世人都将复活并接受审判，而且会因为各自的作为得到耶稣的奖赏。但任何使徒都不曾将自己或其他使徒称为《圣经》的解释者，也不曾让基督徒把自己的解释当成法律，因为解释法律是国王行政权力的一部分，使徒并无这一权力。使徒曾祈祷"愿你的国降临"，所以自那时起每一位传教士都会如此祈祷，并且还会劝诫皈依者服从各自的国王。那时《新约》尚未纂集成书，每部福音书的作者都是自己著述的解释者，每位使徒也都是自己书信的解释者。至于《旧约》，我们的救主曾亲口对犹太人讲过："你们查阅《圣经》，是因为你们觉得其中有永生，为我做证的正是该经文。"（《约翰福音》第五章第三十九节）如果耶稣不想让他们自己解释经文，就不会让他们亲自寻找耶稣作为基督的证据，他完全可以自己进行解释，或直接引用祭司的解释。

当出现困难的时候，使徒就会与教会长老聚集起来，一起决定哪些内容是应该被传布并教导的，以及自己要如何向百姓解释《圣经》，但这并不意味着剥夺了百姓自行阅读、自行解释《圣经》的自由。使徒们曾向许多教会写过大量信件，也为指导教徒们写过很多著作，如果他们不允许教会对自己的书信和作品做出解释或斟酌其中的含义，那么这些书信就都没有意义了。因为那时尚处于使徒时代，因此必须等到传教士的时代，等到传教士成为国王或国王成为传教士后，才能为解释者授权，并让人们信从他们。

若说某部著作有"教规性"（canonical），就包含着两层含义：因为"教规"（即canon，另一含义为"正典"）有"规则"（rule）的含义，而规则就是"行为规范"（precept），可以指导和引导人们的一切行为。虽然规范是师长对门徒或建议者对朋友提出的，但本身并无强迫他人遵守的权力，所以就算不上教规，但仍然是一种规则。如果提出者能够强制接受者遵守，那么这些教规就不只是规则还是法律了。这里的问题就是，什么权力能使作为基督教信仰规则的《圣经》变成法律？

最开始作为法律的那部分经文就是十诫，十诫被写在两块石版上，由上帝亲自交给摩西，再由摩西宣之于百姓。在此之前，上帝还未选出合适的人来做他特殊王国的臣民，因此也未曾写下任何法律，只将自然法赐给了人类。自然法就是出于自然理性的规范，写在每个人的心中。这两块法版中的第一块记载了以下主权法：第一，以色列人不得服从或崇拜其他国家的神。原文是："你们不得敬奉外国的神明，而只能敬奉我。"其含义是，除了那曾与摩西以及大祭司对话过的神之外，人们不得服从或崇拜其他的神，也不得将其他的神当作自己的国王与统治者。第二，"不得自发制作偶像，也不得树立任何形象来代表神"。这就是说，以色列人不得依据自己的想象在天上或地上为自己挑选代表人，而只应服从于摩西和亚伦，因为他们是由上帝选为代表人的。第三，"不得妄称神的名字"。这是说人们不得轻率地谈论自己的国王，也不得质疑他的权利以及做他代理人的摩西与亚伦的权利。第四，"每过七天就要停止一次日常劳动"，并要将这一天用来公开拜神。第二块法版上则记载了人们对他人的义务，如"尊敬父母""不得杀生""不得行淫邪之事""不得行窃"和"不得做假证、破坏审判"等，最后一条则是"不得在心中谋划伤害他人"。现在的问题是，究竟是谁赋予了这两块法版法律效力？毫无疑问，它们是上帝亲自制定的法律，但只有认可主权者行为的人才会受到法律的约束，法律也只对这些人而言才是法律。既然人们被禁止靠近西乃山或偷听上帝对摩西讲话，那么为什么还一定要遵守这些摩西向他们宣布的法律呢？诚然，这些法律中包含着自然法，好比第二块法版上的所有内容，所以它们就该被理解为神的法律，即不只是适用于以色列人，也适用于全人类的法律。至于那些专门为以色列人制定的法律，好比第一法版上的内容，则仍存在着"为什么一定要遵守"的问题，除非百姓们自发地向摩西宣誓服从，并说："恳求你同我们对话，我们一定听从，不要让我们同神对话，我们畏惧死亡。"（《出埃及记》第二十章第十九节）如此来看，在尘世中只有摩西以及继任的大祭司有权将简短的十诫文本立为以色列的国法，并且这一权力是上帝通过摩西宣布，用于管理其特有的王国。但摩西、亚伦以及后继的大祭司都是世俗主权者，因此直至今日，将经文立为教规或立为法律的权力都归世俗主权者所有。

士师法（judicial law），是上帝为以色列人的士师规定的，以使他们在行使司法权或进行宣判、裁决时有据可依。而利未法（Levitical law）则是上帝为利未人与祭司的礼仪和祭典制定的，这些规定通过摩西传达，并因为人们承诺服从于摩西而变为法律。摩西究竟是通过文字还是话语的方式公布了这些法律，这点在经文中并无记载，但它们都属于实在法，并因摩西的世俗主权而"正典化",取得了与《圣经》一样的地位。

当以色列人抵达耶利哥对面的摩押平原,并且预备着进入被应许的迦南福地之后,摩西就在先前的法律上另增加了多条法律,这些法律因此被称为申命律[1](Deuteronomy),即第二部法律。依照《申命记》第二十九章第一节的内容,除了在何烈山立的约以外,上帝还在摩押地吩咐摩西与以色列子民立了以下的约。摩西在《申命记》开头解释完先前的法律后,又在同书第十二章到第二十六章补充了其他法律。《申命记》第二十七章第三节记载,摩西吩咐人们在经过约旦河时,将这一法律写在抹了灰泥的大石头上。第三十一章第九节还记载,摩西本人将法律写成书,交于"祭司与以色列各位长老"之于,并命令他们"置于神的约柜附近",因为约柜中本来就只有十诫。这就是在《申命记》第十七章、第十八章中,摩西命令以色列国王存留副本的法律,也是在长期遗失后于约西亚时期的神殿中被找到,并被约书亚视为上帝之法的法律。摩西写下这一法律和约书亚复原这一法律时都掌握了世俗主权,因此世俗主权者一直都掌握着将经文立为正典的权力。

除了摩西写就的这一法典外,从摩西时代到巴比伦因虏之后再没有一部法典能被犹太人接受为上帝的法律。因为绝大多数先知都生活在因虏时期或略早于此的时期。那个时候他们的人格遭到了假先知的迫害,还受到假先知们引诱的国王的迫害,那么他们的预言就更不可能被公认为法律了。这一法典被约书亚确认为上帝的法律,并与其他关于上帝伟业的历史记录,在巴比伦遭虏、耶路撒冷城被劫掠时,一并丢失了,这在《以斯拉记下》第十四章第二十一节中有记载:"你的法律已经被焚毁殆尽,你的行为与你将要做的都不会被任何人知道。"从因虏之前到法律丢失的时期,《圣经》中并未提及,或许可以认为这是罗伯安时期,也即埃及王示撒劫夺神殿的时期(《列王记上》第十四章第二十六节)。而到了约书亚时期,在法典再次被找到前,他们还没有用文字记载下上帝的话语,而只能凭自己的意志进行管理,或是由那些受尊敬的先知进行管理。

---

[1] 申命律:"申命记"的希腊文含义是"第二部法律",也即摩西对以色列百姓重申西乃山的命令,以期以色列人民能在应许之地充满虔敬地生活。这一词在作《旧约》第五卷时称为《申命记》,此处化用为"申命律"。

由此可知，在犹太人尚未于以斯拉的统治下复国，并重立与神的契约之前，我们现在的《旧约》对那时的犹太人而言还不是教规或法律。而从那时起，《旧约》的篇目就被犹太人视为法律，并由犹太七十位长老译为希腊文，留存在亚历山大城的托勒密图书馆内，以此作为神的话语的明证。既然以斯拉在这里是大祭司，而大祭司又是他们的世俗主权者，那么就很清楚，只有世俗主权才能将《圣经》立为法律。

从君士坦丁大帝接受、认可基督教前的各位神父的作品中，我们可以看到，现在的《新约》全书，在那个时候是被基督徒们认为受了圣灵的影响而写成的，所以就被当作教规或信条（除了其中一些被认为是天主教会或异端的作品）。这些都是他们对自己的前辈老师的尊敬与看法，通常而言，无论何种教义下的门徒，都会对自己的开山祖师非常尊敬。因此毋庸置疑，当圣彼得为已皈依者向教会写信，或其他使徒与耶稣门徒向已经信仰耶稣的人写信时，人们都会将他们的书信视为真正的基督教教义。但是，使得人们接受的，并非教导者的权力与权威，而是受教者的信仰；也并不是使徒们将自己的书信立为教规，而是由每个皈依之人自发为之的。

但这里的问题并不在于，基督徒到底是将何种事物，即他能通过同一的权利接受或拒斥的事物，当作了法律或教规；而在于到底是什么事物在此情形下变成了教规，令人们一旦违背就会失去正义。如果说《新约》在这一意义下是教规，就是说在任何国家法律无法覆盖到的地方也作为法律存在，那么就违背自然法了。如上所述，因为法律来自个人或集体的命令，而且是人们给予了这一个人或集体主权权力，令其自行订立规则以指导我们行事，并在我们违背规则时惩罚我们；所以，如果有人对我们提了某些规矩，但并非主权者订立的，那么它就只是劝告或建议。无论这种建议是好是坏，拒绝服从都不会被视为不义的；但若它违犯了已有的法律，那么就算它看上去并非不义的，在构想中也是好的，也不应该被采纳。我指的是，在这种情况下，无论他是在行为方面，还是在与他人进行交谈方面，都不应该固执地遵守该意见。但是他可以不遭谴责地相信自己的师长，并期盼自己能够自由地验证他们的建议，且能被大众接受为法律。由于内在信仰从本质上是不可见的，也就因此被人类的一切司法权排除在外；若由内在原因做出了违背世俗臣属关系的行为或发言，那么这样的行为在上帝和人类面前都是不义的。我们的救主既然否认自己的国存在于此世的说法，并称自己到此是为了拯救而非审判，除了国家的法律之外他也并不要求我们服从其他的法律，也就是说，只要求犹太人服从摩西的法律，就像在《马太福音》第五章第十七节中，他说自己到此不是为了破坏，而是为了补充这一法律，并要各国臣民服从各自主权者的法律，而且每一个人都应该服从自然法。基督本人和他的使徒们都在传教时告知我们，"服从"是在末日时进入永恒王国的必要条件，我们可以在其中获得保护与永生。既然我们的救主和他的使徒们并未为了约束我们而在此世留下新的法律，只是留下了新的教义，让我们为来生做好准备，那么，对包含了这一教义的《新约》而言，当上帝尚未将权力给予尘世的立法者，并命令人们服从它之前，它就不是强制性的教规，也不是法律，而只是一种善好且安全的建议——这种建议会将罪人引向拯救，每个人都可以接受，也可以拒绝并自负责任，而不会被视为不义的。

除此之外，救主基督对其使徒与门徒的任命是：宣告其来世的国，教化万民，为信仰者施洗，得到接待时进入家中，并且在未得接待时抖落足上的尘[1]；但是，对不接待他们的人却未曾要降下天火毁灭他们，也未曾要求以武力迫使他们服从。上述一切不关乎权力，而只是一种劝告。基督派遣他们就像把羊派到狼群之中，而不是像国王派到臣民之中。他们并非受命去立法，而是教导他人服从自己已然服从的法律，因此，若无世俗主权的帮助，他们就不可能将自己的著述变为有强制性的教规。所以，只有当合法的世俗权力将《新约》立为法律时，它才能作为法律存在；另外，当国王或主权者将其立为法律时，它也能作为法律存在。但这并不是臣服于让人皈依的圣师或使徒，而只是臣服于上帝与其子耶稣，一如使徒所臣服的。

在基督教信徒们受迫害的时期，他们通过教会会议为《新约》赋予了法律的效力，并用于自身。我们能从《使徒行传》第十五章第二十八节中看到，使徒、长老乃至全体教会的会议都会使用这种说法："对圣灵以及我们而言，除了这些必要之事外，没有更大的负担压在你们身上似乎是好的。"这种说法象征着一种将负担加在接受了教义的人们身上的权力。而

---

[1] 抖落足上的尘：典出《马太福音》第十章第十四节："那些不接待你们，不听你们话的，你们就从那一家或那一城出来，抖落足上的尘。"其含义是决然离开，他们将会自作自受。

把"负担置于他人身上"看上去和"服从"是同义的，因此当时宗教会议的决策对基督徒而言就是法律。虽然这些决策被称为法律，但其实与以下准则无异："需要忏悔自省""服从命令""相信福音""来我（基督）这里""把你的所有都卖掉来帮扶贫者"和"跟随在我之后"等。这些都不是命令，而只是一种号召人们信仰基督教的邀请，就像《以赛亚书》第四章第一节中说的："你们当中凡有口渴的都可以来水边，来买酒与牛奶而不需花钱。"其原因在于：首先，使徒具备的权力与救主的无异，都是邀请人们皈依上帝的国。他们清楚这一王国在来世而非此世，而此世没有王国，也就不能立法。其次，若他们的宗教会议的决策是法律，那么不服从就是有罪。但我们不会在任何地方看到"不认同基督教教义的人就有罪"这样的说法，而只有"他们因罪而死"，其含义就是他们违犯了自己需要遵守的法律，而且并未得到赦免——这种法律就是自然法与国家中的市民法，是所有基督徒要按约遵守的。所以，前面说的"负担"就是使徒加在皈依者身上的事物，但不是法律，只是对那些寻求拯救之人提出的条件，他们将自担风险地接受或拒绝，而不会导致新罪的产生。但他们仍有可能会遭到罪责的惩罚，也仍有可能因为过去的罪而被拒入上帝的王国。因此，对于不信者，圣约翰并未讲过上帝会将盛怒降到他们身上，而只是说："上帝的盛怒留在他们身上。"（《约翰福音》第三章第三十六节）也没说过他们将遭到罪责的惩罚，而只是说他们"已遭罪责"。（同章第十八节）我们也不能认为信仰的好处就是"赦免罪"，否则不信的危害就会是"保留罪"了。

但是，有些人或许会问，既然没有人有义务服从于他们的信条，那么使徒或在他们时代之后的教会传教士们，又为何要聚在一起，并就如何教导信仰与品行方面的教义达成一致？对这一问题我们能做出回答：使徒与长老一旦加入了会议，就有义务传布已经整理好并已经决定要传布的教义，前提是这不与他们有义务服从的法律冲突。而且，并非一切基督徒都有义务服从于他们所传布的，因为他们虽然能规划好自己要传布的内容，却无法规划其他人的行为，除非他们的集会有某种立法权，但这种权力也只属于世俗主权。尽管上帝是整个世界的主权者，但人们没有义务将任何以上帝名义提出的事物都当成他的法律来遵守，也没有义务遵守与世俗法律冲突的事物，因为上帝已明确命令过我们要遵守世俗法律。

既然那个时候使徒会议的决策不是法律而只是建议，那么其后的圣师与宗教会议的决策也就算不上法律，除非他们得到了世俗主权者的授权。这样看来，尽管《新约》已然是完美的基督教教义，没有得到国王或主权议会的授权就仍然不是法律。

把《圣经》立为教规的第一次宗教会议已然不存在了，所谓革利免（圣彼得之后的首任罗马主教）编纂的《使徒正典》如今也深受质疑。因为，即使他列出了《圣经》的各篇正典，但"教士和世俗应该尊敬本书"这句话里包含的教士与世俗的差异在圣彼得时期并不适用。第一个确立《圣经》中正典的宗教会议就是劳地西亚宗教会议（《宗教法典》第五十九条），此会议下令禁止人们阅读未收录于教会的其他经文。这一命令并非对所有基督徒的要求，而只对那些有权在教堂中公开宣读任何文字的人生效，也即只对教士生效。

使徒时期的教士，一部分是主管，另一部分是副手。主管的职责是向不信者宣扬上帝王国的福音，举行圣礼与礼拜仪式，并向已皈依者传授有关信仰与品行的规范。副手则担任会吏，管理教会的世俗必需品，并在需要依靠公共资金生存的时候，从信徒那里获取捐赠。

在主管教士中，居首位且最为重要的就是使徒。他们一开始只有十二人，是救主本人选出并任命的，他们的职责不仅是传教、教导与施洗，还要担任殉道者，也即救主复活的见证人。这种见证能够区分使徒与其他主管教士的职责，是具有特殊性与本质性的标识。因为成为使徒的必要条件就是在救主复活之后见过他，或先前曾与救主交谈过并且见证了他展现的奇迹和神性，只有经历过这些事他们才能被称为见证者。因此，在遴选新使徒以替代加略人犹大的时候，圣彼得讲道："因此在主耶稣与我们同进同出的时间里，即以约翰施洗为始，直至主脱离我们升至天上的那一天，一定要在那些经常伴我们左右的人里选出一位殉道者，与我们一起见证耶稣的复活。"（《使徒行传》第一章第二十一节、第二十二节）这句话中的"一定"包含了成为使徒的必要条件，即在耶稣显现肉身时就与最初且地位最高的使徒相伴。

在耶稣处于尘世中时，第一位不由他亲自任命的使徒是马提亚，他是这样被选出的：彼时有一百二十名基督徒聚集在耶路撒冷（《使徒行传》第一章第十五节），他们选出了两个人，即犹士都的约瑟与马提亚（同章

第二十三节），并为他们抽签，"马提亚得了签，因此位列于使徒中"（同章第二十六节）。我们能看到，将他选为使徒的决策是由会众做出的，而不是由圣彼得或其他十一位使徒做出的，除非圣彼得他们也是这一集会的成员。

在他之后，除保罗与巴拿巴外，就不再有其他使徒是被选出的了。我们能从《使徒行传》第十三章第一节到第三节看到，这两人是以这样的方式被选出的："在安提阿教会中，有几位先知与教师，其中有巴拿巴、绰号'黑人'的西面、古利奈人路求、与希律王一同长大的马念以及扫罗。一天，他们正以禁食的方式侍奉上帝时，圣灵说要将巴拿巴和扫罗分出，去他召唤的地方工作；他们就为此禁食、祈祷，将手按于巴拿巴和扫罗的头顶，然后送他们起程。"

由此可见，尽管他们受到了圣灵的召唤，但这一召唤是安提阿的教会宣布的，他们的使命也是这一教会授予的。他们是受召去担任使徒的，这一点在《使徒行传》第十四章第十四节"巴拿巴和保罗两个使徒听到了，就撕开衣服，跳进人们中间"中看出。他们能成为使徒的原因也在于安提阿教会的决策，圣保罗在《罗马书》第一章第一节中引用了圣灵召唤他时说的话，清楚地说出了自己是"被分出管理上帝福音的使徒"，这句话也间接提到了上面圣灵的话语，"将巴拿巴和扫罗分出"。但是，鉴于使徒的职责是担任耶稣复活的见证人，人们就有可能在这里提出疑问：圣保罗并未在救主受难前与他面对面交谈过，又怎能知道救主升天了？这个问题很好回答：我们的救主升天后，在圣彼得去往大马色的途中，从天上向他显现，"并选他为中介，向外国人、君主与以色列人宣传他的名号"。如此来看，既然圣保罗在救主受难后见过他，也就有资格成为他复活的见证人。至于巴拿巴，则是在救主受难前一直担任他的门徒。所以，保罗与巴拿巴都很明显是使徒，且不是由第一使徒单独选出，而是由安提阿教会选出并授权的，就像马提亚是被耶路撒冷教会选出并授权的那样。

"主教"（bishop）这个词来自希腊文 επίσκοπος，其含义为"一切事务的看管人与监察人"，尤其指传教士或牧师。它的比喻义不仅在原本就做牧师的犹太人中使用，也被异国人用于表示国王的职位，或其他统治、引导人们的人——无论是以法律的形式还是以教义的形式。所以使徒也是最初的基督教主教，由基督本人任命。在这一意义上讲，犹大的使徒职责也是"主教职责"（《使徒行传》第一章第二十节）。后来，基督教会也设立了长老，负责用教义与建议引导基督的信徒，这些长老也被称为主教。"长老"（elder）这个词在《新约》中不仅指职位，还指年龄，提摩太就是长老，但他也同样是主教；彼时，主教们也对能获得"长老"这一头衔感到满意。不仅如此，圣约翰本人，作为我们的救主青睐的使徒，也以这样的话作为他第二封书信的开头："长老写给被选中的女士。"由此可见，主教、传教士、长老、圣师和教师，都是使徒时期中同一职务的不同名称。因为那时还没有以强制力建成的政府，只有以教义与劝说建成的政府。上帝王国将会降临在新的世界，所以当国家尚未皈依基督信仰之前，所有教会都不会掌握强制性的权力；因此，虽然那个时候职位繁多，权力却始终是一体的。

能在《新约》中找到的教会主管职务，只有使徒、主教、长老、传教士与圣师，他们的使命就是向犹太人以及不信者传教，并教育与指导信徒。"福音作者"与"先知"这些词并不对应任何职务，如此称呼只是对那些有益于教会之人的恩赐。"福音作者"就是记录救主生平事迹的人，如使徒圣马太、圣约翰，门徒圣马可、圣路加；以及记录同一事项的其他人，如传闻中圣托马斯、圣巴拿马就曾做过记录，只是教会没有流出以他们名字命名的篇目罢了。"先知"就是通过解释《旧约》而被赐下的头衔，有时也来自他们向教会展示的自己得到的特殊启示。而无论是这些恩赐，还是语言的恩赐、驱魔的恩赐、治愈疾病的恩赐，抑或其他任何事物，都不能使人在教会中任职；只有受召唤的和被选举出的人才能担任教导的职责。

使徒马提亚、保罗与巴拿巴都不是救主本人任命的，而是由教会选举出的。马提亚是由耶路撒冷教会选举出的，保罗与巴拿巴是由安提阿教会选举出的；在其他城市中，也是由本城教会选举出长老与传教士。为了证明这一问题，我们首先要探讨圣保罗与巴拿巴接任使徒一职后，如何在人们皈依基督教信仰的城市中选出长老。《使徒行传》第十四章第二十三节中有："他们在各个教会中选出了长老。"这句话似乎能证明，是他们二人选出了长老并为其授权，但我们只要查阅原文就能清楚地看到，这些长老都是被各个城市的基督徒会议选出并授权的，原文如下："那时，他们在所有会议中都以举手表决的方式选举长老。"众所周知，所有城市都是以多数票选举主管教士和神职人员的，因为区分赞成票和反对票的普遍方法就是举手表决，所以无论在哪个城市任命神职人员，无非都是把人们召集起来进行投票，并任命得票最多的人。有些城市的投票方式是举手或发声，有些城市则是把一个球、豆子或石子放入标有赞成或反对标记的容器里。在这方面，不同的城市有不同的习俗。因此，实际上还是由教会选出自己的长老，而使徒只是作为主席来召集会众参加选举和公布选举结果，并为这些人"祝祷"（benediction）。如今"祝祷"被称为"授圣职礼"（consecration）。因此，当使徒不在场时，担任会议主席的长老在希腊文中就叫 προεστῶτες，拉丁文里称作 antistites，其含义就是"会议主要负责人"，其职责是清点选票并公布当选人，如果出现票数相同的情况就再添上自己的一票。因为所有教会的长老都是以相同方法选举出的，所以在这里"任命"（constitute）的含义就与"选举"相同。如《提多书》第一章第五节中讲道："我过去将你们留在革哩底，就是想让你们在各城中任命长老。"这句话要理解为：他们应召集信徒，并将得票数高的立为长老。若某个城镇中的居民只见过由议会选出的行政长官，却在成为基督徒后想用其他方式选出他们的教师、指导者也即长老或主教，而不用圣保罗在《使徒行传》第十四章第二十三节中说的多票制，那就是怪事了。同理，在选举主教一事上，如果皇帝并未事先做出什么必要规定，那么就仍要由各个城镇的基督徒会议自行选举。

罗马教皇沿用至今的选举方式同样能证明这一问题。因为，如果教皇在去往别处时，有权选择他人继任教职，那么在他死的时候就更有权指定继任者了。但我们并未见过有哪位罗马教皇为自己指定继任者，因为教皇一直都是由民众选出的，我们能从达马苏斯与乌尔希努斯二人选举时的骚动看出[1]。阿米亚努斯·马塞林努斯称这场骚动非常剧烈，政务官尤文修斯甚至难以维护治安并被迫离开城市，教堂中也有上百人死于此次事件。之后他们遵循先由罗马全部教士选举，再由枢机主教选举的模式，其中一直没出现过由现任指定继任的先例，因此，他们不曾要求拥有指定自己继任者的权利，我认为自己能对此做出合理推论：在他们掌握某项新权力之前，

---

[1] 达马苏斯与乌尔希努斯曾竞争教皇之位，彼时多数人选举达马苏斯，但仍有小部分乌尔希努斯的坚定支持者不认可选举结果并与其对抗。最终，达马苏斯取得世俗权力的支持，在教堂中杀害上百名乌尔希努斯的支持者并站稳脚跟，成为第三十七任罗马教皇。

无权指定其他主教的继任者；只有能以合法权利教导并命令教会信徒之人，才能取得这一权利并赐予他人，而这一点只有世俗主权者才能做到。

"助祭"（minister）在希腊文中是 Διάκονος，其含义是"自愿为他人做事的人"。它与"仆从"（servant）的区别仅仅体现在：仆从做事是因为受到了他人的约束，但助祭做事只是受到自己的约束，除此之外则不受任何约束。因此，传布上帝话语与处理教会世俗事务的人都是助祭，只是辅助的对象有别。教会的传教士，在《使徒行传》第六章第四节中被称为"上帝的传话人"，也即基督的传话人；助祭的助理工作在同章第二节被称为"管理食物"，这一服务面对的是教会或会众，所以，一切个人与教会都不得将传教士称为他们的助祭，而只能将助理人员称为助祭。无论后者的职责是管理食物，还是在基督徒依赖供奉或共同财产生活时为他们分配物资，抑或是管理礼拜堂、税收或其他教会世俗工作，都能被全体会众恰当地称为助祭。

助祭的职责就是为会众服务，在某些情况下他们也能通过各自的能力宣传福音并维护基督的教义，圣司提反[1]就是如此；还有一边传教一边施洗的，腓利就是如此；《使徒行传》第八章第五节和第三十八节记载，在撒玛利亚传布教义时，为宦官施洗的腓利就是助祭而非使徒。同章第一节则写明了，腓利在撒玛利亚传布教义的时候，使徒们正在耶路撒冷；同章第十四节讲道："他们一听闻撒玛利亚人接受了上帝的话语，就差遣彼得、约翰到他们那里去。"而在彼得与约翰实施按手礼之后，那些受洗过的人就接受了圣灵，但腓利施洗时未能让人接受圣灵。（同章第十七节）因为要授予圣灵，主持并为人们施行"坚振"[2]（confirm）的就不能是教会的助祭，而应当是上帝话语的助祭。所以，为了给那些受了助祭腓利洗礼的人施行坚振礼，使徒内部就选派彼得与约翰前往撒玛利亚，他们二人向之前仅领受过洗礼的人授予恩典，这种恩典就是伴随着一切真正信徒的圣灵异象。这点可以从圣马可的话中理解："信我名的人，有这些异象跟着他们；他们要赶鬼，要说新的方言，要拿起蛇来；若喝了什么致命的东西，也不

---

[1] 圣司提反：第一个基督教殉道者。

[2] 坚振：又称"坚信礼"，天主教、东正教"圣事"之一，象征一个人通过洗礼同上帝建立的关系再次得到巩固，包括按手礼和敷油礼。

伤着他们；他们将手按在病人身上，就能痊愈了。"（《马可福音》第十六章第十七节至第十八节）腓利则做不到这些事，因为只有使徒才能施展这种奇迹。而且，从这里的记载分析，圣马可为所有真正的信徒都施展了奇迹，因为他是由基督亲自施洗的助祭。现如今，要么是基督的助祭无法赐下这种能力，要么就是真的信徒实在太少。

第一批助祭并不是使徒选出的，而是由一众门徒选出的，也就相当于由各位基督徒选出的。《使徒行传》第六章写明了，十二使徒看到门徒的人数越来越多，就将他们召集起来，并说："弟兄们，在你们中间挑选七个有好名声、充满圣灵与智慧的人，我们将派他们管理事务。"（同章第三节）由此可见，虽然选举是由使徒宣布的，但选出他们的人还是教会，本章第五节还清晰地讲过这一问题："大家都对此话表示赞成，于是选出了七个人……"

在《旧约》中，利未支派只能担任祭司与教会中的其他基层职位，而且除了利未支派，其他支派都被分配了土地。在约瑟支派被分为以法莲支派与玛拿西支派之后仍有十二个支派，利未支派分得了几座城市作为居所，也得到了用来放牧的郊野，其应得的份额还包含其弟兄的土地物产中的十分之一。祭司们则要从这十分之一中再抽取十分之一作为生活资源，此外还需要一些贡品。因为在《民数记》第十八章第二十节中，上帝向亚伦讲道："你不得在以色列人境内占据产业，也不得在他们当中占据份额，我就是你在以色列子民中的份额和产业。"因为那时上帝是以色列的国王，他选出了利未支派来担任自己的公众助祭，并准许他们以公共税收来维系生活所需，也即将自己的份额——什一税与贡品赐予他们；上帝说"我就是你的产业"，其含义即如此。所以，我们将利未人称为"神职人员"（clergy）并无不当，这个词来自希腊语的 κλῆρος，其含义就是"份额"或"产业"。这并非因为他们比其他人更适合担任上帝的继承人，而是因为他们的生计系于上帝的产业之上。既然那时上帝是以色列人的国王，且摩西、亚伦与后继的大祭司是上帝的代理人，那么显而易见的，收取什一税与贡品的权利就来自世俗权力。

当他们拒斥了上帝并要求另立新王之后，也仍在享用这一税收收入。他们仍能保留这一权利是因为君主并未将其取回，其原因在于：公共税收归于代表公共人格之人，而在遭到巴比伦囚虏之前国王就是这一代表，所以他们在逃离囚房后仍像原先一样向祭司交纳什一税。因此，教会的收入一直都取决于主权者。

而谈到救主与其使徒的生活所需，我们只能从经文里看到他们有个腰包，由加略人犹大携带；使徒中的手艺人如渔人，也会用自己的手艺谋生。当我们的救主派出十二位使徒传教时，禁止他们"在腰包里装上金银铜钱，因为手艺人能自食其力"（《马太福音》第十章第九节、第十节）。从这一点上看，或许他们日常的供给与职位并不相符，因为他们的职责就是"不求回报地获取，也可不求回报地舍弃"。他们的生活供给，是由相信他们传布的"救主弥赛亚将要降临"这一喜讯的人，"不求回报地赠予"的。此外，还有我们的救主治愈过的人因感激而送上的物品。《路加福音》第八章第二节、第三节曾提及此事："另有一部分被恶鬼附身、被疾病缠身、已经痊愈的数位妇女，当中有抹大拉的马利亚，她的身上曾被驱逐出七个鬼。还有希腊的管家苦撒的妻子约亚拿，以及苏撒拿和其他妇女，都把自己的财物奉给了耶稣与门徒。"

在救主升天以后，各城市的基督徒就变卖了田地房屋，将卖得的钱财置于使徒足前，并靠着这笔钱一起生活。（《使徒行传》第四章第三十四节、第三十五节）他们这一行为是为了表达衷心，而非履行义务，因为圣彼得曾向亚拿尼讲道："田地尚未被变卖，这既然属于你，那么卖掉之后得到的钱财不应该由你支配吗？"（《使徒行传》第五章第四节）这表明他不需要通过说谎来留住自己的土地或钱财，因为他是出于自身意愿才捐出一切的。自那时起直到君士坦丁大帝的时代，我们能发现基督教会中主教与教士的生活供给一直同使徒时代无异，全部来自皈依教义之人的自愿捐献。那个时期没有提到过什一税，但在整个君士坦丁大帝及其儿子的时代中，基督徒都对他们的传教士倾注了非常深厚的情感。就像阿米亚努斯·马塞林努斯描述达马苏斯与乌尔希努斯争抢教皇之位所引起的骚动时讲的："这一职位确实值得争抢，因为那时的主教因为信众的捐赠，尤其是贵妇们的捐赠，活得十分阔绰，他们乘坐四轮马车，穿衣饮食都分外奢华。"

人们可能会对此发问，教士是否必须依赖人们的自愿捐赠维持生计，就像依靠施舍过活？圣保罗在《哥林多前书》第九章第七节中讲道："哪有人去参加战争却自备军饷呢？哪有人放牧牛羊却不食牛羊的奶水呢？"本章第十三节还讲道："你们难道不知，侍奉圣事的人以圣殿的食物为生，侍奉祭坛的人也要分到坛上的祭物？"这就是说，他们要从献上祭坛的东西中分走一部分以维持生计。接下来，在第十四节中他总结道："主同样是这样规定的，命传布福音的人以福音为生。"从这里我们就能推知，教会的传教士就是由信众供养的，但传教士不能像信众的创造者（即上帝）那样，规定自己要收到何等数量与种类的贡品。这样看来，他们能获得的贡品就取决于每位信众的感激与慷慨程度，或由全体会众决定。但那个时候，全体会众的决议还不是法律，所以在罗马皇帝与世俗主权者尚未做出法律规定的时候，传教士的生计就只能依靠善款维持。侍奉祭坛的人以祭坛中的贡品为生，因此传教士同样能够取用信众捐赠的东西，但他们不能索取信众不曾捐赠的。这就好比法庭上没有法官的席位，导致他们无法起诉；或是像自己有仲裁员，却没有权力武装他们，导致无法执行判决。因此，任何教士都不能选定某种贡品，只有会众才有权决定贡品的分配，而且仅当会众们的规定具备教规或法律的效力时才能做到这一点。而只有皇帝、君主或其他世俗主权者才能制定法律。在摩西的法律中，征收什一税的权力不归于那时的福音使者，因为摩西和大祭司才是在上帝之下管理百姓的世俗主权者。他们建立的犹太人王国是此世的国，而由基督领导的上帝王国尚未降临。

到此为止，我们就已经对各个要素进行了探讨，也就是：第一，教会的教士是什么样的。第二，他们的各种使命，如传教、教化、施洗和担任各自会众的主席，都意味着什么。第三，教会谴责的意义，也即教会开除教籍的意义是：在基督教信仰被世俗法律禁止的地方，不得与被开除教籍的人来往；而在世俗法律规定要信仰基督教的地方，则要将被开除教籍的人从基督徒的会众团体中赶出。第四，教会中的教士与辅助人员应当由谁来选举？应当是会众。第五，为教士们祝圣与赐福的是谁？应当是教士。第六，他们的常规收入是什么？只有他们自身的财产、自身的劳作以及虔诚且有感恩心的基督徒的自愿捐赠之物。现在我们要探讨的是，那些皈依了基督教的世俗主权者在教会中应担任何种职务。

但我们需要首先回忆一下在本书第十八章中证明过的权利，即能够审定何为有益和平的学说与审定教导臣民时应用何学说的权利。无论在哪个世俗国家之中，这种权利都必须被世俗主权权力掌握——无论主权者是个人还是议会。因为就算是职位最低的人也能明白，人们是否会行动取决于这一行动是否能带来好处，一旦人们认为服从比违抗主权者更为不利，他们就会违抗法律并颠覆国家，从而导致内乱与内战——所有的世俗政府都是为了避免这一问题才建立的。在所有异教国家中，主权者都被称为"人民的传教士"，因为只有得到他认可与授权的臣民才能合法传教。

我们不能认为，异教君主的这一权利在皈依基督信仰之后就被夺去了。基督从未要求过信仰他的国王退位，也未剥夺过国王攘外安内所必备的权力，因此基督徒国王仍然算得上人民的最高教士，有权向教徒们派遣任意教士，以教化那些服从他管理的人民。

此外，这一派遣的权利在国王皈依前属于教会。如我曾在本章证明过的，这一权利曾为使徒所有，所以在国王成为基督徒后，这　权利也会进入世俗主权。因为，既然他成了基督徒，那么传教就要得到他的审批，又因为他是教会的代表人，所以他选出的教士也就等于教众选出的。如果一个基督徒议会能在基督教国家中选出自己的教士，那就等于主权者选出了教士，因为这是根据他的授权完成的。同理，在城镇中选举市长也要视为主权者的行为，或者说一切行为都要视为他的行为，因为缺少了他的同意一切都不会生效。因此，无论什么人找到了历史上有人民或神职人员选举教士的例子，都无法作为反对世俗主权者任何权利的论据，因为所有人的选举行为都来自主权者的授权。

既然在任何基督教国家之中，世俗主权者都同时是最高传教士，并统治着所有臣民，而且任命教士、赋予传道权力与履行其他教士职责等事也出于世俗主权。那么我们就知道：其他一切教士的传教、布道与履行职责等行为都出于世俗主权者的权力，他们只是主权者的助祭，就像城镇的长官、法庭上的法官和军队的指挥官只是他的助手那样，因为他是国家的长官、国家全部案件的法官和国家军队指挥官，是唯一的世俗主权，并不是教导者臣服于他，而是被教导者臣服于他。我们可以假设某一基督徒国王把任命国内教士的权力交给其他国王，就像一部分基督徒国王将该权力赋予教皇那般，但这些国王并不是要确立一个权威在自己之上的教士，或确立一个能统治自己臣民的主权教士，因为这会使他们自己的世俗权力被剥夺；而他们的权力源于人们对自己的服从义务的认识，以及对来世惩罚的畏惧，或者源于圣师的伎俩或忠诚，因为他们的野心或无知与其他人的并无不同。所以，如果某个外国人有权任命教士，那么这一权力一定来自统治这些受教导之人的主权者。基督教圣师就相当于基督教中的教师，国王就相当于家中的父亲。国王可以在挑选教师时接受他人的建议，但绝不会听从他人的命令，特别是当这些教师能用有害的学说为推荐人谋取巨大且显著的利益时；并且为了公共利益着想，教师们也不得长期留任。只要主权者还拥有核心的主权权力，就要一直承担起维护公共利益的责任。

如果某人在教士履行职责时向他发问，就像《马太福音》第二十一章第二十三节中长老与祭司长向我们的救主发问："你是以何种权力行使这些事？又是何人赋予了你这类权力呢？"这位教士能给出的正确回答只有：是依据国家的授权，即主权君主或议会赐予的权力。除了最高教士，其他所有教士都要依据世俗主权者的授权履行职责，也即通过世俗权力履行职责。但是国王与其他一切主权者，都是依据上帝授予的权力来履行他们身为最高教士的职责，这就相当于依据上帝的权力履行职责。因此，也只有国王能为自己加上"承神恩的某国王"这一头衔，这意味着他们只服从于上帝。主教们在任命状的开头可以写"承王恩的某区域主教"，或像世俗大臣那样写上"以某王之名"，因为要是写上"奉天命"，就是指"承神恩"，他们以这种方式作为遮掩，否认自己的权力实际上来自世俗国家，偷偷脱离了自己的世俗臣属关系，违背了国家的统一与防卫的原则。

但是，如果所有基督徒主权者都担任自己臣民的最高教士，那么他们就不仅有传教的权力，还有施洗、主持圣餐礼、为神殿与教士祝圣以及侍奉上帝的权力。后面这些权力会被大多数人否认，一部分原因是人们通常不参与这类事务，另一部分原因是主持圣礼以及为神圣之地或个人祝圣都需要实施按手礼，即需要特定的人施展从使徒时代流传下来的按手礼。因此，为了证明基督徒国王掌握施洗与行祝圣礼的权力，我将回答以下两个问题：第一，为什么基督徒国王习惯于不行使这一权力。第二，在不使用常规按手礼仪式的时候，基督徒国王将怎样出于自身的意志行使这一权力。

毋庸置疑的是，假如国王精通学问，那么他就能行使"授权他人演讲"这一权力，或亲自到大学宣读讲稿。但是，总揽国政已经占据了他全部的时间，他也就不方便亲自去做这些事。假如国王愿意的话，他也可以担任法官听审并判决一切案件，或授权他人以自己的名义断案，但因为他不得不一直承担下达命令与统治国民的任务，所以就必须把这些次要的事务交给他下面的臣子处理。同理，我们的救主必然有着施洗的权力，但他从未为人施洗过（《约翰福音》第四章第二节），而只是派他的使徒或门徒施洗。圣保罗也是如此，因为他必须在各个相距甚远的地方传教，所以几乎没有给别人施洗过——在全体哥林多人中，他只为基利布司、该犹、司提反施洗过（《哥林多前书》第一章第十四节、第十六节），因为他的首要任务就是传教（同章第十七节）。由此可知，若想掌管教务等其他重要事务的话，就需要放下不那么重要的事务。所以，基督教国王通常不予施洗的原因就显而易见了；同理，主教也几乎不亲自施洗，教皇更是如此。

至于国王在施洗与祝圣时是否需要施行按手礼这一问题，我们也可以做如下思考。

按手礼是犹太人最古的公开仪式，它被设计出来是用于确认某人在祈祷、祝福、献祭、祝圣、诅咒和其他话语中指涉的人或其他事物。因此，在《创世纪》第四十八章第十四节中，雅各在祝福约瑟的两个儿子时说："将右手按在次子以法莲的头顶，再将左手按在长子玛拿西的头顶。"约瑟以这种方式将儿子们带到雅各身前，令雅各不得不交叉双臂施展按手礼，但雅各的动作也是有意的，表明了他对谁施以了更大的祝福。同样，在燔祭时亚伦也被上帝命令"在公牛的头上按手"（《出埃及记》第二十九章第十节），以及"在羊的头上按手"（同章第十五节）。《利未记》第一章第十四节与第八章第十四节中也提到了相同的话。相似的，当摩西任命约书亚担任以色列人长官并为他祝圣，使他能够侍奉上帝时，同样"在其头部按手，授予他职务"（《民数记》第二十七章第二十三节），规定并指明了他就是在战争时人们要服从的对象。在为利未人祝圣的时候，上帝命令"以色列人必须在利未人的头上按手"（《民数记》第八章第十节）。至于惩罚渎神之人，上帝则命令"听闻者都将手按在他的头部，然后所有会众要用石头将他杀死"（《利未记》第二十四章第十四节）。为什么只有听闻者能将手按在他的头部，而不准许祭司、利未人或别的审判者这样做呢？因为只有听闻者才能在众目睽睽之下向会众指明那个渎神并应当被处死之人。用手指向某人或某样东西并让他人看到，比起用声音指出某人或某样东西并让他人听到更不容易出错。

这一仪式一直被严格地遵守着，所以在统一祝福全体会众时，即使无法一一施展按手礼，亚伦也"朝着民众举起手来向其祝福"（《利未记》第九章第二十二节）。我们也能在书里看到，异教人在为庙宇祝圣的时候也会用到相似的仪式，他们的祭司会把手按在庙内的柱子上念出祝圣词。那么，在公开祭神时，用手向人们指明事物而不以说话的方式讲明事物是很正常的。

这样看来，这一仪式就并非初创于我们救主的时代。在《马可福音》第五章第二十三节中，睚鲁的女儿患病了，他没有祈求救主治愈她，而只是说"请你把手按在她身上，她就会恢复"。在《马太福音》第十九章第十三节中还有："当时一部分人携着孩童去见基督，请耶稣为他们以按手的方式祈祷。"

使徒、长老以及长老会都会向自己任命的教士们施行按手礼这一古礼，且还会为他们进行祈祷以便他们接受圣灵。按手礼也不只会施展一次，当出现新情况时也可能会施展数次，但目的始终不变，即准确且慎重地任命某个人，以委任他普通的教士职责或特殊任务。因此《使徒行传》第六章第六节中讲到，使徒们祈祷并为七个执事施行按手礼。这次按手礼只是为了授职而不是为了授予圣灵，因为据前文记载，他们在被选中前就已经身具圣灵了。当助祭腓利在撒玛利亚令一部分人皈依之后，彼得与约翰就去"将手在他们头上按定，他们便受了圣灵"（《使徒行传》第七章第十七节）。不只使徒有，长老也有这一权力，因为圣保罗曾劝诫过提摩太"为人们实施按手礼的时候不要着急"（《提摩太前书》第五章第二十二节）。这句话的意思就是不要轻率地任命教士职务。我们能在《提摩太前书》第四章第十四节中看到，各位长老都对提摩太施展了按手礼，这应该理解为他接受了长老会或代言者的命令，这一代言者或许就是圣保罗本人。因为在圣保罗致提摩太的第二份书信中说道："通过我的按手激起你身具的神恩。"（《提摩太后书》第一章第六节）顺道一提，这里说的圣灵并非三位一体中的第三人格，而是教士受职所必需的恩赐。我们还能看到圣保罗曾接受过两次按手礼：第一次是他在大马色受洗时，从亚拿尼亚那里接受的（《使徒行传》第九章第十七节、第十八节）；另一次是他刚被派到安提阿传道的时候接受的（《使徒行传》第十三章第三节）。那么，这一仪式的作用就是任命教士并授予他们权力。但是，如果有些基督徒事先就掌握了传道的权力，那么将他们变成基督徒的洗礼就无法再给他更多权力，而只能引导他们传布正确的教义与正确地运用他们已有的权利。因此，按手礼就并不是必需的，洗礼的功能其实就足够了。但是，所有主权者在信基督之前就有了教化人民与任命教师的权力，因此基督信仰就不能给予他们新的权力，而只是将他们引上了真理的道路，他们也就不需要通过按手礼的授权来履行施洗、祝圣等教士的职能，因为他们在受洗时就已经被授权了。在《旧约》中，当主权属于大祭司的时候，祭司只有举行祝圣礼的权利；但当主权属于国王的时候，情况就有所不同了。因为我们能从《列王记上》第八章中看到，所罗门为民众祝福、为神殿祝圣并颁布了公开祷文，这就是现在所有基督教教堂和小教堂的祝圣模式。由此看来，他不仅有管理教会的权利，还能履行教会的职能。

在上文探讨的政教权利都被基督徒主权者掌握的情况里，我们能够明确地发现：对于臣民在政治、宗教方面的一切外部行为，主权者都拥有一切权力，并能制定自己认为最合适的法律来统治臣民。因为主权者既代表着国家又代表着教会。

因此，如果他们愿意，也完全可以像许多基督教国王正在做的那样，把本国臣民宗教事务方面的管理权交给教皇。但在这一意义上讲，教皇也应当服从于主权者，并依据主权者的世俗权力履行职责，而非依据上帝的神圣权力履行职责。所以，如果主权者认为将教皇撤职是有益于臣民的必要行为，就可以如此行事。如果主权者愿意，同样可以把宗教事务交给一个最高教士或教士议会掌管；还可以将管理教会或教众的权力交给他们认为最能胜任的人；也能出于自身意愿授予他们大主教、主教、祭司或长老等荣誉头衔；抑或制定法律管理他们得到的贡品，无论是通过什一税还是其他方式。主权者做出这些行为都是出于自身的真诚良心，而只有上帝才能审判人的良心，也只有世俗主权者才能指定《圣经》正典的判断者与解释者，因为他们才能把《圣经》中的各个篇目变成法律，也只有主权者才能为开除教籍一事赋予足够的效力，因为若不能用法律和刑罚让那些顽固的离经叛道之人低头，并将他们从教众之中驱逐出去，那么开除教籍的权力就会遭人轻视。总而言之，主权者在宗教与世俗方面的一切有关行动与话语的事务上都拥有最高权力，因为人们只能通过他人的行动和话语来做出控告；那些人民无法控告的事务也只能交给洞察人类内心的上帝来审判了。一切主权者，无论是主权君主还是主权议会都有这种权力，因为基督徒臣民的代表人同样是教会的代表人，而基督教国家和教会实际上是一体的。

尽管我在此处与本书其他地方讲的东西，似乎足以断言基督徒主权者掌握着最高的教权，但罗马教皇对这一普世权力提出了挑战。我认为他主要是得到了《论教皇》这篇贝拉民主教所作的论战文章的支持，因此我认为在这里对他的论证基础和说服力进行尽可能简要的检验是有必要的。

　　他围绕该主题写出了五个章节，第一章包含三个问题：第一，严格来说，在君主制、贵族制和民主制中何者最优。他认为三种都不是，只有混合政体才是最好的。第二，何种政体对教会而言最优。其结论是君主制占主导成分的混合政体是最好的。第三，在这种混合君主制中，圣彼得是否有君主的地位。有关他第一个推论的内容，我已经在本书第十八章充分证明过了：一切人民所要服从的政府都是单一且绝对的。在君主制国家中只有一个最高权力者，本国中其他人的一切权利都来自君主的任命，并且会以君主之名行使自身权利；而在贵族制或民主制国家中只有一个最高议会，它的权力与君主制国家中的君主相同，它也并非混合政体，而是绝对主权。在已经建立起某种政体的国家里讨论何种政体最优并无必要，因为人们一定要尽力维护、推崇现有的政体，并将其视为最优的；任何颠覆现有政权的企图都有悖于自然法与神圣的实在法。此外，除非教士自身掌握着世俗主权，否则何种政体最优都与他们的权力无关，因为他们的使命不在于通过命令施行统治，而在于教化民众并以教义劝诫人民，让人民自己选择是接受还是拒斥这些教义。而君主制、贵族制与民主制只意味着三种不同的主权者，而不是三种教士，换言之，它们代表的是三种家长而非三种教师。

　　所以，第二个问题"何种政体对教会而言最优"的结论，如果超出了教皇的统治范围就没有意义。因为在其他国家之中，即使教皇有权力，有的也只是教师的权力而非家长的权力。

　　至于第三个问题"圣彼得是否做过教会的君主"的结论，他的主要论据来自圣马太在《马太福音》第十六章第十八节、第十九节中的话："你是彼得，我要我的教会建立在你这块石头上，阴间的权柄无法撼动他。我要把上帝王国的钥匙交到你手中，你在尘世束缚的人到天上后仍将被束缚，你在尘世开释的人也将在天上得到开释。"细察之下就会发现，这只能证明基督教会基于一个唯一的信条，就是彼得以所有使徒之名宣布了对基督的信仰后，我们的救主对此做出的回应，即上文引用的话。为了更准确地理解，我们可以这样想：救主本人以及他通过施洗者约翰和其他使徒传布的只有这一信条——"他是基督。"其他一切信条都以此为基础，并且没有要求其他信仰。约翰是这一切的开始，据《马太福音》第三章第二节记载，他仅仅传布了这一教义："上帝王国就要降临了。"同书第四章第十七节记载，我们的救主在其后传布了相同的教义。但记载了他任命十二使徒的第十章第七节中，没有提到他传布过除此之外的任何信条——这是基础的信条，也是教会信仰的基础。在使徒重新领会了他的意思之后，他向他们所有人发问："人们说谁是人子？"他们回复："有些人说是施洗者约翰，有些人说是以利亚，有些人说是耶利米，或是某个先知。"（第十六章第十三节）接着他再次向他们全体发问，"你们说，我是谁？"圣彼得代表他们所有人回复："你是基督，是永生上帝之子。"我将之称为整个教会信仰的基础，而从我们的救主在这一情况下讲的"我要我的教会建立在你这块石头上"就能看出，"教会的基石"的含义就是"教会的基础信条"。有些人会反驳，我们的救主为何要补充"你是彼得"这句话呢？如果我们严谨地翻译这些文本的原文就能明白，使徒西门的姓氏是 Stone（石头），这个词在叙利亚语中是 Cephas，在希腊语中是 Πετρος（音译即彼得）。由此，我们的救主就借彼得的名字宣布了这一基础信条，其原意就是"你是石头，我要我的教会建立在你这块石头上"，也就是说，信仰"我是基督"这一信条才是加入我的教会的信仰基础。在对话中提及他人的名字是很常见的，如果我们的救主想把教会建立在圣彼得身上却说"你是石头，我要我的教会建立在石头上"，那么这一对话才会变得怪异且意义不明了。所以，在这一情况下，如果他说"我要在你的身上建立教会"，就不会有模糊之处，并且也能提到他的名字。

至于后面"我要把上帝王国的钥匙交到你手中"这句话，救主也同样对他的其他门徒说过，如《马太福音》第十六章第十八节中讲道："你在尘世束缚的人到天上后仍将被束缚，你在尘世开释的人也将在天上得到开释。"无论怎样解释，最高教士都毋庸置疑地掌握着这一权力，也即基督徒世俗主权者在自己的领地中掌握着这一权力。圣彼得或救主本人已经让这些基督徒世俗主权者都皈依并相信了上帝王国，但因为上帝的王国不在此世，所以救主就没有将能让臣民皈依的最高管辖权给予他人，而只留给了各个世俗主权者，否则他们就一定会被他人剥夺主权，并失去传教的权利。这些已足够反驳贝拉民主教在第一章中的内容，即圣彼得曾是普世教会的君主，也就是世上所有基督徒的君主。

第二章中给出了两个结论：第一，圣彼得曾任罗马主教，并在那里去世。第二，罗马的所有教皇都是他的继任者。这两个结论都有争议。我们可以先假设这两个结论是正确的，但是，当我们将罗马主教理解为教会的君主或教会的最高教士时，这位主教就不应该是西尔维斯特[1]，而应该是作为第一位基督徒皇帝的君士坦丁了；如果同意这种说法，那么其他所有的基督徒皇帝就都是罗马帝国的最高主教了。我在这里谈论的是罗马帝国而非全部基督教国家，因为，对在各自领地内拥有相同权利的基督徒主权者而言，最高主教的本质是一种依附于其主权的职务。这些就是我对其书第二章的回应。

在第三章中，他探讨了教皇是否是"反基督"[2]（antichrist）这一问题。从这一词汇在《圣经》中的含义来看，我找不到能论证他是"反基督"的证据，我也不打算从这个词的含义中找出论据，来驳斥他正在其他国王的领地或国家内行使的权力，或曾行使过的权力。

我们能从《旧约》中看到，先知们曾预言过，而且犹太人也期待着，有一位弥赛亚（基督）能重建他们在撒母耳时期要求仿照列国另立新王而拒斥的上帝王国；然而，那些既有谋夺王国的野心，又有假造奇迹欺诈人民的手段之人，就会以伪善的作风与伪饰的言语和学说欺骗犹太人，并损害他们的利益。因此，我们的救主与其使徒就预先警告了人们假先知与假基督的存在。"假基督"就是那些假称自己为基督的人，这种人就可以称为"反基督"，好比教会因为选举出了两位教皇而分裂，同时一位教皇称另一位为"反教皇"（antipapa）或"假教皇"。所以，"反基督"一词的本义就包含两个本质特征：第一，他不承认耶稣是基督；第二，他宣称自己就是基督。圣约翰在《约翰一书》第四章第三节中确定了第一个特征，他讲道："任何不认耶稣的灵，就不源于神，就是反基督的灵。"救主的话则讲出了另一个特征："之后很多人会打着我的名号来此，称自己是基督。"（《马太福音》第二十四章第五节）并且还讲过："如果有人对你们讲基督

---

[1] 西尔维斯特：西尔维斯特一世，君士坦丁大帝时期的教皇。

[2] 反基督：一译敌基督或敌基督者。

在这里或基督在那里，你们万不得相信。"（同章第二十三节）因此，反基督就一定是假基督，也即假称自己为基督之人。并且，根据"否定耶稣是基督"和"自称为基督"这两个特征，我们还能归纳出一个特征，即"与耶稣这位真基督敌对"，这也是"反基督"一词的常用含义。但在反基督中还有一个特殊的反基督，也即一个特定的人而非泛指的反基督群体。既然罗马教皇并未自称为基督，也未否认耶稣就是基督，那我就不明白他为何被称为反基督，这个词的含义根本不是"假冒基督的副手或代理人"，而是"假冒基督本人"。并且这位特殊的假基督出现时也会有某种征兆，正如《马太福音》第二十四章第十五节中引用的，以及但以理在《但以理书》第九章第二十七节中提到的，立于圣地的令人憎恶的毁灭者，以及前所未有、仿佛无止无休的灾难："任何血肉之躯都难以幸免，但因选民的缘故这一灾难的持续时间将会缩短。"（《马太福音》第二十四章第二十二节）但这种灾难尚未到来，因为它一旦发生就会引起"日月黯淡，群星坠落，天上震动，我们的救主乘着云并带着荣耀再次降临"（同章第二十九节）。所以反基督尚未出现，教皇也已经代代更替了。诚然，当教皇为各个基督徒国王和基督教国家立法的时候，就等于在此世篡夺了一个基督不曾掌握的国家；但他不是以基督的身份做的，而是为了基督做的，所以他就不是那个特殊的反基督。

在第四章中，为了证明教皇确实具备对一切信仰与品行方面的问题的最高司法权，也即证明教皇确实是世间所有基督徒的绝对君主，他提出了三个论点：第一，他的审判绝对正确；第二，他能立法并惩罚违法者；第三，我们的救主将一切宗教司法权都授予了罗马教皇。

他援引了《圣经》来证明教皇的审判绝对正确。最开始引用的是《路加福音》第二十二章第三十一节、第三十二节："西门、西门，撒旦期望能得到你们，以便如筛麦粒那样对待你们。可是我为你们祈祷，要你们不要丢掉信心。待到你转回头，要坚定你弟兄的信仰。"按照贝拉民的解释，这句话的含义就是基督在此给了西门和彼得两种特权：第一，他本人以及他的一切继任者不会丧失信仰。第二，他本人以及他的一切继任者在信仰或品行方面不会出错，且不会违背之前的教皇的规定。这一解释怪异且牵强，但若有人仔细读过这一章就会发现，在整部《圣经》中，没有任何地方比这里更加反对教皇的权威。祭司与文士企图在逾越节时杀死我们的救主，犹大也下定决心背叛他。当宰杀逾越节羊羔的时刻到来时，我们的救主与使徒们一同庆祝节日，他说，在上帝的王国降临之前不会再次庆祝这一节日了，并告诉使徒们，他们中有一个人将背叛他。使徒们询问这个人是谁，并因为知道了主将在称王时庆祝下一次逾越节，就开始争论谁将会是地位最高的使徒。于是，我们的救主便向他们讲道列国的王都会亲自统治他们的臣民，并得到一个在希伯来语中含义为"慷慨"的名号，但我无法这样做，你们一定要尽力互助。我将把王国赐予你们，就像我的父亲将王国赐予我那样，这一王国是我现在用血换取，且在第二次降临之前无法得到的，到那时你们将在我的桌上饮食，并在宝座上向以色列的十二支派下达判决。然后他就私下向圣彼得讲道：西门、西门，撒旦企图造出一个此世的统治权以削弱你对未来的信仰，但我为你祈祷过，令你不至于丧失信仰。所以（请重视这段话），当你皈依并理解了我在未来的王国后，也要帮助你的弟兄坚定信仰。对此，就像一个不再期待任何此世权力的人那样，彼得回答道，我主，我已准备好与你同去，无论入狱还是赴死。很明显，圣彼得不仅没有被赐予在此世的司法权，还被安排了一个任务，就是要告诉其他的使徒，他们也无法获得在此世的司法权。至于"圣彼得对宗教事务的最终审判是绝对正确的"一事，也就只有这一处能够作为论据了，也就是圣彼得会继续相信基督将再次降临，并将在审判日拥有他的国。这段经文并没有说将他的王国赐予任何继任者，因为我们可以发现使徒们是在此世要求它的。

第二处引文是《马太福音》第十六章第十八节中的话："你是彼得，我要我的教会建立在你这块石头上，阴间的权柄无法撼动他。"我在本章也讨论过，这句话证明的只是阴间的权柄不会超越彼得公开宣布的信仰，即"耶稣就是基督，是上帝之子"。

第三处引文是《约翰福音》第二十一章第十六节、第十七节中的话："你牧养我的羊。"这句话的意思只是任命他传道。如果我们认同其他的使徒也属于"羊"的话，这一任命的含义就是授予了最高的传道权力，它只在尚无基督徒君主掌握这一最高权力时生效。但我先前已证明了：基督徒主权者在其领土内是最高教士，即使他们没有受按手礼也会在受洗时获得这一地位。因为按手礼只是一种确定人选的礼仪，那么，对于已经按约建立了对臣民的绝对权力，并已掌握了传道权力的主权者而言就是不必要的。

如我前面证明的，一般而言主权者都会因其职位而成为最高教士，所以只要经过洗礼就负有传教的责任；而容忍他人对自己的臣民传教，就是让自己的灵魂背负风险，因为上帝要求他们全权负责教导自己的子民与仆从。在《创世记》第十八章第十九节中，上帝是这样谈论亚伯拉罕，而不是谈论他的雇工："我知道他会命令他的子嗣与家眷遵守我的道，并且行使正义与审判之事。"

第四处引文是《出埃及记》第二十八章第三十节的"要把'乌陵'（urim）和'土明'（thummim）放在做判断用的胸牌里"，七十位学者将这两个词解释为"证据"（evidence）与"真相"（truth）。接着他就得到了结论，上帝把证据与近乎绝对正确的真相交到了大祭司的手中。无论上帝是将证据与真相本身交予了大祭司，还是告诫祭司要努力明察并给出正确的判决，交予大祭司这一行为本身就意味着交予了世俗主权者，因为在以色列这一国家中，大祭司的地位仅次于上帝。这件事也能作为论据，因为掌握证据与真相就等于世俗主权者掌握着对其臣民的最高教权。以上这些就是他证明"教皇在信仰方面的审判绝对正确"时引用的经文。

而他在证明"教皇在品行方面的判决绝对正确"时，引用了《约翰福音》第十六章第十三节的内容："待真理的圣灵到此，他会将你引导向一切真理。"他在这里说"一切真理"至少包含了"得拯救所必需的一切真理"。这种委婉的说法并不能证明教皇的正确性比其他信基督的人更高，也不能证明他不会受到惩罚。因为，如果某人犯了错，而不犯错又是得拯救的唯一必要条件，那么他就绝无可能得救了。这一点我会在下一章中依据《圣经》来证明，但在这里我想谈的只有：即使我们都认同教皇在传教时不可能犯错，我们也不可能因此赋予他在其他君主领地内的司法权。除非我们说：无论在何种情况下，一个人都有义务将工作交给最好的工作者，即使他先前已经将这份工作许给了别人。

除开经文之外，他还使用了推理论证：如果教皇也会在必要的事务上犯错，那就说明基督并没有为教众的得救做好准备，因为他曾命令教众遵从教皇的指示。然而，他的推论是无效的，除非他能证明基督在何处下达了这个命令，或是基督以何种方式提示过教皇。我们无法认同基督将赐予圣彼得的一切都赐予了教皇，《圣经》中也没有基督命令任何人服从圣彼得的记载。所以，当教皇的命令与合法主权者相悖的时候，违背教皇的命令就并非不义的行为。

最后，教会并未宣布过教皇是世上所有基督徒的世俗主权者，而且教皇本人也未曾这样宣布过，所以任何基督徒都没有义务知晓他在品行方面做出的判决。因为世俗主权与处理品行争端的最高司法权是一回事，而且市民法的立法者不仅是宣布法律者，也是人们的行为是否正义的规定者——除了是否符合主权者的法律外，再没有能判断人们的品行是否正义的方式了。所以，如果教皇在品行争端方面挑战最高权力，就等于教导人们违抗世俗主权者，那么这就是错误的教义，有悖于我们的救主与使徒在《圣经》中传达的规范。

他还引用了许多经文来证明教皇确实有立法权。他的第一处引用是《申命记》第十七章第十二节中的："如果有人胆敢擅自违背上帝身旁的祭司或法官，那么就要被处以死刑，这样才能把罪恶从以色列抹去。"若要做出回应，则只需牢记大祭司是仅次于上帝的世俗主权者，所有法官都要他来任命。因此，这段经文也可以表达为："如果有人胆敢擅自违背那个时候的世俗主权者以及主权者所任命的官员，那么就要被处以死刑……"显而易见，这句话支持了世俗主权并且反对了教皇的普世权力。

他的第二处引文是《马太福音》第十六章中的"任何你们在地上束缚的……"一段，并且将此处的"束缚"解释为《马太福音》第二十三章第四节中文士与法利赛人的"束缚"："他们将难以负担的重物束缚在一起，放到人的肩上。"他将这段话中的"束缚"解释为立法，并推理出教皇能立法的结论。但这只能证明世俗主权者有立法权，因为文士与法利赛人有摩西一样的地位，而摩西又是仅次于上帝的、以色列人的主权者。所以我们的救主就命令自己的子民遵守他们的话，而不应模仿他们的行为，也即要服从他们的法律，但不可将他们本人当成榜样。

他的第三处引文是《约翰福音》第十一章第十六节中的："你牧养我的羊。"这并不代表立法权，而只是要求他传教的命令。立法属于家长的权力，他能够像为孩子选择教师那样，为人民选择教士。

他在第四处引用的《约翰福音》第二十章第二十一节反而与他的目的相悖。原文如下："我的父如何派任我，我也将如何派任你们。"但我们的救主被派来尘世是要以死亡为信仰者赎罪的，并以他本人与使徒的传道令人们做好进入上帝王国的准备。他亲口讲过这个国不在此世，还教导了我们如何为王国在来世的降临祈祷，但却拒绝告知使徒王国究竟会在何时降临。(《使徒行传》第一章第六节、第七节) 当王国降临之时，十二使徒会坐上十二宝座（或许与圣彼得的宝座同高），并审判以色列的十二支派。既然圣父并未派我们的救主来世间立法，我们就能根据经文得出结论：救主也不曾派圣彼得在此世立法，而只是派他告诫人们要坚定信仰并等待救主再次降临。在当下，臣民需要服从君主；君主则不仅要坚定自己的信仰，还要努力坚定臣民的信仰。以上这些都属于主教的职责，因此也就有力地支持了宗教最高权力与世俗主权合一的观点——这正与贝拉民主教引用的目的相反。

他的第五处引文是《使徒行传》第十五章第二十八节、第二十九节的内容："圣灵和我们都认为不将负担加在你们的身上是好的，但以下事项必须遵守：不得食用献给偶像的食物、不得食用血液、不得食用勒死的牲畜以及不得通奸。"贝拉民将"负担加身"注解为立法权。但是读过这些经文的人可能会说，使徒的语气似乎只适用于提建议而非立法；法律的语气是"我们命令"而非"我们认为是好的"，后者只是提建议的常用语气。用建议将负担加予他人有一个前提条件，即接受建议者能实现其建议的目的。"不得食用勒死的牲畜"与"不得食用血液"同样是负担，但并不绝对，只是为了避免他们犯错。我在前面第二十五章已经证明了法律与建议的区别：立法是为了立法者的目的与利益，提出建议则是为了咨询者的目的与利益。但是，使徒在这里提出的意见并不是为了自身的利益，而是为了外国皈依者的利益，目的是让他们得拯救。因为，只要使徒完成了自己的分内之事，那么无论外国人是否采纳建议，他们都能得到报酬。所以他们的话就是建议而非法律。

他的第六处引文是《罗马书》第十三章第一节："每个灵魂都应臣服于最高权力，因为这是只属于上帝的权力。"这句话的对象不仅是世俗君主，也包括教权君主。我对此做出如下回应：第一，成为教权君主的前提是成为世俗君主。他们的领土只在其世俗主权的范围内，在领土之外他们就只是圣师而非君主。因为，如果使徒这句话的意思是要我们同时臣服于君主与教皇，就与基督教我们"不可同事二君"(《马太福音》第六章第二十四节) 的教义相悖了。即使该使徒在其他地方讲道："我不与你们在一起时，写这封信是为了警告你们，以免我到来时依上帝给的权力施刑。"

（《哥林多后书》第十三章第十节）这里说的并不是像死刑、囚禁、放逐、鞭刑或罚款一类的刑罚，而只是开除教籍。如果这一权力不由世俗主权行使，那就只是要被放逐者离开群体，剩下的人不得与他交往，并要对待他如对待异教徒或税吏一样。在很多情况下，负责开除教籍的人要比被开除教籍的人承担更大的痛苦。

他的第七处引用是《哥林多前书》第四章第二十一节："我到你们那里去，是应该带着棍棒呢，还是慈悲仁爱呢？"这里说的"棍棒"并不是指法官惩罚违法者的权力，而只是一种开除教籍的权力。从本质上看，这一权力不是惩罚，而只是一种对惩罚的宣告，它将在基督于审判日掌握王国时执行。但即使在审判日那天，这也不能称其为一种惩罚，而更像一种对敌人或背叛者的复仇，因为这些人不承认耶稣有掌握上帝王国的权力。因此，这证明不了没有世俗主权的主教能掌握立法权。

他的第八处引文是《提摩太前书》第三章第二节："担任主教之人只能有一位妻子，且他必须警惕且清醒……"贝拉民将之视为法律。我认为只有教会的君主圣彼得才能为教会立法，但即使这一规范是由圣彼得的权力定下的，我也找不到能将之视为法律而非建议的理由。因为提摩太只是圣保罗的门徒而非臣民，那么提摩太管理的教民同样不是他的臣民，而只能算作他的基督学校的学生。假如圣彼得为提摩太定下的规矩都算作法律，那么《提摩太前书》第五章第二十三节的"为了你的健康考虑，不要再喝水了，应该少量饮酒"，又怎能不算法律呢？那么一切良医定下的规矩怎不算法律呢？难道使其规定变为法律的不是命令式的语气，而应该是他人的绝对服从吗？

同理，他的第九处引文是《提摩太前书》第五章第十九节："在有两到三个见证人之前不要接受对长老的控告。"这也算不上法律，只能算是一种明智的规定。

他的第十处引文是《路加福音》第十章第十六节："听从你们的话语就等同于听从我的，蔑视你们也等同于蔑视我。"毋庸置疑的是，不听从耶稣派任之人的建议就等于不听从基督本人的建议。但现在的教士都是由合法主权任命的，哪里还有由基督派任的呢？哪个合法教士不是由主权教士任命的？在一个基督教国家里，又有哪个由主权教士派任的教士，不是由国家主权任命的呢？由此可知，听从基督徒国王就等同于听从基督，蔑视基督徒国王的教义就等同于蔑视基督的教义。这些不仅与贝拉民想要证明的相反，还都与法律无关。不单如此，无论是以基督徒国王的教士身份，还是以他的臣民教师身份，都无法直接将教义变为法律。他无法强迫臣民产生信仰，但能以其世俗主权者的身份制定与教义相符的法律，迫使臣民做出特定的行为；或在某些他不应该命令臣民的时候，迫使臣民做出他们本不会做的行为。而当臣民被命令做某些事的时候，这些命令就成了法律。如果臣民内心并不认同，但仍然服从命令做出了外在行为，那么这些行为就被视为主权者做出的；因为在这种情况下臣民相当于不能自发行动的工具，只是因为上帝的命令才服从于自己的世俗主权者。

在第十一处，他找出了所有使徒提出建议却被人们视为命令的地方，或是所有将采纳建议视为服从命令的地方。为此，他引用了《哥林多前书》第十一章第二节："我命令你们一直遵守我传达的规定。"在原始的希腊文版本中，其含义是："我命令你们一直遵守我所传达的，就像我一开始传达的那样。"然而这些都只能视为好的建议而非法律。接着，他又引用了《帖撒罗尼迦前书》第四章第二节的"你们知道我们给过你什么命令"，而这句话在希腊文版本中是"我向你们传达的事"，与前文引用的部分相同，这就无法证明使徒的说话方式超出了建议的范围。即使第八节中讲过"蔑视他们的，不是在蔑视人，而是在蔑视神"也一样，因为救主不是为了审判世界，也不是为了做国王而降临的，他是为了牺牲自己为人类赎罪，并为教众留下圣师而降临的；他没有强迫人们拜基督，也没有强迫不信基督的人做出什么行为，而这些都是法律能起到的作用。他只是引导人们从内在完成心灵的皈依，这就不是法律的作用，而是建议与教义的作用。

他还引用了《帖撒罗尼迦后书》第三章第十四节，"如果有人不服从我们在书信中写下的话语，那么就记下他，不同他来往，让他自知羞愧"作为证明。他从"服从"一词中推断出使徒书信就是帖撒罗尼迦人的法律。皇帝颁布的书信固然属于法律，但若说使徒保罗的书信也因此属于法律的话，就是"一人事二主"了。在希腊文版本中，"服从"是 ὑπακούει，其含义是"听从"或"执行"，它们不仅能用于有惩罚权之人的命令，也能用于传达给我们的、有益于自身的建议。立法者能处死、殴打、监禁违抗者，但圣保罗从未这么做过，他只是要人们不同违抗者来往以使其羞愧。显而易见的，基督徒们敬畏的不是使徒的君权，而是他在信仰者中的声望。

他的最后一处引文是《希伯来书》第十三章第十七节："遵守你们领导者的安排，并服从于他，因为他照看着你们的灵魂，并要向上帝交账。"这里"服从"的含义同样是"采纳他们的建议"。因为我们服从的理由不在于遵从教士的意志与命令，而在于满足我们自身的利益，即在他们的照看下获得灵魂的救赎，而非提高他们的权力和权威。如果这段话说的是"他们的所有教导都算法律"，那么无论是教皇还是各个教士都能在自己的教区内拥有立法权了。此外，如果有义务服从于教士的人并无检验其命令的权力，那么我们又该怎么评价圣约翰在《约翰一书》第四章第一节说的"不要相信任何灵，总要检验那些灵是否出于上帝，因为有许多假先知已经来到世上了"？所以显而易见的，我们可以对教士的教义提出异议，但没有人能对法律提出异议。无论从哪个方面讲，世俗主权者的命令都是法律，如果除了主权者外还有人能私自立法，那么所有的国家、所有的和平与正义都会绝迹，这也同时与神圣法律及人类的法律相悖。因此，无论是贝拉民引用的经文还是其他经文，都无法证明教皇在不兼任世俗主权者的情况下，能把自己的谕令颁布为法律。

贝拉民要证明的最后一点是"除了教皇以外，我们的救主基督未曾把宗教司法权直接任命给其他人"。在这个问题中，他探讨的不是"在教皇与基督徒君主间谁掌握最高权力"，而是"在教皇与其他主教间谁掌握最高权力"。首先，他声称人们都认同，主教的司法权至少来自神权，并引用了圣保罗在《以弗所书》第四章第十一节的话，在基督升天之后"他赐恩给使徒、先知、福音作者、传教士以及教师"。所以他推断出，主教的司法权确实来自神权，但并非直接从上帝处来，而是从教皇处来。但是，如果能说某个人的司法权来自神权却又不直接来自神权的话，在一个基督教国家中又有哪些合法的世俗司法权不来自神权呢？由于基督徒君主的世俗权力直接来自上帝，他手下的大臣们又依据他的任命履行职能；以此类推，教皇的权力也是直接来自神权，主教则是根据教皇的任命履行职能。最高统治者的一切合法权力都直接来自上帝，而他手下的权力则间接来自上帝，因此，贝拉民要么承认每个国家官员的职责都来自神权，要么必须放弃每个主教的职责都来自神权的想法。

这些争论的本质就是：基督是只将司法权留给了教皇，还是也同时留给了主教。如果不在教皇同时掌握世俗主权的地方进行讨论，那么这些争论就毫无意义，因为他们不可能在自己不担任主权者的地方拥有司法权。并且，司法权是一种听审并决断人们争端的权力，只属于有权订立对错标准的人，这就意味着只有立法者以及能通过司法权强迫人们服从其决定、能自行宣布或指派法官宣布其标准的人才可以做到。然而，只有世俗主权者才能合法地做到这些事。

他还引用了《路加福音》第六章，我们的救主曾召集门徒，从中选出了十二个人命名为使徒（除了马提亚、保罗与巴拿巴），并给予他们权力，命令他们去传道，但并未给予他们决断人们争端的权力，因为救主本人拒绝了这一权力，他说："哪个人说我是你们的审判者与分配者？"他在别处还说过："我的国不在此世之中。"无权听审并决断人们争端的人就不掌握司法权，但这并不妨碍我们的救主授予使徒在世间各处传道与施洗的权力，只要他们未被自己的合法主权者禁止。而无论是基督本人还是他的使徒，都在各种地方命令我们遵守主权者的命令。

贝拉民准备用来证明"主教的司法权来自教皇"的论据都是无稽之谈，因为教皇本人在其他君主的领地上都没有司法权。他的论据反而能证明所有主教的司法权都由主权者赐予，所以我将在下文不加省略地进行引用。

他的第一个论据引自《民数记》第十一章，其中讲道：因为摩西难以独自承担管理以色列子民的全部职责，上帝就命令他选出七十位长老，并将摩西的灵分到他们身上。贝拉民真实且准确地解释了这句话：这里说的不是上帝削弱了摩西的灵，因为摩西的灵并未减弱，而是说七十位长老都被摩西授予了权力。既然摩西在犹太人的国家里拥有全部主权，那么就可以说七十位长老的权力来自世俗主权者。这也证明了：在基督教国家中，主教的权力都来自世俗主权者以及在自己辖区内的教皇，而非别国的教皇。

第二个论据出于君主制的本质。在君主制国家中，所有权力都归于一人，其他人的权力都是从他那里分得的。贝拉民称教会的政体也是君主制，这一说法承认了基督徒君主的存在，也只有他们才算自己臣民的真正君主和自己会众的君主，因为在这里"会众"和"信基督的人民"是同义的。但就教皇的权力而言，就算是圣彼得担任了教皇也不能称为君主，因为他没有君权或行政权，只有传教权。原因在于，上帝并不接受以强迫的方式达成信仰，只接受自愿的服从。

第三个论据为，圣西普利安[1]曾将圣彼得的教权称为"元首""源头""根源"和"太阳"，因为主教的权力都是从他那里分得的。但是从自然法这种比一切凡人学者的学说更好的善恶标准来看，任何国家的世俗主权者都算得上"元首""源头""根源"和"太阳"，因为一切司法权都出于他们。因此，主教的司法权也一定来自世俗主权者。

第四个论据是，他们拥有的司法权不平等。贝拉民说道，假如他们的司法权是由上帝直接赐予的，那么他们就拥有平等的司法权与地位。我们却发现，有些主教仅管理一城，有些主教则管理百城，还有些主教更是总管诸多省份。这些差异并不来自上帝的不同命令，因此主教的司法权就不来自上帝，而只来自凡人，其司法权的大小都取决于教会君主。如果贝拉民能事先证明教皇对一切基督徒拥有普世司法权，那么他在这里的论证就能成立并达到他的目的。既然他并未做出证明，而且大家都心知肚明，教皇拥有的司法权其实来自司法权的所有者，即罗马皇帝（君士坦丁堡的大主教，因为自己是首都这一皇位所在地的主教，而要求与皇帝享有相同的司法权），由此我们就能推论出，主教的司法权其实都来自当地的君主。这一事实不仅证明了主教们的权力并不来自神权，也证明了除非教皇本人同时作为当地的世俗主权者，否则他的权力也不来自神权。

他的第五个论据是，假如主教的司法权直接来自上帝，那么教皇就无法剥夺，因为他的行为决不可违背上帝的任命。这个结论是正确的，他也很好地做出了证明。他还说："但教皇能够剥夺，且也曾剥夺过这一权力。"这一点也是得到公认的，他在自己的辖区中，或在为他授权的其他国王的辖区中都做出过这一行为，但不是依据某种普遍的教皇权力。因为，在任何基督徒主权者的辖区内，司法权都是主权者自身掌握的，并且与主权是一体的。在以色列子民尚未按照上帝对撒母耳的命令，像列国那样为自己另立新王的时候，世俗政权是被大祭司掌握的，除他以外也没有人能够罢免其他祭司。但是这一权力之后就属于国王了，贝拉民的论据同样能证明这一点：如果祭司或大祭司的权力直接来自上帝，那么国王就无法剥夺其权力，因为"国王不得违背上帝的规定"。但根据《列王记上》第二章第

---

[1] 圣西普利安：公元 3 世纪时的迦太基主教，著有《论天主教教会的统一》。他的神学思想对圣奥古斯丁有启发，后成为殉道者。

二十六节、第二十七节和第三十五节中的记载，我们能确定所罗门王曾剥夺了大祭司亚比亚他的职位并让撒都上任。因此，别的国王也能为了有利于自己的统治，以相同的方式罢免主教。

他的第六个论据是，假如主教的司法权直接来自上帝，那么持这一观点的人就应引用上帝的话来证明，但是他们找不出相关的上帝话语。这一论据十分有效，我没什么好反驳的。但若要证明教皇在其他君主的领地内没有任何司法权，这一论据也十分有效。

最后，他引用了英诺森与利奥这两名教皇的见证当作论据。我并不怀疑他有合适的理由来引用以圣彼得为始的教皇们的见证。考虑到对权力的热爱根植于人类的天性中，无论谁当上了教皇都会受到引诱而持相同的观点；因此他们就和利奥与英诺森无异，只能为自己做见证，那么他们的见证也就没有意义。

他在第五章中得出了四个结论：第一，教皇不是全世界的君主；第二，教皇不是全基督教世界的君主；第三，教皇在自己的辖区外没有任何直接的世俗审判权；第四，教皇在其他君主的领土内拥有间接的最高世俗权力。前三个结论都能轻易得到认可，但第四个就不能。如果他说的"间接"是指"以间接的方式获取"，还有可能得到认可；但在我看来，"间接"是指：世俗司法权是属于教皇的权力，但这一权力来自他的教权，若他不同时获得世俗权力也就无法行使这一司法权，因此最高世俗权力就同教权（他将之称为"灵权"）息息相关，也因此他就能在认为有益于灵魂得救的时候改朝换代、改任国王。

在我探讨他用来证明这一观点的论据以前，不妨先说明一下其结果：在各自国家拥有主权的君主们应当思考，认可这一观点是否能让自己的臣民在审判日受益。

当他说，教皇在其他国家的领土内只间接掌握最高世俗权力的时候，我们应当理解为：教皇不像其他世俗主权者那样，需要从被统治者的同意与服从中获得权力。本书已充分论证过，所有主权者的权力就本质而言都来自被统治者的同意，无论他们是为了抵抗外敌而选举出一个人或议会实施保护，还是为了避免死亡而臣服于来犯的敌人。所以，当教皇声称自己对其他统治者并不具备直接的世俗权力时，也只是在否认自己需要通过"获得被统治者同意"的方式得到权力；他企图通过别的方式获取世俗权力，也即不从被统治者的同意，而是从自己担任教皇时的神赐中获得权力，这就是他说的"间接"。但是，无论他怎么说，主权也始终是相同的：只当人们认同他有这一权力时，他才能在自认为有利于灵魂得救的时候任意罢免君主。而且，无论是否有利于拯救人们的灵魂，他所要求掌握的唯一司法权也要出于这一原理。不只有贝拉民在宣扬这一说法，其他许多圣师也会在自己的布道文和著作中传布这一说法，有些宗教会议还将之立为教规，这就使得某些教皇一有机会就会付诸实践。例如，教皇英诺森三世主持第四届拉特兰宗教会议时，将《论异端》第三章的话立为教规："假如国王在教皇的警告下，没有肃清境内的异教徒，并为此受到了开除教籍的惩罚，且在一年之内不赎罪，那么他的臣民就能自行解除臣属关系。"而且我们也能在不同场合见到这一教规的实施，比如，罢免法国国王希尔德里克、将罗马帝国转交给查理大帝、压迫英国国王约翰、使纳瓦拉王国更换君主，以及最近组建的反法国国王亨利三世同盟等其他事件。我认为几乎所有君主都会认为这是不义且有害的，但我也希望他们能决定，到底是要做君主还是要做臣民。一个人不能同事二主，国王们应当将自己解脱出来，要么是牢牢握住国家的全部统治权，要么就是把全部统治权交到教皇手里，以让那些情愿臣服的人因臣服而获得庇护。但这种俗权与教权的分离只是空话，因为一旦权力被分割——无论是以直接还是以间接的方式——都会造成危害。我们接下来继续讨论他的论证。

第一个论据是，俗权从属于教权，因此掌握最高教权的人就有权命令世俗君主，并以教会的方法处理世俗事务。而谈到世俗与宗教的区别时，我们就可以考虑：在何种情况下才能说俗权从属于教权。只在两种情况下这两个词才有意义：当我们说一个权力从属于另一个权力的时候，其含义要么是掌握这一权力的人从属于掌握另一权力的人，要么就是一个权力是手段，另一个权力则是前者要达成的目的。因为我们无法理解"一个权力对另一权力拥有权力"，也无法理解"一个权力有权命令另一权力"是个什么东西，因为臣服、命令、权利和权力都并非权力的特质，而是人的特质，一个权力或许会从属于另一个，就好比制作马鞍的技术服务于骑术那样。就算我们都认同世俗政府被规定为"给人们提供获得精神福祉的方式的机构"，也不能因此就认为：就像马鞍服务于骑手那样，掌握俗权的国王也有义务服从于掌握教权的教皇。所以，就像无法从技艺间的从属关系推导出手艺人间的从属关系那样，从政府间的从属关系也无法推导出统治者间的从属关系。因此，当贝拉民谈到俗权从属于教权的时候，他的意思就是世俗主权者臣属于教会主权者，其论证如下：世俗主权者臣属于教会主权者，因此宗教方面的君主就能命令世俗方面的君主。他的结论和前提是相同的，而且都需要证明。为证明这一观点，他首先引用了这一论证：国王、教皇、教士与世俗之人共同组成一个国家，也就是说组成一个教会。在这个集体中，每个成员互相依靠，但宗教事务并不依靠世俗事务，而是世俗事务依靠宗教事务并从属于宗教事务。但是，这一论述包含了两个重要错误：第一个错误是"全部基督徒君主、教皇、教士与基督徒组建为一个国家"。显而易见的，法兰西是一个国家，西班牙是一个国家，威尼斯[1]又是另一个国家，这些国家都由基督徒组成，因此也相当于多个基督徒团体，也就是说相当于多个教会。他们都被各自的主权者代表，因此就能像自然人那样命令或臣服、行动或受损。然而，世上却没有一个"总教会"或"普世教会"，也没有人能担任它的代表人。如果能找到它的代表人，那么毫无疑问，一切基督教国家都能成为一个统一的国家，他们的主权者就能同时成为世俗与宗教事务方面的代表人。教皇若要成为它的代表人，则缺乏三种救主未曾赐予的权力：命令权、审判权与惩罚权。所以他最多只能将那些不服从教义的人开除教籍。正因如此，作为代替基督掌管尘世的唯一教士，教皇只有等到救主第二次降临时才能行使权力，但那时行使权力的也不会是教皇，而只会由圣彼得与其他使徒一起审判世界。

这一论证的另一个错误是，每个国家的成员都像自然身体那样"彼此依靠"。人们确实是聚集在一起的，但他们依靠的只有作为国家灵魂的主权者。若失去灵魂，国家就会崩溃并进入战争状态，人们也就不会彼此依靠，因为能将他们聚集起来的灵魂已然缺失了，而失去了灵魂的自然身体都将归于尘土。所以，从这一比喻中我们推论不出世俗之人应该依靠教士或是世俗官员应该依靠神职人员，只能推论出：二者都要依靠世俗主权者，以及世俗主权者应尽量让自己的世俗命令有益于灵魂得救，而且无须服从上帝之外的任何人。这样你们就能看出他在第一处论述中处心积虑地欺骗

---

[1] 威尼斯：彼时威尼斯是独立国家，即威尼斯共和国（697—1797）。威尼斯人信仰天主教。

那些分不清手段和目的的从属关系的人，以及那些分不清人与人在事务方面的从属关系的人。因为实现任何目的的手段，都由自然或上帝本人的超自然行为决定。但是，在一切国家中，能命令人们使用何种手段的权力则属于世俗主权者，因为自然法禁止人们违背自己所承诺的服从。

他的第二个论证是：假设每个国家都是完整且自足的，那么一个国家就无权命令其他国家臣服于自己，也不能强迫他国改变统治方式，同样不能废黜他国的国王并另立新王，除非他们无法抵抗本国的侵略。同理，一个宗教国家不能命令一个世俗国家改变统治方式，也不能废黜其国王并另立新王，除非世俗国家无法抵抗宗教方面的利益。

如果一个国家为了保护自身不受伤害而实施上述举措，那就是正确且合法的，本书已在上文给出了完整的论证。假如世上真的存在一个有别于世俗国家的宗教国家，那么该国家的君主受到伤害时，或者还未注意到将来会不会受到伤害时，就可以通过战争来恢复或自保，总之就是通过废黜、杀害或征服等任何敌对行为来恢复或自保。但是，基于相同的理由，一个世俗主权者在承受类似的侵犯或威胁时，同样能向宗教主权者发起战争。我相信这比贝拉民从自己的主张中推断出的还多。

但是，在这个世上除了基督的王国之外并无宗教国家，而基督本人又说过自己的国不在此世，而是在来世。到了全体复活的时候，曾过着正义的生活且信仰基督的人，即使肉身已经死亡也会以灵体复活。我们的救主会在那时审判世界、征服其反对者同时建立起宗教国家，即"属灵的国家"（spiritual commonwealth）。既然此世的人都没有灵体，只是以肉身生活，那么世上就不可能有属灵的国家。除非我们将那种担任了布道使命、准备在全体复活时将人们接入基督王国的传教者群体视为国家，但我在此前已证明了并无这种国家存在。

第三个论点是，对基督徒而言，容忍不信者或异教徒君主在任是不合法的，因为他们会将基督徒引至不信神或异端。而只有教皇才能判断君主是否将其臣民引至异端，所以教皇就掌握了决定是否罢免君主的权力。

我对此的回应是，这两个观点都大错特错。因为，对一个基督教徒或有其他信仰的人而言，如果不承认其君主立下的法律，就是违背了自己的信仰，并违背了自然法与实在法这两种神圣法律。而且臣民不能审判何为异端，只有他们的主权者才有这一权力。因为，"异端"就是私人秉持的某种观念，与公众人格（即国家代表人）下令宣讲的内容相悖。由此可知，被指定要公开宣讲的观念就不是异端，被主权君主授权的宣讲者也不是异端者。因为异端者只是一些个体，顽固地捍卫着那些被他们的主权者禁止的学说。

但贝拉民为了证明基督徒不得容忍不信神或异端的君主时，引用了《申命记》第十七章第十五节的话，即上帝不允许犹太人将外国人选为自己的王。贝拉民据此推论出，基督徒选择一位不是基督徒的王是非法的事。基督徒就是承诺在救主降临时接受他为王的人，如果选了一个会竭力以恐怖统治或劝说使基督徒违背信仰的人做此世的王，就是对上帝的莫大不敬。他还说，选出一个非基督徒做君主和不能废黜基督徒君主这两种行为都是危险的。我认为其问题不在于"不能废黜"会带来的危险，而在于废黜是否正义。在某些情况下，选举这类人做君主就是不义的；但是，选定他后再行废黜也不是正义的行为，因为这相当于违背信仰，也即违背了作为上帝永恒法律的自然法。我没有在《圣经》中找到使徒时代曾将这类说法当成基督教教义的证据，在教皇掌握罗马世俗主权之前的罗马皇帝时代也没有相关记录。贝拉民对此的回应是，古时候的基督徒未曾废黜尼禄、戴克里先、朱利安或阿利乌斯派信徒瓦伦斯，只是因为没有掌握世俗权力罢了。情况或许如此，但我们的救主一旦召唤，就能得到十二营永恒不朽且无坚不摧的天使协助，难道这种力量还不足以废黜恺撒或那个以莫须有罪名将救主钉在十字架上的不义之人彼拉多吗？若说使徒缺少废黜尼禄的世俗权力，那么他们有没有必要在书信中教那些刚入教的信徒反抗统治着他们的政权（彼时尼禄就是这一政权中的一名官员）呢？或是说，有没有必要教育他们不要因为畏惧他们，而要因为自身的良知而服从他们呢？难道我们要说，使徒是因为缺乏力量才违背本心，教导教徒们服从于世俗主权者吗？然而，基督徒们是因为自己的良知而服从于异教徒君主，或服从于授权宣扬错误教义的君主（因为我不会称任何将自己的教义定为公共教义的人是异端者），而不是因为缺乏力量。至于教皇的世俗权力，他还引用了《哥林多前书》第六章来证明圣彼得曾在那些异教徒君主治下选出了未经君主任命的法官。这一说法不对，因为圣彼得只是建议犹太人在其弟兄之中选出仲裁人来处理纠纷，而不是去找异教法官打官司。这一规定大有裨益且满含慈爱，即便在最强大的基督教国家中也适用。至于容忍一个异教徒君主或宣扬错误教义的君主可能对宗教造成的危害，臣民就没有判断的权力了，如果说他们有这种权力，那么教皇的世俗臣民也能判断教皇的学说。正如我先前证明的，任何基督徒君主对其臣民而言，都像教皇一样具有最高教士的地位。

第四个论点来自国王们的洗礼。他们受洗成为基督徒，将自身的王权交予基督，并承诺会维持并守护基督教信仰。这是千真万确的，因为基督徒国王只是基督的臣民罢了；但他们和教皇的地位等同，因为他们是自己臣民的最高教士，教皇也不过是罗马的国王兼教士。

第五个论点出自我们救主的话："你牧养我的羊。"这句话赐予了教士所需的一切权力。如驱除群狼，也即逐出异端者的权力；在羊发疯或用角顶撞其他羊的时候，也有关押它们的权力（身为基督徒却相信着错误教义的君主就是这种羊）；还有给予羊群合适食物的权力。贝拉民据此推断，圣彼得从耶稣那里获得了上述三种权力。我对此的答复是，其中最后一种权力只是下达命令或传教的权力。对于第一种权力，他引用了《马太福音》第七章第十五节："你们需提防假先知，他们的内在是凶残的狼，却身披羊皮到你们这里来。"但异端者不是假先知，也压根不是先知。就算认为这里说的狼指异端者，使徒也未得到命令要杀死异端者或废黜异端者国王，而只是被建议要提防、躲避并远离他们。基督建议的对象也不是圣彼得或其他使徒，而是随他们上山并且尚未皈依基督的大部分犹太民众，他要民众当心假先知。所以，如果说这句话授予了人们驱除君主的权力，那么授予的对象就不只是普通民众，还包含非基督徒了。至于隔离并关押疯羊（贝拉民说的是不臣服于罗马教士的基督徒国王）的权力，基督在世间时甚至都拒绝接受，并只是建议人们让小麦与稗子一直生长，直到审判日来临。因此，基督不可能将这一权力授予圣彼得，圣彼得也更不可能将之授予教皇。圣彼得和其他教士都接到命令，要把违抗教会即违抗基督徒主权者的基督徒视为异教徒与税吏。既然人们不认同教皇有权统治异教徒君主，那么他们也应认同没有人有权统治异教徒。

但是，贝拉民仅从传教权就推理出了一种教皇对君主使用的强迫性权力。他称教士必须赐予羊群恰当的食物，所以教皇也理应能强迫君主履行义务，那么作为基督徒的教士的教皇就是万王之王，全部基督徒国王也都应该认同，否则就要自己承担起最高教士的工作。

他的第六个也即最后一个论点来自一些实例。对此我的回应是：首先，这些例子什么都证明不了。其次，他引用的例子无法证明权力存在的可能性。在《列王记下》第十一章中，耶何耶大杀掉亚他利雅的行为，要么是出于约阿施王的授权，要么就是大祭司犯下的重罪。因为自扫罗被选举为王的那一刻起，大祭司就是他的臣民了。至于圣安布罗斯开除皇帝狄奥多西教籍一事，如果确实为他所做，那就是死罪。再说到教皇格里高利一世、教皇格里高利二世、教皇匝加利亚与教皇利奥三世，他们对自身涉及的案件的判决都是无效的，因为他们的行为都属于人类天性中所犯下的最严重的罪孽，匝加利亚的行为尤甚。

以上就是我对教权问题的论述。假如贝拉民只是以个人身份，而不是以反驳其他基督徒国王的"教皇权力辩护者"身份来论证，我就不需要这样仔细地检验，本章也能更为简短。

第四十三章
论获准进入上帝王国的必要条件

长期以来，在基督教国家发生叛乱与内战时，最常见的借口都来自一个尚未充分解决的难题：当上帝和人的命令相反时，应该怎样同时服从。人们在得到两个相反的命令，并明白何者出于上帝时，都会选择服从上帝的命令而非人的命令，尽管他知道另一命令出于自己的合法主权者或者父亲。它能成为难题就是因为，当人们得到据说来自上帝的命令时，很多时候并不清楚这究竟是来自上帝还是来自那些以上帝名义满足私利的人。就像犹太人的教会中存在着许多假先知，他们通过伪造的梦与异象骗取声望；同样，基督教中也一直有许多假教士，他们通过虚假且错误的教义在民众中谋取声望，也通过这种声望（这是野心的本质）管理民众以谋求私利。

假如一个人能够分辨出哪些是"获准进入上帝王国"的必要条件，哪些又是不必要的，"同时服从于上帝与世俗主权者"的难题对他而言就不存在了。如果服从世俗主权者的命令不会让人丧失未来的永生，那么不服从就是不义的行为，使徒保罗的箴言也适用于此："仆从应当凡事顺从主人，子女应当凡事顺从父母。"还有我们救主的箴言："文士和法利赛人身处摩西的地位。他们命令的一切，你们皆需谨遵奉行。"如果服从了命令也无法免于永死的惩罚，那就只有疯子才会服从，我们的救主在《马太福音》第十章第二十八节中的建议则适用于此："那些人就算可以杀死你们的肉体，也无法杀死你们的灵魂，不必畏惧。"因此，对所有人而言，若想避免因为违背世俗主权者而受到此世的惩罚，或因为违背上帝而受到来世的惩罚，就必须得到良好的教导，以分辨什么是以及什么不是得到永恒救赎的必要条件。

得拯救的必要条件包含两种美德：信基督与守法。若能圆满达成后者，对我们而言就已经足够得到拯救。但是，我们都因为触犯了神圣法律而有罪，不只是因为亚当犯下的原罪，也因为我们自己的违背，所以我们就不仅要在余生中服从法律，也要赎清我们过去犯下的罪。信仰基督的回报就是得到赦免，除了这些之外就再没有得拯救的必要条件了。下面的话就表明了这一点：天国之门只为罪人紧闭。这句话的意思就是"违背上帝或触犯法律的人不得进入天国"，这些人进入天国的必要条件就是忏悔并遵守一切基督教的信条。

在上帝对我们要求的服从之中，意志的服从会被上帝认作真实的行动以及严肃的、尽力的服从行为，而且一切含义为"尽力""努力"的词都可以用来形容意志上的服从，所以某些时候"服从"也被称为"仁爱"（charity）和"爱"（love），因为它们包含服从的意志；我们的救主也认为，我们对上帝的爱以及我们彼此之间的爱就是对法律的服从。有些情况下，"服从"可以用"正义"（righteousness）来表达，因为"正义"的含义是"给予各人其所应得的东西"，也就是服从法律的意志。有些时候，"服从"也可以用"忏悔"（repentance）来表达，因为"忏悔"的含义是"远离原先的罪"，也即一种重归服从的意志。所以，只要人们真心实意地履行上帝的命令、真诚地忏悔自己犯过的罪、全心全意地爱上帝并且爱邻人如爱己，那他就满足了一切必要的服从，并能被接入上帝王国。因为，如果上帝只接受那些完全无罪的人，就没有凡人能得到拯救了。

但是，哪些命令才是来自上帝的？通过摩西之手传达给犹太人的所有法律都是上帝的命令吗？如果是，那么为何没有要求基督徒遵守这些法律呢？如果不是，那么除了自然法还有什么是呢？由于我们的救主未曾给予我们新的法律，只是建议我们要遵守之前的法律，也即自然法与我们各自主权者的法律；救主对犹太人讲的"登山宝训"[1]（sermon on the Mount）中也不包含新的法律，只是详细阐述了人们已在遵守的摩西的法律。因此，上帝的法律就等于自然法，其中最重要的一条是不得违背信仰，也即不得违背我们相互立约确立的世俗主权者的命令；这一神圣法律不仅命令我们遵守世俗法律，也命令我们要遵守《圣经》中的一切规定。但是，正如我在前面的章节中证明过的，只有当世俗主权者将这些规定立为法律时，它才算作法律，而在其他地方就只是建议罢了，只要人们自行承担风险，那么就算违背了也并非不义的行为。

现在我们已经明白了，怎样服从以及服从何人才是得救的必要条件。接下来我们就要探讨信仰的问题：我们要相信谁、为什么要相信以及相信他们的哪些信条与观点才是得救的必要条件。首先就是"我们要相信谁"的问题。因为，我们只有知道某人说过什么才有可能相信他，所以我们就必须听过他说的话。由此可知，亚伯拉罕、以撒、雅各、摩西与一众先知相信的都是上帝本人，因为上帝曾以超自然的方式对他们说过话；那么，同基督对话过的使徒与门徒相信的就是救主本人。至于那些未曾与圣父或救主对话过的人，就很难说自己相信的是上帝了：他们相信的是使徒，在使徒之后相信的就是向他们介绍《新约》与《旧约》历史的教士与圣师。如此来看，自我们救主的时代开始，基督徒的信仰基础就首先建立在教士的声望上，之后则建立在令《新约》与《旧约》变为信仰规范的权利上。但是，除了基督教主权者外没有人能够做到第二点，能做到的人就是最高教士，也是在那些能听到上帝超自然传话的人之外的基督徒的唯一上帝代言人。但是，因为世上已有很多假先知了，其他人就应该接受圣约翰在《约翰一书》第四章第一节中的建议，检验他们的灵是否来自上帝。这样看来，既然审定教义的权力属于最高教士，那么每个国家中未曾获得特殊启示的人都要相信最高教士，即世俗主权者。

人们相信基督教教义的原因也各不相同：因为信仰是上帝的恩赐，他

---

[1] 登山宝训：见于《马太福音》第五章至第七章，相传为耶稣登山时所讲的伦理、信仰、道德方面的训诫。登山宝训一译山上垂训、登山训众等。这个说法由古罗马神学家奥勒留·奥古斯丁提出，他的知名作品有《上帝之城》《忏悔录》等。

以自认为有益的方式，令信仰在各人的心中产生不同效用。相信《圣经》是上帝的话语，就是我们产生信仰的最为普遍且直接的原因。但我们为何会相信《圣经》是上帝的话语呢？就像所有未能得到确切结论的问题那样，人们对这一问题也有颇多争议。因为人们并未将该问题视为"我们为何会相信"，而是视为了"我们怎么能知道"，就好像"相信"与"知道"是同一件事那样。这样下去，一方面人们会将"教会绝对正确"当成自己"知道"的基础，另一方面人们又会依据各自的灵做见证，那么就无法达成共识。因为，若人们不先知道《圣经》是绝对正确的，又怎么知道教会是绝对正确的呢？或者说，人们又怎么知道自己的灵具备的信仰是来自权威和教师的观点，还是来自上帝的恩赐呢？此外，既然从《圣经》中都推论不出教会是绝对正确的，那么自然也就推论不出某个特定的教会或个体是绝对正确的。

所以显而易见的是，基督徒并不是"知道"而只是"相信"《圣经》是上帝的话。并且，上帝倾向于让人们以自然的方式相信，也即通过教士的传教而相信。圣保罗的教义表达了基督教的信仰："信仰来自'听道'（hearing）。"（《罗马书》第十章第十七节）其含义就是"听信我们合法教士的话"。他在同章第十四节、第十五节中还讲道："没有听过道又如何能相信呢？若无传教者，又如何能听道呢？若无派任者，又如何能传教呢？"由此可见，一般而言，我们相信《圣经》是上帝话语的原因，与我们相信其他信条的原因是一样的，即听信了那些由法律任命并指派的人的教导，正如我们在家中听信父母的教导，在教会中听信教士的教导。这一结论我们从经验中就能得出，因为在基督教国家中每个人都相信，或至少表面上承认《圣经》是上帝的话语，在其他国家中则不然；背后的原因难道不是基督教国家的人自幼接受的教育与其他国家的人不同吗？

但是，假如是教育导致了信仰的产生，为什么不是所有人都相信呢？因此，信仰一定是上帝的恩赐，他也只会赐予自己满意的人。但他是通过教士赐予的，因此"听见"就是信仰的间接原因。在人们一起接受教导的学校中，只有一部分人受益，而另一部分人则没有。虽然那些学生是因为教士的讲授而受益的，但我们不能就据此推断他们的受益与上帝无关。所有善好的事物都来自上帝，但得到好处的人却不能说它们都来自灵感，因为它的本质是超自然的恩赐，间接地出于上帝之手。那些自称为先知的人也都要接受教会的审查。

无论人们是"知道""相信"还是"承认"《圣经》是上帝的话语，也一定会"知道""相信"或"承认"那些我依据经文中的明确记载证明的、得拯救仅需的必要条件。

在《圣经》中记载的得拯救的唯一信条是"耶稣就是基督"。"基督"一词应该理解为：上帝曾在《旧约》中借先知之口承诺要派下尘世，并要在上帝之下对犹太人以及其他信仰基督的国家施行永恒统治的王，并且他还会将人们因亚当的罪而失去的永生再次赐下。在我以《圣经》为依据证明了这一点后，我会进一步证明其他信条在何时与何种含义下会被视为必要条件。

为了证明相信"耶稣就是基督"这一信条是得救的唯一必要条件，我的第一个论据就应来自福音书作者的讨论范围，因为他们以救主的生平事迹为基础确立了这一信条。圣马太在其福音书中总结为"耶稣是大卫的子嗣，由童贞之女诞下"，并视为真基督的标识。而耶稣的生平事迹有：东方的贤人将他视为犹太人的王来朝拜；希律王听说此事后企图将他杀死；施洗者约翰宣扬他是犹太人的王；他本人及门徒也宣扬他是犹太人的王；他以掌权者而非文士的方式宣讲法律；他能仅以话语就治愈疾病，并能施展诸多奇迹。这些都是预言中基督会做的事。圣马太的福音书中还记载了：他在到达耶路撒冷时被称为王；他曾警示过众人要提防任何自称为基督的人；他因自称为王而被捕、被告并被判死刑；十字架上刻着的罪状是"拿撒勒的耶稣，犹太人之王"。这些行为的目的都是让人们相信耶稣就是基督，这也是圣马太的福音书的全部内容。如果读过其他福音书，就能知道它们探讨的范围大致相同。所以，一切福音书范围内的话都在确立那唯一的信条。圣约翰在其《约翰福音》第二十章第三十一节中也公开表示要将这句话当成自己的结论："记下这些事就是为了让你们知道耶稣就是基督，就是上帝之子。"

我的第二个论据，来自救主在尘世时以及升天之后，使徒的布道主题。据《路加福音》第九章第二节记载，救主于尘世时曾指派使徒"传布上帝的王国"。不仅在此处，而且在《马太福音》第十章第七节中记录的，他赋予使徒们的使命也是"你们边走边宣扬，称天国已临近"。这就意味着，耶稣是弥赛亚，是基督，是将会降临的王。他们在基督升天之后传布的内容也与此并无差异。《使徒行传》第十七章第六节、第七节中清楚地记载了圣路加的话:"他们将耶孙与数位弟兄带到城市的管理者那里,叫道:这些搅得天翻地覆的家伙也来了。耶孙收留了他们,这些人都违背恺撒的命令,说另有一个王耶稣。"在同章第二节和第三节中,圣保罗也说过:"他连着三个安息日,本着《圣经》与其进行辩论,公开讲明基督一定会受难并会从死亡中复活,还说我向你们传的耶稣正是基督。"

我的第三个论据,来自《圣经》中的一处,称得救所必需的信仰都能简单获得。因为当下宣扬的有关基督教信仰的教义大部分都有争议,所以,如果得救的必要条件是由衷认同全部教义的话,世上就再没有比当基督徒更难的事了。否则,与耶稣一起被钉在十字架上的强盗即使忏悔过,也不可能因为说了"主啊,当你的国降临时请记得我"就得到拯救。因为这句话只能证明他信了一个信条,即"耶稣就是那个王"。同理,圣马太在《马太福音》第十一章第三十节中也不会说:"基督的枷锁不紧,负担也轻。"在第十八章第六节中也不会说:"稚子也相信他。"圣保罗在《哥林多前书》第一章第二十一节中也不会说:"上帝愿意用传教这种笨方法来拯救相信的人。"因为,若条件真的这样苛刻,圣保罗本人都不可能得救,更不可能一下就在教会中成为地位极高的圣师,因为他从未考虑过"变体论"(transubstantiation)、"洗罪论"(purgatory)"以及当下人们被强迫相信的那一大堆信条。

第四个论据来自那些含义明确且相关解释没有歧义的经文。第一,《约翰福音》第五章第三十九节中讲道:"你们查阅《圣经》,是因为你们觉得其中有永生,为我做证的正是该经文。"救主在这里说的《圣经》只有《旧约》,因为当时《新约》尚未写出,犹太人也无法查阅。但《旧约》中并无"基督"一词,而只有这个人在降临时能被人们辨认出的一些标识,比方说他是大卫的子嗣,被童贞之女于伯利恒诞下,以及可以施展奇迹等。因此,相信耶稣就是这个人就足以得到永生,其他的都不重要,也就不要求其他的信条了。第二,《约翰福音》第十一章第二十六节中还讲道:"任何人在活着的时候信我,就能得到永生。"这样看来,"相信基督"这一信条就足以使人得到永生,其他的信条与之相比就不必要了。至于"相信耶稣"与"相信耶稣就是基督"在本质上相同这一问题,在下面就能体现。救主问马大:"你相信这话吗?"她回答道:"主啊,没错,我相信你就是基督，是神子，是那个将要降临尘世的。"由此可知，只信仰这一信条就足以得到永生，其他的则并不必要。第三，《约翰福音》第二十章第三十一节中讲道："记下这些事就是为了让你们知道耶稣就是基督，就是上帝之子，并且你们只要相信就能因他的名字得到永生。"从这里可知，相信"耶稣就是基督"便足以使人得到永生，而其他的信条都是非必要的。第四，《约翰一书》第四章第二节中讲道："任何灵，只要认可耶稣基督是以肉身降临的，那就是源于神的。"同书第五章第一节中讲道："任何相信了耶稣是基督的，都是神所生的。"第五节中还有："何人胜了全世界？不正是那相信耶稣是神子的吗？"第五，在《使徒行传》第八章第三十六节、第三十七节中记载了有关宦官的话："看啊，此处有些水，我受洗又有什么妨害呢？腓利曾说过，你如果诚心相信就够了。"他回答道："我相信耶稣基督是神子。"因此只要相信"耶稣就是基督"这一信条就能受洗，也就是说能被接入上帝王国，因此这就是唯一的必要条件。一般而言，在人们表明了信仰并直接或间接地表达了对"耶稣就是基督"的认同时，救主就会说"你的信仰使你得救"。

最后的论据则来自《圣经》中将这一信条视为信仰基础的地方，因为人们只要把握住这一基础就能得救。第一处在《马太福音》第二十四章第二十三节、第二十四节："如果有人对你们讲，基督在这里或基督在那里，你们万不得相信。因为假基督、假先知将要展现大奇迹。"我们能从这里看出，即使某个传相反教义的人能施展大奇迹，也一定要把握住"耶稣就是基督"这一信条。第二处在《加拉太书》第一章第八节："无论是我们本人还是来自天上的使者，如果向你们传布了不同的福音就必被诅咒。"但保罗与其他使徒传布的福音其实只有"耶稣就是基督"这一条而已。因此，为了守住这一信条，我们甚至可以否定天使的权威，更不说那些传布相反教义的凡人了。所以这一信条就是基督教信仰的基础。第三处在《约翰一书》第四章第一节和第二节："亲爱的兄弟啊，你们不能够相信任何灵，一定要检验这灵是否源于神。因为世间已经出现了很多假先知。任何灵，只要认可耶稣基督是以肉身降临的，那就是源于神的。"由此可见，该信条既是衡量标准也是规定，能用来评估与检验其他一切信条，因此就是唯一的基础。第四处在《马太福音》第十六章第十六节、第十八节，圣彼得在表明了这一信条之后，对我们的救主讲道："你是基督，是永生上帝之子。"我们的救主回道："你是彼得，我要我的教会建立在你这块石头上。"据此我便能推论出，教会的其他一切教义都是建立在这一信条上的，就如同建立在基石上一样。第五处在《哥林多前书》第三章第十一节、第十二节中："因为除了耶稣基督立下的基础外，无人能另立基础。人们以金、银、宝石、草木和秸秆在这一基础上营造，到了审判日则必然会被火焰揭露出来。这火焰要检验各人工作的质量，能在火中留存的要受赏，能被火焰烧毁的要受损，但这些人都会得救，就像穿越火焰那样。"在这些话中，有一部分是直白易懂的，有一部分则是富有寓意且难懂。我们能从直白的部分推理出：宣讲"耶稣就是基督"这一基础信条的教士，即使这一信条推理出了错误的结论也不妨碍得救，因为人们都会犯错；那些不是教士的听众，只要相信了合法教士的宣讲就能得救。由此看来，相信这一信条就足以得救了，所以其他信条也就算不上得救的必要条件了。

至于那些有寓意的部分，如"这火焰要检验各人工作的质量"与"这些人会得救，就像穿越火焰那样"，与我之前从直白的部分中得出的结论并无不符。然而这里尚有争议，因为有些人想要证明这里的火焰是涤罪之火，那么我也将提出关于用火焰检验信条与使人得救的推测。使徒似乎在这里影射了先知撒迦利亚在其先知书第十三章第八节、第九节中的话，他谈到上帝王国的复兴时曾说过："这里三分之二的人将被剪除并处死，三分之一的人则将被留下。我将带这三分之一的人穿过火焰，以精炼银子的方式精炼他们，以试炼金子的方式试炼他们。他们将会求告主的名字，而我将听见。"审判日就是上帝王国复兴之日。圣彼得在《彼得后书》第三章第七节、第十节、第十二节中告诉我们，那一日天地会燃起烈焰，焚尽恶人，而上帝将拯救的那部分人会毫发无伤地穿过火焰，并会在火中得到试炼，就像金银在炉火中那样，以此清除他们的偶像崇拜，并求告真神的名字。圣保罗也对此讲过，审判日那天，我们的救主会降临并于以色列复兴上帝的王国，还将测试所有人的信条，并评定哪些是金、银或宝石，哪些是草木或秸秆。所以，如果有人从正确的基础上得出了错误的推论，那么他就会看到自己的信条被惩处，但自身却能得救，并毫发无伤地通过试炼，得到永生，被纳入唯一真神的名下。在这一意义下，这与《圣经》中的其他内容并无冲突，也看不出炼狱之火的影子。

有人可能会问：相信上帝是万能的，相信上帝创造了世界，相信基督已经升天，以及相信所有人都会在审判日死而复生，等等，是否像相信"耶稣就是基督"一样，也是得救的必要条件呢？对此我的答复是：是的，还有很多其他信条也是必要的，但它们都被包含在"耶稣就是基督"这一信条中，并能从这一条中推理出来。既然人们相信耶稣是以色列的上帝之子，并且以色列人还一致认为上帝是万能的造物主，那么信耶稣的人又怎么会不相信上帝是万能的造物主呢？或者说，如果某人不信耶稣是死而复生的，又怎能相信耶稣是将要施行永久统治的国王？因为国王绝不会由死人担任。总而言之，如果某人相信了"耶稣就是基督"这一基础信条，就等于相信了能从该信条推得的显著或隐含的结论，尽管他未必有明辨这些结论的技巧。由此可知，这 结论仍然是有力的，即相信这一信条就足以赎清忏悔者的罪，并将他们领进上帝王国。

我已在上文论证过，得救所需的一切服从行为，都包含在了服从神圣法律的意志中，也即包含在了忏悔之中；得救所需的一切信条，则都包含在了"耶稣就是基督"这一信条中。我将进一步引用福音书中的相关部分，来证明得救的必要条件存在于这两者的结合中。第一，救主升天之后，于圣灵降临节听了圣彼得讲道的人，向他与其他使徒问道："弟兄们，我们该如何做？"（《使徒行传》第二章第三十七节）彼得在下一节中给出了回答："你们每个人都要忏悔、受洗以赎罪，并要接受圣灵的恩赐。"由此可知，忏悔与受洗就等于相信"耶稣就是基督"这一信条，也就满足了得拯救的一切必要条件。第二，《路加福音》第十八章第十八节中有，一个官员询问救主："我该怎么做才能得到永生？"救主答道："你要知道诫命，不得奸淫、杀人、盗窃、做伪证，应孝顺你的父母。"（第二十节）当他称自己遵从了这一切后，我们的救主接着说："你应卖出你的全部物品，分发给贫困的人……并且还应当追随我。"（第二十二节）这句话的含义就是"相信我是你的国王"。所以，履行神圣法律并相信耶稣为王，就是人们获得永生的全部必要条件。第三，圣保罗在《罗马书》第一章第十七节中讲过："正义的人会因信仰得到永生。"并非所有人，而只有"正义的人"才能获得永生，因此"信仰"与"正义"，也即"成就正义或忏悔的意志"，是获得永生的全部必要条件。《马可福音》第一章第十五节记录了救主传教时说的话："日期到了，神的国临近，你们需要忏悔并相信福音。"这里的福音指的是基督将要降临的喜讯。因此"忏悔和相信耶稣就是基督"是人们得救的所有必要条件。

既然"信仰"与忏悔中体现的"服从"都是我们得救的必要条件，那么讨论我们到底是通过哪种方式"得义"（justified）就没什么意义了。但是，探明它们以何种方式产生作用、以何种方式使我们得义则并非无意义的。首先，若严格地遵守"正义"的定义就没有人能得救了，因为所有人都触犯过神圣法律。这样看来，当人们说因为自身的"功德"（work）而得义时，就应该将之视为"意志"。上帝一直将意志视为功德并接纳，无论它出自好人还是坏人。可以这样理解：一个人可以被称为正义或不义的。一个人的正义行为会使他得义，并使他得到"正义之人"的名号，得到上帝王国的接纳，他还会因为信仰而得到永生。但是，在得义前他无法得到这些。所以这就是"得义"的含义，"得到赦免"和"被人冠以正义之名"都与之相同；但前者的含义与"解除法律责任"不同，后者则不应该因为原罪而受到不义的惩罚。

如果某人虽然祈祷不足，但仍被上帝接受了，那么我们就可以说他得义了。比如，如果我们向神明祈祷时称自己有履行神圣法律的意志或正在为此而奋斗，并忏悔了自己的过错，而且上帝又将此接受为履行了神圣法律的行为，那么就属于上述情况。但上帝只会将信徒的意志视为行为并予以接受，因此，使我们的祈祷产生正面作用的还是信仰；从这一意义上讲，我们只能通过信仰得义。由此可知，信仰与服从就是得救的必要条件，但其中的任何一项都能使我们得义。

既然已经证明了什么是得救的必要条件，那么将我们对上帝的服从与对世俗主权者的服从协调起来就并非难事了，无论我们的世俗主权者是基督徒还是不信者。如果他是基督徒，他就应认同"耶稣就是基督"这一信条，并认同其中包含的其他信条，或是能从其中推得的其他信条，这些都组成了得救所需的所有必要的信条。又因为他是主权者，他就会要求人们服从他所制定的一切规定，这就等于要求人们服从一切市民法，而市民法中又包含了一切自然法，即一切神圣法律。在自然法和兼具市民法性质的一部分教会法（因为能制定法律的教会就是国家了）之外，就不存在别的神圣法律了，因此服从于自己的基督徒主权者无碍于自己对上帝的信仰或服从。假设一个基督徒国王从"耶稣就是基督"这一基础信条中推得了一些错误的结论，也即用草木或秸秆搭建出了一些上层建筑，并命令人们加以传布，但是，既然圣保罗说他能得救，那么依他的命令传布该教义的人就更能得救，未进行传布而仅听从合法教士的人则更不必说了。假设某个臣民被世俗主权者禁止表明自己的观点，那么在何种情况下他违抗禁令才能被视为正义的？基督徒国王也可能在推论时出错，可是谁能加以评判呢？难道一个臣民有权对自己应当服从的事做出评判吗？难道作为教会代表人的世俗主权者派出的人无法评判，而其他人就能评判吗？如果让教皇或使徒担任评判者，难道他们不会得出错误的推论吗？在圣保罗当面驳斥圣彼得的时候，他们二人中是否也会有一个人在上层建筑方面出错呢？因此，神圣法律就不可能与基督教国家的法律产生冲突。

当世俗主权者是不信者时，任何违抗他的臣民都会因为触犯神圣法律而获罪，因为神圣法律包括了自然法。而且，他们也同样违背了使徒的建议：他们曾告诫每一个基督徒要服从自己的君主，每一个子女和仆从要服从自己的父母或主人。这些人的信仰都是内在的或不可见的，他们能享有类似乃缦拥有的那种自由，而且不需要为此承担任何风险。[1] 但若他们敢冒风险的话，就应该期待来自天上的赏赐，而不是控诉自己的合法主权者，更不应该为此宣战。因为，无法在正当的殉道时机慷慨就义的人，不能说拥有自己已经表明的信仰，只能说声称自己拥有信仰并以此作为发动叛乱的保护色。假如某一不信神的国王知道，自己的臣民期盼着基督会在此世被焚烧后再次降临，并准备在那个时候服从基督（这就是相信"耶稣是基督"的目的），但他们当下则认为自己有义务服从于自己的不信神的国王的法律（这是一切基督徒在良心上负有的义务），难道这位国王也要蛮不讲理地处死或迫害这些臣民吗？

关于上帝王国和教权政治方面的探讨已经足够多了。在这一方面，我并非为了表明自己的立场，只是为了展示哪些结论能从基督教的政治学原理（也就是《圣经》）中推导出，并且能证实世俗主权者的权力及其臣民的义务。我在引用《圣经》的时候，已经尽可能地避过了那些含混或可能产生歧义的文本，只引用了直白易懂且符合《圣经》整体旨趣的文本，也

---

[1] 见本书第四十二章："对此我们可以说，乃缦作为臣民做出的行为都出于对主权者的强制性服从，他的行为并不出于自身意愿，而是受制于国家的法律。因此我们可以说这一行为不是他做的，而是他的主权者做的：在人前不认基督的并不是他，而是他的统治者及其法律。"

即那些为了重建基督的上帝王国而写成的部分。因为只有作者的视野而非单调的文字才能传达真知灼见，并且任何文本都需要解释，那么，只会断章取义而不会思考主旨大意的人就无法从经文中推理出清楚的结论。那些拆散《圣经》的人的做法，就像是把灰尘撒到人们眼中，只会使一切事物都模糊起来——他们所做的并不是寻求真理，而只是谋一己私利。

第四部分　论黑暗王国

第四十四章

论从《圣经》的错误解释中产生的黑暗之灵

除了我在上文探讨过的神圣主权与人类主权，《圣经》中还提到了一项权力，即此世的"黑暗统治者"（《以弗所书》第五章第十二节）的权力。撒旦的王国（《马太福音》第七章第二十六节）与别西卜统治一众魔鬼的王国（《马太福音》第九章第三十四节），就是在空中显形的幽灵国度，所以撒旦也有另外一个称呼——"掌握空中权力的君主"（《以弗所书》第二章第二节）。又因为他统治着此世的黑暗，所以又被称为"此世的君主"（《约翰福音》第十六章第十一节）。所以，与那些被称为"光明的子民"的信仰者相反，被他统治的人就被称为"黑暗的子民"。既然别西卜是幽灵的君主，那么在他治下的空中与黑暗中的住民就是黑暗的子民，那些魔鬼、幽灵或幻觉之灵也就是一回事。了解了这一点之后就会明白，在我之前引用的这些经文以及其他经文中提及的"黑暗王国"只不过是骗子的联盟罢了，他们为了在此世统治人民，竭力通过黑暗或谬误的教义削弱人们的天性之光与福音之光，以此妨碍人们进入未来的上帝王国。

生来不具备"肉眼之光"的人完全不知道这些光是什么，任何人都不可能构想出比自己亲眼见过的更为强烈的光，也构想不出更为强烈的"福音之光"或"悟性之光"是什么样的。因此，人们只能从经历过的猝不及防的灾祸中推论自身内在的黑暗。撒旦王国最黑暗的地方在上帝教会之外，也就是在那些不信耶稣基督的人们之中。但我们不能说教会就一定会像哥珊地那样，享有上帝赐予我们的用来履行职责的全部光明。假如黑夜或迷雾未将我们笼罩，那么各个基督教国家为何会从使徒时代起就通过内战或外部战争彼此打压？为何会在自身命运途中一旦遭到磕碰或他人一旦稍有成就的时候，就会步履蹒跚？又为何会在通往同一福祉的道路上分道扬镳呢？因为我们仍然处于黑暗之中。

敌人一直处于我们愚昧天性的黑暗中，并且不停地播撒着"灵的错误"的种子。他们有以下几种手段：第一，滥用并扑灭《圣经》之光。因为我们的错误就源于不了解《圣经》。第二，以异教的史诗引入魔鬼学，也即引入他们在魔鬼方面的唬人学说。这些魔鬼不过是偶像或头脑中的幻影，就像亡魂、妖精以及老妪闲谈中的其他事物一样，本质上与人类的幻觉并无区别。第三，把其他宗教的遗存和希腊人虚无且错误的哲学混进《圣经》里，尤其是亚里士多德的哲学。第四，将这些错误的或不确定的传统与伪造的或不确定的历史混在一起。因此，我们就会受到邪灵的诱惑而犯错，并相信那些用心险恶的虚伪之人的魔鬼学说。这种虚伪之人在《提摩太前书》第四章第一节、第二节中被称为"说谎的人"。考虑到他们的第一种手段是引诱我们滥用《圣经》，因此我将在本章中进行简短的讨论。

对《圣经》最常见且最严重的滥用，就是要强行证明经文中常常提到的上帝王国是当今的教会或会众，抑或是那些已经死掉并会在审判日复活的人。其他一切滥用要么都出于此，要么都附属于此。实际上，上帝王国最初是由犹太人的唯一管理者摩西按约建立的，犹太人也因此成了上帝的选民。但之后他们拒绝再次被上帝统治，并学着列国的体制选出了扫罗做国王，因此上帝的王国就中断了。他们的行为曾得到了上帝的许可，我也在本书第三十五章中证明过这一点。在这之后，上帝仍然能以其无限的权力、以符合自身意志的方式做统治一切人类与生灵的王，但世上也就再无其他按约建立的上帝王国了。尽管如此，上帝也通过他的先知承诺了，将在他规定的日子到来时让那些已然忏悔并修正了自己生活方式的人重回他的统治。不仅如此，他还邀请那些已经皈依并且忏悔过的外国人进入他的王国，在他的统治下享福。上帝还承诺了要派他的儿子降世，以他的死亡赎清所有人的罪，并用他的教义使所有人做好准备，迎接他的第二次降临。目前第二次降临的时机尚未到来，上帝王国也尚未到来，那么除了我们自己的世俗主权者，就没有其他按约建立的国王能统治我们了。至于那些得到了耶稣再次降临时的准入承诺的基督徒，已经在恩典王国中得到了拯救。

按照"当下的教会就是基督王国"这种错误言论，就应该有一个人或议会能为天上的救主代言、传下法律，并能为全体基督徒担任救主人格的代表，抑或是由许多人或议会分别担任基督王国的代表。教皇称自己拥有在基督之下统治世界的权力，而各个国家的教士会议也都实际上掌握着这一权力，但《圣经》从未将这一权力赋予过世俗主权者之外的人。在王权方面的争议如此严重，以致扑灭了人类的天性之光，并使人类的悟性蒙上了深重的黑暗，导致他们无法明辨自己要服从于谁。

因为教皇宣布自己是当下教会中的基督总代理人，也即基督在福音书中说到的王国的代理人，所以就有这种理论：基督徒国王应被主教授予王位，就像他从"承神恩"的仪式中获得国王头衔那样。只有经过上帝于尘世间的代理人的加冕，他才能称自己为"承神恩的国王"。主教们则会无视各自的主权者，在接受圣职的时候宣誓对教皇完全服从，这也导致教皇英诺森三世在主持第四届拉特兰宗教会议时提出了下面的观点。《论异端》第三章中写道："假如国王在教皇的警告下，没有肃清境内的异端徒并为此受到了开除教籍的惩罚，且在一年之内不赎罪，那么他的臣民就能自行解除臣属关系。"这里说的"异端"，应该被理解为罗马教会下令禁止的所有观点。因为教皇与其他的基督徒君主在政治目的上有争议，所以这种手段常常会让臣民陷入迷茫，以至于他们不知道那个坐上了合法王位的外国人是自己选出来的。当他们的心灵处于黑暗中时，就会被他人的野心利用，从而不辨敌友、彼此争斗。

而从"当下的教会就是上帝王国"这一说法，我们能得到如下结论：教会中的教士、助祭以及辅助人员都自称为"神职人员"（clergy），并将其他基督徒称作"平信徒"（laity），即普通民众。神职人员所依赖的生活供给，则来自上帝治理以色列人时为自己留下并交给利未支脉的份额，因为利未人是上帝的政务大臣，并未像他们的弟兄那样分得了土地以繁衍生息。教皇宣称当下的教会就是以色列的国度，也即上帝的王国，所以就将此类收入归为上帝的遗产，并以"供给神职人员"的名义留给自己和自己的副手使用。在过去，交给利未人的什一税以及其他贡品，一直都由基督徒们依照上帝的权力在以色列人中征收。然而，现在的人民却不得不交双倍的贡品，一份要交给国家，另一份则要交给神职人员，其中交付给神职人员的税款为收入的十分之一。这比某个被称为"暴君"的雅典国王征敛并用于公共事务的税额还高一倍，因为他那时也只征敛了二十分之一，并且这二十分之一就足以维系国家运作了。并且，在犹太人的王国中，上帝担任祭司实施统治的时期内，什一税与贡品也都算作公共收入的范畴。

从"当下的教会就是上帝王国"这种错误观点之中，产生了市民法与教会法的区别：市民法是主权者在自己的领土内颁布的法律，教会法则是教皇在自己的辖区内颁布的法律。这些教会法虽然是教规，即建议性的规定，并且在罗马帝国被转交给查理大帝之前能由基督徒自主选择是否接受，但由于教皇掌握的权力愈来愈大，这些教规也就成了命令性的规定，罗马皇帝则为了避免人民被蒙蔽而可能导致的严重后果，不得不把教规立为法律。

于是就出现了这种情况：在教皇的教权得到认可的地方，只要犹太人、土耳其人与异教人在表明自身信仰或做出相关举动时没有侵害世俗主权，那么罗马教会就能容忍他们的信仰。但是，对基督徒而言，就算不是罗马人，也会因为不信奉罗马教会而被处以极刑，因为教皇宣称所有基督徒都是他的臣民。但是，如果因为一个外国基督徒表明了本国的教派信仰就将他处决，那么就和处决不信者一样，都违犯了国际法。

这一错误观点还造成了这样的状况：在每个基督教国家中都有一部分特定的人，被教权免去了向世俗国家纳税以及接受司法审判的义务。除了苦修士和托钵会士这些远离世俗的信徒外，俗家教士在普通民众间占了很大的比例，所以当有需求时就能集结出一支大军，足以应对一切对内或对外的战争。

第二种对《圣经》的常见滥用是：把圣礼误解为咒语或术法。在《圣经》中，"祝圣"（consecrate）的含义是通过虔诚与得体的话语和动作，把一个人或其他任何东西从其日常用途中划分出来，用来奉献、贡奉或献身于上帝，也即"神圣化"或"使之成为上帝的所有物"，并且仅受那些由上帝指派的政务大臣调遣。我已在第三十五章中对此做出了详细的探讨。祝圣并未改变事物本身，改变的只是事物的用途，将它们从非宗教的、日常使用的变为神圣的、独属于上帝的。但若事物的性质或数量被这些话语改变了，那就不是祝圣，而是上帝的伟业或虚无且亵渎的咒语。但是，人们在祝圣时经常自认为看到的性质变化，则不能被认为是上帝的伟业，而只是术法或咒语罢了；这些手段让人们不再相信自己的眼睛或其他感官的感知，而是相信那些实际上并未发生的变化。例如，祭司为面包与酒祝圣，并且将它们专门用在圣餐圣礼中，这就是把它们和日常用途分开，象征着基督的身体在十字架上割裂，血液流到十字架上，并让人们记住，自己的罪是通过基督的受难才赎清的。如果祭司没有为面包与酒祝圣，却说只要讲出了我们救主的话"这是我的身体，这是我的血液"，面包的性质就会改变，并会变成救主的肉身；但是接受者无法从视觉或其他感官中感知到任何在举行圣礼之前不存在的事物。据说，埃及的术士能让手杖变为蛇，让水变为血液，他们被人们认为是以虚假的事物欺骗观众的感知。他们这样的人能被看作术士，那么，对于那些手杖一点都不像蛇、念了咒的水里也完全没有血液，却还对着国王说这些蛇和血液只是看着像手杖和水的人，我们又应怎么看待呢？这两类都是术法和欺骗。祭司平日里做着相同的事，把祝圣的话语当成咒语使用，这些咒语并不能让人感知到新事物，但他们却张冠李戴，称这面包"已变成了人"或"已变成了上帝"，并要求人们崇拜它，就像它是那代表神与人的救主——这样就会让人们触犯最为恶劣的偶像崇拜罪。如果称"它已不再是面包而是上帝"就能够作为对偶像崇拜行为的脱罪借口，那么当埃及人说自己"崇拜的不是韭菜和洋葱而是其中的神性时"，又怎么不能作为对偶像崇拜罪的脱罪借口呢？说"这是我的身体"就等于说"这象征着我的身体"或"这代表着我的身体"，这只是一个普通的比喻，但如果按字面意思来理解就是一种滥用。尽管如此，它也不能超过基督亲手祝圣的面包的范畴，因为基督从未说过，任意牧师对任意面包说"这是我的身体"或"这是基督的身体"就会造成"实体转换"。在英诺森三世之前，罗马教会尚未提出所谓"实体转换"，这些都是五百年前不存在的事。当时教皇掌握的权力达到了顶点，深重的黑暗笼罩着那个时代，人们甚至无法辨认出自己食用的面包，特别是面包上还印着基督在十字架上的身影。似乎他们要让人们相信，面包不仅被转化成了基督的身体，还被转化成了十字架一样的木头——人们确实同时吃到了这两种东西。

类似的咒语而非祝圣，也被用于洗礼圣礼中。进行该圣礼的每个人都滥用了上帝的名字，也滥用了三位一体的名号，因为祭司们每呼唤一个名字都会划出一个十字架，并以这种方式组成咒语。首先，祭司在制造圣水时会说："我以上帝万能圣父之名、圣父独子我主耶稣基督之名以及圣灵之名，将你这上帝造出的水变为受祝的水，以驱散敌人的全部力量并驱逐与排斥敌人……"祭司们在为添入水中的盐祝祷时也会讲相同的话："这盐变为受祝的盐，它被撒在哪里，哪里的幽灵与魔鬼造成的邪祟就会全部退散，一切不洁的灵都要被那审判生人与死者的救主消灭。"祭司们在为油祝祷的时候也这么说："敌人的一切力量，魔鬼的一切主宰，撒旦的一切攻击和幻象，都会被上帝造物中的这油消灭。"受洗的婴儿也必须接受许多符咒：首先，在教堂门口，祭司会对着孩子的脸吹三口气，并说："驱赶掉他的不洁之灵，为保惠师的圣灵腾出位置。"仿佛所有的孩子在被祭司吹气之前都是魔鬼。同样，在进入教堂之前，祭司也会像之前那样说："我召唤尔等出去，离开这上帝的仆从。"祭司在施洗之前还要重复相同的祝祷。这些咒语以及其他咒语都是用来主持洗礼和圣餐等圣礼的，而在圣礼中，凡是有神圣作用的事物（除了祭司不洁的唾沫）都有一定的驱魔用途。

婚礼、临终涂油、探病以及为教堂与教堂墓地祝圣等仪式都会用到咒语或附过咒语的油和水，祭司们还会滥用十字架和大卫的圣言（"主啊，你必恩洒于我"），并将这些都当成能驱逐鬼魂和幻象的事物。

另一个常见的错误则来自对"永生""永死"与"第二次死亡"的误解。我们能从《圣经》中看到，上帝创造了亚当并赐予其永生，但他的永生是有条件的，即"不可违抗上帝的命令"。永生也不是人类与生俱有的，而是一种来自生命之树的特质。亚当犯下罪行之前能够任意食用树上的果子，但犯下罪行之后就被逐出了天堂，不能继续食用果实延续永生了。基督受难的目的就是洗清信徒们的罪，并让他们恢复永生，但是当下的教义已渐行渐远，他们说：人类天生就有永恒的生命，因为人的灵魂是不朽的。因此，天堂入口的火焰剑虽然妨碍了人们来到生命之树下，却不妨碍人们重获上帝因罪而剥夺的永生，也不要求他们必须通过基督的牺牲才能恢复永生。所以，无论正义的信徒还是邪恶的异教徒都能获得永生，并且不会经历任何死亡，更没有第二次永死。为了解决这个问题，第二次永死就被说成是第二次永生，但是会在永生中接受永刑。然而《圣经》中从来没有这种教义。

这些教义只能从《新约》中一些含混不清的地方看到。然而，从整本

《圣经》的范围来看，它们虽然在另一种意义上是明确的，但是对基督教信仰而言是不必要的。假设一个人死了，并且只留下了尸体，难道只用话语就能抟土造人的上帝不能轻易地将他复活并赐予他永生，或是通过另一句话让他再次死亡吗？《圣经》中说的"灵魂"都指"生命"或"活物"，而身体与灵魂结合起来就是"有生命的身体"。在创世的第五天，上帝说，让水产出"有活灵魂的爬行动物"，也就是"有生命的爬行动物"。他又创造了鲸鱼和其他活物。同样，上帝抟土造人，将生命的气息吹在他脸上，人就成了活物；在挪亚离开方舟之后，上帝说自己不会再惩罚任何其他活物了。《申命记》第十二章第二十三节中讲道："不得食用血液，因为血液是灵魂（也即'生命'）。"由此可知，如果灵魂是能脱离身体存在的非实质实体，我们就能将这一结论推广到其他活物身上了。但是，从复活到永生的过程中，信徒的灵魂是因为上帝的恩典而非其自身的性质才留在身体中的，我已经在本书第三十八章中依据《圣经》充分地证明了这一点。至于《新约》中说"人要把身体和灵魂扔进地狱之火"的地方，指的就是身体和生命，即它们要被活生生地扔进永恒的地狱之火。

就是这扇窗让黑暗的教义有了入口。首先是关于永刑的说法，然后就是关于炼狱的说法，还有在神圣、孤寂或黑暗之地游荡的亡灵等说法，因此也就有了驱魔、驱鬼和召唤亡灵的说法。还有关于宽恕的说法，这一说法能让人们暂时地或永久地免于炼狱之火。据说，在炼狱之火中，非实质实体会被焚烧净化并进入天国。因为在救主之前的时代中，人们普遍沾染了希腊人的魔鬼学说，认为人的灵魂是与身体不同的物质，而且当身体死亡时，无论虔诚之人还是邪恶之人的灵魂，都一定会因为灵魂的性质而存在于某个地方，无关乎上帝的超自然恩赐。教会的圣师怀疑了很久，这些灵魂在人们复活时与身体重聚之前，应该待在什么地方。他们有一段时间曾假设这些灵魂躺在祭坛之下，但后来的罗马教会发现为它们造出一个炼狱的概念更好，而根据某些后世教会的说法，炼狱甚至已经被拆毁了。

现在我们来考虑一下，哪些经文看起来最能证明我在这里提及的三种常见错误。我已经对贝拉民大主教用来证明"此世的上帝王国由教皇代治"而引用的有关经文（除此之外则没有更有利的证明）做出了回应，并证明了摩西按约建立的上帝王国是因为选出了扫罗为王才终结的，并且之后的祭司不曾以自身的权力废黜过任何国王。所以大祭司对亚他利雅做出的行为不是出于自己的权力，而是出于她的孙子幼王约阿施的权力。但所罗门却能以自己的权力罢免大祭司亚比亚他，并另立了一个人替代他。在一切被用来证明上帝王国已经存在于此世的经文中，最难解的并不是贝拉民引用的部分，也不是罗马教会引用的部分，而是贝扎引用的部分，他觉得这个王国会在基督复活时出现。我不太清楚他的目的是要让长老会在日内瓦共和国里掌握最高教权，并让各国的长老会都掌握这一权力，还是要让国王与其他世俗主权者掌握权力。因为在教会掌权的国家里，长老会有开除国王教籍的权力，并且其自身也是宗教方面的最高仲裁人，与教皇拥有的权力不相上下。

他引用了这段原文："我严肃地对你们讲，站在此处的人们，有些人在品尝死亡前，一定会见到上帝的王国带着权力降临。"（《马可福音》第九章第一节）从字面上看，这些话表明了：要么这些人当时站在基督身旁，且仍然活着；要么上帝王国一定处于此世之中。另外还有一处更加难解，使徒在救主复活之后到升天之前的时间中询问道："你是否要在这时复兴以色列国？"耶稣回答："父定下的时间不是你们能知道的，但你们要从降临在身上的圣灵那里获得能力，在耶路撒冷全地、撒玛利亚乃至地极，都要做我的见证人（殉道者）。"（《使徒行传》第一章第六节）这就等于说：我的国尚未降临，你们也不应提前知道它将于何时降临，因为它会像夜晚的小偷那样悄悄降临；但我会赐予你们圣灵，你们可以通过它的权力在世上传教，见证我的复活、我的功业，还有我传布的教义，这样人们就会信仰我，并期待在我第二次降临时获得永生。这如何证明基督的王国将在他复活时降临呢？圣保罗也在《帖撒罗尼迦前书》第一章第九节、第十节中讲过："他们离开偶像，转而侍奉永生的真神，并静候他的儿子从天上降临。"在这里，"静候他的儿子从天上降临"就等于"静候他掌握权力并降临为王"。但是，如果他的王国已经存在了，就不应该让人等候。此外，如果像贝扎引用的《马可福音》第九章第一节中说的，上帝的王国在基督复活后就会出现，那么基督徒们为什么还要在基督复活后一直祈祷"愿你的国降临"呢？所以圣马可的话显然无法这样解释。我们的救主曾说"站在此处的人们，有些人在尝到死亡前，一定会见到上帝的王国带着权力降临"，假如上帝的王国在耶稣复活时就已降临了，那么又为什么要说"有些人"而不是"所有人"呢？毕竟他们全都活到了耶稣升天的时候。

但是，那些要求对这段经文做出明确解释的人，我希望能让他们先对救主讲给圣彼得的、有关圣约翰的话做出解释："我要他活到我再来的时候，这与你有什么关系？"（《约翰福音》第二十一章第二十二节）以此为据，有传闻称他不会死亡，但是这一传闻的真相并没有因为这句话可靠而得到证实，也没有因为其不可靠而被驳斥，只是作为一个难以理解的句子存留了下来。在《马可福音》中也有相似的难以理解的句子。如果从这些句子的后文来判断是合理的方法，并能通过这种方法判断这句话和《路加福音》中的重复句子的含义，那么我们就可以说这句话和"变容"（transfiguration）相关，这一点在紧接其后的几节中有所描述："过了六天，耶稣带领彼得、雅各和约翰三人上了高山，并在他们面前转变了容貌。他的衣服开始发光，洁白胜雪。忽然，摩西和以利亚出现在耶稣身前并与他交谈。"所以，他们就看到了耶稣伴着荣耀与威严，如他即将降临一般，他们由此感到"非常畏惧"。我们的救主就这样通过异象实现了自己的承诺。至于这是否属于异象的问题，我们可以通过圣路加对这一事迹的记录来推断：《路加福音》第九章第二十八节中记录到，彼得和同伴睡得很沉。但对于相同的事情，《马太福音》中的记录最为确切，在第十七章第九节中我们的救主嘱托他们："在人子死而复生之前，不得将你们所见的告知世人。"无论如何，这些都无法证明上帝的王国只从审判日到来的那天才开始。

　　除了贝拉民引用的部分外，还有一部分经文能证明教皇拥有统治世俗主权者的权力，如基督和其使徒有两把剑，分别是世俗之剑与属灵之剑，据说基督把世俗之剑赐予了圣彼得。又如在两个天体中，大的代表教皇，小的代表国王。人们或许还能从《圣经》第一节中推论出：天指的是教皇，地指的是国王。但这并不是依据《圣经》做出的推论，而只是在恣意地诋毁君主罢了。自教皇的地位愈发巩固之后，蔑视一切基督徒国王就成了一种风潮。他们踩在皇帝的脖子上，引用《诗篇》第九十一章第十三节中的话嘲讽国王与《圣经》："你应踩在狮子与大蛇身上，用脚踏一踏这少壮的狮子与大蛇。"

　　再说到祝圣礼，虽然绝大多数祝圣礼都取决于教会领袖的自由裁量与判断而非《圣经》的记载，但是这些领袖也有义务按照行为本身的性质加以指导，如仪式、语言和手势是否得体，是否有含义，并且至少也要符合行为的要求。当摩西为营帐、祭坛和祭坛之上的器皿祝圣之后（《出埃及记》第十一章第九节），他遵照上帝的命令为它们涂抹油膏，因此它们也变为圣物了；这里根本没有什么驱魔和驱鬼的行为。当摩西为大祭司亚伦与他的儿子祝圣时，他只是以普通的水而非施过咒的水为他们洗涤，然后让他们披上衣物并为他们涂抹油膏，这样他们就被圣化了，并能在祭司的职位上服侍上帝。简而言之，他们先得到了简单且得体的清洁，然后被装扮起来，以仆从的身份被献给上帝。当以色列的世俗主权者所罗门王为自己建造的神殿祝圣时（《列王记上》第八章），他站在以色列会众面前，先是为他们祝福，然后感恩上帝为自己的父亲立下建造这一神殿的志向，并赐福给自己，使自己能完成这一事业，然后他就向上帝祈祷：首先，请求上帝接受这一神殿，即使它不可能与上帝的无限伟大相匹配。其次，请求上帝听取他的仆从在神殿中的祈祷，以及他们不在殿中时朝着神殿方向的祈祷。最后，他奉上了平安祭的牺牲，神殿的落成礼也就完备了。其中没有游行，国王仍然站在最开始的位置上；没用到任何驱魔水；没用到洒圣水礼，也没在其他场合说过不敬的话。他说的都是得体且合理的话——为上帝献上他新建的神殿时，这些话是最符合这一场合的。

经文中找不出圣约翰为约旦河驱魔的记载，也找不出腓利为宦官施洗时为水驱魔的记载。在使徒时代，没有教士把自己的唾沫涂到受洗者的鼻子下并说"作为献予主的甘味"。在这一仪式中，使用了不洁的唾液并轻率地引用了《圣经》这种做法，无论做出的人有什么权力都是不合理的。

有些人说，灵魂脱离了身体之后就能得到永生，而且能得到永生的不只是那些因为基督的牺牲而赎清了来自亚当的罪的选民灵魂，那些神弃之人的灵魂也能因为上帝赐予全人类的某种普遍天性，不另受神恩就能得到永生。很多经文初看之下仿佛足以证明这一观点，但将其与本书第三十八章引用的《约伯记》第十四章的内容进行对比，我认为更可能得出与约伯不同的解释。

首先引用的是所罗门的话语："那时，尘土要归于尘土，灵也要归于上帝，一如其来处。"（《传道书》第十二章第七节）若没有含义与之相反的经文，那么这句话就能这样解释：当人们死后，只有上帝知道人类灵魂的结局如何，而人类是无法得知的。所罗门在同书第三章第二十节、第二十一节中说的话与我的解释相同，他这么讲道："人与兽同归一处：都出于尘土，最终也归于尘土中。谁清楚人的灵是向上升去，而兽的灵是下降入地的呢？"也只有上帝才能知道。对于无法理解的事，我们也常说"上帝知道那是什么""上帝知道在哪里"。《创世记》第五章第二十四节中讲道："以诺与神同行，神会把他取走，他就离开世间了。"《希伯来书》第十一章第五节中这样解释道："他被接走了，不一定是死了，人们寻不得他，是因为神将他接走了。他被接走前曾做过见证，因此取悦了神。"这句话不仅包含了身体的不朽，还包含了灵魂的不朽。它证明了，通过这种方式让身体升天的人必然会得到神的青睐，然而对那些与邪恶之人同行的人不适用，因为这取决于神恩而非人类的天性。从另一方面看，所罗门在《传道书》第三章第十九节中讲道："由于人们所经历的兽也会经历，他们的经历是相同的。所以人们如何死，兽也如何死。二者有相同的气息（相同的灵）。人不比兽更高明，因为都是虚无的。"从字面上看，这里既没有讲到灵魂的不朽天性，也没有与选民因上帝恩典而享受的永生相抵触。《传道书》第四章第三节中有："那些从未出生的，比他们都好。"也就是说，比"活着的"或"曾活过的"都好。但是，要说所有活过的人的灵魂都是不朽的，这话就很难成立了，因为这就等于说，拥有不朽的灵魂比不曾拥有灵魂还糟糕。同样，在第九章第五节中有："活人知道自己会死，但死人却什么都不知道。"这里是依据人的天性来说的，而且说的是身体复活之前的事。

此外，似乎还有一处也能证明灵魂有不朽的天性，就是我们的救主称亚伯拉罕、以撒与雅各都活着。但这里说的其实是上帝的承诺以及他们复活的必然性，而非他们实际上还活着。同理，上帝对亚当说"食用禁果那天就一定会死"也是这个道理，因为从那天起他就是一个被判了死刑的人，但直到将近一千年后死刑才得到执行。因此，在耶稣讲话的时候，亚伯拉罕、以撒与雅各都在承诺中活着，需要等到全体复活的时候才能真正地存活于世。至于财主和拉撒路的经历[1]，如果我们只将其当一个比喻看的话就没有什么好反驳的。

---

[1] 财主与乞丐拉撒路同为亚伯拉罕的后代。财主的生活奢靡挥霍，看到乞丐拉撒路躺在他的门口也不予帮助。拉撒路只是捡财主桌上掉下来的零碎充饥，他死后在亚伯拉罕的怀中安息，而财主死后在地狱受苦。

但是，在《新约》中还有一些经文能直接表明邪恶之人的不朽，因为他们明显都要复活并接受审判。此外还有很多经文称他们会面临"永火""永刑"和"永罚"，而且"良心的蛀虫永远不死"。这些都包含在"永死"一词中，这个词也通常被解释成"在刑罚中的永生"，但我从经文中找不到相关的证据。上帝是仁慈的父，上天入地无所不能，而且能掌握人的心灵、引导人的行为与意志，如果离开了他的无私恩赏，人们就无法为善或是忏悔恶行。那么，又怎么能说他会用人类无法想象的残酷刑罚永恒地惩罚罪人呢？所以，我们需要思考"永火"与《圣经》中的一些相似词汇究竟是什么含义。

我已证明过，基督统治的上帝王国会从审判日那天开始。在那天，所有信徒都会在荣耀中以灵体重生，并在永恒的上帝王国中做上帝的臣民。他们不会像肉身那样需求饮食，也不再行嫁娶之事——他们不再需要以传宗接代的方式实现永恒，而只是以个体的形式实现永生。被神遗弃的人同样会复活，并要为自己的罪接受惩罚。那些在审判之日还活着的选民，其尘世的肉身会瞬间变为不朽的灵体。但我们在《圣经》中看不到相关的经文说，那些臣服于撒旦王国的神弃之人也将退去肉身并变成荣耀的灵体，不吃不喝不嫁不娶，并且像信徒或犯罪前的亚当一样享有永生。有的只是一些关于永刑的记载，并能从中得出不同的解释。

从中可以推论出：如果选民复活后会恢复到亚当犯罪前的状态，神弃之人则会处于亚当及其后裔犯罪后的状态。即使上帝曾对亚当承诺过，将会有一位救赎者出现，他的后裔会信仰此人并忏悔。但是，那些已经因罪获死的神弃之人不在其中。

我们已经思考过，这些提及"永火""永刑""不死蛀虫"的经文，与"第二次永死"中"死"的本义并不冲突。那么，在炼狱、地狱这些地方，对邪恶之人的火刑或其他刑罚也就永无止息。虽然无法让所有恶人同时承受永刑，但他们也一定会被不断地送入火中受刑。由于恶人被置于亚当犯罪后的境地中，所以在全体复活之后他们或许还保留着令人厌恶的有朽肉体，并像以前的人类那样生活和嫁娶、繁衍不息，《圣经》中也没有与这一点相悖的说法。圣保罗在《哥林多前书》第十五章谈及全体复活时，只将其理解为复活并得到永生，而非复活并得到惩罚。对于前者，他这样描述人们的身体："所种的是可朽的，复活的是不朽的；所种的是耻辱的，复活的是荣耀的；所种的是怯懦的，复活的是强大的；所种的是肉身，复活的是灵体。"这里没谈到什么有关复活并接受惩罚的事。同理，我们的救主在提到人们复活后的性质时，指的也是得到永生而非永刑后的性质。相关的经文有《路加福音》第二十章第三十四节、第三十五节和第三十六节，其含义十分丰富："此世的人有嫁娶，只有配得上那个世界，从死亡中复活的人才不行嫁娶之事。因为他无法再死亡，与天使无异。既然已经复活了，就是上帝之子。"生活在此世的人，因亚当的罪而丧失永生，需要行嫁娶之事，也即在死亡与生育间循环往复，这是族群的永生而非个人的永生。他们不配获得来世，也不配获得脱离死亡的绝对复活，只能成为世界的短暂过客，这就是对他们拒不信仰的惩罚。只有选民才是复活的子民，也即永生的继承人，只有他们能免于死亡、与天使地位相当并成为上帝的子女。神弃之人则不然，对他们而言，复活之后还会面临第二次的永死，而在复活与第二次永死之间都是受罚与受苦的日子。这样的刑罚与痛苦会由罪人们代代传续下去，直到永恒。

有关炼狱的说法，建立在我上文提到的"与肉体分离的灵魂在天性上是永恒的"这一说法。因为先前假设了唯有通过神恩才能获得永生，那么有生命的就只有肉体，并且在复活之前无法永生。贝拉民从《旧约》正典中引用了与炼狱相关的经文：第一处是大卫为了扫罗与约拿单而禁食的部分，记载于《撒母耳记下》第一章第十二节中。在第三章第三十五节中还有他为押尼珥的死而禁食的记录。他称大卫的禁食是为了在自己死后从上帝那里获得什么，因为，当大卫知道孩子死亡的时候，就立即停止了为孩子的康复而进行的禁食，并立即要求饮食。既然灵魂独立于肉体存在，且人们的禁食无法为已经在天堂或地狱中的灵魂获得任何东西，那么就能推论出有些亡魂并不处于天堂或地狱中，而是在第三个地方，即炼狱。这样生拉硬拽一番之后，他勉强引用了一些能证明炼狱存在的经文。很明显，当哀悼和禁食的仪式用于那些生命与哀悼者的直接利益无关的死者时，这些仪式只能一尽哀荣。但是，当这些仪式用于那些生命与哀悼者的直接利益有关的死者时，举行仪式就是为了平复哀悼者受到的伤害。所以大卫用禁食来纪念扫罗和亚伯纳，并在自己的孩子死亡时，用普通的食物使自己得到安慰。

他从《旧约》中引用的其他部分都很难作为论据。他引用了一切含有火焰、愤怒、燃烧、洗罪和除罪等词的经文，就连教士在布道时以比喻的方式引用的、已被人们相信的有关炼狱的说法，他也一并引用了。例如《诗篇》第三十八章第一节中的："神啊，请您不要带着盛怒责备我，不要在极为不悦时惩罚我。"在这一段话语中，若不是奥古斯丁曾用"地狱之火"来解释"盛怒"，用"炼狱"来解释"不悦"的话，这句话和炼狱又有什么关系呢？还有《诗篇》第六十六章第十二节的："我们经过水火，你令我们抵达丰硕之地。"还有其他许多类似的经文。那时的圣师试图用这些经文补充或装点他们的布道文或注释，但这种强行解释又能包含什么真知灼见呢？

他另外还引用了一些《新约》的经文，这部分就不太容易做出回应。首先是《马太福音》第十二章第三十二节："所有在话语上冒犯了人子的人尚能得到赦免。但是以话语冒犯圣灵的人，在此世与来世都无法被赦免。"他据此认为炼狱存在于来世，一些在此世无法被赦免的罪会在那里被赦免。然而，很明显只存在过三个世界：第一个是从上帝初创直到被洪水摧毁的世界，《圣经》中称为"旧世界"；第二个是洪水之后直到审判日的世界，《圣经》中称为"此世"；第三个是自审判日起直到永恒的世界，《圣经》中称为"来世"。而人们都认同炼狱不会存在于来世中，所以这两者就存在矛盾。那么，我们救主的话是什么意思呢？我承认这与现在被广为接受的观点有矛盾，但是坦率地承认《圣经》过于深奥、以人类的浅见无法了解，也不是什么耻辱的事。不过，我会为更博学的神学家们提供经文原本的含义，以便他们思考。第一，"以话语冒犯圣灵的"。因为圣灵是三位一体中的第三个人格，所以冒犯圣灵就等于冒犯圣灵所在的教会。似乎这是将下面两类情形进行了比较：一方面是我们的救主在此世传教的时候，也即身处尘世的时候，能轻易地容忍人们的冒犯；而另一方面，在他之后的教士们，却对那些不承认他们的权力来自圣灵的人十分无情。救主好像在说：你们这些不认同我的权力，甚至将我钉在十字架上的人，只要忏悔并向我皈依就能得到我的宽恕。但若你们不承认日后那些以圣灵的名义向你们传教的人，他们就不会宽恕你们而且十分无情，会在此世对你们施加迫害，让你们得不到赦免；无论你们是否归服于我，只要你们没有归服于他们，他们就会尽可能地对你们施以来世的惩罚。所以，这些话就被视为预言，或对时代的预测，基督教会也一直这样认为。如果其含义并非如此（我在这类疑难问题上从不固执己见），那么在全体复活后就可能会有一个供某些罪人忏悔的地方。似乎还有一处能支持这一说法，我们可以考虑一下圣保罗的话："否则，那些为死人施洗的人以后会如何呢？如果死人总不复活，又为什么要为他们施洗呢？"（《哥林多前书》第十五章第二十九节）人们或许会像某些人一样做出这样的推论：在圣保罗的时代有着替亡者施洗的习俗，就像现在信主的人为无法信主的婴儿做出信仰方面的担保那样，他们也为亡友做出担保，以确保亡友能为救主的再次降临做好准备，并在未来奉救主为王。这样看来，在来世就不需要通过炼狱赦罪了。但是，这两种解释中存在很多悖论使我难以相信，因此我就把这些问题向那些精通《圣经》的人提出，看看是否有更为清晰明了的经文能用作驳论。据此，我在《圣经》中发现了一些明确的证据，告诉我不仅"炼狱"一词不存在，就连"炼狱"这个东西都不存在。它不见于任何经文，也不能证明一定存在着脱离了肉体的灵魂所属的地方——无论是拉撒路死了四天的灵魂，还是罗马教会宣称正在炼狱中受苦的灵魂都不属于这一地方。其原因在于，上帝既然可以赐予土块生命，那么当然也有使死人复活的权力，并且能将他无生气的腐烂尸体重塑成荣耀的、属灵的且不朽的身体。

还有一处在《哥林多前书》的第三章，其中讲到以正确的基础建造的草木秸秆工程会被烧毁，但是"这些人都会得救，就像穿越火焰那样"。他称这种火焰为"炼狱之火"。但如我上文讲到的，这些话都暗指《撒迦利亚书》第十三章里第九节的内容，救主说："我将带这三分之一的人穿过火焰，以精炼银子的方式精炼他们，以试炼金子的方式试炼他们。"这里讲的是弥赛亚会伴随权力与荣耀降临，即在审判日与此世的火中降临。但选民不会被摧毁，而是会被精炼，这就意味着废除了他们的错误教义与传统，并像最初立约时那样呼唤真神的名字。同理，当使徒谈及宣扬了"耶稣就是基督"这一基础教义却从中得出错误推论的人时，也说他们不会被重塑世界的火焰摧毁，而是会在火焰中得救——只要他们能发现并消除之前的错误。经文中的"建造者"就是教士，"基础"就是"耶稣就是基督"，"草木秸秆"就是"因为无知而从基础教义中推得的错误结论"，"金银珠宝"则是真正的教义，他们的精炼或洗罪就是"消除自己的错误"。在这一切说法中，都没有提及焚烧"非实质物"，也即焚烧"灵魂"的说法。

第三处是上文提及的《哥林多前书》第十五章第二十九节中为亡者施洗的观点。他据此得出的结论是：首先，为亡者祈祷是有益的。其次，他据此推得了炼狱之火的存在。但这两个结论都是错的，因为他从"洗礼"一词的诸多释义中，选择了"忏悔"这一隐喻义。从这一意义上讲，人们禁食、祈祷以及施舍的行为都等于受洗，所以"为亡者施洗"与"为亡者祈祷"就成了一个意思。但这属于比喻，在《圣经》中的用法以及其他用法中都没有这种例子，这也与《圣经》的主旨精神相悖。"洗礼"这个词语还能用来表明"浸于血泊中"，就像基督被钉在十字架上那样，这与大部分使徒为其做见证的情形一样。（《马可福音》第十章第三十八节、《路加福音》第十二章第五十节）但是，我们很难说"祈祷""禁食""施舍"与"浸于血泊中"有任何关联。《马太福音》第三章第十一节中也将"洗礼"一词用为"以火焰涤罪"，这似乎证明了炼狱确实存在。但事实是，这里提到的"火焰"和"涤罪"与先知撒迦利亚的话语无异："我将带这三分之一的人穿过火焰，……精炼他们……"（第十三章第九节）之后圣彼得同样说："既然试验了你们的信心，那么你们的信心就比经过火焰试炼的金子更加珍贵，能在耶稣基督现形的时候获得赞赏、荣耀与尊荣。"（《彼得前书》第一章第七节）圣保罗说："这火要检验各位的工程怎么样。"（《哥林多前书》第三章第十三节）但是，圣彼得与圣保罗提到的火焰是基督第二次降临时出现的火焰，先知撒迦利亚称之为"在审判日产生的烈焰"。那么，圣马太此处的话语就可以这样解释，也就不需要用所谓"炼狱之火"来解释了。

　　"为亡者施洗"的另一种解释，就是我在上文提及的，他宁愿采纳这一种而不采纳第二种可能的部分。他以这一点为依据推理出了"为亡者做祈祷"的用处：如果全体复活之后，未曾听闻过或不信基督的人也能获许进入基督的王国，那么这些人的亲友在他死亡之后与复活之前为他进行的祈祷就是有意义的。如果我们同意，上帝在听到信仰者的祈祷时，能让那些不曾听过基督传道，也因此无法不承认基督的人皈依，并且上帝也认可人们在这方面展现出的爱是无可挑剔的；但是，这仍然不足以推理出炼狱确实存在的结论。其原因在于，"从死中复活"与"从炼狱中复活"是两回事，后者包含了两重复活，也就是由刑罚提升至福祉的复活。

　　第四处是《马太福音》第五章第二十五节、第二十六节："尽快与那个和你在打官司的途中的对家和解，否则他会将你交到法官手中，法官又交到长官手中，你就会被投入监狱了。我郑重地告诉你，如果有一分钱没有缴清的话，你就无法脱身而出。"就这个比喻来看，触犯法律的人就是罪人，"对家"与"法官"就相当于上帝，"途中"就是此世的生活，"监狱"就是墓地，"长官"则是死亡，罪人绝不会从死亡中得到永生，而会在缴清最后一分钱时迎来第二次死亡。或者由基督通过自己的受难为他缴清，这足以赎清任何或大或小的罪，二者都会因为基督的受难而成为可宽恕之人。

第五处是《马太福音》第五章第二十二节："任何无缘无故对弟兄发怒的，都会被判为有罪。任何侮辱弟兄为废物的，都会被议会判为有罪。任何称弟兄为蠢人的，都会受到地狱之火的惩罚。"他从中推论出了三种罪恶与三种惩罚，只有最后一种才会受到地狱之火的惩罚；所以，在此世以后，小罪就会在炼狱中受罚。他的推论与迄今出现的任何解释都毫无关联。在此世以后，审判各种罪行的法庭难道会像法官和宗教会议那样区分类别（救主时期的犹太人就是这样）吗？难道司法权没有完全归于救主与其使徒吗？所以，想要理解这些经文，我们就不能孤立地分析它，而一定要与前后文关联着分析。我们的救主在这章里解释了摩西的法律：在犹太人看来，只要他们在字面含义上遵守了法律，那么无论他们怎样违背了立法者的宗旨与精神，都算是充分地遵守了法律。所以，他们就觉得只有杀了人才算打破了第六诫，只有和不是自己妻子的其他女人睡觉才算打破了第七诫；但是，我们的救主对他们这样讲，如果一个人并不具备正当的理由，那么他在心中对弟兄发怒就算是杀人。他讲到，你们已经很熟悉摩西的法律——"不得杀人""所有杀人者都需要被法官判决"，或由七十人开庭会审；但是我这样同你们讲，无端朝自己的弟兄发火或侮辱他为"废物"或"蠢人"的行为都算杀人，会在审判之日被基督及其使徒用地狱之火惩罚。因此这段话的用处就不是区分不同的罪行、法庭或惩罚，而是区分罪与罪之间的区别；因为犹太人的区分方式不是依据不同人服从上帝的意志的区别，而是依据世俗法庭的区别。并且，这些话同样对他们讲明了：蓄意伤害弟兄之人，即使只辱骂了弟兄，或没有做出实际的举动，也会被法官或审判者投入地狱之火。审判日到来时，法庭就不会做出区分，而会等量齐观。在明白了这一问题之后，如果仍然能从这段话中维持对炼狱的认识，我就难以想象了。

第六处是《路加福音》第十四章中的第九节："要用那些不义之财结交朋友，等到财富不起作用的时候，他们就能把你们接入永恒的营帐中。"他引用这一段是为了证明"召唤已故圣徒的亡魂"的问题。但是其中的含义很清楚，讲的是我们需要通过财富与贫者结交，让他们在活着的时候为我们祈祷。"他赠予穷人的，就是借给主的。"

第七处是《路加福音》第二十三章第四十二节："耶稣啊，当你的王国降临时，请记得我。"他据此讲道：因此，此世之后仍有赦罪。但这个结论并不正确。我们的救主在那时赦免了此人，并会在伴随荣耀降临的时候让他恢复永生。

第八处是《使徒行传》第二章第二十四节，其中谈及救主的时候讲道："神让他复活，并解除了死亡的痛苦，因为他不能被死亡所困。"他将这段话语解释为，基督在炼狱降临并开释了一些受刑的灵魂。但是，很明显的，被开释的是基督，不能被死亡与墓地所困的也是基督，而非炼狱中的灵魂。然而，如果我们仔细阅读贝扎对这部分经文的注释就能发现，这里应该是"束缚"而非"痛苦"，所以就不再有什么理由能让我们在这些经文中寻找"炼狱"了。

第四十五章
论外国人（异教徒）的魔鬼学及其他宗教的残余

明亮的东西在视觉器官上留下的印象，一部分是通过一条或多条直线从不透明的东西反射来的，还有一部分是经过透明的东西折射到了被上帝创造出视觉器官的动物那里留下的构想映象，对物体的印象就由此得来。这种构想映象就是所谓视觉，它似乎并不仅仅是构想出的映象，而是我们体外确实存在的事物本身。相同的，如果一个人的眼部受到了猛烈的挤压，那么他的身体外部就会出现一道光线，能感受到这一光线的只有他自己。这是因为他的体外其实并不存在任何事物，只是他的内部器官受到了压迫，并随之引发了器官的运动让他产生了这种感觉。这种压力引发的运动，如果在导致它产生的物体移去之后还继续产生影响，就构成了我们通常讲到的构想映象或记忆。人们在睡眠时，这种情形有时来自疾病或强劲的外力产生的巨大扰动，那就是梦。对于这些问题，我已经在第二章与第三章进行了简略的探讨。

古代那些自称具备自然知识的人都未曾发现视觉的这一特质，而那些对与自己的利益关系不大的事物毫不上心的人，就更不会发现了。在古代，人们普遍认为幻象或感受到的映象是确实存在于体外的事物，当它们部分地消失的时候，很多人并不清楚这些事物离开这里去到了何处，也不清楚这些事物是如何消失的，所以他们就认定这些事物具备"非实质"的特质，也即具备"非物质"的性质，也称为"无物质的形式"，它们不具备物体的色彩或形状，并能将气态物体像衣物那样穿在身上，还会在自己愿意的时候显形，让我们能以肉眼看到。还有些人将它们称为"物体"和"动物"——由空气或其他更稀薄的、类似以太的物质构成，当它们能被看到的时候，就代表着它们浓缩了。然而，这两种人都同意为它们冠以"魔鬼"之名，就好像说他们自己梦境中的死人不是大脑中的映象，而是在空气中、天上或地狱中确实存在的鬼魂，而不是幻象。其中的道理就像是某人说自己在镜子中看到了自己的幻影，或在江河里看见了星辰的幻影那样；抑或是将大概十三英寸的普通幻影当作魔鬼或照耀全世界的伟大太阳的幻影那样。这样一来，人们就会将它们当成在认知之外、有无限的力量并能为他们降灾或赐福的事物来畏惧。所以外国的统治者就建立了"魔鬼学"，利用人们的畏惧来维系和平与人们的臣服，而且在这些异教中担任大祭司并编撰神话的人会得到特殊的尊敬或青睐。他们将一部分魔鬼称为"善魔"，另一部分则是"恶魔"——善魔促使人们服从，恶魔则约束人们遵守法律。

他们一般提到的魔鬼到底是什么东西？希腊最古老的神话编撰者之一——赫西俄德，其编撰的《神谱》或许能够回答一二。从其他史书中也能发现这一问题的一些答案，本书第十二章探讨过其中的几本。

希腊人通过征服他国与建立殖民地的方式，将自己的语言传播到了埃及、亚洲与意大利等地，其中一定有他们的魔鬼学。圣保罗将这种魔鬼学称为"魔鬼的道理"（《提摩太前书》第四章第一节）。这股不正之风便由此传播到了犹大、亚历山大里亚等地的犹太人及其他散居的犹太人那里。但是，他们并不像希腊人那样同时用"魔鬼"这个词来形容"善魔"或

"恶魔"，而只用来形容"恶魔"。在说"善魔"的时候，他们往往将其称为"神的灵"，同时还认为，如果身体被神的灵进入了，那么这具身体就属于先知。总的来说，一切特殊的事，如果是好的，人们就归为神的灵；如果是恶的，人们就归为魔鬼，也就是恶魔或邪魔。所以，疯人、精神病人或癫痫患者一般被我们称为"被魔鬼附身的人"；那些因为话语无法被理解而被认为是语无伦次的人也相同。他们还认为不洁之人是被"不洁之灵"附身，哑巴则是被"哑魔"附身。在《马太福音》第十一章第十八节中，施洗者约翰因为比较罕见的绝食行为，而被称为"被魔鬼附身"之人。他们还宣称我们的救主就是被魔鬼附身的人，因为他这样讲过："人们如果听从他的话就永远不需面对死亡……现在我知道你是被魔鬼附身的；亚伯拉罕已经死去，诸位先知也都死去了。"（《约翰福音》第八章第五十二节）另外，他还说："为什么要将我杀死呢？"人们答复道："你被魔鬼附身了，谁想要杀你。"（《约翰福音》第七章第二十节）从这些话就能看清楚，犹太人对幽灵都持有相同的观点，即认为它们不是幽灵，也非头脑中的偶像，而是真实且独立存在的幻象。

或许会有人提问，假如此类学说是不正确的，那么为何我们的救主不加以反对并且教导相反的学说呢？不仅如此，为何他还在某些情形下说出了一些能够证明这一学说的话呢？对此，我给出如下答案：首先，在基督说"灵不具备肉与骨"（《路加福音》第二十四章第三十九节）的时候，即使他说了世上有灵，也没有否认过它们属于物体。圣保罗在《哥林多前书》第十五章第四十四节中讲道："复活的是属灵的身体。"他在这里认同了灵的性质，但指的是具备形体的灵，这不难理解。因为空气与其他许多事物都属于物体，虽然不是肉与骨，但也不是肉眼能够识别的粗大物体。但是，当我们的救主与魔鬼对话，同时命令它离开一个人的身体的时候，假如他口中的魔鬼是癫痫、疯病等疾病，或是有实质的灵，那么这种说法是否不恰当呢？疾病可以听懂人类的话语吗？在一个富有生命灵气与动物灵气的肉身中，难道存在着一个具备形体的灵吗？是否存在着某种既无形体又非单纯构想出的灵呢？我这样回答第一个问题：我们的救主在向被他治愈的疯人或癫痫病患下命令的时候，并不比他斥退热病、风或海水更不恰当，因为后者无法听懂人类的话语，也不比上帝用命令创造天、光、太阳或星辰更不恰当，因为它们在存在之前无法听到任何话语。但是，这些话语并非不恰当的，因为它们恰恰证明了上帝话语之中存在伟力。那时人们普遍认为疯病或癫痫是魔鬼，所以，用"魔鬼"一词命令这些疾病从人身上分离出来就是恰当的了。第二个问题则有关它们"非实质"的问题：《圣经》中并没有提到过，除了能以自然方式操纵我们自身的灵之外，还有什么实质灵体能附身于我们。

在《马太福音》第四章第一节中，圣马太讲道："圣灵变成鸽子停留在我们的救主身上以后，耶稣就受到圣灵的引导去往荒野了。"《路加福音》第四章第一节中还用类似的话语表达了相同的事实："耶稣被圣灵所充斥……圣灵会引导他去往荒野。"我们可以在这些话语中清晰地看到，这里说的"灵"就是"圣灵"。因为基督与圣灵属于同一实体，所以这就不是一种实体或物体附在其他实体或物体上，也就无法解释为"被附身"。紧随其后的几节中称基督被"魔鬼带至耶路撒冷，命他站在神殿上"（同章第九节），我们难道可以依据这些话总结出，他是被魔鬼附身或是被暴力地带到那里的吗？此外还有："魔鬼还带他到高山之上，将天下万国指给他看。"（同章第五节）在这里，我们不能认为他受到了魔鬼的附身或是魔鬼的强迫；严格来说，也不存在高到能让他们俯瞰整个半球的高山。那么，这些话的含义难道不是他自己去往荒野吗？难道他被带上带下、被从荒野带到城市以及从城市带到一座山上不属于异象吗？圣路加的话与之相符，他说救主不是"被灵带去"荒野的，而是"在灵中去"荒野的。关于救主被带到山上以及神殿尖塔上的事，他与圣马太所说的相同，这也符合异象的性质。

此外，圣路加提及加略人犹大的时候讲过："撒旦进入了他，于是他就去和大祭司以及守殿的官员商议，怎样能把耶稣交给他们。"对此可以这样答复："撒旦（即敌人）进入了他"的含义就是，他对自己的救主与主人产生了敌对或背叛的想法。因为，"圣灵"一词在《圣经》中常常被理解为"圣灵赐下的恩典与善念"，因此"撒旦的进入"就能理解为"恶念与背叛基督及其门徒的阴谋"。我们很难说犹大心中的"恶念"与"撒旦的进入"何者在先，所以，"撒旦的进入"与他的"邪恶企图"就是一回事。

但是，如果根本不存在非物质的灵，也不存在实质灵体对人体的附身，人们可能就会发问：我们的救主与使徒为何不曾明确地教导百姓，以避免他们对这些事物产生疑虑呢？然而，对基督徒的得救而言，这些事物与其说是有必要询问的，倒不如说是人们受到了好奇心的驱使。实际上，人们还能这样发问：既然基督可以将信仰、虔诚与其他各种美德赐给人们，那么他为何只把这些赐给一部分人而非所有人呢？他为何要让人们通过自己的自然理性和勤劳来探究事物的自然成因与知识，而不是通过超自然的方式启示所有人呢？此外还有很多类似的问题，但是对于这些问题，我们都能给出有可能成立并且符合信仰的理由：当上帝将以色列人带往应许之地的时候，未曾征服周边列国、创造出安全的环境，而是让列国像荆棘般围绕在他们周边，时时激发他们的虔诚与勤劳。因此，当我们的救主将我们带往他的天国时，并未将自然问题方面的困难都摧毁殆尽，而是将它们留下，以锻炼我们的勤劳与理性。他传教的范围仅限于为我们展示出得拯救的康庄大道，也即相信这一信条："他是基督，是永生神之子，被派来世间是要通过牺牲自己赎清我们的罪；当他再次降临的时候，会伴着荣耀统治他的选民，并将他们从敌人那里永远地解救出来。"有关"幽灵"或"幽灵附身"的观点，虽然会成为某些人离经叛道、标新立异的原因，但是对这一信条而言，不足以成为阻碍。假如我们在遵守上帝的命令时，要求《圣经》对我们遇到的一切困难给出答案，那么我们就同样能抱怨摩西不曾将创造这些灵的时间，以及创造地与海、人与兽的时间都记录下来。总而言之，我们在《圣经》中能看到天使、善灵和恶灵，但是看不到那些人们在黑暗中、梦中或异象中见到的非实质灵体（拉丁文将其称为 spectra），并将其视为魔鬼。另外，我发现确实存在实质灵体，尽管它们是稀薄且无形的，但我未曾见到有人被这种灵附身或让这种灵居留在体内。而且，就像圣保罗说的那样，圣徒的身体也是灵体。

然而，与之相反的说法，即存在非实质灵体的说法，过去一直在教会中盛行，并以此为基础出现了符咒之类的事物，即用咒语驱鬼的方法；即使这种方法很罕见，也只是被偷偷施行过，但是始终未被彻底清除。在原始教会中，有许多被魔鬼附身的人，疯人与患有各式奇特疾病的人只占少数；在当下，我们能看到或听说许多疯人，而被魔鬼附身的人却非常少。这不是因为事物的性质变化了，而是因为称呼改变了。曾经的使徒与其后的教士都曾治愈过这种奇特的病症，但是人们并未注意到，他们在现在也同样能做到；并且，现在任何真正的信仰者都无法做到那时的信仰者能做到的事，正如我们在《马可福音》第十六章第十七节、第十八节中看到的：
"以基督的名义驱鬼，讲新式方言，手能持蛇，如果饮下什么毒物，也一
定不会被害；以手按着患者，患者就能痊愈。"并且，在做出这些行为时
没有说出其他话语，只是口称基督之名。这种超凡的恩赐，很有可能只在
人们绝对信仰基督，并且只期盼在将来的国度中的至福时，才能让教会得
到这种特殊的恩赐；所以，当他们只追求权力与财货并以阴谋争夺此世王
国的时候，上帝就剥夺了他们曾经拥有的超自然恩典。

　　还有一种异教的残余，即偶像崇拜。这一教义不仅不属于《旧约》中
摩西的规定，也不属于基督在《新约》中的规定；同样也不是由外国带来
的，而是他们打着基督的名号遗留下来的。在我们的救主尚未开始传道的
时候，外国人中就有一种普遍的信仰，即将头脑中形成的幻象——来自外
界物体在感觉器官中留下的印象——当成神来崇拜。这些映象一般被称为
"理念""偶像""幽灵"或"构想"等，它们是那些外部物体引起的表象，
但并无实质，与我们梦中所见的事物并无不同。这就是为什么圣保罗在
《哥林多前书》第八章第四节中说："我们清楚偶像在世上并不真正存在。"
这不是说他认为由金属、石块或木头做成的雕像在世上并不真正存在，而
是说他们崇拜或畏惧并视之为神的偶像只是一种纯粹的假象，它不在某处，
没有居所，不产生运动，也并不实际存在，仅仅存在于思维活动之中。像
敬神一样崇拜这类事物的行为，《圣经》中称为"偶像崇拜"与"背叛上
帝"。因为上帝是犹太人的国王，他的代理人首先是摩西，然后是大祭司；
假如百姓被准许崇拜自己幻想出的偶像，并向它们祈祷，那么人们就不会
仰仗于那独一无二的真神了，并且也不会依靠自己的最高统治人摩西与大
祭司了。因此，人们将通过自己的欲望管理事务，这就会导致国家的混乱
乃至颠覆，并会因为缺乏团结而自我毁灭。所以，上帝的第一诫就是："除
了我以外，你不可信别的神，只能信奉唯一的真神。真神降恩同摩西讲话，
借摩西之口向他们传布法律与神谕，帮助他们维系和平，并将他们从敌人
那里永远地解救出来。"第二诫就是："你们不得为自己制作偶像。"因为，
当人们服从另一位国王的时候，无论这位国王是外国人立的，还是我们自
己立的，都相当于废黜了原来的国王。

　　据有些人说，《圣经》认可了"设立并崇拜偶像"或是"在崇拜上帝
的地方设立偶像"的行为。首先是两个例子：上帝约柜上的天使像以及铜

制成的蛇。其次，有一部分经文命令我们要崇拜与上帝有关的造物，比如他的脚凳。最后，还有一部分经文授予了我们崇拜圣物的正当性。但是，在我检验这些经文的效力，证实人们所说的究竟是什么之前，我必须先讨论一下应该如何理解"崇拜"（worshipping）、"映象（形象、画像）"（images）和"偶像"（idols）。

我已在本书第二十章中进行过探讨，"尊敬"（honor）就是对某个人的权力给出极高的评价。这一评价来自我们对他与其他人做出的比较。但是没有能在权力方面与上帝媲美的事物，如果我们对他的评价达不到"无限"的程度，那就不是尊敬而是不敬了。因此，若对"尊敬"的本质进行严格的界定，那他就是"隐秘的"且"内在于心的"。但是，人们内心的想法会外显为言行，作为我们"表达尊敬"的标识，那么这些言行就是"崇拜"，拉丁文称为 cultus。所以，向之祈祷、凭此发誓、顺从、勤勉地主动侍奉等一切能被理解为"畏惧冒犯他"和"渴望取悦他"的言行都是"崇拜"，无论这些言行是真诚的还是虚伪的。同时还因为它们是"表达尊敬"的标识，所以也被称为"尊敬"。

我们对那些被我们视为凡人之人表达的崇拜，就像对国王或掌权者表达的崇拜，都属于"世俗崇拜"（civil worship）；但我们对那些被我们视为神的对象表达的崇拜，无论是通过何种话语、姿势或其他动作表达的，都属于"神圣崇拜"（divine worship）。当一个人匍匐在君主脚下，但认为他只是一介凡人的时候，他的崇拜就属于世俗崇拜；当一个人在教堂中出于对上帝神殿的崇拜而做出摘去帽子的行为，那就属于神圣崇拜。有些人在探究世俗崇拜和神圣崇拜之间的差异时，依据的并非崇拜者的意图，而是"奴隶"和"仆从"这两个词语，这就等于在欺骗自己。实际上仆从分为两类：第一类是在战争中俘获的奴隶及其子嗣，他们无权掌握自身，生命也由主人的意志决定，所以只要触犯了主人就有可能丢掉性命，并且还会像牲畜那样被用于交易。第二类是那些因为受到雇用或想从主人那里获得好处而自愿服侍的人，也被称为"家仆"（domestic servants）。主人对他们行使的权力不得超过彼此间订下的契约。这两类仆从的共同点在于，他们的劳动是由他人安排的。希腊文中的 λάτρις（奴隶）一词，也用为这两类人的统称，含义就是"替他人工作的人"，被迫的奴隶与自愿的仆从都属于此。所以"奴役"一词一般就指"所有种类的服侍"，而"仆役"一词则仅仅用来指"对与其立下契约之人的服侍"以及"承担仆役的状况"。《圣经》则将它们混用,都指我们对上帝的服侍。因为我们都是上帝的奴隶,所以用"奴役"一词;因为我们都服侍上帝,所以用"仆役"一词。所有种类的服侍都被包含在其中,不仅是服从,也有崇拜,因此,这类行为、姿态和话语就能表示尊敬。

从最严格的意义上讲,"映象"就是某种可见之物的相似形态。在这一意义上,"幻象形式""幻觉"与"视觉中的可见之物"都只不过是映象罢了,就好比人或其他事物经过水的反射、折射后得到形象,以及通过空气直接见到的太阳或星星的形象。这些形象并不真实存在于我们见到的事物,也不存在于它们看上去应当存在的地方;它们的尺寸、形状也与看到的物体不同,并能随着视觉器官或眼镜的改变而变化。通常,它们会在对象并不存在的情况下,出现于我们的想象或梦中,或是变为其他颜色和形状出现,就像仅仅依赖于幻象的事物那样。因此,"映象"一词最初也被准确地称为"理念"和"偶像",它来自希腊文的 εἴδω,其原本的含义就是"看见"。这些词在同一语言中也被称为"幻象"或"幻影"。人类天生就有的、名为"想象"的官能就来自这些映象。很明显的是,既没有也不会有任何映象来自不可见的物体。

同样明显的是,不会有任何映象来自无限之物,因为所有映象与幻象都来自可见物体留下的印象,并且具有形状。但是,形状在所有意义上都是一种有限的量,因此没有来自上帝、灵以及人类的灵魂的映象。只有那些可见的物体才有映象,这就意味着,只有那些原本就能发光或能被发光体照亮的物体才有映象。

但是,人们还能幻想出他们不曾见过的形状,就是将不同动物的不同部分拼凑在一起,就像诗人描述的半人马、奇美拉[1] 和其他没人见过的怪物那样。人们也能为这些形状填上物质,用木头、陶土或金属制作出来。它们同样被称为"形状",不是因为它们与各种有实质的物体相似,而是因为它们与制作者头脑中的一些幻象相似。这些偶像原本是在人们脑中的,只不过人们以涂画、雕刻、模造或铸造等方式将它们制作成了实物,所以

---

[1] 奇美拉:古希腊神话中的怪物,拥有狮子的头、山羊的身躯和一条蟒蛇的尾巴,呼吸时喷出的是火焰。

幻象与实物就有相似的部分。因此，人类通过技艺制作出的实物，就是自然幻象的映象。

但就"映象"这个词的普遍用法来看，还包含了"由一物代表他物"的情况。所以世俗主权者就是"上帝的映象"，官员就是"世俗主权者的映象"。在外国人的偶像崇拜中，几乎不考虑实物偶像与他们想象中的偶像是否相似，但他们仍将这些实物称为"想象中的偶像的映象"。比如一块未经雕琢的石头能被视为海神的形状，另外，他们制作的各种形状也与他们想象中神的形状相去甚远。当今，我们能看到许多各不相似的童贞圣母玛利亚及圣徒的画像，并且与人们的想象也未必相似，但它们仍然能发挥应有的作用：无非就是冠上一个名字，用来代表历史中提到的人物罢了。不同的人对这些人物的形象有不同的想象，甚至根本不会去想象他们的形象。因此，从普遍意义上讲，"映象"（也即形象、画像）就是对某种可见事物的"代表"，或与某种可见事物"相似"，而多数情况下是这二者的结合。

但是，"偶像"一词也被《圣经》用来指称太阳、星星，或被崇拜为神的某种可见或不可见的事物。

在解释过什么是崇拜和映象以后，我就要将它们结合在一起，探讨何为第二诫与《圣经》其他部分所禁止的偶像崇拜。

偶像崇拜就是自发地做出某些外部行动，以表示对构成映象的物体（木头、石块、金属或其他可见的物体）或脑中的幻象（作为代表物或相似物的被塑造出的实物）的崇拜。抑或是将物体与幻象结合，就好像生物是由身体和灵魂结合而成的那样。

在掌权者或君主的王座前摘帽致敬，或当他不在场的时候，仍遵守他的规定做出相同的行为，就是以世俗崇拜的方式崇拜他。这不代表崇拜他的王座或处所，而代表崇拜其人，因此就不属于偶像崇拜的范畴。但是，假如崇拜者认为君主的灵魂在王座上，或是向王座呈上了请愿书，那就是一种神圣崇拜，也即偶像崇拜。

如果说，向君主祈祷是为了获得他力所能及的帮助，那么我们即使在他脚下匍匐也只属于世俗崇拜，因为我们认可的只是他作为凡人的能力。但若我们自发地向他祈祷只有上帝才有能力施予的帮助（比如祈祷好天气），那就属于神圣崇拜以及偶像崇拜了。从另一方面讲，如果一个君主以死刑或严酷的折磨来威胁别人这样做，就不再属于偶像崇拜的范畴。因为，主权者通过其法律的威慑力命令他人做出的行为，无法证明服从者在心中将他当成神来崇拜，只能代表服从者本人具有极力摆脱死亡或痛苦的生活的欲望。无法表现出心中尊敬的行为不算崇拜，因此也就不算偶像崇拜。我们也不能说做出这种行为的人玷污了他的弟兄，或是成了他弟兄的绊脚石；因为，无论这个人多么智慧、多么有学问，我们都不能认为，他认可自己出于畏惧而做出的这些行为——这些行为并非他自愿做出的，而是被主权者强迫的。

在特定的场所或是面朝着特定的画像、场所崇拜上帝，都不等于崇拜或尊敬这一画像或场所，只能说是认可它们的神圣性，也就是说，认可这一画像或场所有着特殊的、非日常的用途。这也正是"神圣"一词的含义，不是说这一场所或画像有着什么新的品质，而是因为它们只用于侍奉上帝，所以产生了新的关系，这就不属于偶像崇拜。同样，下述各类情况也都不属于偶像崇拜：在铜蛇前崇拜上帝，犹太人在国外向着耶路撒冷神殿的方向祈祷，摩西在烈焰翻腾的荆棘前（这个地方在西乃山，上帝选择在此显形，并将自己的法律赐予以色列人，所以这个地方成为神圣场所，并不在于它一直以来就是神圣的，而在于它仅供上帝使用）脱下鞋子，以及基督徒在君主或教会的真正代表人以权力划定为专用于拜神的教堂中崇拜上帝。但若人们在崇拜上帝的时候认为上帝真实存在于这些画像或场所中，或是令这些事物具备了生命，那么就相当于把无限的实体放进了有限的空间中，这就是偶像崇拜了。因为有限的神只是头脑中的偶像，不是真实存在的物体，《圣经》通常称之为"虚无""谎言"或"不存在"。人们在崇拜上帝的时候，就算不认为他确实存在于那个场所或画像中，也不认为他赋予了这些事物生命；但若这些事物是私人建立的，没有经过主权教士的授权，而且目的是要人们通过这些事物记住神或神的伟业，那么就是偶像崇拜了。因为诫命要求"不得为自己制作偶像"。摩西遵守上帝的命令制作了铜蛇，但他不是为自己制作的，所以就没有违背诫命。但是亚伦和百姓制作金牛犊的时候并没有得到上帝的命令，所以就属于偶像崇拜——不仅是因为他们视金牛犊为上帝，还因为他们没有获得上帝这位主权者或其代理人摩西的准许，就将之用到宗教事务上。

外国人还将朱庇特以及其他有荣耀在身的生者当成神来崇拜，还将某些男人和女人视为神的子女，认为他们处于不朽的神明与可朽的人类的中点。这就属于偶像崇拜的范畴，因为这并未得到上帝的授权，也不出于上帝的永恒法律，也不出于上帝亲自公布的成文的意志，而都只是他们自己的一厢情愿而已。虽然救主只是凡人，我们却也相信他是不朽的神和上帝之子，但这不是偶像崇拜，因为我们的信仰不来自个人的幻象或判断，而是来自《圣经》中上帝的启示。至于与圣餐面包有关的崇拜，如果基督说"这是我的身体"指的是他本人以及他手中看上去是面包的物体，而且任何看上去像面包块的物体以及祭司在任何情况下奉为神圣的物体，都指的是基督的众多身体，而它们又都属于一个身体，这就不属于偶像崇拜，因为这些都是我们的救主认可的。但是，如果这句经文指的不是这些（因为除此之外就没有其他能用作证明的经文了），那么这种人为制造的崇拜就是偶像崇拜。只说上帝能把面包变为基督的身体还不够，因为异教徒也认为神是无所不能的，他们也能以此为依据，说木头或石头通过实体转化变作了全能的神，从而为自己的偶像崇拜辩护。

有些人声称，"圣灵灌体"（divine inspiration）来自圣灵以超自然的方式进入凡人，而不来自遵守并研究教义而获得的神恩。在我看来，他们处于十分危险的悖论之中。因为，如果他们不崇拜那些他们认为得到了圣灵灌体的人，就犯下了不敬之罪，也就是对上帝的超自然降临不敬；但是，如果他们崇拜这些人，就犯下了偶像崇拜之罪，因为使徒不会准许人们这样崇拜自己。因此，最万无一失的方式就是让圣灵以鸽子的模样降在使徒身上，或是让基督以吹气和施展按手礼的方式赐下圣灵。我们应该将这些行为理解为是上帝愿意使用并且规定要使用的方式。上帝以这种方式，让他们在与上帝交谈以及研究如何传布上帝王国的时候，获得他承诺的帮助，以教化他人而非玷污他人。

除了对映象进行的偶像崇拜，还有一种对映象进行的"玷污崇拜"（scandalous worship）；它是一种罪，但不是偶像崇拜。因为，偶像崇拜是通过内心真正的尊敬表现出的，玷污崇拜则只是表面上的崇拜，它时常与内心对魔鬼的幻想与偶像的憎恶，以及对魔鬼的偶像的憎恶结合起来；这种崇拜也只来自对死亡和严酷惩罚的畏惧。如果这些做出玷污崇拜的人是受人关注且能做榜样的人，那么跟着他们行在宗教之路上的人就会跟跄乃至跌倒。但是，那些我们不认同为榜样的人，其行为就不会对我们产生作用，只会让我们更加勤勉、小心，因此也不会成为我们跌倒的原因。

所以，假如一个被派来教导人们的合法教士或学识得到人们认可的人，因为畏惧而对偶像做出了表达尊敬的行为；那么，除非他能表明自己的崇拜是出于畏惧并且不是自愿的，否则，他的行为就会因为像是认可偶像而玷污了自己的弟兄。因为，他的弟兄会受到教士或有识之士的影响，做出相同的行为，并会以此为依据认为自己的行为是合法的。毫无疑问，这种玷污是罪，也会招致他人的模仿。但是，如果一个人不是教士，也不曾在有关基督教教义的知识上受人认可，那么他做出的这种行为就不会被人模仿，因为人们没有理由将他当成榜样，只会用他作为自己脱罪的借口。如果一个没有学识的人，有着一个崇拜偶像的君主或掌权者，而他也被强迫崇拜偶像，否则就会被处死，那么，如果他内心厌恶却又拜了偶像，就是做出了好的选择，如果他宁死不拜，则是未考虑到有更好的选择。但是，如果一位受命传布基督教教义的教士选择了偷生，那就不仅是对基督徒的良心做出了有罪的玷污，也是背弃了自己的职守。

总结一下我在上面做出的关于偶像崇拜的探讨：如果一个人崇拜任何一个映象或事物，无论它是实物还是自己的想象，抑或是二者兼具，又或者是相信这种无眼无耳的东西能听到他的祈祷或看到他虔诚的行为，那么就都属于偶像崇拜的范畴。如果这个人因为畏惧惩罚而假装做出了崇拜的行为，但他又是能够影响其弟兄的榜样，那么也是犯下了罪。如果他在某个场所、某个映象（形象、画像）前崇拜造物主，或是在某个并非由自己决定而是由上帝安排的场所进行崇拜，那么就不属于偶像崇拜。比如，犹太人曾对着天使像崇拜上帝，在某个时期对着铜蛇崇拜上帝，以及在某个时期于耶路撒冷的神殿中或朝向神殿崇拜上帝，则都不属于偶像崇拜。

至于当今罗马教会对圣徒、画像和遗物等事物的崇拜，我敢肯定，那些行为没有得到上帝话语的许可，也不来自上帝传下的教义，而是部分地来自那些最早皈依的外国人，后来还获得了罗马主教的认可、支持与宣传。

至于那些引自《圣经》的论据，即那些由上帝任命建造"形象"（image）的事例。我们能从中发现，建造这些形象并不是为了让百姓崇拜，而为了让百姓对着它们崇拜上帝，就像对着铜蛇或约柜上的天使像崇拜那样。因为，根据经文，我们并未发现有祭司或其他人崇拜天使像，反倒是能从《列王记下》第十八章第四节中看到，以西结摧毁了摩西制作的铜蛇，因为人们对它焚香。此外，《圣经》中的事例也不是要人们模仿，并以崇拜上帝为借口设立偶像，因为第二诫"你们不得为自己制作偶像"，就将上帝下令建立的形象与我们自发建立的形象区别开了。这么说来，以天使像或铜蛇为依据推论出的"人们能自行设立偶像"，或是以上帝的命令为依据推论出的"人们能自由地进行崇拜"都无法成立。我们还要知道，以西结是因为犹太人崇拜铜蛇才将之砸毁的，为的就是根除这一行为。因此，基督教主权者同样需要毁掉自己的臣民一直以来崇拜的形象以根除偶像崇拜，原因在于，现在这些崇拜着形象的愚昧之人，真的相信这些形象中存在着神力。他们的教士也对他们说，有的形象曾开口说话、流过血或施展过奇迹，他们也认为这些行为是由作为形象本身的圣徒，或存在于形象中的圣徒做出的。当以色列人崇拜金牛犊的时候，确实认为自己崇拜的对象是将他们从埃及解救出的上帝，但这同样是偶像崇拜，因为他们觉得金牛犊就是上帝，或是上帝存在于金牛犊的腹中。虽然有些人认为以色列人不会如此愚昧，以至于认为形象本身就是上帝和圣徒，或是在这种认识下进行崇拜，但是很明显，《圣经》的记载与他们认为的情况相反。《出埃及记》第三十二章第四节记载，在金牛犊竣工的时候，百姓说："以色列啊，这就是你的神。"《创世记》第三十一章第三十节记载，拉班的偶像被称为"他的神"。并且我还能从日常经验中发现，有这样一部分人，他们所关心的全部就是自身的饮食和安逸，能够欣然接受所有谬论，而从不自行检验它们。除非有新的法律出台，否则他们就会一直坚持自己的信仰，仿佛它是通过不可被剥夺的继承权继承下来的。

但是，有些人通过其他经文推论出，为天使和上帝画像都是合法的。比如那些讲述上帝在园中行走、雅各在梯顶看见上帝等有关异象与梦的经文。但是，异象与梦无论是自然的还是超自然的，都只是幻象罢了，那些依据幻象画像的人都不曾真正地将上帝的形象画出，他们画的不过是自己脑中的幻象罢了，这些行为就相当于制作偶像。我的意思不是依据幻象画像这一行为属于罪行，而是将之画出并当作上帝的代表物的行为触犯了第二诫。它并无其他用处，只能用来崇拜。关于亡者或天使的画像也同理，除非是将这些画像当作对朋友的纪念，或对那些值得纪念之人的纪念。因为，把形象当作纪念物的方式并不属于偶像崇拜，而是对亡故之人的世俗崇拜。但是，如果崇拜的对象是圣徒的形象，又认为在他死后且无知无觉的状态中，能听到我们的祈祷并会因为我们对他的尊敬而深感满意，那就属于偶像崇拜的一种，因为这是认为他有超乎凡人的力量。

既然，对任何形象或人们自己设立的上帝代表物进行宗教崇拜的权利，或是准许我们崇拜天上地下一切事物的权利，都无法在摩西的法律或福音中找到依据，那么基督徒国王，即上帝于世间的代表人也不能被任何臣民崇拜，臣民对他的权力表示的尊敬也不能超过一介凡人所能拥有的范畴。所以，当今一直在进行的宗教崇拜就是因为对《圣经》的误解而进入教会的，这简直令人难以置信。因此也能得出这一结论：这些偶像之所以能一直存在于教会中，是因为那些外国人在皈依基督时并未将他们崇拜的偶像摧毁。

这类现象是由于对偶像的制作技艺过于看重、估值过高导致的。这使得那些皈依的偶像拥有者虽然不再继续将它们视为魔鬼展开宗教崇拜，但却继续将它们留在自己家中。他们的理由是，可以通过这一方式对基督、童贞圣母玛利亚、使徒以及教会中最初的教士表示崇拜。这很容易实现，只要将原本被称为"维纳斯"与"丘比特"的偶像冠上新的名字，将之称为"圣母玛利亚"和"救主"就可以了；同样的，朱庇特的偶像能改名为"巴拿巴"，墨丘利的偶像也能改名为"保罗"，等等。因为教士渐渐被俗世的欲望和野心污染，这使得他们尽力地取悦这些新皈依的基督徒，并且希望自己在死后也能像这些偶像一样得到尊敬，所以人们对基督和使徒形象的崇拜就逐渐演变成偶像崇拜了。在君士坦丁大帝的时代之后，许多罗马皇帝、主教以及基督徒察觉到并开始抵制这种非法行径，但他们的力量太小，察觉到时也太晚了。

圣徒的"封圣"（canonizing）是另一种异教的残余。这既不是因为错误地解释了《圣经》，也不来自罗马教会的创新，而是一种与罗马历史同样悠久的习俗。在罗马，第一个被封为圣徒的是罗穆卢斯，这来自尤里乌斯·普罗科斯的陈述。他对着元老院起誓，罗穆卢斯死后曾与他对话，并明确讲到自己居住在天上一个叫奎里努斯的地方，而且会保佑他们的新城。所以元老院就为他的神圣做了"公开见证"（public testimony）。尤里乌斯·恺撒及之后的罗马皇帝也做了同样的见证，这就是封圣，因为当今封圣的定义就源于这一见证。这与异教人的"奉为圣徒"十分接近。

教皇获得"最高教长"的头衔以及权力的传统，同样来自罗马的异教徒。在古罗马，拥有这一头衔的人有权在元老院和人民之下处理所有与宗教相关的仪式和教义。奥古斯都·恺撒在将共和国变为帝国的时候，就是掌握了这一职位并且担任了保民官（这就意味着他同时掌握了政教方面的最高权力），其继任者也一样。首位公开承认并支持基督教信仰的皇帝是君士坦丁大帝，他在世时曾让罗马城的主教在他的权力下管理宗教事务，这与他公开自身信仰的举动相符。但是，这些主教似乎没能迅速取得"教长"的头衔，之后继任的主教则是自封了这一头衔，以巩固自己对罗马各个行省的主教的权力；因为这种管理其他主教的特权不来自圣彼得，而是来自罗马城，即罗马皇帝对他们一直以来的支持。我们能清楚地看到，当罗马皇帝定都君士坦丁堡的时候，君士坦丁堡的主教就自称具有与罗马城的主教相等的地位，然而，经过了一番竞争后，教皇最终取得了胜利，继而获得了"最高教长"这一头衔。但是他只能通过皇帝的权力来获得这一头衔，并且也仅限于帝国之内；尽管教皇后来从皇帝手中夺走了帝国的权力，但他也无法在其他地方成为"最高教长"了。由此可见，教皇只在以下两个地方拥有高于其他主教的权力：其一是由他本人担任世俗主权者的国家境内；其二是由皇帝掌握世俗主权，并指定教皇担任其基督徒臣民的教长的地方。

载着偶像"游行"（procession）也是希腊与罗马宗教的残余。因为他们常常将偶像放在一种特制的车上，载着偶像各处往来，拉丁文将这种车称为"圣车"。而用来放置偶像的箱子或盒子就被称为"神龛"。据此，元老院在对尤里乌斯·恺撒表达神圣崇拜时，有一种方式就是在色西安竞技会（Circaean games）的游行中，为他准备一辆圣车与一个神龛，这就相当于把他当成神载在车上，并四处游行。正如现在的教皇，每次出行时都有瑞士卫兵为他撑起华盖。

游行队伍还会在神像前方点燃火把与蜡烛，这是希腊人与罗马人一直以来的传统，之后的罗马皇帝也受到了一模一样的崇拜。我们能从书中看到，卡利古拉在登基的时候，他坐着车被一众百姓从米塞努姆送到罗马城，道路两边都是祭坛、贡品与燃烧的火把。卡拉卡拉被迎进亚历山大里亚的时候，也被焚香撒花迎接，还用上了希腊人载神游行时用到的那种火把。随着时间推移，虔诚而愚昧的百姓也常在教堂中以相似的方式对主教表达尊敬，他们会用到蜡烛以及救主和圣徒的形象。蜡烛的这一用途被一些古老的机构确立了下来。

异教徒还会用到"圣水"，罗马教会也会在"圣日"效法他们。他们庆祝酒神节，我们也有通宵礼拜；他们庆祝农神节，我们也有嘉年华会和仆从们可以自由行动的忏悔节；他们会组织普莱帕斯的游行队，而我们将五月柱置于场地内架起来围着跳舞；他们举行恩巴伐农神节的游行，我们也会在祈祷日到野外游行。我认为这些并非全部的最初皈依的外国人在教会留下的仪式，不过我能想起来的就这么多了。假如有人去考查希腊人和罗马人在宗教仪式方面的历史，我敢肯定他一定会找到更多的关于异教的旧瓶子，罗马教会的圣师因为疏忽或被野心驱使而朝瓶子中倒入了基督教的新酒，这些新酒迟早会撑破那些旧瓶了。

第四十六章
论虚无哲学与神鬼传说导致的黑暗

哲学，就是根据一切事物的结果推导其性质，或者是根据其性质推导出某种可能的结果，并从中获取知识。所以，几何学家根据图形的结构推得其内在性质，之后再依据这些性质推导出构成图形的新方式，并用于丈量土地、水域以及无数的其他用途。与这一情形相同，天文学家依据太阳与星星在空中的起落与运行，推理出昼夜与一年中各个季节的成因，所以就能起到记录时间的作用，并且获得了类似的学问。

从其定义中就能明显发现，我们不能将包含慎思的"原始知识"（也就是所谓的经验）视为哲学的组成部分。因为它们不是来自推理，而是来自人与动物同样拥有的经验。然而，经验只是对过去一系列事物的记忆罢了，但凡错过了任何细节都会导致结果截然不同，并导致慎思最根本的目标无法实现。但是，任何通过正确推理获得的事物都是普遍存在、永恒不变的真理，而不是什么别的东西。

所以，那些被确认是错误的结论不能称为哲学。原因在于，如果人们进行推理时使用的字句都是自己掌握并理解的，就一定不会得到错误的结论。

通过超自然启示得知的事物也不算哲学，因为它们不来自推理。

依照书籍的权威性展开推理得出的知识也不是哲学，因为这种推理的本质既不属于从原因推论结果，也不属于从结果推论原因，所以推理出的事物就算不上知识，只能算信仰。推理的能力来自语言，于是就一定会发现一些和语言的历史一样悠久的普遍性真理。美洲大陆的野蛮人并不是没有优秀的道德箴言，他们也能进行一些数目较小的加减运算，但是他们无法成为哲学家，原因如下：人们在尚未了解谷物以及酿酒用的植物的性质，并把它们当成营养物栽种于田地或葡萄园的时候，它们就已经少量且稀疏地散布于田野以及森林的各处了。彼时人们的食物是橡实，饮用的是水，正因如此，最开始就有很多正确无误、普遍且有用的推理，成为人类推理领域的"自然植物"。可是一开始这种植物在数量上比较少，人们要根据粗浅的经验生活，也不存在系统的方法；这就相当于除了"野草"与谬误、猜测等"普通植物"之外，不再有知识本身的"栽种"或"培育"了。因为人们的全部精力都用于取得生活必需品以及防范他人，除非是成立了幅员辽阔的国家，否则这种情况会永远持续下去。闲暇孕育了哲学，而国家会孕育和平与闲暇。最先繁荣起来的大都市，一定也是最开始出现哲学研究的。波斯的贤者、印度的苦行僧与埃及和迦勒底的祭司都被人们视为最古老的哲学家，然而他们所处的国家也都是最古老的王国。在希腊人以及西方其他国家（或许比路加或日内瓦更小）尚未取得和平以前，在它们对彼此抱有相同的畏惧的时候，哲学就不可能产生。最终，在战争的作用下，多个希腊小城邦结合成了少数大城邦，希腊的各个地区才出现了七个有"贤人"名号的人。其中一部分人以道德与政治方面的哲学话语而闻名，另一部分则是因迦勒底与埃及人的学术而闻名，也即天文学和几何学。可是在那时还没有哲学存在派系的说法。

当雅典人战胜波斯的军队取得了海权，得到了爱琴海中欧洲、亚洲的全部岛屿以及沿海城市的统治权，从而逐渐富足的时候，那些在国内和国外没有工作的人都没有别的事可做，便会"只听闻并传讲新闻"（《使徒行传》第十七章第二十一节），或是在城邦中面向青年做公开的哲学讨论。老师们都各自寻得一处地点作为讨论地点。柏拉图选定的地点是一处名为"学园"（academia）的公共场所，学园得名于那个叫阿卡德穆的人；亚里士多德选定的地点是潘神神庙的步道，也就是所谓"吕克昂学派"；另有一部分人选定的地点是画廊下面，就是商人就地售货的廊下；还有一部分人是在其他地点施教或围绕他们的思想探讨来打发闲暇；之外还有一部分人丝毫不考虑地点，任何能将城内的青年聚集起来听他传讲的地方都可以。加尼兹[1]在罗马担任使者的时候也是这么做的，所以迦图就会向元老院进言要将他尽快赶走，生怕青年们热衷于倾听他的阔论（他们是这么想的）而导致品行受到恶劣的影响。

正是出于这一原因，他们当中所有人施教或进行讨论的地点都被称作schola，这个词语在他们语言中的含义就是"闲暇"。他们的讨论与辩论则是 diatribae，即"打发时间"。有些人就把上文提到的名字当作学派的名字，比如那些支持柏拉图学说的人就是"学园派"；人们根据亚里士多德在步道上教学而将其学派称为"逍遥学派"；人们也根据"画廊"（stoa）将芝诺的弟子称为"廊下派"（Stotics）。就好比，人们若是经常在某一地点相聚、闲聊和讨论，就要被称为"天南海北派"（Moorfields）、"保罗教堂派"或"交易所派"等。

然而，人们都极为推崇这一习俗，因此也很快就传到了全欧洲以及非洲绝大多数地方。基本上每个国家都设立了公共的讲学地点，以便开展演讲与辩论。

古时候，无论在我们救主时代之前或之后，犹太人都有着属于自己的学派，但是这一学派只与他们自己的法律相关。尽管这一学派被称为synagogues，即"百姓的集会"，但是，因为每个安息日都要进行法律方面的宣讲、解释与辩论，所以"法律学派"和"百姓集会"就只有名字不同，本质上其实是一致的。并且不仅是在耶路撒冷，在其他所有的外国城市里，只要存在着犹太人，就存在着这一学派。比如，大马士革就有这一学派，圣保罗曾在此遭到迫害；安提阿、以哥念以及帖撒罗尼迦也有一些他去过并进行过辩论的学派。利百地拿、古利奈、亚历山大、亚西亚和基利家的学派也一样，也即利百地拿与耶路撒冷中外地犹太人的学派，与圣司提反辩论的人就属于这一学派。（《使徒行传》第六章第九节）

可是上述学派有何用处呢？他们的宣讲与辩论到底得出了哪些知识

---

[1] 加尼兹：希腊怀疑派哲学家。认为真理不可知。在罗马时期的青年群体中有一定威望，后被伽图驱逐。

呢？我们拥有作为"一切自然科学之母"的几何学，但它并不是这些学派提出的。柏拉图是最高明的希腊哲学家，他的学派从来不收那些缺乏几何学基础的人。许多研究几何学的人为全人类做出了巨大贡献，但是人们从来没听说过他们的学会，没听说过几何学家的学派，他们也不被人们称为哲学家。之前说的那些哲学学派宣扬的所谓"自然科学"，与其称为"科学"，倒不如称为"梦话"，其内容不具备任何意义。一个人如果不在几何学上有相当程度的造诣就想讨论哲学，那么一定会出现这种情况：因为自然是通过运动发挥作用的，如果人们本身不了解线条、形状的比例和性质方面的知识，就无法得知运动的方式与程度，他们所说的道德哲学就只是在讲述自己的激情罢了。其原因在于：在世俗政府管辖范围之外，行为的准则就是自然法；在其管辖范围之内，行为的准则就是市民法。这样的准则决定了正义与不正义、公正与不公正之间的区别，并且决定了在一般意义上的善与恶；但是，人们反倒根据各自的喜恶来制定善恶的准则。人们各自的喜恶都相去甚远，所以不会有什么被众人普遍认可的事物，大家只会各行其是罢了，从而无可避免地导致了国家的衰败。他们用来进行推理的本该是有逻辑的话语，现在却变成了微不足道的小事和诡辩。总而言之，就像西塞罗（他本人就属于这类哲学家）说的："世上多么荒谬的说法都会有老哲学家赞同。"在我看来，自然哲学中最荒诞无稽的说法都比不上亚里士多德提出的形而上学，他在《政治学》中表达的观点正是与政治完全背道而驰的东西，而他在《伦理学》中的多数观点都愚不可及。

犹太人的学派最初只与摩西的法律相关。摩西曾下达命令（《申命记》第三十一章第十节），每个七年周期中的最后一年都要在住棚节的宴会上对百姓宣讲法律，让众人听讲并学习。所以，在遭掳之后常做的，于安息日进行的一切法律宣讲都不应该有其他目的，而只是要让百姓了解清楚那些他们应该遵守的戒条，同时为百姓宣讲并解释先知的著作。但是，只要留意我们的救主对他们的责备，就能轻易发现他们用自己错误的注释与虚构的传统玷污了法律。他们对先知几乎一无所知，也不知道先知预言过的"耶稣"及其事业。因此，他们通过在"百姓集会"上的宣讲与辩论，将自己的法律学说变成了与"上帝和灵的不可思议本质"有关的虚构哲学——这一虚构哲学包含了希腊人的神学与虚无哲学，他们对《圣经》中含混部分的滥用，他们对经文做出的符合自身意图的曲解，他们的个人想象以及他们先祖的荒诞传说。

当今的大学，都是在政府的统筹下，由同一城市或乡镇中的许多公开的讲学场所组合而成的，其中学派的学问被分为三种：罗马宗教、罗马法律和医术。哲学则并无容身之处，只不过是罗马宗教的附庸罢了。因为亚里士多德是这里唯一的权威，而哲学的本质又不在于著作家，所以充其量只能称为"亚里士多德学"。至于几何学，因为不附属于任何事物，只倾向确定的真理，所以在这段时期之前，它的地位一直是微不足道的。假如有人靠着自身的天分在这一领域达到了相当的高度，就会被普通人视为"魔术师"，其技艺也会被视为"魔鬼的技艺"。

我接下来将探讨，那种在大学中盛行并传入教会的虚无哲学所推崇的具体教义。这种哲学盛行的一部分原因是亚里士多德，另一部分则是人们在理解方面的盲目。我最先要探讨的就是这种哲学的原理。有一种"原始哲学"是其他一切哲学的根基，它主要探讨了人们所广泛使用的语词的确切含义和准确界定，这种界定能避免推理时出现含混与模糊的情况，人们通常称之为"定义"。比如物体、时间、空间、形式、因素、主题、实体、偶性、权力、行为、有限、无限、运动、行动、量、质和激情等。此外，还包含了人们在解释物体形成及物体本质等概念时所必需的定义。这种用来确定意义的解释，被经院学派称为"形而上学"（metaphysics），亚里士多德哲学的一部分也叫"形而上学"，但二者含义不同。在亚里士多德那里，"形而上学"的含义是"写于或置于他的自然哲学之后的著作"，但是经院学派将之视为"有关超自然哲学的著作"，其原因在于"形而上学"本身就具有两种含义[1]。其中的绝大多数内容无法被人理解，也与自然理性背道而驰，因此，如果有人想通过它来理解事物，就一定会认为这些都属于超自然的范畴。

形而上学与《圣经》像这样混淆起来，就构成了经院学派的神学。他们依据这种形而上学向我们宣讲：世间有一些与物体分离的本质，而这些

---

[1] 形而上学（metaphysics）：meta 在希腊文中有"超越"和"之后"两种含义；physics 的含义为"自然之物"，也指关于自然之物的学问，即"物理学"。亚里士多德著述颇丰，后人在分门别类整理其著作时，将不易归类的哲学作品命名为 metaphysics，即"物理学之后的学问"。经院哲学家却理解为"超越自然之物的学问"。"形而上学"这一译名，由日本学者井上哲次郎从《易经·系辞》的"形而上者谓之道，形而下者谓之器"中提炼出。

本质被称为"抽象本质"（abstract essences）与"实质形式"（substantial forms）。若解释这些胡言乱语，我们就得对此加以非比寻常的注意。希望那些不习惯于此类讨论的读者，谅解我在这里为那些习惯于此类讨论的读者进行专门解释。世界是实质的，这就意味着，世界的本质是物体（我在这里说的"世界"不指"俗世"，而是指所有物质都在其中的"宇宙"），它有尺度，也即它自身有长度、宽度、厚度。物体的各个部分也都属于物体，所以它们也都具备与宇宙相同的尺度，那么宇宙的各个部分也就都是物体，不是物体的事物则不属于宇宙的组成成分。又因为宇宙涵盖了所有事物，所以不属于宇宙组成成分的事物就不存在，也即不存在于某处。因此，也不能得出"灵不存在"这一结论，因为灵有尺度，属于确实存在的物体，即使"物体"一词常常指"可见且可感知的物体"，也即在一定程度上不透明性的物体。至于"灵"，人们称之为"非实质的"，这个名称更多是在表达尊敬，也能更加虔诚地用于描述上帝。至于上帝，我们则不考虑哪些性质能最恰当地表达他的本质，因为他是不可思议的，我们所能考虑的只是哪些词语可以最恰当地体现我们对他的尊敬。

为了搞明白他们说的"抽象本质"与"实质形式"的依据，我们需要先思考一下这些语词的原本含义是什么。我们运用语词是为了记录自己的思想，或是为了向他人讲明我们内心的思想与概念。一部分语词能被用于称呼"被感知到的事物"，比方说在感官上产生作用并在想象中留下印象的各种事物的词就属于此类；另一部分则被用于称呼"想象"本身，即有关我们见到的或记忆中的一切事物的概念或映象的词；此外，还有一部分则用于描述语词，或描述其他语言类型的词，如普世、复数和单数就属于描述语词的词，定义、真、假、认同、否决、三段论法、质询、承诺和契约就属于描述语言类型的词；还有一些用于描述两个语词间序列关系或矛盾关系的词，比如，当人们说"人是一种物体"的时候，他指的就是"物体"一词一定出现于"人"一词之后，并作为结论存在。上述推理关系是通过"是"（is）联系在一起并表达出来的。就像英国人使用 is，拉丁人使用 est，希腊人则使用 Ἐστι 及其各种变格。我并不知道世界上各个国家的语言中是否都有对应的词，但是我确信他们用不到这类词。因为，以一定的顺序将两个词放在一起就足够表达序列关系，就像 is、be 或 are 这些词所能表达的那样。所以，是习惯赋予了这些词表达特定关系的效果。

假如世界上有某种语言中不存在类似 est、is 或 be 这样的词，那么使用这种语言的人在进行推理、得出结论等方面的能力也丝毫不逊于希腊人和拉丁人。那么，对这种情况而言，以这些词为基础延伸得到的"实体""本质""实质性""本质性"等词，以及那些由普遍使用的词引申来的词又算什么呢？所以，这些词就不属于事物的名称，而只是我们赋予"词"或"描述性质的词"的符号，用来表达与其他词的序列关系。比如，当我们说"人是一个活的物体"时，其含义并非指"人"与"活的物体"是两回事，而"是"又是另一回事，而是指"人"与"活的物体"是一回事。因为，"如果他是人，那么他就是活的物体"这一推论中真正表达推理关系的是"是"这个词，所以，to be a body（成为物体）、to walk（走路）、to be speaking（说话）、to live（生活）与 to see（看见），和其他不定式词语如 corporeity（形体存在）、walking（行走）、speaking（讲话）、life（生活）与 sight（视觉）等词都是一回事，都是不代表任何事物的词，与这些相关的知识我已经在其他地方做出充分的解释了。

或许会有人发问，既然我这本书的本质就是要讲明与"统治"和"服从"有关的所有必要观点，那么探讨上述那些细枝末节的东西有什么意义呢？我探讨这些东西，目的就是帮助人们摆脱困惑之苦。有些人以亚里士多德的那套虚无哲学为依据，得到了一种称为"独立本质"（seperated essence）的学说，并通过无实际意义的词来恐吓人们，使人们违背本国的法律，就像人们用空荡荡的衣服、帽子和棍子去恐吓鸟类，让它们远离谷物那样。我的目的就是让人们免遭这种欺骗。也正是因为有这种学说，他们才会说当人们死亡并被下葬后，灵魂（即生命）可以脱离身体继续在外游荡，并且能在夜晚与坟墓中被人看到。依照这一理由，他们还说面包的形状、色泽和味道会在他们说不存在面包的地方出现。此外，他们还据此说到，虔诚、智慧和其他美德有时是从天上"灌注"或"吹入"人们体内的，就像是有美德的人与其美德各自独立存在。此外，他们还宣扬许多破坏臣民与本国主权者之间服从关系的言论。试问：如果一个人盼望着"服从"会从天上"灌注"或"吹入"他体内的话，他又怎么会主动遵守法律呢？假如祭司可以编造上帝的话语，人们又怎么会不服从于祭司的话语，反而去遵守主权者与上帝自身的话语呢？畏惧鬼魂的人又怎么会对可以制造出圣水驱赶其体内鬼魂的人不敬呢？这些例子已经足够解释并证明亚里士多德的"本质"与"实体"给教会带来的错误了。或许有些人非常清楚这些是错误的哲学观念，但还是因为害怕经受苏格拉底的命运[1]，于是就将这些东西当成与他们宗教相符的事物记载下来了。

他们一旦落入"独立本质"的泥潭里，就一定会陷入一系列与之有关的谬论。既然他们觉得这些形式是确实存在的，那么就需要赋予它们存在的空间；但是因为他们觉得这些东西都是非实质的，并且不具备尺度，而大家又清楚空间从本质上说就是尺度，只会被有形体的东西充满。这样下去，他们为了维护自身名誉就必须做出一定的区分，称它们其实在任何地方都不具备"范畴"（circumscriptive），而只是"限定的"（definitive），那些有范畴的词语不过是没有意义的词，在这里不能指代任何事物，只有借助拉丁文才能掩盖它们的虚无实质。因为一个事物的"范畴"就是它的"限定"或"限定它的空间"，所以这两个被区别开的词实际上是一回事。需要专门指出的是，他们说人的本质是灵魂，并肯定地说灵魂全都存在于小拇指内，也存在于他身体中的各个部分（无论多么小的部分），而且整个身体的灵魂都不多于任何一部分的灵魂。怎么可能会有人认为上帝认同这种谬论？但是，如果某个人原本就相信存在着一种独立于身体而存在的非实质灵魂的话，就必定会全盘接受。

然而，当人们希望他们讲清楚非实质实体应当怎样感到痛苦、怎样在地狱或炼狱的火焰中受刑的时候，他们就给不出任何答复了，只能说他们不清楚火焰会如何灼烧灵魂。

而且，因为运动就等于改变空间，但非实质实体是不能占据空间的，所以，如果他们要将下述两点说成有可能发生的事，就必须绞尽脑汁了：第一，灵魂离开身体后怎样去往天堂、地狱或炼狱。第二，人的灵魂（我认为还要加上它们显形时穿着的衣物）怎样在夜间的教堂、教堂坟墓或其他墓地中游荡。这些问题都无法得到他们的回答，除非说，它们游荡的方式是限定的而不是有范畴的，或者说它们游荡的方式是属灵的而不是有朽的。因为这种乱七八糟的区分方式能用于所有争议性问题。

至于"永恒"的含义，他们认为并非"无尽的连续时间"。因为这样

---

[1] 苏格拉底被雅典的法庭以"不敬神""信仰新神"和"蛊惑青年"为罪名判处死刑。苏格拉底拒绝了朋友与学生的帮助与请求，不申辩也不逃亡，从容饮下毒酒而死。

下去，他们就找不到什么理由来证明，上帝的命令以及对未来事物的预先规定为何不出现于他对未来事物的预知之前，就好比有效的成因为何不先于结果产生，或是行为人为何不会先于行为本身出现。此外，他们也无法为那些与上帝的不可思议本质相关的狂妄观点提供理由。他们仅仅这样告诉我们，永恒就相当于现在时间的停滞，经院学派称之为 nunc-stans。然而，无论是他们自己还是别人都不理解这个词，就像是他们描述无限大的空间时使用的 hic-stans 一词一样。

人们在心中划分一个物体时，使用的方式就是历数其各个部分；在历数各个部分时，就等同于历数了被它所充斥的空间的各个部分。因此，没有人能在心中构想出小于或大于其所占空间的物体。但是他们却企图让我们相信，上帝能以其全能伟力，使一个物体同时存在于不同的地方或使许多物体同时存在于相同的地方。就好像在说，只要我们承认"存在的事物不存在，存在过的事物未曾存在"，就代表着我们认同上帝的权力。这只是因为，他们不仅没有尊敬并称赞神的不可思议性，还试图通过哲学来反驳，所以就必然会陷入矛盾，我所提到的只是其中的一小部分罢了。那些描述上帝性质的词并不能定义上帝，只是我们在用自己所能想到的最好的描述，表达尊敬上帝的愿望。但是，用上面这些表达尊敬的、用来描述性质的词进行推理的人，从最开始就失去了自己的理解能力，并会陷入无穷无尽的难题。这就像是一个不懂宫廷礼仪的人，遇到了一位比他平时交流的人物更加伟大的人物，一进屋就跌跌撞撞，才站稳了身体，上衣就掉了下来，整理好上衣，帽子就掉了下来，在一连串的慌乱后，才意识到自己的惊慌与无礼。

至于物理学，则是与自然事件的第二因以及次级成因有关的知识。它除了一些空话之外，无法提供任何事物。假如你想搞明白为何某种物体会自然地落到地上，同时另一物体却能自然地从地上升起，经院学派就会依据亚里士多德的观点为你解答：下落的物体是"重的"，是它们的重量令其下落。但若你向他们发问，重量又是什么意思呢？他们就会将重量定义为"驱使物体去往地心的倾向"，所以物体下沉的原因就在于这种去往下方的倾向。这就相当于，物体上升或落下是受到它们本质倾向的驱使。或者，他们会告诉你，地心是重物停止并留驻的地方，所以它们都会倾向于到达地心。这就像是说"石头与金属都像人一样有欲望"，或是"它们能自行辨认出想要抵达的地方",或是"它们不像人类这样热爱休息",抑或是"一块玻璃掉落到街上远比被装在窗户上更安全"。

要是我们想知道为何一个物体并未增添任何东西,却在某些情况下看着比其他时候更大,他们就会这么答复:它们如果看着变小了,那就是"浓缩"(condensed)了,反之如果它们看着变大了,那就是"稀薄"(rarefied)了。可是浓缩与稀薄的确切含义究竟是什么呢?如果"浓缩"指的就是物质的量减少了,而稀薄则是物质的量增多了,这似乎就是在说物质的量并不确定。然而,"量"指的其实就是物质的确定,我们正是根据这种确定性来判断不同物体在大小程度上的区别;否则就好像在说,物体形成的时候不存在任何量,人们能依据物体的疏密程度进行或多或少的增添。

至于人类灵魂的成因,他们则说是"通过灌注来创造生命"和"通过创造生命来进行灌注"。

至于感觉的成因,他们则认为是"种相"(species),也就是物体的形象或幻象。它们在眼中产生幻象就构成了视觉,它们在耳朵中产生幻象就构成了听觉,它们在舌头上产生幻象就构成了味觉,它们在鼻腔中产生幻象就构成了嗅觉,在身体其他部位产生幻象则构成了感觉。

至于有意进行任何确切行为时产生的愿望,也即我们通常讲的"意志"(will),他们则解释为官能。也就是说,官能相当于人类拥有的,某时倾向于做出某种行动而其他时候则倾向于做出其他行动的能力。人们将这种能力称为"意志",但是,这么一来就相当于将能力称为行动的成因,就好像将行善或作恶的能力视为善恶行为的成因。

在很多情况下,他们将自身的无知视为自然事件的成因,只不过用了其他词语来掩饰。比方说,他们认为运气属于偶发性事件,也就是说属于某些他们不知其原因的事件;并且,他们还将相当一部分结果看成"神秘的性质",而"神秘的性质"指的就是他们自己不知道,并且以为别人也不知道的事物。除此之外,他们还将许多事件归于"同情""抵触""相反的性质"以及"特殊的性质"等词。这些词既无法指代产生它们的行为者,也无法指代它们所产生的作用。

假如这种形而上学与物理学都不算虚无哲学,那么世界上就根本没有虚无哲学了,圣保罗也无须告诫我们远离它们了。

他们推崇的道德哲学和世俗哲学，在荒诞程度上也是有过之而无不及。比如某人做了不义的行为，即有悖于法律的行为，他们就会这么说：上帝是法律的最初成因，也是这一行为和其他一切行为的最初成因，但完全不是不义的行为即有悖于法律的行为的最初成因。这就是虚无哲学中的观点。人们也完全能这样说，一个人画出了一段笔直且弯曲的线，但是其中的矛盾是因为另一个人产生的。这就是那些不清楚前提就下定论的人所研究的哲学，他们自称可以理解无法想象的事物，还将与表达尊敬相关的、描述特性的词解释为描述天性的词。这种区分就是用来支持"自由意志"这类观点的，而我们一般说到的自由意志指的就是违背上帝意志之人的意志。

亚里士多德以及其他异教哲学家们都根据人的欲望来定义善恶，如果我们觉得善恶就是根据各人自身的准则来支配各人的，那么上述观点就是正确的。因为，当人们只有自身欲望而无其他法律时，就没有关于善行和恶行的普世准则。但是对国家而言这种尺度就有问题，因为个人的欲望不应该被视为准则，只有法律才能被视为准则，原因在于法律代表着国家的倾向与意志。但是，他们的观点仍然被人们追捧，他们认为：每个人都能以自身的激情为依据，随意评判自身、他人以及国家的行为的善恶；人们可以不考虑公共法律，仅依据自身观点判定事物的善恶。只有僧侣与修士才遵守自己的承诺，必须对上级绝对服从，并且所有臣民都需要认为自己受到自然法的约束而必须对世俗主权者绝对服从。上述这些评判善恶的私人标准不仅是虚无的，而且会对国家产生极大危害。

视婚姻为有悖于贞洁或禁欲的行为，并将其视为败坏品行的行为，这种观点也是虚无且荒诞的哲学。那些禁止教士成婚的人抱有的理由就是"婚姻与贞洁和禁欲相悖"。因为他们对这一教会制度表示了公开认同：应当要求那些需要始终保持自身贞洁、禁欲与纯洁声望的、侍奉祭坛并管理圣礼的神职人员远离女性。所以，他们就将与妻子合法同居这一行为视为不贞洁且不禁欲的体现，并视婚姻为一种罪，或者至少也视为一种污秽不堪，致使教士无法继续侍奉祭坛的罪。假如制定这一法律的原因是，与妻子同居是不禁欲且有悖贞洁的，那么所有的婚姻就都是罪了。如果对为上帝献身的人来说，此种行为过于污秽不堪，那么所有人都会做的某些出于本能的、必要的并且日常的行为就更会使他们无法担任祭司了，因为这些行为比婚姻更为不洁。

但是，"禁止祭司成婚"这一禁令不会被轻率地制定，它的依据不是道德哲学中的谬论，也并非"相比结婚更愿意独身生活"的偏好。后一种观点来自圣保罗的智慧见解，他发现，在基督徒受迫害的年代，传播福音的人不得不往返于不同国家，如果他们还拖家带口的就更不方便了。其实这一禁令的真正来源是，教皇及其后继教士意欲担任教会管理者即神职人员的图谋，这就相当于他们想要得到上帝王国在此世的唯一继任者的身份。从上帝王国的角度来看，他们必须是独身的，因为我们的救主曾经讲过，当他的国在神的子民中降临时，"人们不行嫁娶之事，正如同天上的使者那般"，也就是变成属灵之人。既然他们自称属灵之人，那么让自己拥有妻子就是有矛盾的，因为他们不需要妻子。

　　他们仿照着亚里士多德的世俗哲学，将民主国家以外的全部国家（比方说那个时候的雅典）都称为暴君国家。他们将任何君主都称为暴君，将斯巴达人征服他们之后确立的三十位贵族统治者称为三十僭主（暴君）。他们还称那些民主政治下的百姓的生活状态为"自由的"。"暴君"的最初含义只是君主，可是当后来希腊绝大多数地区都取消了这类政府的时候，这个词就不仅仅指原有的含义，还增添了民主国家对其怀有的仇恨。就好比罗马废除了国王之后，"国王"就成了一种令人厌恶的称号那样，因为人们都能自然而然地想到，要将那些带有轻蔑含义的词用来描述强敌的严重罪行。如果一国群众不满于贵族政体或民主政体的管理者，他们就无须搜寻诋毁性的称呼以抒发自身的愤怒，他们会以现有的话语将其中之一称为"寡头政体"或少数人的"强权政体"，再将另一个称为"无政府状态"。让人民感到被冒犯的事情不是其他，正是他们被统治的方式：人们认为这种统治方式不能满足所有人，而只是人民的代表人（可能是一个人也可能是一个议会）觉得适宜的方式，这就相当于被独裁政府统治，所以他们就会诅咒并辱骂自己的上级。可能需要等到他们饱受了内战的痛苦，才能发现如果缺乏这么一个独断的政府，这种战争就永远不会结束，并且才能理解，能为法律与权力赋予效力的，不是口中的话语，而是武力和人们的畏惧。

　　所以，亚里士多德的哲学里还存在一个错误的观点，他认为对有秩序规范的国家而言，应该具备统治地位的是法律而不是人。一个天生就有感觉的人，即使没有读写技能也能清楚地看到，统治自己的人是那个能在自己不服从时伤害甚至处死自己，并且让自己万分畏惧的人。谁会认为无人管理、无人手持兵器充当后盾的法律能对自身施加伤害呢？这同样是对人民有毒害作用的谬论，因为这种观点导致人们在不满于自身统治者的时候，就会转而投奔将那些被称为暴君的统治者，并且觉得凭此发动战争是合法的行为。但是这种谬论却始终被神职人员宣传和支持。

他们的世俗哲学中还有一个谬论，这并不来自亚里士多德，也不来自西塞罗，更不来自其他异教徒，即当人们的言行都与宗教相符的时候，通过检验人们的信仰与进行宗教审判的方式，将只属于行为准则的法律延伸到人们的思想与意识中。这样下去，人们要么会因为表达了真实的思想而被惩罚，要么会因为畏惧惩罚而不得不表达虚假的思想。诚然，当一个世俗君主意图聘请某位教士负责传教工作的时候，会问他是否愿意传布该教义，若他表示拒绝就可以选择不予任用。然而，在一个人的行为受到法律许可的情况下，强制他否认自身的看法是有悖于自然法的。尤其是当有些人这样教育他人的时候：假如一个人死的时候，理解的基督教信条是错误的，那他就会被判处极致痛苦的永刑。敢问，要是一个人知道，自己如果犯下错误就会面临如此严重的危险，那么他天生具备的保护自身的意志就一定会驱使他根据自身的想法引导自己的灵魂去碰运气，而不是依据另一个对自己所受刑罚毫不在意的人的观点处理事务。

《政治学》中另一处谬论是：当一个平民尚未得到国家权力，也即尚未得到国家代表人的许可时，就能以自身的意愿解释法律。然而这一谬论并非来源于亚里士多德或其他异教哲学家，因为他们全都认同制定法律的权力同时包含着在必要时解释法律的权力。依据国家的权力将《圣经》变为法律，并变为市民法的组成部分，难道不属于这种情况吗？

除了主权者，如果有人限制他人合法地享有被国家所许可的权力，就属于相同的错误。比如，法律未曾限制传播福音，那么将这类事务交由特定的人管理的情形就属于此。如果国家吩咐我宣讲或传道，就意味着如果国家没有禁止我，那么就没有任何人能够禁止我。假如我身处美洲的偶像崇拜者之中，即使我并未担任传教士，但我作为一名基督徒，难道在我并未收到来自罗马的命令时，宣扬"耶稣是基督"这一教义就是罪行吗？换而言之：在我进行了传道以后，难道不能为他们解答疑惑并为他们解释《圣经》吗？也就是说，难道我无权传教吗？在这一问题上，人们可能会说，就如同他们行圣餐礼那样，"必要性"就等于充分的传教权，这种说法是正确的。但是，还有一种说法也正确：对于无论何种行为，在必要之处都需要进行免罪，假如法律不加禁止的话，那么免罪就是无必要的了。所以，否定世俗主权者未加否定的职责，就是一种干涉合法自由的行为，并且这些与世俗政治的道理大相径庭。

经院神学的圣师们使虚无的哲学影响了宗教，此外还能够列出其他事例，然而若是感兴趣的话，大可以自发地搜集和研究。我仅仅想要这么补充：经院神学家的著作中充斥着荒诞无稽且毫无逻辑可言的低俗词句，或是违背了当时拉丁文用法的词句，是西塞罗、瓦罗与古罗马的任何文法家都不曾使用过的。如果有人想要找到相关的证据，那就用我在前文中提到的方法进行尝试，看看到底能不能将经院神学家的任何一部著作翻译成英语或法语等现代语言，或是其他更为丰富的语言。因为，不能通过绝大多数语言讲出并使人理解的事物，通过拉丁文讲出就同样无法使人理解。像这类毫无意义的话语，虽然我不能说是错误的，可是它们具备一种性质，不仅能够掩埋真相，还能让人觉得自己已经追求到了真理从而不再继续追求。

最后则是与虚假或不确定的历史有关的错误，比方说，圣徒的传记中有相当一部分虚假的传言，罗马教会的圣师也引证了很多有关幽灵与鬼魂的历史以证明他们的地狱、炼狱和咒语的效力，还有其他无法通过理性得出或从《圣经》中找到依据的观点。不仅如此，他们还将一套因习俗而流传下来的传统称为未被记载下来的上帝话语！这些东西毫无疑问都是驴唇不对马嘴的鬼话。即使它们同样在古代教父的著作中不成系统地出现过，但是古代教父也只是人类罢了，也会轻易听信虚假的传言。他们用来证明自身相信的东西都属于真理的那种观点，仅就圣约翰建议查验有灵之人（《约翰一书》第四章第一节）来看，所产生的效果仅仅是，让他们对罗马教会的相关权力（这类权力的滥用要么是因为他们从未有所怀疑，要么就是因为他们从中获得了利益）做出的推论，被他们过分迷信传说这一特质而否定了。即使是世上最诚实的人，假如他原本就不具备充足的自然原理方面的学识（比方说教父们），也会轻易地相信。因为从天性来看，最善良的人就是最不容易质疑他人做出欺诈之事的人。教皇格里高利与圣伯纳支持了一些关于鬼魂幻影的观点，称它们全部处于炼狱中；英国的比德同样讲过类似的话。但是，我相信这些事物都来自传言。他们或者任何人，即使以自己听到的有关这种传言的说法为依据，也无法进一步证明这类虚假的传闻，因为这只能进一步暴露自身的弱点或欺诈行为罢了。

除了引进了虚无哲学这一行为，我们还能一并提出那些既未得到合法授权，也未进行过充足的研究，所以没有资格担任真理审定人的人打压真正的哲学的问题。人类的航海经历能够清晰地体现出，任何在科学领域有造诣的人都认同两极的存在，并且我们能逐渐地了解年月的成因都是地球的转动。但是，人们只要在著作中提到这一学说，并且以此为基础给出赞同或反对的论证，就会无一例外受到教权的惩罚。但是，为什么要受到惩罚呢？难道是因为这些观点与真正的宗教产生了矛盾吗？假如这些见解都正确无误就不会产生矛盾。所以，我们需要让真理被那些具备充分资格的审定人来审定，或者让自称知道相反观点的人进行反驳。难道是因为它们违背了国教吗？如果是这样，那就让宣扬这些观点的传教者所在国家的君主通过法律进行压制，也即通过世俗法律压制这些声音。因为，即使宣扬了真正哲学的人，如果做出了不服从的行为，也能被依法惩处。难道是因为他们引发并加剧了反动与动乱，动摇了政府的统治吗？那就让负责公共治安的人（即世俗政府）动用权力对宣扬了这些观点的人实施惩罚并压制这些观点吧。因为，教会在服从于国家的地方，只要凭借自身的权力——即使他们称其为上帝的权力——为自身谋求了任何权力，从本质上讲都是篡权。

第四十七章

论这种黑暗产生的利益及其归属的问题

西塞罗极为推崇地讲到，罗马人里有位姓卡西的严厉法官制定了一项有关刑事案件的习惯法，即当证人的证据不充分时，询问原告这样一个问题，"能为你带来什么利益"，也就是他在这一事务中能获得的或企图获得的利益、荣誉或其他方面的满足。因为，在任何推论中，能清楚地表明行为者所处情形的，莫过于行为能够产生的利益。我在这里准备依据相同的准则来考量一二，到底是什么人在我们身处的基督教世界中宣扬与人类社会的和平相悖的学说，并蛊惑了人民如此之久。

首先需要探讨的是，"现世的教会就是上帝王国"（这就等于荣耀王国或应许之地，但不是神恩王国，神恩王国仅仅是对应许之地的承诺罢了）这一错误观点与各种世俗利益的牵连。首先，教会的教士以及圣师有权成为上帝的政务大臣，并因此有权管理教会。于是，因为教会与国家具备相同的人格，他们就具备了管理并统治国家的权利。并且因为他们具有这一身份，教皇就让这一言论深入世间所有基督徒国王的每一个臣民的心中：违背教皇的命令就相当于违背基督本人。当他与所有其他国王（因为受到了"灵权"一词的迷惑）产生任何冲突时，都应背离自己的主权者。如此一来，他就成了整个基督教世界的统治者。原因在于，教皇最开始虽然处于皈依基督教的罗马皇帝之下，并同时在罗马帝国境内被授予了基督教最高教士的职位，但是在帝国分崩离析后，他就能轻易地从已经服从于他们的人民身上，再为自身强加一项权利，即圣彼得的权利。他们这么做不仅是为了维系他们已经自称掌握了的权力，并且还想把这类权力的范围扩大到皈依基督教的全部行省，即使这些行省已经不再属于罗马帝国了。把人类的统治欲纳入考量后，通过他们从普世君主身份中获得的利益，就能得出充分的结论：正是那个编造并占据这一王位的教皇杜撰出了"现世的教会就是基督的王国"这条教义，并以此为据抢夺了王位。因为，如果我们认同了这一教义，就一定会坚信我们当中存在着一位代理人，而这位代理人会向我们传达基督的命令。

当大多数教会否认了教皇拥有的这种普世君权之后，人们就掌握了充分的证据，并能做出推论：每一位世俗主权者都应该从教会手中夺回自己原本掌握，但是在不经意间放开的那些权力。其实英国就属于这种情况，只是国王派去管理教会的人认为自己从职务中获得的权力来自神权。这样看来，即使他们并未夺得处于世俗权力之上的至高地位，也夺得了能与世俗权力鼎足而立的独立地位。并且，看起来他们还是在"认可国王有权凭自身意愿剥夺他们职责"这一前提下，夺得了这一地位的。

然而，在那些长老拥有此类职责的地方，即使罗马教会的其他教义都已经被禁止传播了，"基督的国已经降临，并会在救主复活之时开始"的教义却依旧存留了下来。但是，这能为他们产生哪些利益呢？他们又期盼从中获取哪些利益呢？教皇所欲实现的目的就是对百姓具备主权。当人们将自身的合法主权者开除教籍之后，其目的除了"想要废除他在自己王国中担任的任何侍奉神明的职位"，或是"在他通过武力恢复这一职位时，同样以武力对抗他"，还能是什么呢？当人们尚未获得主权者的许可时，就自作主张地开除某人的教籍，其目的除了想要夺取他的合法自由（也即以不合法的手段强夺统治自家弟兄的权力），还能是什么呢？所以，在宗教中制造黑暗的人，就是那些罗马教会与长老会里的教士。

探讨过这一点后，我接下来要谈一谈，在他们掌握了宗教上的主权之后，有利于他们维系这一灵权的全部观点。第一要讨论的就是"教皇在履行职责时绝不会出错"这一观点。因为，如果人们相信这一观点是正确的，那么就都会心甘情愿地服从于他所发布的一切命令。

第二，认为在任何国家中，任何主教的权力都并非直接来自上帝，也并非间接来自世俗主权者，而是来自教皇的授予。这种观点使得基督教国家中相当一部分掌握权力的人（主教就属于此类）需要服从教皇并且依赖他的力量——即使他的身份是外国的国王。根据这一方式，他就可以向违背自身意志并损害自身利益的国家发动战争，他也的确多次发起过这类战争。

第三，认为主教、其他教士、僧侣和修士都能免于市民法的管理。如果真是这样，那么所有国家中就会出现一大群钻法律空子的人，他们仍然享受着世俗国家的保护，却不承担任何公共支出，也不像其他臣民那样，畏惧自身犯下的罪行会招致惩罚。这样一来，他们除了教皇就没有畏惧的人，并且也同时依附于教皇，为他普世君主的地位提供支持。

第四，为他们的教士赋予祭司（即献祭者，《新约》中则是长老）的名号。在上帝担任犹太人之王的时候，担任这一职位的是犹太人的世俗主权者以及上帝的代理人。除此之外，他们还将圣餐视为祭献的一类以使人们信从。教皇对所有基督徒的权力就像摩西与亚伦对犹太人的权力，也就是大祭司对当时世界上全部世俗事务和宗教事务的权力。

第五，认为婚姻属于一种圣礼。这样一来神职人员就有了判断婚姻是否合法的权力，于是就能判断哪些孩童属于合法婚姻下的子女，并因此能决定世袭制王国的继承权。

第六，"禁止祭司成婚"能确保教皇对国王的统治权。原因在于：假如国王本人就是祭司，他就无法成婚并把国家主权传给自己的后代；假如他本人不是祭司，那么教皇就会说他和他的子民掌握祭司所应有的教权。

第七，秘密忏悔。神职人员能通过秘密忏悔掌握世俗国家中的掌权者或国王的意图，并且他们掌握的情报多于这些掌权者掌握的教会情报，因此能够稳固自身的权力。

第八，通过封圣和宣告殉道者的方式维持自身的权力。原因在于：当教皇以开除教籍的方式宣告世俗主权者是异教徒或教会的敌人时，他们就能蛊惑那些思想简单且悍不畏死的人抵制世俗主权者的法律或命令。

第九，他们授权给祭司，让他们能通过制造基督、管理忏悔、免罪和留罪的方式稳固手中的权力。

第十，神职人员通过炼狱、外功抵罪与免罪符等说法中饱私囊。

第十一，他们通过与魔鬼学或符咒相关的事物，使人们更加敬畏他们的权力（也有可能并未达到效果）。

最后一点，大学（其中没有一所不是以教皇的权力为依据设立并进行管理的）中传授的亚里士多德的形而上学、伦理学以及政治学，还有那些毫无标准可言的区分、简陋的术语以及经院学者的含糊话语等，都能帮助他们掩盖其中的荒谬，并处心积虑地引导世人将虚无哲学中的"鬼火"错认为"福音之光"。

假如上述种种还无法充分说明的话，我还能指出更多他们创立的黑暗学说。很明显这些学说的利益都指向建立非法权力，以及管理基督徒臣民的合法主权者，或是在建立了这类权力之后有助于其维系权力，还可能会对维系这类权力之人的世俗财富、名誉和权力有益。所以，依照上文提及的"对他们能产生利益"的条目，我们就能以绝对公正的姿态宣告，教皇、罗马教会内的一众教士，以及其他引导人们相信"存在于此世的教会正是《旧约》以及《新约》中提及的上帝王国"这一谬论的团体，正是造成所有灵的黑暗的罪魁祸首。

君主和其他基督徒主权者，放任这种荒谬学说在自己的政府下步步为营地发展，并且许可教士对他们的权力造成进一步侵害。这种情况为他们拥有的一切东西，以及他们管理的臣民都带来了不稳定的因素。即使这一后果的成因是他们鲜有远见、迟于应对传教士的谋略，但是说他们自己是导致自身及其臣民蒙损的帮凶也并无不当。因为，假如没有他们的许可，蛊惑群众的破坏性学说就无法散布开来。我的意思是，他们完全有能力在一开始就阻拦这类学说的散布，但是，当人民已经受到那些宗教人物的蛊惑之后，就不再有任何方法能够补救了。至于上帝（他始终会及时地摧毁那些企图玷污真理的阴谋诡计）赐予我们的补救办法，就只有静候神恩了：他在许多情况下都放任敌人的野心膨胀，使其势力得以顺利扩张，并通过随后产生的暴动让人们醒悟过来，自发地睁开被前人紧封的眼睛，让敌人因为过于贪婪而一无所获；这就像是彼得的渔网，因为装鱼太多，在进行了一番努力后反而破损了。但是有些人没有充足的耐心，在其臣民尚未睁开紧闭了多时的眼睛之前就力图对抗这种侵害，最终的结果只能是助长了自己试图对抗的势力。所以我在这里就不责备腓特烈大帝为国内的教皇安德良鞍前马后地效力，因为彼时的臣民都有这一倾向，如果他不做出这种行为就无法顺利地继承帝国。我控诉的是其他人，他们在最开始的时候掌握着绝对完整的权力，但是因为他们的许可，导致这些说法从自己领地的大学中被创造出来，也因此导致了以后的各届教皇都有机会插手到全部基督教主权者的主权中，肆意地欺辱、蹂躏他们以及他们的子民，于是他们也沦为了为教皇鞍前马后效力的臣子。

至于人们编造出的事物，也会以此前被编造而成的方式消散，只不过是顺序相反。上述这个蜘蛛网是由一些权力因素形成的，比如智慧、虔诚、谦虚以及使徒所具备的其他美德。皈依基督教的人，是因为尊敬而非义务才服从于使徒的命令。他们拥有自由的良知，在言行上也仅需要服从于世俗主权者。此后，当会众规模越来越大时，长老们就会聚集起来，共同探讨需要宣讲的内容，这就相当于在承担义务，在不引导人们打破其会议规定的情况下，让人们觉得自己背负着遵从他们教义的义务，如果有人表示不服从，他们就不让人们与这种人来往（即开除教籍）。他们不与这种人来往的原因并非他们不信，而是他们不服从，这就是为他们的自由打上的第一个结。此后，随着长老的人数越来越多，重要城市或行省的长老就掌握了权力，并能对地方的长老加以管理与统治，同时还自封为主教，这就是他们为基督徒的自由打上的第二个结。最后，罗马的主教因为身处首都，就掌握了统治帝国中所有主教的权力：这些权力一部分得自皇帝自身的意志，另一部分则是得自"最高教长"这一称呼，并最终在皇权过于衰弱的情况下，依据圣彼得的特权掌握了这一权力，这是第三个结也是最后一个结，同时也是教皇权力的全部结构和成分。

所以，要分析和解决问题就要遵守相同的方法，但是需要以最后打上的那个结为起点。就像我们见过的英国教会：它凌驾于政治之上，却最终走向解体。首先，女王伊丽莎白完全罢免了教皇的权力。主教先前履行职责的依据都是教皇的权力，后来则是依据女王与女王继任者的权力。不过因为他们依然打着"由神权派任"的名号，所以世人才会以为他们得到的职权来自神明的权力，这样就解开了第一个结。随后，英国的长老推倒了教皇的权力，因此就解开了第二个结。几乎在同一时间内，长老也失去了手中的权力，所以我们就恢复到了基督徒最初的独立状态：任何人都能遵循自身的意志，选择是服从保罗还是亚波罗。在这种情况中，如果不存在竞争并且不以我们各自对教士怀有的私人感情倾向来衡量基督（保罗曾批判过哥林多人的这一错误），可能就是最佳的状态。首先，因为除了话语本身不谈，不应该有任何管理人们各自良知的权力；而话语在不同的人身上令信仰发挥效用的时候，并不会始终朝向栽种者或灌溉者意志的方向，而是会以命令它生长的上帝本身的意志为方向。其次，有人教导他人称，所有的小错误中都隐含着严重的危险，因此就要求本身具有理性的人听从他人的意见或服从于大部分人的意见，但是这并不合理；这种情况就好比将自己能否得救十分冒险地交由骰子的单双点数来决定。这些教士在丧失了从古传到今日的权力时也不应该感到不快。他们应该比所有人都明白，维系权力的，应该与取得权力的那些美德相同，即智慧、谦虚、理解教义和言行真挚等，而不是以打压自然科学或自然理性孕育出的道德作为维系权力的手段，并且也不得用含混不清的话语作为手段，也不能用自称学识渊博、但只是讲不出来作为手段，同样不得以故弄玄虚的骗术作为手段。更不得以那些对教士而言是严重错误乃至丑闻的过失作为手段，也即当他们的权力受到了打压，就必然会让某人在某一时刻跌倒，并以此作为维系的手段。

然而，自从"在此世卫道的教会就是《新约》和《旧约》中提及的上帝王国"这一观点在世上盛行起来之后，追求宗教职位的欲望以及竞争就逐渐显露并且多了起来，特别是争抢基督的世俗代理人这一崇高职位，那些争抢到了这类关键职位的人对奢华场面的欲望与竞争表现得越发明显，以致他们丧失了担任教士职位本应获得的来自众人的真诚尊敬，因为对那个时候的世俗国家中的掌权者而言，只要他们得到了君主的许可就能从此不再进行服从。所以，从罗马主教通过自诩为圣彼得的继任者而强占了总主教的职位开始，就可以将他们的整个教士团体或整个黑暗王国恰当地比作魔鬼的王国了，也即能将他们的王国恰当地比作英国老妪讲述的妖魔鬼怪之流在夜间作怪的传说了。要是人们回顾一下这一教权最初的情形，就能轻易发现，教皇这一职位就相当于已经死去的罗马帝国的灵魂依然头顶皇冠，笼罩在帝国的尸首上那样。因为教皇就是以这种方式，在异教权力的废墟上突然产生，并就此发展壮大的。

他们在教会中和公布的命令中使用的语言都是拉丁文，而拉丁文却不是世界上任何国家的通行语言，这就好像是古罗马语言未曾消散的鬼魂。

无论是哪一个国家的魔鬼，它们之中都有一个共同的国王，我国有一些编撰神话的人将其称为"奥伯龙王"，但《圣经》中却将之称为"别西卜"——恶魔之王。教士们也是如此，无论身处任何哪个国家哪一地方，都仅仅信奉一个共同的王——教皇。

教士是属灵之人以及魔鬼的神父，而妖魔鬼怪就是幽灵与鬼魂。妖魔鬼怪的居所就是被黑暗笼罩的地方、荒无人烟的地方以及墓地，而教士的居所则是阴暗的教义、修道院、教会以及教皇的墓地。

教士有着自己的主教堂。无论这类教堂坐落于城镇的哪个位置，都会因为"圣水"以及那些名为"驱魔符"的符咒而具备力量，能让这些城镇发展为城市。魔鬼也有着具有魔力的城堡，而强大的魔鬼就是这些城堡及其周边领域的统治者。

即使无法制服魔鬼并审判其造成的损害，教士也不得被送至世俗的法庭受审。

教士通过形而上学、奇迹和传说以及私自修改的《圣经》融合出来的某种符咒，令年轻人无法动用自身理性，所以他们无法从事任何事务，只能遵从教士的吩咐去做教士让他们做的事情。依照传闻，魔鬼也会将婴孩从摇篮中带走，把婴孩变成天然的傻子，通常人们将这种婴孩称为"淘气鬼"，而且此类孩子喜好搞破坏。

魔鬼到底是以何种方式在什么样的魔窟里施展魔鬼之法的，老妪们无法说出一个确切的情景，可是教士的魔窟就显而易见了，那就是受教皇的权力统治的大学。

在魔鬼们对哪些人抱有不满的时候，便会差遣鬼孩子们去对他们捣乱。而在教士们对哪个世俗国家不满的时候，便会指使他们的鬼孩子（也就是那些被蛊惑的迷信人民）去惑乱众人、对他们的君主捣乱，或是以所说的"承诺"蛊惑一个君主去找另一个君主的麻烦。

魔鬼不行嫁娶之事，可是魔鬼中的魅魔会与有着血肉之躯的普通人行房。教士们同样也不成婚。

教士们通过敬奉他们的愚民的供奉与什一税等方式获得地皮。而鬼故事中，魔鬼也是蹿入牛奶厂里偷抢奶油皮大快朵颐。

魔鬼的国度里通行何种钱币，鬼故事里并未给出介绍。教士接收的钱财是同我们众人无异的通用钱财，可是他们支付给旁人的却是封圣式、赦罪权与弥撒。

对教皇国与魔鬼国而言，除了此类相似之处外，另外需要补充这一问题：魔鬼们只会在那些听信了老妪或老神话家的鬼神故事的人的脑子里存在，除此之外的任何地方都没有魔鬼的影子。与这一情形相同，教皇的教权除了在其世俗主权统治的辖域之内存在，也只会是在被蛊惑的迷信百姓听见了虚假奇迹与传说和荒诞的《圣经》解释之后，对"开除教籍权"的畏惧里存在而已。

所以，就不难理解亨利八世与伊丽莎白女王为什么要用符咒把他们赶出本国领土了。这一罗马的幽灵流落在外，去往中国、印度和日本等其他贫瘠的"无水之地传教布道，但谁又能肯定他们日后不会卷土重来，不会领回一些更加凶恶的鬼怪，到这已经扫净的房间里定居，并让这里的境况比之前更加恶劣呢？"[1] 因为，在当下除了罗马教会的教士以外，还有数不清的心怀鬼胎之人宣称上帝的王国存于此世，并企图通过这一方式获取国家的世俗权力。对政治学理论的探讨，在此就算完全结束了。我对本书复查之后，将会向各国公开发布，还请诸位雅正。

---

[1] 参考《马太福音》第十二章。

回顾与结论

从一部分彼此矛盾的天生意识功能和激情，以及上述二者与对话的关联，有些人能推论出：没有人能完满地履行全部世俗义务。他们说严苛的判断力会令人变得挑剔，无法宽容他人的错误或缺陷；另一方面，迅捷的想象力会令思想不够稳定、难以明辨是非。另外，在所有的审议与诉讼中，严密的推理能力都是必要的，若是缺少这一能力，人们就会轻率地得出结论，做出不正义的判决。但若缺乏具有感染力的口才，不能取得人们的关注与同意，那么推理能力也很难发挥作用。然而，这两种能力是自相矛盾的。前者基于真理的原则，后者则基于已被接受的真意见或假意见，以及人们的激情与利益——这些都是不同的，也是易变的。

就激情层面而言，勇敢（这里的含义为轻视伤害和死亡）会使人们倾向于私下寻仇乃至热衷于扰乱公共秩序，怯懦却会令人逃避公共防卫的事务。他们说这两种激情不可能同时存在于一个人身上。

考虑到人们观念与行为上的矛盾，他们说：人无法同每一个与自己有世俗事务往来的人都保持住世俗层面的融洽，因为这类世俗事务无外乎对功名权力的无休争夺。

对此，我的回应是：这些确实都是很大的困难，但并非没有解决的可能。通过教导与训练，它们有被协调的可能，且有时也确实能协调成功。一个人能同时具备判断力与想象力，且它们也会根据人的需求而轮流发挥作用，就像以色列人在埃及时，有时被固定在制砖的工作上，其他时候则会外出采草。同样，判断力有时也会被固定在某个特定的问题上，想象力则在其他时间里在游荡于世界各地。理性和口才亦同：尽管它们很难在自然科学领域中得到协调，但在道德哲学领域中却能得到很好的协调。因为，只要有粉饰与推崇错误的地方，就一定有更多的修饰与推崇真理的地方，前提是真理能够被修饰。在敬畏法律和不畏惧公敌之间没有任何矛盾，在放弃伤害他人和宽恕他人的伤害之间也没有任何矛盾。因此，人性与公民义务并不像某些人想的那样不协调。我知道判断力的清晰和想象力的宽广，理性的力量和优雅的口才，对战争的勇气和对法律的敬畏，所有这些都可以在一个人身上体现出来，这就是我最崇高和尊敬的朋友——西德尼-戈多芬先生。他不恨任何人，也不被任何人恨，却于近期的内战开始的时候，在一场公开辩论中被一个身份不明且不辨是非的枪手杀害了。

我还得在第十五章讲到的自然法中添上这么一条，"依据人的天性，每个人都应在战争时期保护那个在和平时期保护自己的权力"。因为依据自然权利保护自己人身安全的人，不能依据自然权利消灭那个帮助自己自保的人，否则就自相矛盾了。尽管这条自然法能从已有的自然法中推得，但这一时代要求我们被反复教导并记住这些法条。

且我从近期印行的各类英文书籍中发现，一系列的内战尚未让人们明白臣民应在什么时候臣服于征服者，也没让人们明白什么是征服，以及征服为何能让人们臣服于征服者的法律。所以，为了让人们得到一个满意的答案，我会说：当征服者明言或通过其他足以表明意图的方式同意人们向他臣服时，人们就有臣服于他的自由。而我在第二十一章的结尾也论述过人们于何时拥有臣服的自由，也就是说，当某人只对其主权者拥有普通的臣民义务，且他的生命受到敌人的看押和监管时，他就有臣服的自由；因为在这种情况下，他已经得不到之前的主权者的保护，却能通过自己的贡献获取敌人的保护。虽然这种贡献会资敌，但既然它是不可避免的，所以也就是合法的行为；而绝对臣服的后果与之相同，因此也是合法的。并且，我们应该这样看待这一问题，臣服者的行为只会让自身的部分财物成为敌人的助力，而抵抗者却会让自己的所有财物都变成敌人的助力，所以我们就不应该将臣服者的臣服看作对敌人的帮助，反而应该看作对敌人的削弱。但若这个人除了臣民的义务之外还担负着士兵的义务，那么只要其主权者仍维持着战争状态，且还在向他的军队或防卫军输送供给，他就没有臣服于其他主权者的自由，因为在这种情况下他没有理由抱怨说缺乏保护或给养。换言之，如果他已经失去了这些，就可以向自己最希望得到保护的人那里寻求保护，并合法地臣服于他。他可以在任何时候出于自身意愿合法地做这件事。因此，若他已经这样做了，就无疑应该背负起成为一个真正臣民的义务，因为无论在任何时候，打破依法达成的契约都是违法的。

由此我们就能理解：一个人在何种情形下能算作被征服了，征服的本质是什么，以及征服者的权力是什么。因为征服涵盖了上述所有概念。征服并不是胜利，而是通过胜利在他人身上得到的权利。所以，被杀死的人是被"制服"（overcome）了，而不是被"征服"（conquer）了。陷入牢狱枷锁的人也是被制服了，而不是被征服了，因为他仍旧在以敌人的身份伺机自救。当某人因承诺臣服而重获了生命和自由时，他才算是被征服并成了臣民，在此之前则都不算。罗马人总是说他们的将军平靖（pacify）了一个省，英文中则常用"征服"一词。如果该地区的民众承诺从此俯首帖耳，即承诺服从罗马人的命令，那么该地区就算作被战胜而得到平靖了，即被征服了。然而上文提及的承诺既能以明言的方式表达，又能以默许的方式表达。明言就是以话语承诺，默许则是以其他方式表达。例如，当一个人被认为权势低微，所以未被要求做出明言承诺时，若他公开地依赖他人的保护生活，那么就被视为臣服于该政府，但若他秘密地依赖他人的保护生活，就可能被视为特务或国家公敌。我并不是说他做出了任何不义的行为，因为秘密地生活不包含任何公开对抗的行为，而是他可能会因此被合法地处决。类似的，假如某人在自己的国家被征服时恰好在外，那么他就不算被征服了，也就算不上臣民，但若他回国后向新的政府表达了臣服，那他就有了臣服的义务。所以可以这样定义，"征服"就是通过胜利获取主权权利。该权利来自人们的臣服：人们为了自己的生命与自由，与战胜者订立契约并承诺臣服。

我在第二十九章中讲过，国家瓦解的原因之一是立国基础不完善，缺少绝对且独立的立法权；若世俗主权者不掌握这一权力就无法牢牢把握住司法权，就像握不住烫手山芋那样。在导致这一情况的原因中，有一点是我未曾提到过的：征服者们都会将取得了权力的那场战争正当化，因为他们都认为自己掌握的权利来自战争而非私有权。比如，英国王室的权利被认为都来自征服者威廉的善行以及他的子嗣和王室嫡系成员。如此推论下去，当今世上就没有臣民会对主权者臣服了。征服者们为自己的正当性做不必要的辩护，就等于在为那些反抗他们与他们的继承人的野心家做辩护，并承认这些人成功发动的叛乱具有正当性。所以我认为，国家灭亡的根源就在于征服者不仅要求民众在未来的事务上对他表示臣服，还要求民众认可他们曾做过的全部行为。依照良心而论，世上几乎没有哪个国家是以正义的手段立国的。

"绝对权力"（tyranny[1]）一词的含义与"主权"完全相同，无论主权是被一个人还是被多个人掌控。不同之处在于，若有人使用"暴君"这个词，那么他通常是对自己口中的"暴君"心怀不满。由此可知，允许民众公开仇视"绝对权力"无异于允许人们在普遍意义上仇视国家。这也是导致国家灭亡的原因之一，与前面提到的相似。若要为征服者正名，那么谴责被征服者就成了非常必要的事情，但是这两种情况对征服者所必须负有的义务而言是不必要的。以上就是我认为在回顾本书前两部分时应该说的。

　　在本书第三十五章中，我已依据《圣经》充分证明了：在犹太人的国家中，上帝是以与人民立约的方式被立为主权者的。因此那些人也被称为"特殊的子民"，以区别于世上的其他民族；上帝在统治那些其他民族的时候，依据的就是自身的权力而非那些民族的同意了。此外我还解释了，在上帝的王国中，摩西就是上帝在尘世的代理人，也是摩西向人们传达了上帝要求他们服从的法律。但我略去了谁是上帝指派的行刑者（尤其是负责执行死刑的行刑者）这一问题，因为我现在才意识到这是一个有必要考虑的问题。我们知道，通常在各个国家中行刑者都由主权政府任命的卫兵或其他士兵担任，或是由那些穷困潦倒、蔑视荣誉和铁石心肠的人担任。但在上帝作为主权者颁布了实在法的以色列不同，上帝要求死刑的受刑人必须由民众用石头砸死，证人要砸出第一块石头，其他人则要随后砸出。行刑者的人选在当时是由法律指定的，而在由会众担任审判人的地区，未定罪与判刑之前，人们不得随意向受刑者砸石头。若受刑人的犯罪经过被会众目睹或被法官亲眼见到，就不再需要证人，反之，就要在行刑前参考证人的证词。可是因为人们不清楚这类诉讼的详细流程，所以就产生了一个危险的说法，即在特定的情况下，人们有权因私人激情而杀死他人。这种说法就相当于：在古代的上帝王国里，处决罪犯的权力不来自主权者的命令，而来自私人的激情。只要我们查考那些貌似支持这一观点的经文，就会发现其真实含义实际上是与其相反的。

　　第一处，利未人根据摩西所传的上帝的命令，攻打了那些铸造并崇拜金牛犊的人，并杀了他们三千人，这件事明确记载于《出埃及记》第

---

　　[1] tyranny：这一词语在本书中多译为暴君，但也有"绝对权力""暴政"等含义，它源于希腊文中的"主人"一词。

三十二章第二十七节中。据《利未书》第二十五章第十一节、第十二节记载，当一名以色列妇女的儿子对神出言不逊时，闻言者并没有杀死他，而是将他带到摩西那里，让摩西拘禁他，听候上帝的判决。另外，据《民数记》第二十五章第六节、第七节记载，非尼哈不是以私人激情为权力杀死心利与哥斯比的，而是这两人的罪行被会众所见，所以用不上证人；因为人们都知道法律，且他本人就是主权者的继承人。还有最重要的一点，他行为的合法性需要摩西的批准，这也是毋庸置疑的。而对国家而言，有时这种需要先斩后奏的行为也是必要的。假如某地突然发生叛乱，且当地民众有能力镇压，那么即使尚未收到命令或缺少法律的明确许可也能合法行事，只要事发时或事后被批准或赦免就够了。《民数记》第三十五章第三十节中也有明确记载："杀死行凶者的人也应依据目击者的证词。"要求有目击者就等于要求进行正规的审判，因此激情的权力也是受到谴责的。在《申命记》第十三章第八节中，摩西颁布的禁止诱导他人进行偶像崇拜的法律（这与诱导人们在上帝王国里背叛上帝无异），要求揭发人向违禁者砸第一块石头以开始死刑，但在违禁者被定罪前不得杀死他。《申命记》第十七章第四节到第七节中确立了打击偶像崇拜的程序：上帝以法官的身份对人们说话并命令人们，当某人被指控犯了偶像崇拜罪时，要仔细询问事实，如果发现是真的就拿石头砸他，但第一块石头仍然由证人扔出。这种情况就属于公众的审判而非私人的激情。《申命记》第二十一章第十八节中也有相似的记载，若某位父亲的儿子背叛了上帝，那他就应将自己的儿子带到城内的审判者面前，接着再让城内的人民向其砸石处死。圣斯提反被人砸石处死所依据的也是这一法律，而非私人的激情，因为他被带去行刑前曾向大祭司申诉过。这些引文和《圣经》中的其他经文都不包含出于私人激情的处刑，因为私人的激情通常产生于愚昧和强烈的情绪，这与国家所需的和平与正义相悖。

　　我在第三十六章中提过，《圣经》中并未说明上帝与摩西是通过何种方式进行超自然对话的，但这并不意味着上帝与他对话的方式和其他先知的不同，因为上帝都是通过梦境、异象或超自然的声音来与他们进行对话的。《民数记》第七章第八节、第九节中清楚地记录了上帝在施恩座上与摩西对话的方式："当摩西进入营帐要与上帝对话的时候，他听到约柜施恩座上方的两个天使像中传来声音，这就是上帝与他对话的方式。"然而

388

经文中并未说明上帝与摩西对话的方式相较上帝与撒母耳或亚伯拉罕等先知对话的方式有什么独特之处，因为上帝也是以声音和异象与后者对话的，除非二者的区别在于异象的清晰度。因为我们很难从字面上理解"当面"与"亲口"这两种方式中包含的"无限"与"不可思议"等神圣本质。

我还不能完全洞察本书学说的全貌，但本书的主要原则是真实且正确的，论证也是经得起推敲的。其原因在于，我以众所周知的人类自然倾向为基础，依据自然法的法条探讨了主权者的世俗权力、臣民的世俗义务与自由，而任何有足够的理性能料理家事的人都不至于对此一无所知。至于这些主权者掌握的教权，我则是以含义明确且符合《圣经》主旨的经文为基础进行探讨的。所以我确信，若人们是为了获取知识而阅读本书，那么一定能有所收获；而若是那些已通过著述、公开讨论或相关行为表达了相左意见的人，就不容易得到满足了。而如果是后一种情况，他们毫无疑问将一边阅读本书，一边吸纳别处的可用于反驳本书内容的观点。考虑到创基立业的观点里一定会与国破家亡的观点有所出入这种情况，可以得知如果人们出现了利益变动，随之出现反对言论是再正常不过的事情了。

我在书中探讨基督教体系国家的地方提及了一些新式学说，若是某个国家已经定了相反学说作为标准，那么其中子民要是没有获得授权就宣扬这些新式学说的话，或许会被定窃取教士职权的罪。可是当下社会环境提倡和平并呼吁真理，我提出来一些自觉正确无误并且宣扬和平与忠君爱国思想的新式学说，以供一些对之有需要的人来参考，就相当于换个新瓶子来盛新酒，丝毫不会影响这二者。在我看来，若某一新式学说不会引致国内的动乱与不安，人们往往不至于会迂腐到这个地步：宁愿被旧学说束缚，也不肯接受已经被证明的新式真理。

我最不拿手的就是叙述表达。可是我相信，除非是出现了印刷错误，否则我的表达一定足够准确。我的叙述方式也与如今时兴的方式相反——我从未援引过古代诗人、演讲家或哲学家的言辞以修饰我的文章。我不考虑该做法是优是劣，而是会再三思考以下几点：第一，我所提的学说要么产生于理性，要么出自《圣经》。很大一部分人依靠这两样东西得到了名声，可是它们绝不会因写作者而获得名声。第二，其涉及的问题不在于事实，而在于公理，因此与见证者是不相干的。论及古代著作家，他们当中的大多数往往会同自己矛盾或同他人矛盾，这么来说他们的论证便不足以成立。第三，人们只是出于相信并爱好古代所接纳的观点，在实质层面上都并不属于人们自身的理智倾向，而只能算作打呵欠那样广传的流言罢了。第四，如果有人援引他人的智慧言论，并将其如丁香那样植在自己的陈腐学说中的话，他们通常都心怀叵测。第五，人们会引用古代人物，可这些古代人物本身从未像今人这般引用前辈著作家以装点门楣。第六，好比他们经常做出的行为，将囫囵咽下的拉丁文或希腊文完完整整地托出，这显示他们没有进行过消化思考。最后，我毫无疑问推崇那些清楚地论述了真理，并为我们寻求真理提供动力的古代人物，可是在我看来，仅仅是生活在古代并不值得被推崇。要是人们推崇年代，那现代就成了最远古的年代了。就著作者的古老程度而言，若说那些被冠以荣誉的著作者在其创作的时候一定比我更古老的话，对此我是无法认同的，可我们但凡仔细思考便能够得知，今人赞颂古代著作者的动机并非崇拜其成就，而是今人彼此之间的嫉妒与竞争。

总而言之，就我能想到的，在本书以及我写过的有关这些问题的拉丁文著作中，都没有违背上帝的话语的地方，也没有违背公序良俗或扰乱社会治安的地方。因此，我认为印行并在各个大学中宣讲本书是有益的，如果大学中的决策者也这样认为就更好了。因为大学是世俗学说和道德学说的源泉，传教士与有教养之人都在这里汲取泉水，并在演说与对话的时候将之泼洒到民众身上，所以，我们更要保持它的洁净，使其免受异教政客的毒害或诈骗者符咒的污染。如果大多数人都能以这种方式理解自己的责任，就不会被少数心怀叵测之人利用，并帮助他们实现野心、损害国家了。这样还能减轻民众的抵触，让他们更加认可那些于保护和防卫都有必要的税收；统治者也不至于厉兵秣马，而只需要守护人民的自由、抵御外敌入侵就可以了。

由当今动荡局势引发的、对世俗政府及教权政府的探讨就到此为止了。本书并无以偏概全或是强加于人的情况，只为给人们讲清保护与服从之间的相互关系，也即人类的天性和神圣法律（自然法及实在法）所要求的不可违抗的服从。在发生了革命的国家中，没有能滋生这些自然真理的土壤，因为我们只能看到推翻旧政府的人的愤怒面孔，以及建立新政府之人被赶下台的背影。但是，我认为在当下，公众学说的审定者以及维持社会安定的人都不会谴责这一学说。带着这样的期望，我又回到了有关自然身体的假说中，假如上帝赐予我健康，让我得以完成它，我希望新式学说带给人们的满意，能像这部关于人造身体的学说带给人们的冒犯一样多，因为这种真理并不触犯人们的利益，也不与人们的兴趣冲突，是人们所喜闻乐见的。

Leviathan